VISUAL BASIC

프로그래밍 기초

김대응, 문송철, 김경수, 나원식, 강현선, 박화범 지음

(주)교학사

비주얼베이직 프로그래밍 기초

2015년 08월 30일 초판 인쇄
2015년 09월 10일 초판 발행

펴낸곳 : (주)교학사
펴낸이 : 양진오
지은이 : 김대응, 문송철, 김경수, 나원식, 강현선, 박화범
주소 : (공장) 서울특별시 금천구 가산디지털1로 42 (가산동)
　　　 (사무소) 서울특별시 마포구 마포대로14길 4 (공덕동)
전화 : 02-707-5312(편집), 02-639-2505, 02-707-5155(영업)
팩스 : 02-707-5316(편집), 02-839-2728(영업)
ISBN : 978-89-8193-144-5
등록 : 1962년 6월 26일 〈18-7〉
책 값 : 22,000원

교학사 홈페이지 주소
http://www.kyohak.co.kr

머리말

본 교재를 편집하게 된 계기는 수년간에 컴퓨터 프로그래밍 교육에서 얻어진 이론과 실무 경험을 토대로 하여 편집하였습니다. 특히, 학교에 입학하여 전공을 컴퓨터 관련 분야로 선택하면서 가장 먼저 접해야 할 과목이 바로 컴퓨터 프로그래밍 관련 분야라고 말할 수 있습니다. 이에 본 교재를 이용하여 컴퓨터 언어를 처음 시작하는 학생들에게 두려움이나 부담감을 갖지 않도록 세심한 베려와 함께 자신감을 가질 수 있도록 학생들의 입장에서 본 교재를 집필하였습니다. 만약 교재를 이용하여 학습하는 동안 어려운 부분이나 질문이 있는 학생들은 "저자와의 만남"에서 모든 것이 해결될 수 있으리라 생각됩니다.

대응법칙 다음카페 : http://cafe.daum.net/kde6767

학생들의 도움을 위하여 "대응법칙 다음카페"에 교재 실습문제 및 활용문제 외에 여러 가지 정보를 올렸습니다. 필요한 경우 다운로드 하여 활용하시기 바랍니다.

본 교재는 그동안 기본과 활용으로 분리되어 있던 교재를 한 권으로 합치면서 컴퓨터 프로그래밍 구조를 정확하게 이해하고 활용이 가능하도록 필요한 부분만을 선별하여 기본 프로그래밍 방법부터 프로그래밍 활용에 이르기까지 다양한 부분에 내용을 수록하였습니다.

끝으로 어렵게만 느꼈던 컴퓨터 언어를 처음 시작하는 학생들에게 새로운 도전의 기회가 주어지기 위한 많은 도움과 보탬이 되길 바라며, 본 교재가 출판되기까지 많은 도움을 주신 교학사 사장님과 편집부 여러 직원 분들께 감사의 말씀을 전하며, 일선에서 교육을 담당하시는 모든 교수님과 선생님들께 진심으로 감사드립니다.

2015년 8월 著者일동

목차

Chapter 1

비주얼 베이직 개요

1.1 Windows 작동법(창, 이벤트, 메시지)

Windows 내부 작업을 완벽하게 이해한다는 것은 대단히 방대합니다. 따라서 기술적인 세부 사항에 대해 깊이 이해할 필요는 없습니다. Microsoft Windows 운영체제는 창마다 고유한 ID 번호(창 핸들 또는 hWnd)를 지정하여 많은 창을 관리합니다. 또한 이벤트가 발생할 때마다 메시지가 운영체제로 전송됩니다. 시스템은 메시지를 처리하고 다른 창에 알려줍니다. 다른 창에 메시지가 나타날 때 그 창을 다시 표시하는 것과 같이 특정한 메시지를 처리하기 위해 각 창은 자체의 명령에 따라 적절하게 작용합니다.

창, 이벤트, 메시지의 가능한 조합 모두를 다루는 것은 힘든 일입니다. 다행히 Visual Basic을 사용하면 낮은 수준의 메시지 조작을 다루는 일에서 해방됩니다. 많은 메시지가 Visual Basic에 의해 자동으로 제어됩니다. 다른 것은 사용자의 편의를 위해 이벤트 프로시저로 표현됩니다.

이벤트 중심 작동 모델 설명

전통적인 또는 절차적인 응용프로그램에서 응용프로그램 자체는 코드의 어떤 부분을 실행할 것인지 그리고 어떤 순서대로 나열할 지를 제어합니다. 실행은 코드의 첫 줄에서 시작되고 필요한 프로시저를 호출하면서, 응용프로그램의 지정된 흐름 경로를 따릅니다.

이벤트 작동 응용프로그램에서 코드는 예정된 경로를 따르지 않습니다. 그것은 이벤트에 응답하여 다른 코드 구간을 실행합니다. 이벤트는 사용자의 동작에 따르거나 시스템이나 다른 응용프로그램에서 온 메시지에 의해 또는 응용프로그램 자체의 메시지에 의해서도 발생합니다.

코드가 실행되는 동안 이벤트가 발생하게 할 수 있습니다. 예를 들어 입력란에서 프로그램을 이용하여 텍스트를 바꾸면 입력란에 Change 이벤트가 나타나게 됩니다. 이것은 실행될 Change 이벤트에 코드가(만약 있다면) 포함되도록 합니다. 이런 이벤트가 사용자의 작업에 의해 일어날 수 있다고 가정했다면 예상하지 못한 결과를 초래할 수 있습니다. 따라서 이벤트 작동 모델을 이해하는 것이 중요하며 응용프로그램을 디자인할 때 명심해야 합니다.

대화식 개발

전통적인 응용프로그램 개발 과정은 코드 작성, 컴파일 그리고 코드 테스트의 세 단계로 구분될 수 있습니다. 대부분의 언어를 이용하여 코드를 작성할 때 코드를 잘못 작성했다면 응용프로그램 컴파일을 시작할 때 오류가 포착됩니다. 이 때 발견된 각 오류에 대한 처리를 반복하면서 오류를 발견하여 해결하고 그 컴파일 과정을 다시 시작해야 합니다.

즉시 오류 잡기와 함께 Visual Basic은 코드를 입력할 때 부분적으로 코드를 컴파일하기도 합니다. 응용프로그램을 실행시키고 테스트할 준비가 되었을 때, 컴파일을 끝내기 위한 짧은 지연이 있습니다. 컴파일러가 오류를 찾으면 이 오류는 코드에 반전되어 표시됩니다. 처음부터 컴파일하지 않아도 오류를 해결하고 컴파일을 계속할 수 있습니다

1.2 비주얼 베이직 설치 환경

비주얼 베이직 설치 환경

- Microsoft Windows 95 이상
- 486DX/66 MHz 이상의 프로세서
- CD-ROM 디스크 드라이브
- Microsoft Windows에서 지원하는 VGA 또는 그 이상 해상도의 화면
- Windows 95일 경우 16MB RAM
- 마우스나 기타 적절한 포인팅 장치

응용프로그램을 사용하기 위한 조건

- Pentium® 90MHz 이상의 마이크로프로세서
- Microsoft Windows에서 지원하는 VGA 640x480 이상의 해상도 화면
- Windows 95에서는 24MB RAM, Windows NT에서는 32MB
- Microsoft Windows NT 3.51 이상이나 Microsoft Windows 95 이상
- Microsoft Internet Explorer 버전 4.01 이상
- 디스크 공간 요구 사항 :
  - Standard Edition : 기본 48MB, 최대 80MB
  - Professional Edition : 기본 48MB, 최대 80MB
  - Enterprise Edition : 기본 128MB, 최대 147MB
- CD-ROM

1.3 비주얼 베이직 용어

객체(Object)

비주얼 베이직에서는 다른 것과 구별할 수 있는 모든 것을 객체로 생각합니다. 예를 들어, 폼 위에 버튼이 있다면, 폼과 버튼은 구분될 수 있으므로 객체입니다.

속성(Property)

객체가 가지고 있는 성질, 객체의 크기나, 그 위에 씌워진 글귀 등 모든 성질을 총칭해서 속성이라 합니다. 디자인 타임에서는 이 속성을 바꿈으로서 객체의 모양을 바꾸거나 성향을 바꿀 수 있으며, 런타임에서는 속성을 바꿈으로서 사용자의 행동에 따른 프로그램의 반응을 나타낼 수 있습니다.

메서드(Method)

객체가 할 수 있는 행동, 능력, 기능을 메서드라고 합니다. 예를 들면, 사람은 걸을 수 있으므로, 사람은 걷기라는 메서드를 갖습니다. 이와 같이 모든 객체들이 어떤 메서드를 갖는데, 프로그래머는 이 메서드를 호출함으로써 객체에 어떤 일을 시킬 수 있는 것입니다.

이벤트(Event)

객체가 일어나는 사건을 이벤트라고 합니다. 원래 윈도 자체가 이벤트에 의해 움직이는 것이니 만큼 이벤트는 중요합니다. 버튼이 눌렸다면 버튼이 눌린 이벤트가 발생합니다. 화면에 글씨를 치기 위해 키보드를 눌렀다면, 키를 누른 이벤트가 발생하게 됩니다.

이벤트 프로시저(Event Procedure)

이벤트 프로시저는 비주얼 베이직에서 이벤트에 대한 응답을 하게 하는 코드를 작성하는 구역입니다.

이벤트 처리방식 프로그래밍(Event Driven)

이벤트 처리방식은 비주얼 베이직 뿐 만 아니라 윈도우 전반에 걸쳐서 적용되는 개념입니다. 도스에서의 프로그램은 프로그래머가 코딩한 순서대로 실행됩니다. 즉, 코드의 시작점이 존재하며, 시작점에서부터 순차적으로 코드가 실행되는 것입니다. 이런 방식의 프로그래밍 기법을 절차 중심적 프로그래밍이라고 합니다. 그러나 윈도우 프로그

래밍에서는 모든 코드가 순차적으로 실행되지 않고 이벤트의 발생에 따라 코드가 실행
됩니다. 이런 방식을 이벤트 처리방식 프로그래밍이라고 합니다.

폼(Form)

폼은 비주얼 베이직 응용프로그램의 기본 구성 요소로서 사용자가 응용프로그램을
실행시킬 때 상호 작용하게 되는 사용자 인터페이스 객체입니다. 폼에는 그 모양과 행
동을 제어할 수 있는 고유의 속성, 메서드, 이벤트가 있습니다.

컨트롤(Control)

사용자가 응용프로그램과 대화하면서 사용하게 될 객체를 그래픽으로 표현한 것을
의미합니다. 비주얼 베이직에서는 컨트롤을 폼 위에 배치하여 인터페이스를 구성합니다.

모듈(Module)

하나의 프로젝트에서 전역적으로 쓰이는 상수, 변수, 프로시저, 함수를 모아 놓은 것
입니다. 폼과는 달리 자원이나 화면에 대한 정보는 담고 있지 않습니다. 그러나 폼과는
달리 전역적으로 사용되므로 모듈에서 선언된 변수들은 다른 모듈과 폼에서 모두 사용
할 수 있습니다. 모듈은 폼 모듈(.frm)과 표준모듈(.bas), 그리고 클래스모듈(.cls)이
있습니다.

비주얼 베이직 프로젝트(Visual Basic Project)

비주얼 베이직으로 프로그램을 만든다는 것은 비주얼 베이직 프로젝트를 만드는 것
으로 생각할 수 있습니다. 프로젝트는 하나의 프로그램을 만들 때, 사용되는 파일들을
모은 것을 의미합니다. 프로젝트는 여러 개의 파일들을 포함하고 있는데, 주로 사용되
는 파일들은 폼(*.frm), 모듈(*.bas), 클래스 모듈(*.cls)과 컨트롤 파일(*.ctl), 그리고
프로젝트 파일(*.vbp)이 있습니다.

1.4   비주얼 베이직 확장자

확장자	의 미
.FRM	· 폼 파일 · 폼과 폼에 종속된 모든 객체들의 정보 소유
.BAS	· 모듈 파일 · 자주 사용되는 함수나 프로시저들을 모아 놓는 파일
.CLS	· 클래스 모듈 파일 · 클래스 멤버와 메서드 정의
.RES	· 리소스 파일 · 다른 언어에서 작성한 리소스를 그대로 사용 가능
.VBP	· 비주얼 베이직 프로젝트 파일
.CTL	· 사용자 컨트롤 파일
.OCX	· ActiveX 컨트롤
.FRX	· 폼의 컨트롤 속성에 대한 자료를 담고 있는 이진 데이터 파일 · Picture 또는 Icon과 같은 이진 속성을 포함 · 모든 폼마다 하나씩 자동으로 생성된다.

[표1.1] 비주얼 베이직 확장자와 의미

1.5   도움말 사용하기

도움말에는 응용프로그램을 작성에 필요한 예제 코드, 온라인 설명서, 기술 관련 기사, Microsoft Developer Knowledge Base, 솔루션을 개발하는데 필요한 정보가 모두 들어 있다. MSDN Library는 Microsoft Visual Studio 전 제품에 대한 온라인 설명서와 기타 중요 프로그래밍 정보를 유일하게 제공하는 독점적인 설명서다.

도움말을 사용하려면 MSDN(Microsoft Developer Network) CD를 설치해야 하며, MSDN설치 과정을 통해 시스템에 Visual Basic설명서와 예제 프로그램도 설치 할 수 있다.

❶ 아래 그림1.1과 같이 [도움말] ▶ [색인(I)...]메뉴를 선택하면 "색인" 또는 "목차"로

도움말을 찾을 수 있는 대화상자가 나타난다.

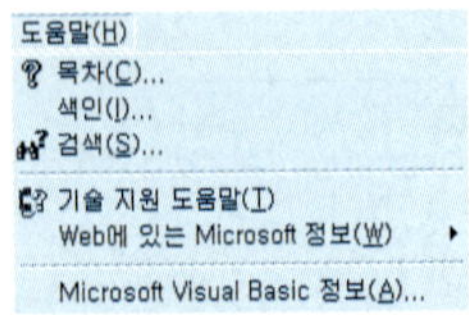

[그림1.1] 도움말 메뉴

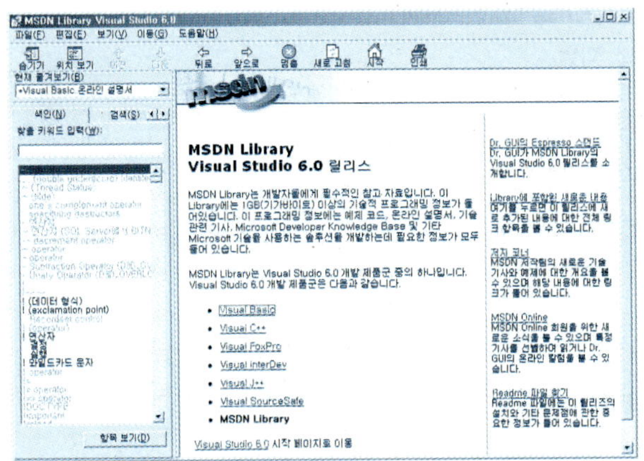

[그림1.2] "색인"도움말 대화상자

❷ 그림1.2와 같은 대화상자에서 [색인] 탭을 누르고 "찾을 키워드 입력" 난에 찾으려는 단어를 입력하면 해당 목록이 나타난다. 원하는 목록을 선택하고 [항목보기] 버튼을 누르면 오른쪽 창에 해당 도움말 내용이 나타난다.

❸ [목차] 탭을 도움말 항목이 그룹으로 묶여 있는 화면이 나타난다. 사용자가 원하는 왼쪽 창에 있는 해당 도움말 항목을 클릭하면 도움말 내용이 그림1.3과 같이 오른쪽 창에 나타난다.

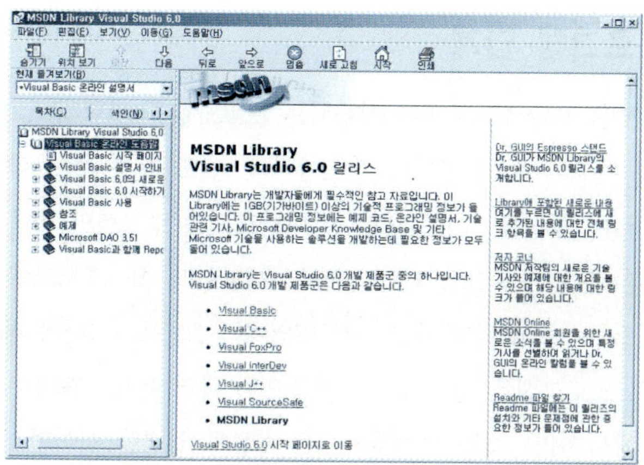

[그림1.3] "목차"도움말 대화상자

[F1키 도움말] 활용 방법

❶ [도움말] 메뉴를 이용하지 않고 디자인 모드에서 폼에 있는 해당 개체를 선택하고 F1키를 누르면 관련된 도움말을 바로 볼 수 있다.

❷ 예를 들어, 디자인 모드에서 도구상자에 있는 "데이터 액세스의 새로운 기능" 컨트롤을 폼에 배치시킨 후, F1키를 누르면 그림1.4와 같이 "데이터 액세스의 새로운 기능"에 대한 도움말이 나타난다.

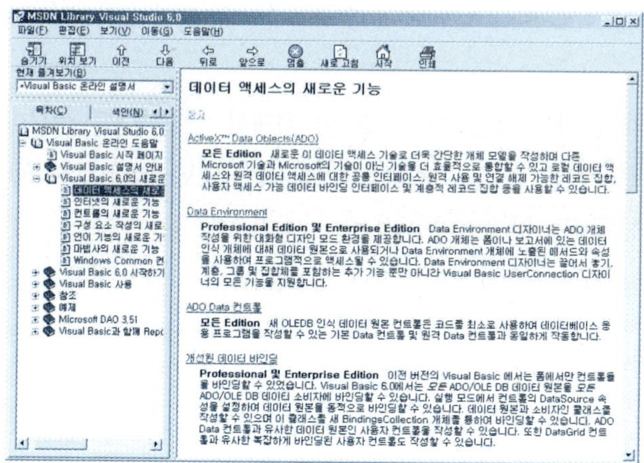

[그림1.4] 데이터 액세스의 새로운 기능 선택하였을 경우

윈도 응용프로그램은 MS Windows에서 실행되는 프로그램을 말합니다. 윈도 응용프로그램은 최소한 하나 이상의 폼이 반드시 필요합니다. 윈도 응용프로그램을 실행시키면 처음으로 열리는 창을 기본 폼이라고 합니다. 그러므로 프로그램의 실행과 종료는 그 프로그램에 있는 기본 폼(창)을 열고 닫는 것을 의미합니다. 또 프로그램을 작성한다는 것은 폼 디자인모드에서 폼을 설계하고, 코드영역에는 그 프로그램이 해야 할 일들을 기술하는 것입니다. 프로그램을 실행시키면 처음으로 화면에 보여 주는 것이 기본 폼이라고 했으니, 이 폼에서 어떤 것을 보여주고, 또 어떻게 입력할 것이며, 모양과 배치는 어떻게 할 것인가는 프로그래머가 해야 할일입니다.

폼을 디자인하고 나면 프로그램이 해야 할 일 하나하나를 코드로 작성하고 테스트를 마치면 완성된 프로그램이 됩니다. 윈도 응용프로그램을 만들기 위해서는 먼저 해야 할 일은 기본 폼을 만드는 것입니다. 프로그램을 개발하거나 실습하기 위해서는 사전에 준비할 것이 있습니다.

첫째, 비주얼베이직 6.0 이나 비주얼 스튜디오 6.0 이 여러분의 컴퓨터에 설치되어야 합니다. 여기서는 설치된 것을 가정 하에 설명합니다. 이것이 비주얼베이직의 핵심이며 프로그램을 개발하는 [통합 개발환경]이라고 하며, 이곳에서 프로그래머가 하는 모든 작업을 "디자인모드에서 작업"이라고 합니다. 앞으로 [통합 개발환경]을 [디자인모드]로 쓰겠습니다.

둘째, 반드시 설치해야 하는 것은 아니지만 이 책에서 부족하다고 생각하는 내용이나 더 많은 자료가 필요할 때 도움을 받을 수 있는 도움말(VisualBasic MSDN Link Library)을 함께 설치하는 것이 좋습니다.

셋째, 지금부터 실습하는 데이터(자료) 또는 파일들을 디스크에 저장해야 실습이 가능한 것이 많습니다. 그래서 데이터 또는 파일을 저장할 폴더를 하나 만들어놓고 시작합시다.

이 책에서는 루트 디렉터리(C:\)에 VB6실습(C:\VB6실습)이라는 폴더를 기준으로 설명합니다. 여러분은 다른 이름으로 폴더를 만들었을 때에는 잘 기억해 두었다가 실습할 때 [C:\VB6실습]이라는 경로를 지정하는 곳에서 여러분이 만든 폴더이름으로 경로를 바꿔주시기 바랍니다.

준비가 되었으면 윈도 응용프로그램의 관문인 기본 폼을 만들어 봅시다.

새 폼 만들기

비주얼 베이직을 실행시키면 [그림1.5]과 같은 새 프로젝트 선택 창이 나오는데 여기서 [표준 EXE]를 선택하고 [열기]를 누르거나, 디자인모드의 메뉴에서 [파일] → [새 프로젝트]를 누르면 새 프로젝트 선택 창이 열리면 [표준 EXE]를 선택하고 [확인]을 누릅니다.

[그림1.5] 새 프로젝트 선택 창

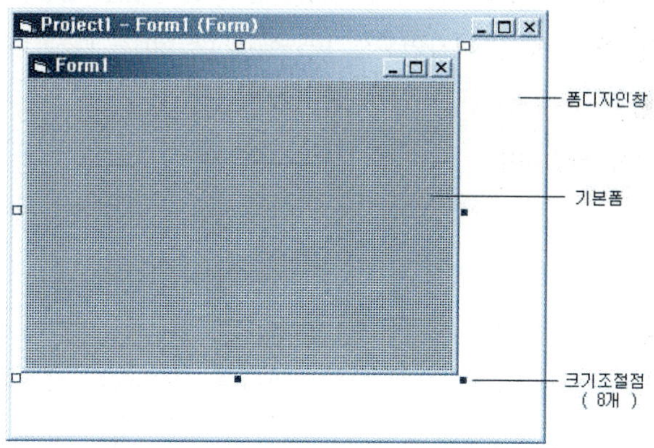

[그림1.6] 폼 디자인 창에 만들어진 새 폼

기본 폼을 만드는 것은 아주 쉽습니다. 비주얼 베이직에서 미리 만들어진 폼 개체를 화면에 자동으로 생성시켜 주는 것 입니다.

프로그램 실행

그러면 이 프로그램이 실행될 까요? 실행시켜 봅시다. 프로그램을 작성하고 실행시키는 방법은 디자인모드의 메뉴에서 [실행] – [시작]을 선택하거나 단축키 F5 또는 도구모음에 있는 [▶]을 마우스로 클릭하면 됩니다. 키보드의 기능키 F5를 눌러 보세요. 그림1.7과 같은 윈도 창이 나타났으면 성공적으로 실행이 된 것입니다.

[그림1.7] 실행중인 폼

그러나 이 프로그램은 아무 일도 하지 않는 윈도 창만이 열렸지만 완벽히 실행되는 윈도 프로그램입니다. 실행된 것을 알았으니 이제 실행중인 프로그램을 종료(닫기)해 봅시다. 실행중인 창의 [닫기] 버튼 또는 디자인모드 메뉴에서 [실행] – [종료]를 선택하거나   도구모음에 있는 [■]을 마우스로 클릭하면 됩니다.
이제 다시 디자인모드로 되돌아 왔습니다.

실행파일 만들기

지금까지는 디자인 모드에서 프로그램을 실행해 보았습니다. 그러나 단지 디자인 모드에서의 실행은 개발과정에서 테스트하기 위한 실행일 뿐이며, 이 프로그램을 사용해야 할 사용자는 디자인 모드라는 개념이 없으므로 실행시킬 수 없습니다. 그래서 프로그램 개발이 완성되면 윈도에서 직접 실행할 수 있는 실행파일(.EXE)로 만들어야 합니다. 이것을 "컴파일 (Compile)"이라고 합니다.

실행파일을 만들기 전에 몇 가지 생각해야 할 것이 있습니다.

첫째 파일이름을 정해야 합니다. 이것은 윈도에서 직접 실행시킬 수 있는 파일명이며 확장명은 '.EXE'로 만들어집니다. 파일이름을 정할 때에는 그 프로그램의 용도나 기능에 따라 누구나 파일명만 보아도 어떤 용도로 쓰이는 것인지 쉽게 짐작할 수 있는 적절한 이름을 정하도록 합니다.

둘째 프로그램이 어떤 저장장치의 어느 곳에 저장할 것인지 미리 정하도록 합니다. 즉, 새로운 폴더를 만들어 저장할 것인지 아니면 기존폴더에 저장할 것인지를 정하고 그 경로와 폴더이름 등은 알고 있어야 합니다. 이 일을 소홀히 하여 프로그램을 찾으러 온 동네(하드디스크 등..)를 뒤지는 일이 없도록 합시다.

준비가 되었으면 이제부터 윈도에서 직접 실행될 수 있는 실행파일을 만들어 볼까요? 앞에서 만든 기본 폼을 가지고 실행파일을 만들어 보겠습니다. 여기서는 파일명을 [StartWindows]로 정하고 경로는 이미 만들어 놓은 폴더(C:\VB6실습\)에 저장하는 것으로 설명하겠습니다.

그림1.8의 프로젝트 속성에서 프로젝트 이름(Project1 (Project1))에 마우스 오른쪽 버튼을 클릭하고 [Project1 속성]을 선택하거나, 디자인 모드 메뉴에서 [프로젝트] – [Project1 속성]을 선택하면 그림1.9와 같은 프로젝트 속성을 변경할 수 있는 창이 열립니다.
여기서 프로젝트 이름에 쓰여 있는 "Project1" 이라는 이름은 비주얼 베이직이 새 프로젝트가 하나씩 생성될 때마다 'Project1, Project2, Project3..'으로 붙여준 이름입니다.

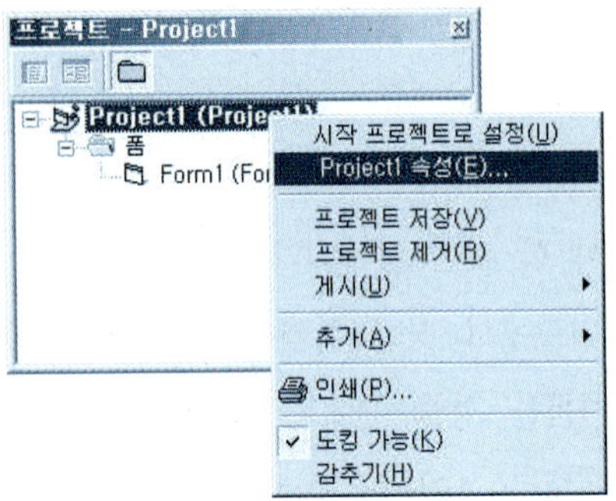

[그림1.8] 프로젝트 속성 메뉴

이 프로젝트 이름으로 실행파일이 만들어지므로 여러분이 정한 이름으로 바꾸어야 합니다. 그림1.9와 같이 [일반] 탭의 [프로젝트 이름]을 [Project1]에서 [StartWindows] 로 변경합니다. [시작개체는 프로그램이 실행될 때 맨 처음으로 열리는 폼을 지정합니다. 지금은 폼이 하나뿐이므로 "Form1"으로 지정되었지만 여러 개의 폼이 있을 경우 시작 폼을 선택하여 설정할 수 있습니다.

이제 [확인] 버튼을 클릭합니다.

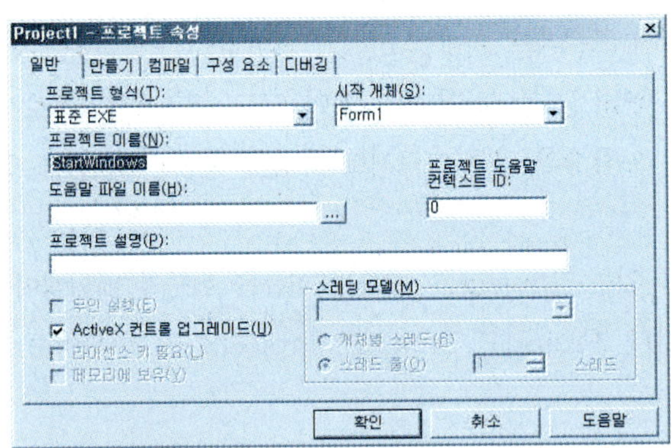

[그림1.9] 프로젝트 속성

다시 디자인 모드로 돌아왔습니다. 프로젝트 창의 프로젝트 이름과 디자인 모드의 제목표시줄에 프로젝트 이름이 변경된 것을 확인할 수 있습니다. 실행파일을 만드는 것은 아주 간단합니다. 그림1.10과 같이 메뉴에서 [파일]-[프로젝트명.exe 만들기...]를 누르면 됩니다. 여기서 프로젝트명 은 프로젝트 속성 창에서 바꾼 이름으로 표시됩니다.

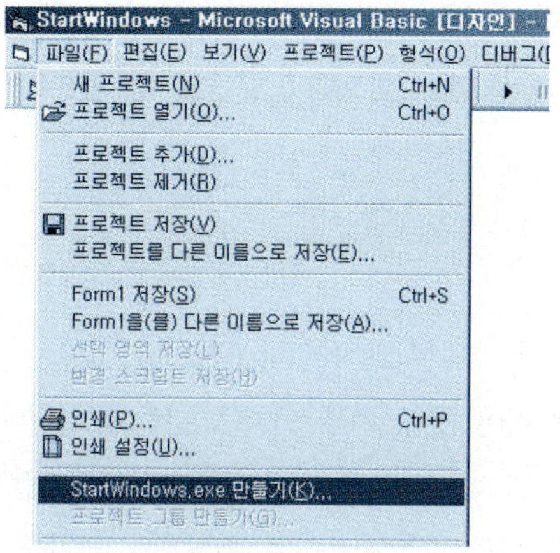

[그림1.10] 실행파일 만들기 메뉴

다음은 실행파일이 저장될 경로를 그림1.11과 같이 파일이름 입력박스에 직접 경로를 지정하거나, 파일위치에서 파일검색 창을 열고 저장할 폴더를 찾아 선택해 주고 [확인] 버튼을 클릭합니다.

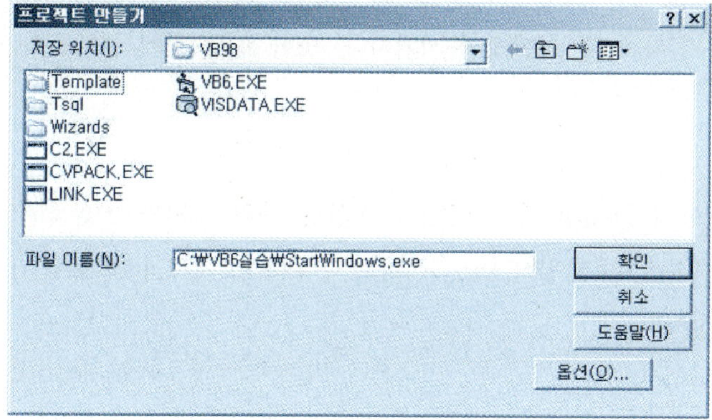

[그림1.11] 프로젝트 만들기 검색 창

이제 저장된 폴더에서 StartWindows.exe 파일을 찾아 실행시켜 봅시다. 정상적으로 실행되었다면 비주얼 베이직에서 프로그램을 작성하여 실행파일 만들기까지 전 과정을 마스터(?)했습니다. 축하합니다.

지금까지는 프로그램을 실행해도 아무런 일도 하지 않고 단순히 창만 열고 닫는 기능만 있는데, 이것은 여러분이 아직 아무런 기능을 부여하지 않았기 때문입니다. 이제 여러분이 원하는 기능을 부여하고 의도된 대로 프로그램이 실행될 수 있도록 제작해 봅시다.

폼 디자인

폼의 크기와 테두리 모양 변경

새 폼 만들기를 선택하면 비주얼 베이직이 정한 기본 크기로 만들어 집니다. 폼의 크기는 표시할 자료에 따라 적당한 크기로 디자인하여 사용해야 합니다. 그림9.8에서 크기 조절점(8개) 중 검정색으로 표시된 조절점을 이용하여 윈도우의 크기를 조절할 수 있습니다.

마우스 포인터를 검정색 조절점에 대고 왼쪽 버튼을 누른 상태로 이동(드래그)시키면 각 조절점에 따라 가로, 세로 또는 대각선 방향으로 크기를 조절할 수 있습니다. 각자 원하는 크기로 조절한 다음 실행시켜 보십시오. 이렇게 정해진 폼의 크기가 프로그램을 실행할 때 창의 기본크기로 화면에 표시됩니다. 또한 속성 창에서도 폼의 크기를 지정할 수 있습니다.

그림1.12의 속성 창에서 Height와 Width를 이용한 폼의 크기를 변경하고 실행시켜 봅시다. Height, Width는 트윕(Twips)이라는 단위(1 인치=1,440 트윕, 1센티미터=567 트윕)를 사용합니다.

폼의 표시 위치

폼의 크기는 오른쪽과 아래쪽으로만 변경됩니다. 이것은 왼쪽과 위쪽은 고정되어있어서 변경할 때에는 영향을 받지 않습니다. 그래서 크기 조절점이 3개만 사용할 수 있도록 검정색으로 표시된 것입니다. 폼은 왼쪽, 위 모서리(홈 포지션)를 기준으로 하여 화면에 표시됩니다. 이 기준점을 변경하면 화면의 어느 위치에도 표시할 수 있습니다. 그림1.12의 폼 속성 창에 보면 [StartUpPosition]이 "3 - Windows 기본값"으로 설정되어 있는데 이것을 "0 - 수동"으로 설정하고 Left 와 Top 속성의 수치를 변경하면 표시 위치가 변경됩니다.

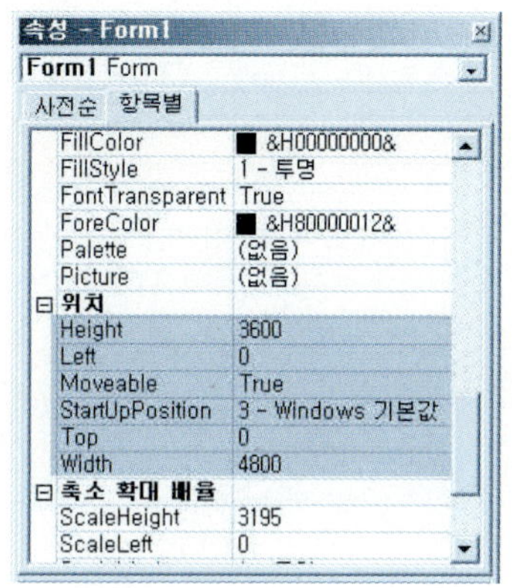

[그림1.12] 폼 속성

StertUpPosition 속성은 다음과 같습니다.

속 성	의 미
0 - 수동	Left와 Top에 지정된 수치를 기준으로 화면에 표시
1 - 소유자 가운데	표시할 폼이 다른 폼 안에서 표시될 때 바깥 폼의 가운데에 표시(바깥 폼이 안쪽 폼의 소유자가 됨)
2 - 화면 가운데	화면의 크기에 관계없이 화면의 가운데를 기준으로 표시
3 - Windows 기본값	윈도에서 설정된 기본값(계단식, 바둑판식..)

[표1.2] StertUpPosition 속성과 의미

폼의 최소화와 최대화

프로그램이 실행될 때 화면의 크기와 관계없이 전체화면의 크기로 열리게 하려면 속성 창에서 WindowState를 찾아서 [2-최대화]로 설정하면 되고, [1-최소화]는 화면에 창이 표시되지 않고 작업표시 줄에 표시됩니다. 그리고 [표준]은 Height와 Width

그리고 Left, Top으로 지정된 크기와 위치에 표시됩니다.

폼의 모양 및 기능 제어

폼의 모양과 기능은 프로그램이 실행되는 중에 폼의 위치와 크기를 변경할 수 없도록 하거나, 테두리의 모양과 배경색도 설정할 수 있습니다.

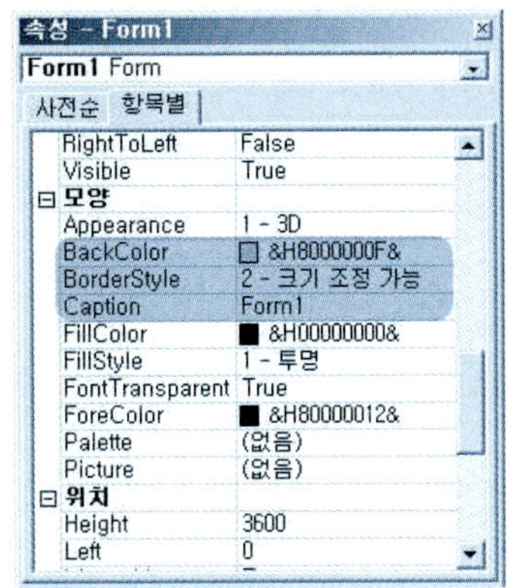

[그림1.13] 폼 속성

그림1.13에서 BackColor는 폼의 배경색을 변경하고, BorderStyle은 테두리 모양을 변경할 수 있습니다. 또 Caption은 제목표시줄에 표시되는 제목을 변경합니다.

- BackColor를 선택하고 오른쪽 목록상자 에 있는 선택버튼(▼)을 클릭하여 적당한 색상으로 변경해 봅시다.
- Caption에 "Form1"을 "새 폼 만들기"로 변경합니다.
- [표]를 참고하여 BorderStyle을 변경하면서 실행시켜 봅시다.
- BorderStyle은 정해진 모양과 기능(버튼사용)을 사용합니다. 그러나 일부 버튼 기능을 제어해야 할 때가 있습니다. 그림1.14의 폼 구조를 참고하여 설명합니다.

26

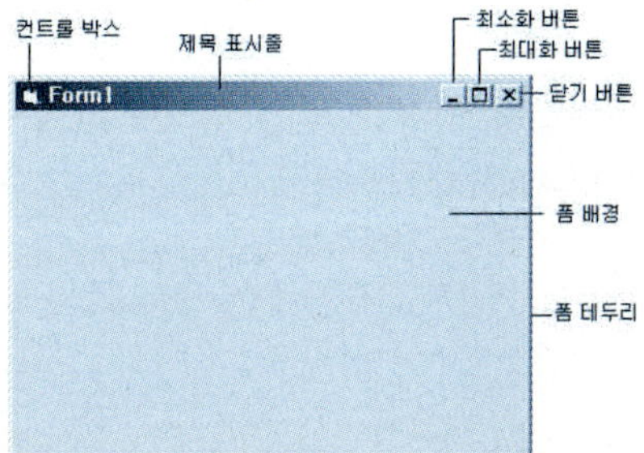

[그림1.14] 폼 구조

참고로 컨트롤박스의 아이콘은 속성 창의 [Icon]에서 아이콘파 일을 찾아 변경할 수 있습니다. 컨트롤박스의 아이콘이 바탕화면이나 윈도 메뉴에 표시되므로 이 또한 프로그램의 실행파일 이름을 만들 때처럼 의미 있는 아이콘을 만들어 사용해야겠지요? 아이콘은 그림파일이므로 아이콘 편집기를 이용해 만듭니다. 지금까지는 속성 창에서 속성을 변경하는 기초적인 방법을 익혔습니다. 앞으로도 폼이 아닌 다른 컨트롤에서도 속성 창을 이용해 속성을 변경하는 것은 여기서 익힌 방법처럼 변경하면 됩니다.

디자인 모드와 실행 모드

디자인 모드는 비주얼 베이직 통합 개발 환경에서 하는 작업 전체를 말하며, 디자인 할 때 프로그램이 동작하는 모드를 말합니다. 다시 말해 폼의 크기를 속성 창에서 변경하면 화면에 폼이 변경되어 표시되는 것을 볼 수 있다는 뜻입니다. 프로그램이 하는 모든 일을 디자인 모드에서만 작성할 수 없습니다. 디자인 모드에서는 프로그램이 실행되기 이전에 공통적으로 정해져야 할 사항만을 미리 설정하는 것입니다. 반면 실행 모드는 프로그램이 실행될 때 또는 실행 중에 변경되어야 할 사항들을 기술하여, 프로그램이 실행될 때 상황에 따라 변경되도록 하는 것을 실행모드에서의 실행이라고 합니다.

이제 실행 모드에서 폼의 크기를 변경하는 방법을 알아보겠습니다.

- 폼 내부에서 마우스를 더블클릭합니다.

그림1.15과 같은 새로운 창이 하나 열리는데 이것을 코드 창이라고 합니다. 프로그램에 필요한 모든 소스코드를 이곳에서 기술합니다.

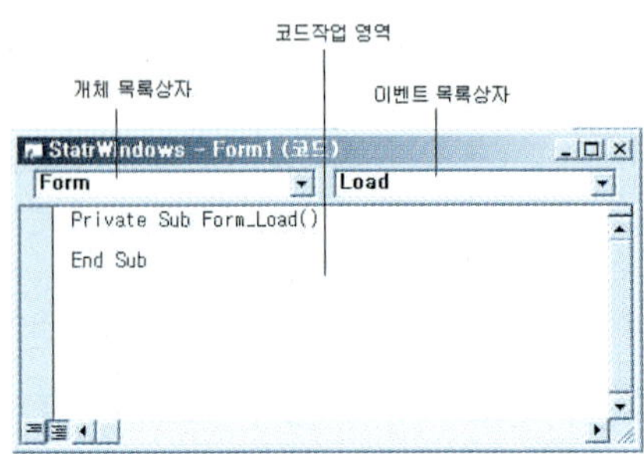

[그림1.15] **코드 창**

사용자가 프로그램을 실행시키면 윈도가 제일 먼저 하는 일은 실행시킨 프로그램을 메모리로 읽어(Loading) 들입니다. 윈도는 프로그램을 메모리로 다 읽어 들인 후 사용권을 기본 폼(창)으로 넘겨줍니다. 이때부터 프로그램(기본 폼)이 할일을 하게 되는 것이죠. 사용권을 넘겨받은 기본 폼이 제일 먼저 하는 일은 Form_Load() 이벤트가 있는지를 찾아서 있으면 자동으로 실행합니다. 만약에 Form_Load() 이벤트가 없으면 자동으로 실행할 것이 없으므로 아무 일도 일어나지 않습니다. 이후부터는 사용자의 명령을 기다리고 있습니다. 우리는 처음에 자동으로 실행되는 Form_Load() 이벤트를 이용해 폼의 크기를 변경해보겠습니다.

다음과 같이 굵은 글자만 입력합니다.

```
Private Sub Form_Load()
    Height = 5000
    Width = 10000
End Sub
```

프로그램이 실행될 때 높이와 폭이 설정한대로 변경되었습니다. 또 Left와 Top 그리고 색상도 변경할 수 있습니다. 다음과 같이 코드를 추가하고 실행시켜 봅니다.

```
Private Sub Form_Load()
    Height = 5000
    Width = 10000
    Left = 2000
    Top = 4000
    BackColor = &HC0C000&     '16진수를 RGB형태로 설정
End Sub
```

폼을 화면에 꽉 차도록 최대화 시켜볼까요?

```
Private Sub Form_Load()
    WindowState = 2
End Sub
```

지금까지 착실히 연습했으면 WindowState=2가 왜 최대화면이 되는지 알 수 있습니다. 속성 창에서 WindowState를 찾아보면 [표준], [최소화], [최대화] 중에서 선택하도록 되어있는데 여기서 앞에 있는 숫자 값을 쓰면 됩니다. 확인하는 의미에서 한번 찾아봅시다. 다음과 같은 코드는 어떻게 될까요?

```
Private Sub Form_Load()
    WindowState = vbMaximized
End Sub
```

역시 폼의 최대화가 되는 군요. 여기서 속성을 설정하는 방식을 알아봅시다.

값은 숫자 값(2진수, 10진수, 16진수 등)으로 쓰고, 상수는 비주얼 베이직에서 미리 정의해놓은 상수를 사용합니다. 위 예에서 WindowState=2는 값으로 쓴 것이고 Win dowState=vbMaximized은 상수로 쓴 것입니다. 실행 결과는 모두 같습니다.

또 디자인 모드에서만 설정할 수 있는 속성이 있는가 하면 실행 모드에서만 설정할 수 있는 속성도 있고 양쪽 모두에서 설정할 수 있는 속성이 있습니다. 상수를 쓸 수 있는 속성이 있는가 하면 상수가 정의되지 않은 속성(쓸 수 없는)이 있습니다.

창 보기 전환

디자인 모드에서는 디자인 창과 코드 창이 있습니다. 이 두개의 창 중에서 하나의 창을 전면으로 나타내기 위해서는 창 보기를 전환해야 합니다. 그림1.16 프로젝트 창에서 전환하고자 하는 폼을 선택(여기서는 "Form1(Form1)")하고 "코드 창(코드)보기" 아이콘을 클릭하면 코드 창이 화면의 전면으로 보이도록 나타나고 "디자인 창(개체)보기" 아이콘을 클릭하면 폼이 화면의 전면으로 보이도록 나타납니다.

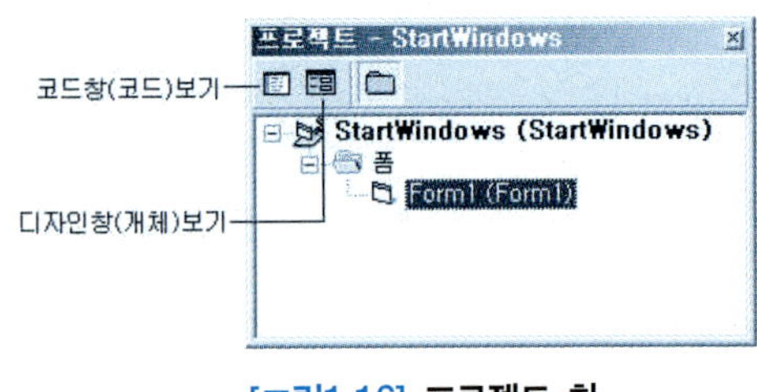

[그림1.16] 프로젝트 창

다음과 같은 용어를 설명하시오.

❶ 이벤트에 대한 개념과 비주얼 베이직에서 사용하는 방식의 이벤트를 간단하게 설명하시오.

❷ 비주얼 베이직을 설치하기 위한 최소한의 환경을 하드웨어 종류별로 간단하게 설명하시오.

❸ 비주얼 베이직을 설치하고 응용프로그램을 사용하기 위한 조건에서 디스크 공간에 대한 요구사항은 어떻게 되는지 설명하시오.

❹ 비주얼 베이직에서 폼(Form)의 용도는 무엇이며, 사용 방법에 대하여 간단하게 설명하시오.

❺ 비주얼 베이직에서 모듈(Module)의 의미와 종류를 간단하게 설명하시오.

❻ 비주얼 베이직 프로젝트(Visual Basic Project)란 무엇을 말하며, 프로젝트에는 어떤 파일이 포함되는지 간단하게 설명하시오.

2 프로그램 기초

2.1 프로그램을 작업하기 전에

비주얼 베이직 응용프로그램 구조

응용프로그램이란 컴퓨터에게 하나 이상의 작업을 수행하도록 지시하는 명령 집합입니다. 응용프로그램의 구조란 여러 명령들이 조직화된 방식, 즉 명령이 저장된 위치와 명령이 실행되는 순서를 의미합니다.

코드가 한 줄로 되어 있으므로 구성이 크게 중요하지 않습니다. 응용프로그램이 복잡할수록 구성이나 구조의 필요성은 더 확실해집니다. 응용프로그램의 코드가 무작위로 실행될 때의 혼란 상태를 상상해 보십시오. 프로그래머에게는 응용프로그램의 실행 순서를 제어하는 것 외에도 응용프로그램의 구조도 중요합니다.

비주얼 베이직 응용프로그램은 개체를 기반으로 하기 때문에 코드의 구조는 화면에 나타나는 실제 표현과 아주 유사합니다. 정의에 따라 개체는 데이터와 코드를 포함합니다. 화면에 나타나는 폼은 고유한 동작과 모양을 정의하는 속성의 표현입니다. 한 응용프로그램의 각 폼에는 코드가 들어 있는 관련 폼모듈(.frm)이 있습니다.

프로젝트 구조(코드 모듈)

간단한 응용프로그램이라면 하나의 폼으로도 구성할 수 있으며 모든 코드도 폼 모듈 내에 작성할 수 있습니다. 응용프로그램이 커지고 복잡해짐에 따라 폼을 추가하게 됩니다. 여러 폼에서 실행되는 코드가 공통적으로 사용된다면 공통적인 코드는 각 폼에 중복시키지 않고 독립된 모듈 내에 만드는 것이 좋습니다. 이 독립된 모듈이 표준 모듈이 됩니다. 시간이 지나면 공유 프로시저를 가지는 모듈의 라이브러리를 만들 수 있습니다.

표준, 클래스, 폼 모듈에는 아래와 같은 것이 있습니다.

- 선언 - 폼, 클래스, 표준 모듈의 모듈 수준에 상수, 형식, 변수, 동적 연결 라이브러리(DLL) 프로시저를 선언할 수 있습니다.
- 프로시저 - Sub, Function, Property 프로시저는 하나의 단위로 실행될 수 있는 간단한 코드를 갖습니다.

폼 모듈

폼 모듈(.frm)은 대부분의 Visual Basic 응용프로그램의 기초가 됩니다. 폼 모듈은 이벤트를 처리하는 프로시저, 일반 프로시저, 폼 수준의 변수, 상수, 형식 선언과 외부 프로시저를 가질 수 있습니다. 텍스트 편집기로 폼 모듈을 살펴보았다면, 폼에 관한 설명과 속성이 설정된 컨트롤을 볼 수 있을 것입니다.

표준 모듈

표준 모듈(.bas)은 응용프로그램 내에서 다른 모듈들이 공통으로 액세스할 수 있는 프로시저와 선언 영역에 대한 컨테이너입니다. 여기에는 변수, 상수, 형식, 외부 프로시저, 전역 프로시저의 전역(응용프로그램 전체에서 사용 가능) 또는 모듈 수준의 선언을 가질 수 있습니다. 표준 모듈에 작성하는 코드가 반드시 특정 프로그램에 묶여 있을 필요는 없습니다. 즉, 이름으로 특정 폼이나 컨트롤을 참조하지 않는 것만 주의한다면 표준 모듈은 서로 다른 많은 응용프로그램에서 다시 사용할 수 있습니다.

클래스 모듈

클래스 모듈(확장명은 .cls)은 Visual Basic에서 개체 지향 프로그래밍의 기초가 됩니다. 클래스 모듈에 코드를 작성하여 새로운 개체를 작성할 수 있습니다. 이렇게 만들어진 새로운 개체에 사용자 정의한 속성과 메서드를 넣을 수 있습니다. 실제로 폼 역시 폼 창을 화면에 나타내고 그 위에 컨트롤을 놓을 수 있는 클래스 모듈입니다.

비주얼 베이직 프로그램은 기본적으로 프로젝트 단위로 작성되며, "표준 EXE"는 V

isual Basic의 가장 기본이 되는 프로젝트(Project)입니다.

프로젝트는 폼, 모듈, 클래스 등으로 구성되며 각각 "*.frm", "*.bas", "*.cls" 파일로 저장된다. 또한, 이 구성요소들을 하나의 단위(*.vbp)로 저장하게 되는데 이를 프로젝트라고 합니다.

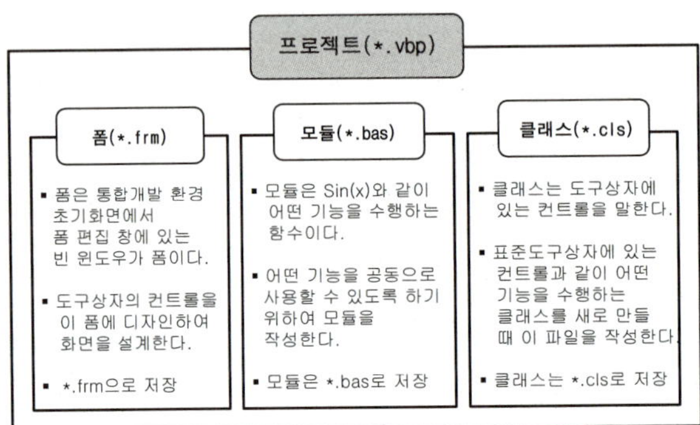

[그림2.1] 프로젝트 기본 구조

코드 편집기의 사용

Visual Basic 코드 편집기는 코드를 작성하는 창입니다. 이것은 Visual Basic 코드를 더 쉽게 작성하기 위해 여러 기능을 제공하는 특수한 워드프로세서라고 볼 수 있습니다.

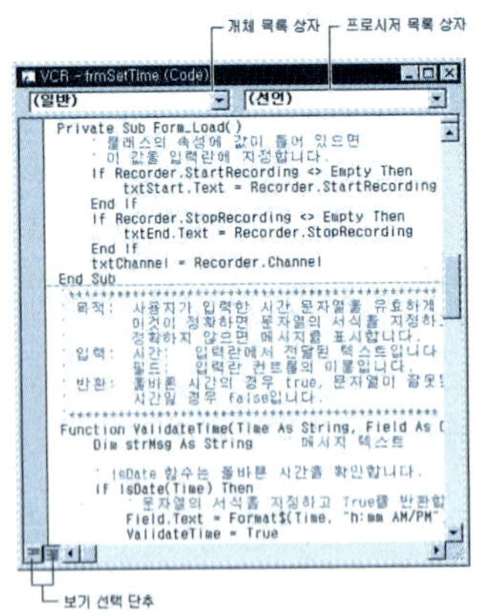

[그림2.2] 코드 편집기 창

모듈 안에서 Visual Basic의 코드 작업이 이루어지기 때문에 프로젝트 탐색기에서 선택한 각 모듈마다 독립된 코드 편집기 창이 열립니다. 각 모듈 내의 코드는 모듈에 포함된 각 개체마다 독립된 구역으로 나뉩니다. 각 구역 사이를 이동하려면 개체 목록 상자를 사용합니다. 폼 모듈에서 이 목록에는 일반 구역과 폼 자체를 위한 구역, 폼의 각 컨트롤을 위한 구역 등으로 나타납니다. 클래스 모듈에서는 일반 구역과 클래스 구역 등이 있으며 표준 모듈에는 일반 구역만이 목록에 나타납니다.

구성원 자동 목록 기능

Visual Basic은 사용자를 위하여 문, 속성, 인수 등을 자동으로 채워주는 기능을 제공하고 있어 코드 작성이 한결 쉽습니다. 코드를 입력하면 편집기는 문, 함수 원형, 값 등 적절히 선택할 목록을 보여줍니다. 이러한 기능 및 다른 코드 설정을 이용하려면 [도구] 메뉴에서 [옵션] 명령을 선택한 후 [편집기] 탭에 있는 여러 가지 옵션을 원하는 대로 설정하면 됩니다.

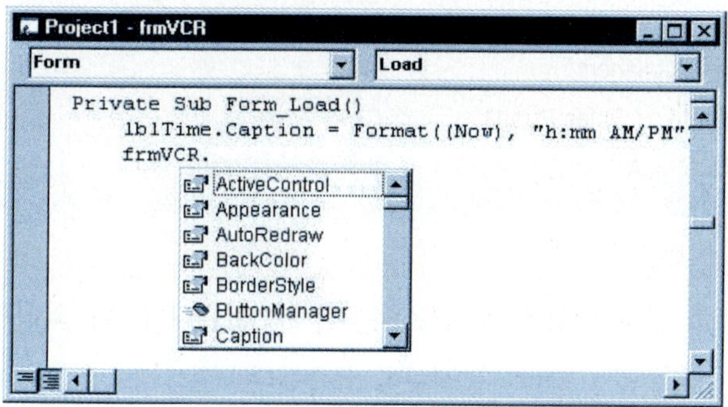

[그림2.3] 구성원 자동 목록 기능

자동 요약 정보 기능

자동 요약 정보 기능을 이용하면 문과 함수에 대한 구문을 볼 수 있습니다. Visual Basic의 문이나 함수의 이름을 올바르게 입력하면 즉시 해당 구문이 현재 줄 아래에 나타납니다. 이 때 첫째 인수는 굵은 글씨로 표시됩니다. 첫째 인수 값을 입력한 후에는 둘째 인수가 굵은 글씨로 나타납니다. Ctrl + I 를 누르면 자동 요약 정보를 사용할 수 있습니다.

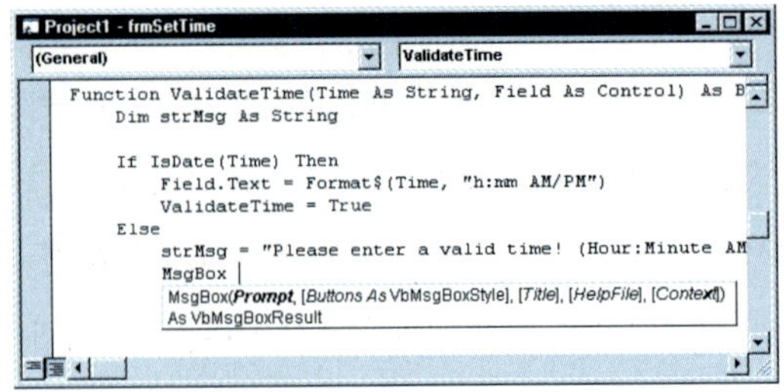

[그림2.4] 자동 요약 정보 기능

코드의 기초

여러 줄로 나누기

줄 연결 문자(공백과 밑줄)를 사용하면 하나의 긴 문을 여러 줄로 나눌 수 있어 화면이나 인쇄된 상태의 코드를 쉽게 읽을 수 있습니다. 다음 코드는 줄 연결 문자(_)를 사용해서 세 줄로 나눈 것입니다.

```
Data1.RecordSource = _
"SELECT * FROM Titles, Publishers" _
& "WHERE Publishers.PubId = Titles.PubID" _
& "AND Publishers.State = 'CA'"
```

같은 줄에서는 줄 연결 문자 다음에 주석을 사용할 수 없습니다. 이 외에도 줄 연결 문자를 사용할 수 있는 위치에는 몇 가지 제한이 있습니다.

여러 명령을 한 줄로 합하기

보통 Visual Basic 문은 한 줄에 한 문장씩 쓰며 문 종료 부호를 사용하지 않습니다. 그러나 콜론(:)을 사용하면 분리된 두 개 이상의 문장을 한 줄에 작성할 수 있습니다.

```
Text1.Text = "안녕하세요?" : Red = 255 : Text1.BackColor = _
Red
```

그러나 코드를 더 쉽게 읽을 수 있도록 하려면 각 문을 한 줄씩 작성하는 것이 좋습니다.

코드에 주석 넣기

이 안내서의 예제에는 주석 기호(')가 있습니다. Visual Basic은 이 기호 뒤의 모든 단어를 무시합니다. 이 단어들은 개발자나 다른 프로그래머가 코드를 검사할 때 해당 코드의 내용을 쉽게 파악하도록 추가해 놓은 것입니다.

```
'화면의 왼쪽 가장자리에서
'시작하는 주석입니다.
Text1.Text = "안녕!"
'입력란에 친근한 인사말을' 입력해보십시오.
```

주석은 같은 줄에서 문 다음에 놓거나 한 줄을 모두 차지할 수도 있습니다. 두 경우 모두 바로 앞의 코드를 설명한 것입니다. 같은 줄에서 줄 연결 문자 다음에는 주석을 사용할 수 없습니다.

이름 넣기 방법

Visual Basic 코드를 작성하는 과정에서 많은 요소들(Sub 및 Function 프로시저, 변수, 상수 등)을 선언하고 이름을 부여하게 됩니다. Visual Basic 코드에서 선언한 프로시저, 변수 및 상수의 이름은 아래 규칙을 따라야만 합니다.

- 영문자로 시작해야 합니다.
- 마침표나 형식 선언 문자(데이터 형식을 지정하는 특수 문자)를 포함할 수 없습니다.
- 255자를 초과할 수 없습니다. 컨트롤, 폼, 클래스 및 모듈의 이름은 40자를 넘지 않아야 합니다.
- 제한된 키워드와 동일한 이름을 사용할 수 없습니다.

제한된 키워드란 Visual Basic 언어로 사용하고 있는 단어를 말합니다. 여기에는 미리 정의된 문(if, Loop 등), 함수(Len, Abs 등), 연산자(Or, Mod 등) 등이 있습니다.

수 체계의 이해

어떤 작업에서는 특정 수 체계를 사용하는 것이 편리하다. 예를 들어, 16진수를 사용하여 화면 및 색상을 설정할 때 유용하기 쓰인다.

10 진수	8 진수	16 진수
1	&O1	&H1
8	&O10	&H8
10	&O12	&HA
15	&O17	&HF
255	&O377	&HFF

[표2.1] 수체계의 이해

컨트롤(객체)에 사용되는 일반적인 접두어

컨트롤(객체)	객체의 이름	접두어	사용 예
Form	폼	frm	frmMain
Text box	텍스트 박스	txt	txtInput
Check box	체크 박스	chk	chkItem
Combo box	콤보 박스	cbo	cboLang
Command button	명령 버튼	cmd	cmdCANCEL
Frame	프레임	fra	fraRegion
Image	이미지	img	imgBackground
Label	레이블	lbl	lblText
Line	선	lin	linVertical
List box	리스트 박스	lst	lstPrice
Directory list box	디렉터리 리스트 박스	dir	dirDestination
Drive list box	드라이브 리스트 박스	drv	drvCDROM
File list box	파일 리스트 박스	fil	filTarget
Grid	표 컨트롤	grd	grdTable
Data-bound grid	데이터 연결 표 컨트롤	dbg	dbgTable
Data	데이터 컨트롤	dat	datSource
Data-bound combo box	데이터 연결 콤보 박스	dbc	dbcLang
Horizontal scroll bar	수평 스크롤바	hsb	hsbColor

↓ 뒤 페이지에서 계속

컨트롤(객체)	객체의 이름	접두어	사용 예
Data-bound list box	데이터 연결 리스트 박스	dbl	dblPrice
Menu	메뉴	mnu	mnuFileExit
OLE Container	OLE 컨트롤	ole	oleWeb
Option Button	옵션 버튼	opt	optLang
Picture box	그림 박스	pic	picAnimation
Shape	도형	shp	shpRect
Timer	타이머	tmr	tmrTimer
Vertical scroll bar	수직 스크롤바	vsb	vsbHeight

[표2.2] 객체에 이름 부여할 때 널리 사용되는 접두어

Sub 프로시저

Sub 프로시저는 이벤트에 대한 응답으로서 실행되는 코드 블록입니다. 모듈의 코드를 Sub 프로시저로 나눔으로써 응용프로그램의 코드를 쉽게 찾거나 수정할 수 있습니다. Sub 프로시저의 구문은 다음과 같습니다.

```
[Private|Public][Static]Subprocedurename (arguments)
statements
End Sub
```

프로시저가 호출될 때마다 Sub와 End Sub 사이의 statements가 실행됩니다. Sub 프로시저는 표준 모듈, 클래스 모듈, 폼 모듈 등에 배치할 수 있습니다. Sub 프로시저는 모든 모듈에서 Public(기본 값)입니다.

일반 프로시저

일반 프로시저는 응용프로그램이 특정 작업을 수행하는 방법을 응용프로그램에게 알려줍니다. 일단 일반 프로시저가 정의되면 응용프로그램에 의해 호출됩니다. 반대로 이벤트 프로시저는 사용자나 시스템에 의해 발생되는 이벤트에 응답하기 위해 호출될 때까지 대기 상태로 남아 있습니다.

일반 프로시저는 왜 작성할까요? 한 가지 이유는 몇 개의 다른 이벤트가 동일한 기능 수행을 필요로 할지도 모른다는 것입니다. 좋은 프로그램을 작성하려면 별도의 프로시저(일반 프로시저)에 공통 문을 넣고 이것을 호출하는 이벤트 프로시저를 가져오는 것입니다. 이렇게 함으로써 코드가 중복되는 것을 없애고 응용프로그램의 관리가 쉬워집니다. 아래 그림은 일반 프로시저의 사용법을 설명합니다. Click 이벤트의 코드는 ButtonManager Sub 프로시저를 호출합니다. 자신이 코드를 실행하고 Click 이벤트 프로시저에 컨트롤을 반환합니다.

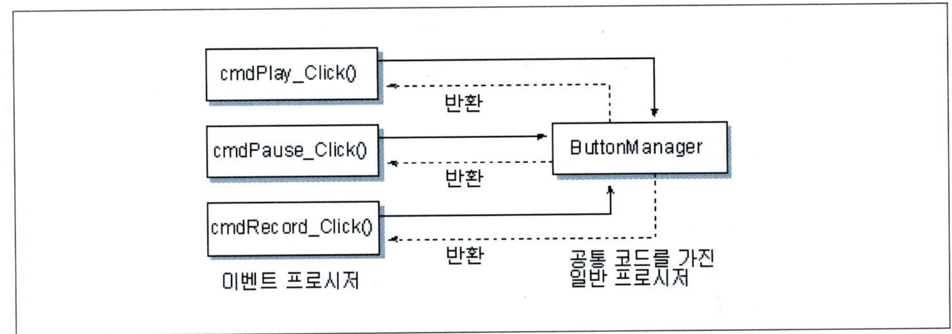

[그림2.5] 일반 프로시저가 이벤트 프로시저에 의해 호출되는 방법

이벤트 프로시저

Visual Basic에서 개체가 이벤트가 발생한 것을 인지하면 자동으로 이벤트의 이름을 사용하는 프로시저를 호출합니다. 이름은 개체와 코드 사이의 관계를 반영하므로 이벤트 프로시저는 폼과 컨트롤에 첨부된다고 할 수 있습니다.

- 컨트롤에 대한 이벤트 프로시저 : 컨트롤의 실제 이름(Name 속성에서 지정), 밑줄 문자(_), 이벤트 이름 등으로 조합됩니다. cmdPlay라는 이름의 명령 단추를 눌렀을 때 이벤트 프로시저를 호출하려면 cmdPlay_Click 프로시저를 사용합니다.
- 폼에 대한 이벤트 프로시저는 "Form"이라는 단어, 밑줄 문자, 이벤트 이름 등을 조합하여 사용합니다. 눌렀을 때 이벤트 프로시저를 호출하는 폼을 원하면 Form_Click 프로시저를 사용합니다. 컨트롤과 마찬가지로 폼은 고유한 이름을 갖지만 이벤트 프로시저의 이름에는 사용되지 않습니다. MDI 폼을 사용하고 있다면 이벤트 프로시저는 MDIForm_Load와 같이 "MDIForm", 밑줄 문자, 이벤트 이름을 조합하여 사용합니다.

단축키

프로그래밍 작업에서 단축키를 사용하면 프로그래머의 작업시간을 단축할 수 있으며 널리 사용되고 있는 단축키의 종류는 폼에서 사용되는 단축키, 도구상자에서 사용하는 단축키, 코드 입력 창에서 사용하는 단축키가 있습니다.

폼에서 사용되는 단축키

단 축 키	기 능
F7	선택한 객체의 코드 창을 연다.
Ctrl + C	선택한 객체를 클립보드에 복사한다.
Ctrl + V	클립보드에 있는 내용을 붙여 넣는다.
Ctrl + X	선택한 객체를 클립보드에 오려 둔다.
Ctrl + Z	방금 삭제한 객체를 복원한다.
Del	선택한 객체를 삭제한다.
Ctrl + E	메뉴 편집기 창이 나온다
Ctrl + J	두 객체가 겹쳤을 때 선택된 객체 앞으로
Ctrl + K	두 객체가 겹쳤을 때 선택된 객체 뒤로
Ctrl + ←, →, ↑, ↓	모눈(Grid)단위 또는 픽셀 단위로 방향키에 따라 컨트롤을 이동

[표2.3] 폼에서 사용하는 단축키

도구상자에서 사용하는 단축키

단 축 키	기 능
Enter↵	선택된 컨트롤을 폼에 놓는다
Tab	도구상자에 있는 다음 컨트롤을 선택한다
End	도구상자의 마지막 컨트롤을 선택한다
Home	도구상자의 처음 컨트롤을 선택한다
Alt + F4	도구상자를 닫는다

[표2.4] 도구 상자에서 사용하는 단축키

코드 입력창에서 사용되는 단축키

단 축 키	기 능
Ctrl + P	인쇄
Ctrl + H	바꾸기
Ctrl + V	붙여 넣기
Ctrl +F	찾기
Ctrl + Z	실행 취소
Ctrl + J	속성/메서드 목록
Ctrl + I	요약 정보
Ctrl + G	직접 실행 창
Ctrl + R	프로젝트 탐색기
F2	객체 찾아보기
F3	다음 찾기
F4	속성 창
F5	시작
F8	한 단계씩 코드 실행/ 프로시저 단위 실행

[표2.5] 코드 입력 창에서 사용되는 단축키

프로그래밍 작업 순서

비주얼 베이직 프로그래밍 작업 순서는 다음과 같습니다.

입출력 인터페이스 만들기

첫 번째 단계로서 폼 디자이너 창에 도구 모음에 있는 컨트롤 객체를 이용하여 프로그램의 목적에 맞게 선택하여 입력과 출력을 위한 디자인을 하기 위한 단계입니다. 사용방법은 도구 모음의 아이콘을 더블 클릭하거나 폼 디자이너 창에서 마우스를 이용하여 드래그 드롭하면 됩니다.

속성 설정

두 번째 단계로서 폼 디자이너 창에 입력과 출력용으로 사용된 각각의 컨트롤 객체의 이름, 색상, 크기, 캡션 등의 속성을 지정하는 단계입니다. 사용하는 방법은 오른쪽 속성 창에서 원하는 속성을 선택하여 입력하면 바로 적용됩니다.

코드 쓰기

세 번째 단계로서 컨트롤 객체에 이벤트를 선택하여 프로그래밍 하는 과정으로 프로그래밍 과정에서 가장 중요한 과정입니다. 사용하는 방법은 프로젝트 탐색기를 이용하거나 코드 값을 입력하고 싶은 컨트롤 객체를 더블 클릭하여 코드 값을 입력할 수 있습니다.

프로그램 실행(에러 수정 작업)

프로그램의 작업이 완료되면 프로그램을 바로 실행할 수 있는데, 이 과정에서 에러가 발생하였을 경우에는 바로 코드 값의 에러 부분을 수정하여 다시 실행하면 결과를 확인할 수 있습니다.

프로그램 저장

에러 없이 완성된 프로그램을 저장하는 방법입니다. 사용자가 주의할 사항은 폼 파일(*.Frm)과 프로젝트 파일(*.Vbp)을 따로 따로 저장하였다가 파일을 불러들일 때는 프로젝트 파일(*.Vbp) 선택하여 불러들일 수 있습니다.

실행파일 만들기

프로그램 작업 진행 과정에서 에러 없이 실행되고 파일을 저장하게 되면 다음은 실행 파일을 만들어야 합니다. 실행 파일의 확장자는 '*.exe'로 저장됩니다. 만약, 사용자가 소스 프로그램을 미리 저장하지 않고 실행 파일을 만든다면 [Project1.exe 만들기(K)...]로 메뉴에 표시됩니다.

2.2 처음 시작하는 프로그램

Visual Basic에서 응용프로그램을 작성하기 위해 다섯 가지 주요 단계가 있습니다.

(1) 입출력 인터페이스 만들기
(2) 속성 설정
(3) 코드 쓰기
(4) 프로그램 실행(에러 수정 작업)
(5) 프로그램 저장
(6) 실행파일 만들기

이러한 과정이 어떻게 수행되었는지 알기 위해 명령 단추와 입력란이 있는 간단한 응용프로그램을 만들어 주는 다음 프로시저에서의 단계를 사용합니다. 명령 단추를 눌렀을 때 "안녕하십니까?"라는 메시지가 입력란에 나타납니다.

입출력 인터페이스 만들기

폼은 응용프로그램의 인터페이스를 작성하는 토대입니다. 폼을 사용하여 대화상자와 창을 응용프로그램에 추가할 수 있습니다. 응용프로그램의 인터페이스에서 볼 수 없는 부분에 대한 항목의 컨테이너로 폼을 사용할 수도 있습니다. 예를 들어 다른 폼에 표시하려는 그래픽의 컨테이너로 쓰이는 응용프로그램에 폼을 가질 수 있습니다.

Visual Basic 응용프로그램을 작성하기 위한 첫 단계는 응용프로그램 인터페이스의 기초가 될 폼을 작성하는 것입니다. 그리고 작성한 폼에 인터페이스를 만들어 낸 개체를 끌어옵니다. 이렇게 처음 만든 응용프로그램에서 도구 상자로부터 두 개의 컨트롤을 사용할 수 있습니다.

단추	컨트롤
abl	TextBox
⌐	CommandButton

[표2.6] 프로그램에 사용되는 컨트롤

그릴 컨트롤에 해당하는 도구를 누릅니다. 여기서는 TextBox를 선택합니다.
폼 위에서 포인터를 움직입니다. 포인터는 그림 2.6에서와 같이 십자 모양이 됩니다.

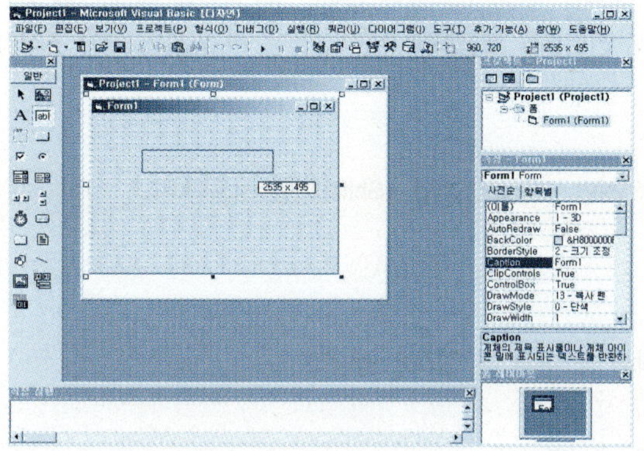

[그림 2.6] 도구상자로 TextBox 그리기

❶ 컨트롤의 왼쪽 위 부분이 놓일 곳에 십자 모양을 놓습니다.
❷ 원하는 크기가 될 때까지 십자 모양을 끌어 놓습니다. 끌기란 마우스 왼쪽 단추를 누른 채로 개체
  를 움직이는 동작을 말합니다.
❸ 마우스 단추를 놓습니다.
❹ 컨트롤이 폼 위에 나타납니다.

폼에 컨트롤을 추가하는 다른 간단한 방법은 도구 상자에서 해당 컨트롤 단추를 두
번 누르는 것입니다. 이렇게 하면 폼의 중앙에 기본 크기 컨트롤이 만들어 집니다. 폼
위의 다른 위치로 컨트롤을 이동시킬 수 있습니다.

컨트롤 크기 조정, 이동, 잠금

크기 조정 핸들이라고 불리는 조그만 직사각형 상자가 컨트롤의 모서리에 나타납니
다. 컨트롤의 크기를 다시 조정한 다음 이러한 크기 조정 핸들을 사용합니다. 또한 마
우스, 키보드와 컨트롤을 이동하는 메뉴 명령을 사용할 수 있으며, 컨트롤 위치를 잠그
거나 잠그지 않을 수 있고 변경할 수 있습니다.

컨트롤의 크기를 조정하려면

❶ 크기를 조정할 컨트롤을 마우스로 선택합니다.
❷ 크기 조절 핸들이 컨트롤에 나타납니다.
❸ 크기 조절 핸들 위에 마우스 포인터를 놓고 컨트롤이 원하는 크기가 될 때까지 끕니다.
❹ 모서리 핸들은 수직과 수평으로 컨트롤을 조정하며 옆면 핸들은 한 방향만 크기 조정합니다.
❺ 마우스 단추를 놓습니다.
　-또는-
　선택된 컨트롤의 크기를 조정하려면 〈화살표〉키와 〈Shift〉키를 사용합니다.

컨트롤을 이동시키려면,

　이동할 컨트롤을 마우스로 눌러서 폼 내의 새 위치로 끕니다.
　-또는-
　속성 창에서 Top과 Left 속성을 변경합니다.

　컨트롤을 선택한 후 <화살표(←, →, ↑, ↓)>키와 Ctrl 키를 사용하여 선택한 컨트롤을 한 번에 한 모눈 단위로 이동할 수 있습니다. 모눈 설정이 되어 있지 않으면 픽셀 단위로 이동합니다.

모든 컨트롤 위치를 잠그려면

[서식] 메뉴에서 [컨트롤 잠그기]를 선택합니다.
　-또는-
[보기] 메뉴에서 [도구 모음]/[폼 편집기]의 [컨트롤 잠금 설정/해제] 단추를 누릅니다.

　이렇게 하면 폼의 모든 컨트롤이 현재 위치에서 고정됩니다. 따라서 컨트롤을 실수로 이동하는 일이 발생하지 않습니다. 이것은 선택된 폼 위에서만 컨트롤을 잠그고, 다른 폼 위의 컨트롤에는 영향을 주지 않습니다. 이것은 설정/해제 명령이므로 컨트롤 위치를 잠그지 않게 하는 데도 사용할 수 있습니다.

Ctrl 키를 누른 상태에서 해당 〈화살표 ←, →, ↑, ↓〉키를 누르면 포커스를 가지는 컨트롤을 "조금씩 이동할 수" 있습니다.

-또는-

속성 창에서 컨트롤의 Top과 Left 속성을 바꿀 수 있습니다.

그림 2.7에서처럼 "안녕하십니까?" 응용프로그램을 위한 인터페이스가 작성되었습니다.

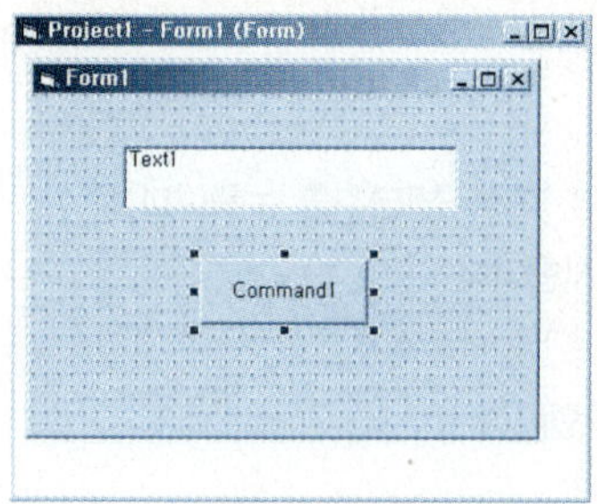

[그림 2.7] 응용프로그램을 위한 인터페이스

속성 설정

다음 단계는 작성한 개체에 대한 속성을 설정하는 것입니다. 속성 창(그림 2.8)은 폼의 모든 개체에 대한 속성을 쉽게 설정할 수 있는 방법을 제공합니다. 속성 창을 열려면 [보기] 메뉴에서 [속성 창] 명령을 선택하고 도구 모음에서 [속성 창] 단추를 누르거나 컨트롤에 대한 상황에 따른 메뉴를 사용합니다.

[그림 2.8] 속성 창

속성 창은 아래와 같은 요소로 구성됩니다,

❶ 개체 상자 — 속성을 설정할 수 있는 개체 이름을 표시합니다. 현재 폼에 대한 개체의 목록을 표
  시하려면 개체 상자의 오른쪽에 있는 화살표를 누릅니다.
❷ 정렬 탭 — 속성을 사전 순으로 보거나 모양, 글꼴 등의 항목별로 볼 수 있습니다.
❸ 속성 목록 — 왼쪽 열은 선택된 개체에 대한 모든 속성을 표시합니다. 오른쪽 열에서 설정을 보거
  나 편집할 수 있습니다.

속성 창에서 속성을 설정하려면

❶ [보기] 메뉴에서 [속성 창]을 선택하거나 도구 모음의 [속성 창]단추를 누릅니다.
❷ 속성 창은 선택된 폼이나 컨트롤에 대한 설정을 표시합니다.
❸ 속성 목록에서 속성 이름을 선택합니다.
❹ 오른쪽 열에서 새로운 속성 설정을 선택하거나 기록합니다.

속성 목록에 열거된 각 속성은 미리 정의된 설정 값 목록을 가집니다. 설정 상자의
오른쪽에 있는 아래쪽 화살표를 눌러 목록을 표시하거나 목록 항목을 두 번 눌러 목록
에 있는 항목을 순서대로 표시할 수 있습니다.

"안녕하십니까?" 예문에서 세 개의 속성 설정을 바꾸어야 합니다. 다른 속성은 기본
값을 사용합니다.

컨트롤 명	속성	속성 설정값
Form1	Caption	안녕하십니까?
Text1	Text	""
Command1	Caption	확인

[표2.7] 속성 설정 값

아래의 그림은 개체에 대한 속성 값을 설정한 결과 화면을 표시하고 있다.

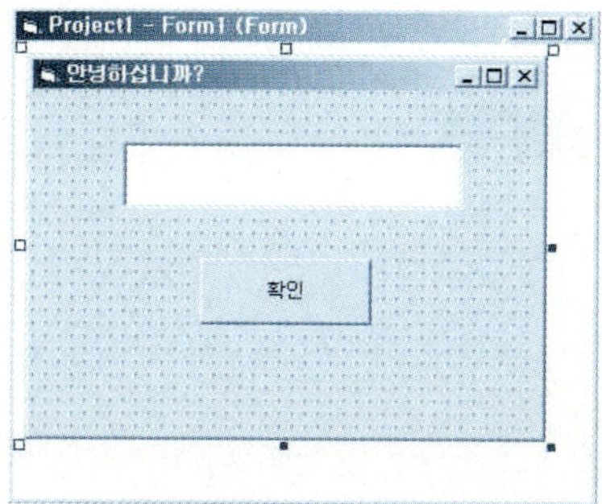

[그림 2.9] 속성 값 지정 결과화면

아이콘 속성 설정

　Visual Basic의 모든 폼은 폼을 아이콘화 할 때 나타나는 기본 아이콘인 일반형을 가집니다. 그러나 이 아이콘은 응용프로그램이나 폼을 사용하여 예시되는 것으로 바뀝니다. 아이콘을 폼으로 지정하려면 폼에 아이콘 속성을 설정합니다. Windows 95에서 사용되는 16×16 픽셀 아이콘뿐만 아니라, Microsoft Windows의 16비트 버전의 표준이며 또한 Windows 95와 Windows NT에서 사용되는 32x32 픽셀 아이콘을 사용할 수 있습니다.

코드 쓰기

　코드 편집 창은 응용프로그램에 대한 Visual Basic 코드를 작성하는 곳입니다. 코드는 언어 문, 상수 그리고 선언문으로 구성됩니다. 코드 편집 창을 사용하면 응용프로그램에서 어떤 코드라도 빨리 보고 편집할 수 있습니다.

코드 창을 열려면

코드를 작성할 컨트롤이나 폼을 두 번 누릅니다.

　-또는-

[프로젝트 탐색기] 창에서 폼이나 모듈의 이름을 선택하고 [코드 보기] 단추를 선택합니다.

그림 2.10은 CommandButton 컨트롤을 두 번 눌렀을 때 나타나는 코드 편집기 창과 해당 명령에 대한 이벤트를 보여줍니다.

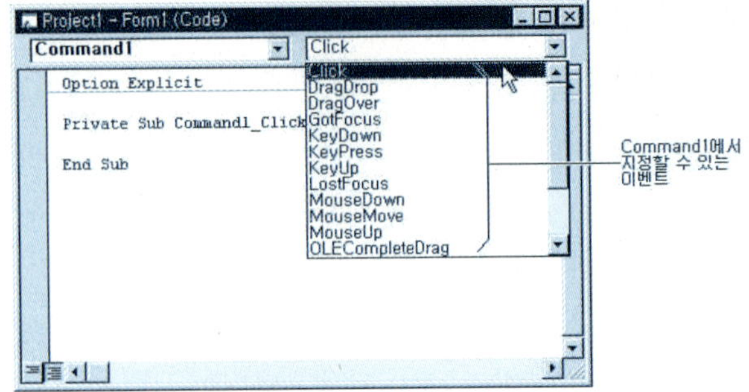

[그림2.10] 코드 편집기창

　같은 코드 창 안의 모든 프로시저를 표시하거나 한 번에 하나의 프로시저를 선택하여 표시할 수 있습니다.

같은 코드 창에서 모든 프로시저를 표시하려면

❶ [도구] 메뉴에서 [옵션] 대화상자를 선택합니다.

❷ [옵션] 대화상자의 [편집기] 탭에서 [전체 모듈 보기를 기본 값으로]의 확인란을 선택합니다. [프로시저 구분선]의 확인란을 선택하면 프로시저 사이에 구분선을 나타내거나 나타내지 않습니다.

　-또는-

　코드 편집기 창의 왼쪽 아래 모서리에 있는 [전체 모듈 보기] 단추를 누릅니다.

코드 창에서 한 번에 한 프로시저를 표시하려면

❶ [도구] 메뉴에서 [옵션] 대화상자를 선택합니다.

❷ [옵션] 대화상자의 [편집기] 탭에서 [전체 모듈 보기를 기본값으로] 확인란의 선택을 취소합니다.

　-또는-

　코드 편집기 창의 왼쪽 아래 모서리에 있는 [프로시저 보기] 단추를 누릅니다.

코드 창은 다음과 같은 요소를 포함 합니다.

❶ 개체 목록 상자 ─ 선택된 개체의 이름 표시. 폼과 연관된 모든 개체의 목록을 표시하는 목록 상자의 오른쪽에 있는 화살표를 누릅니다.

❷ 프로시저 목록 상자 ─ 개체에 대한 프로시저나 이벤트 나열. 선택된 프로시저의 이름이 상자에 나타납니다. 여기서는 Click이 나타납니다. 상자의 오른쪽에 있는 화살표를 누르면 개체에 대한 모든 프로시저를 표시할 수 있습니다.

이벤트 프로시저 작성

　　Visual Basic 응용프로그램의 코드는 프로시저라는 더 작은 블록으로 나누어집니다. 여기서 작성할 이벤트프로시저에는 사용자가 단추를 누르는 것과 같은 이벤트가 발생할 때 실행되는 코드가 있습니다. 컨트롤에 대한 이벤트 프로시저는 Name 속성에 지정된 컨트롤의 실제 이름, 밑줄(_) 그리고 이벤트 이름으로 되어 있습니다. 예를 들어 Command1이라는 CommandButton을 누를 때 이벤트 프로시저가 실행되게 하려면 Sub Command1_Click을 사용하십시오.

이벤트 프로시저를 작성하려면

　　[개체] 목록 상자에서 현재 폼 안의 개체 이름을 선택합니다. 현재 폼은 현재 포커스를 가진 폼입니다.

❶ 여기에 대한 예제를 보려면 Command1이라는 CommandButton을 선택합니다.
❷ [프로시저] 목록 상자에서 선택된 개체에 대한 이벤트 이름을 선택합니다.

　　여기서 Click 프로시저는 CommandButton에 대한 기본 프로시저이기 때문에 이미 선택되었습니다. 이벤트 프로시저를 위한 서식이 코드 창에 지금 표시된다는 것에 주의하십시오.

Sub와 End Sub 문 사이에 아래와 같은 코드를 입력하십시오.

```
Text1.Text = "안녕하십니까?"
```

다음과 같은 이벤트 프로시저가 작성됩니다.

```
Private Sub Command1_Click ()
Text1.Text = "안녕하십니까?"
End Sub
```

　　코드가 "안녕하십니까?"를 읽기 위하여 Text1이라는 컨트롤의 Text 속성을 바꾼다는 것을 알게 됩니다. 이 예제의 구문에서 Text1이 개체이고 Text 가 속성인 objec t.property 폼입니다. 응용프로그램이 실행 중인 동안 발생하는 이벤트에 응답하는 컨트롤이나 어떤 폼에 대한 속성 설정을 바꾸기 위해 이 구문을 사용할 수 있습니다.

프로그램 실행(에러 수정 작업)

프로그램을 실행하려면 [실행] 메뉴에서 [시작]을 선택하거나, 도구 모음에서 [시작] 단추나 F5 키를 누릅니다. 폼에 작성한 CommandButton을 누르면 입력란에 "안녕하십니까?"가 나타납니다.

아래의 그림은 프로그램을 실행한 결과 화면을 표시하고 있다.

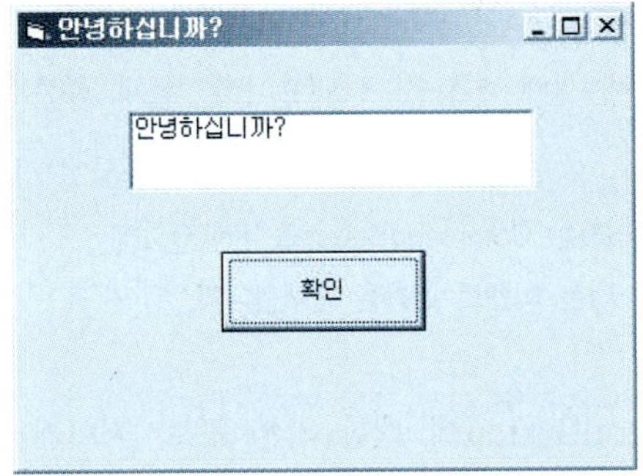

[그림2.11] **프로그램 실행 결과 화면**

만약 프로그램을 실행하였을 경우 에러가 발생하면, 컨트롤 개체명과 변수형 지정 방식 및 출력 형식을 확인하고 코드 입력창에서 수정한 다음, 다시 실행하면 결과를 얻을 수 있다.

프로그램 저장

[파일] 메뉴에서 [프로젝트 저장]을 선택하면 2개의 대화상자가 차례대로 나타납니다. 두개의 대화상자 중에서 첫 번째 대화상자는 폼을 저장하기 위한 대화상자로 파일명의 확장자는 '*.frm'으로 저장됩니다.

사용자가 파일 저장하고자 할 때에는 파일저장 위치를 미리 지정하고 파일을 저장해야만 하는 것을 알아두기 바랍니다.

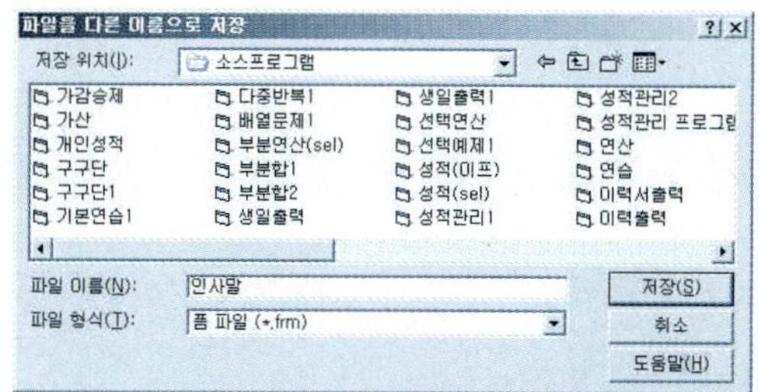

[그림2.12] 폼을 저장하기 위한 대화상자

두 번째 대화상자는 프로젝트 저장을 위한 대화상자로 확장자는 *.vbp 저장됩니다. 프로젝트 저장은 프로젝트에 포함되는 파일 전체를 관리하는 파일입니다.

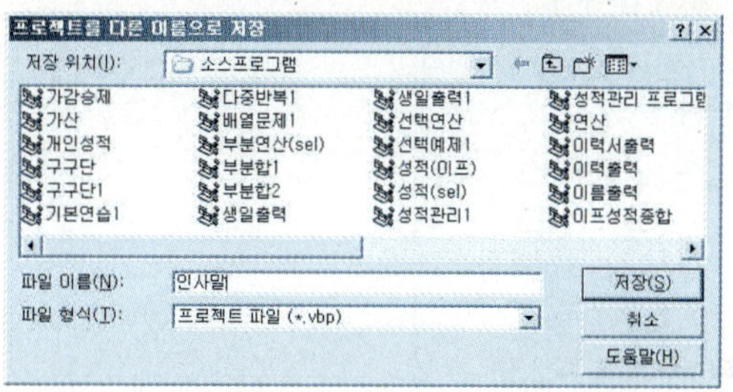

[그림2.13] 프로젝트를 저장하기 위한 대화상자

실행 파일 만들기

프로그램 작업 진행 과정에서 에러 없이 실행되고 파일을 저장하게 되면 다음은 실행 파일을 만들어야 합니다. 실행 파일을 만들기 위해서는 [파일] 메뉴에서 [인사말.exe 만들기(K)...]를 선택하면 소스 파일이 저장된 폴더 위치에 바로 만들 수 있습니다. 실행 파일의 확장자는 *.exe 으로 저장됩니다.

만약, 사용자가 소스 프로그램을 미리 저장하지 않고 실행 파일을 만든다면 [Project1.exe 만들기(K)...]로 메뉴에 표시됩니다.

[그림2.14] 실행 파일을 만들기 위한 대화상자

아래의 그림은 소스 파일과 실행 파일을 생성하고 난 후에, 파일이 저장된 폴더의 위치에 탐색기를 통하여 확인한 결과입니다.

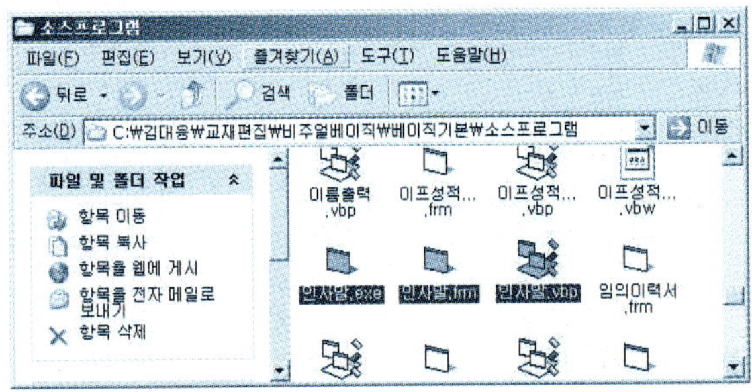

[그림2.15] 탐색기를 통하여 만들어진 파일 확인

실행 파일의 특징은 비주얼 베이직을 실행하지 않고 즉시 윈도우상에서 실행 가능하고 사용자가 프로그램을 수정할 수 없습니다. 단, 비주얼 베이직이 설치된 컴퓨터에서만 실행가능하며, 비주얼 베이직이 설치되지 않은 컴퓨터에서는 Setup.exe 프로그램을 생성해야만 실행 가능합니다.

[그림2.16] 실행파일을 이용한 프로그램 실행

 실습을 통한 프로그램 이해

[실습1] 다음 프로그램을 실습하면서 기본적인 프로그램의 작업 순서를
익히도록 하겠습니다.

비주얼 베이직을 실행하여 [표준.exe]를 선택한 다음, 아래와 같이 폼 디자이너 창에
왼쪽 도구 모음에 있는 Form 컨트롤, Label 컨트롤, Command 컨트롤, Text 컨
트롤을 이용하여 폼을 디자인합니다.

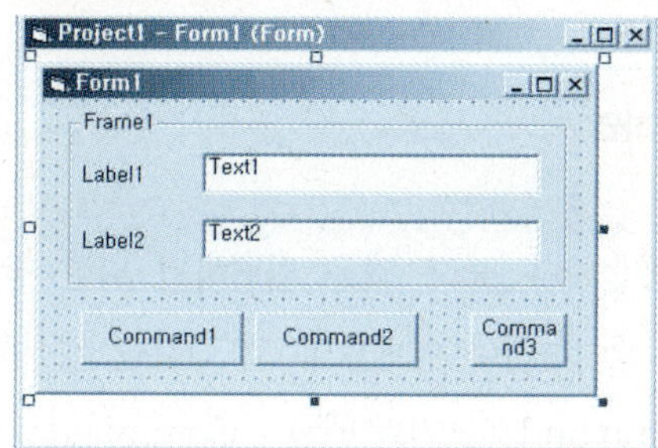

[그림2.17] 폼 디자이너 창에 디자인된 출력 폼

다음은 오른쪽 옆에 있는 속성 창을 이용하여 각각 컨트롤에 속성 값을 아래의 표와
같이 입력합니다. 본 교재에서 사용되는 속성의 종류 중에서 기본적으로 Caption
속성 값만을 설정하고 프로그래밍 하는 과정을 설명하도록 하겠습니다.

컨트롤 명	속 성	속성 설정값
Form1	Caption	이름 출력 프로그램
Frame1	Caption	출력창
Label1	Caption	이 름 :
Label2	Caption	전화번호 :
Text1	Text	""
Text2	Text	""
Command1	Caption	출력버튼
Command2	Caption	초기화버튼
Command3	Caption	종료버튼

[표2.8] 컨트롤 별 속성 설정값

다음 그림 화면은 각 컨트롤 별로 속성 값을 지정한 후에 화면을 표시하고 있습니다.

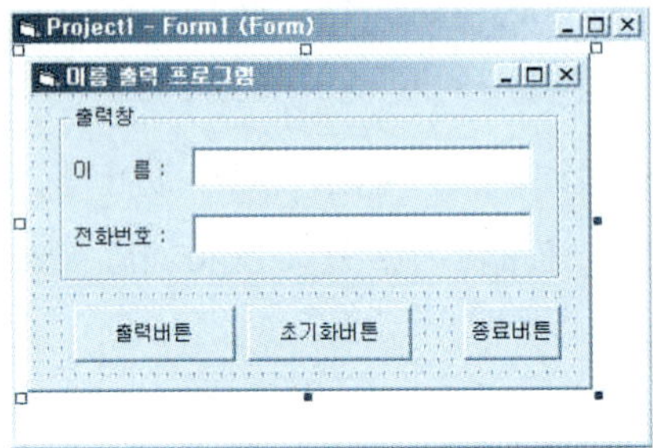

[그림2.18] **컨트롤 별 속성 값 지정 후 화면**

다음은 코드 값을 입력하도록 하겠습니다. 코드 값을 입력하기 위한 방법은 아래와 같이 프로젝트 탐색기창에 버튼을 클릭하거나 이벤트별 코드 값을 입력하고 싶은 컨트롤(Command1(출력버튼), Command2(초기화버튼), Command3(종료버튼))을 더블 클릭하면 코드 입력창이 나옵니다.

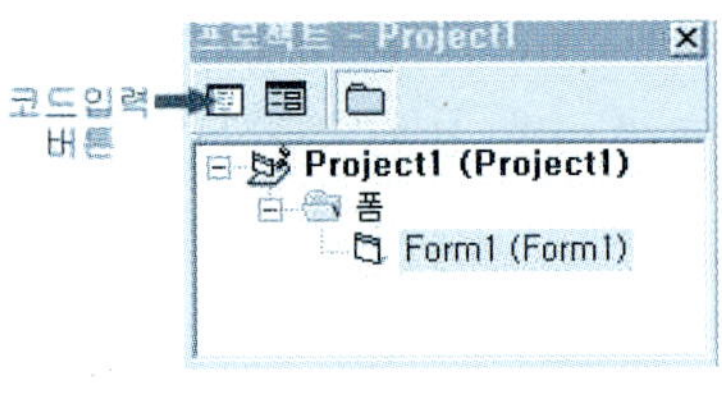

[그림2.19] **코드 입력 버튼**

다음 그림 화면은 코드 입력 버튼을 클릭하였을 경우 혹은 Command 버튼을 더블 클릭 하였을 때의 초기화면을 표시하고 있습니다.

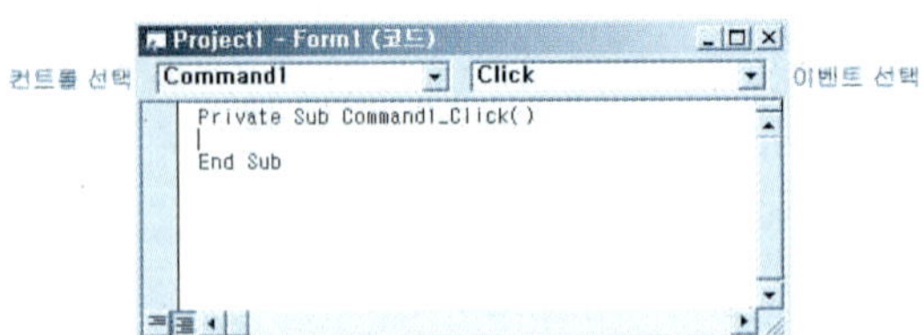

[그림2.20] **코드 입력 초기화면**

코드 입력창에서 각 컨트롤에 이벤트 별 코드 값을 아래와 같이 입력합니다.

```
Private Sub Command1_Click ()
Text1.Text = "홍 길 동" '이름 출력 값
Text2.Text = "011-123-4567" '전화번호 출력 값
End Sub


Private Sub Command2_Click ()
Text1.Text = "" '이름 초기화
Text2.Text = "" '전화번호 초기화
End Sub


Private Sub Command3_Click ()
End '프로그램 종료
End Sub
```

위와 같은 코드 값을 코드 입력창에 입력하고 난 다음 화면을 아래 그림에 표시하고 있습니다.

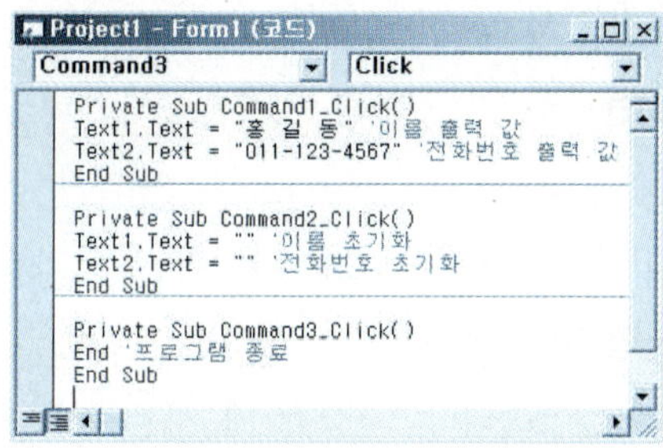

[그림2.21] 이벤트 별 코드 값 입력 화면

위에 코드 값은 각 컨트롤 별 프로그램의 실행 결과는 아래와 같습니다.

❶ Command1[출력버튼] : 이름과 전화번호를 출력합니다.

❷ Command2[초기화버튼] : 이름과 전화번호를 지웁니다.

❸ Command3[종료버튼] : 프로그램을 종료합니다.

다음은 프로그램을 실행하기 위하여 주 메뉴의 [실행]→[시작]을 선택하거나 단축키
(F5)를 누르거나 도구상자의 시작버튼(▶)을 클릭 합니다.

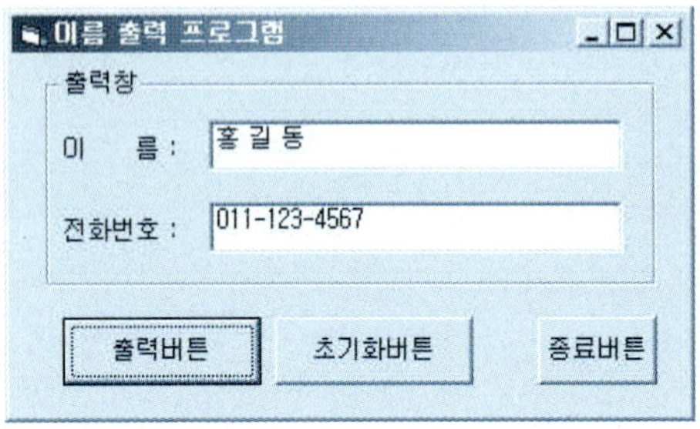

[그림2.22] [출력버튼] 클릭시 결과 화면

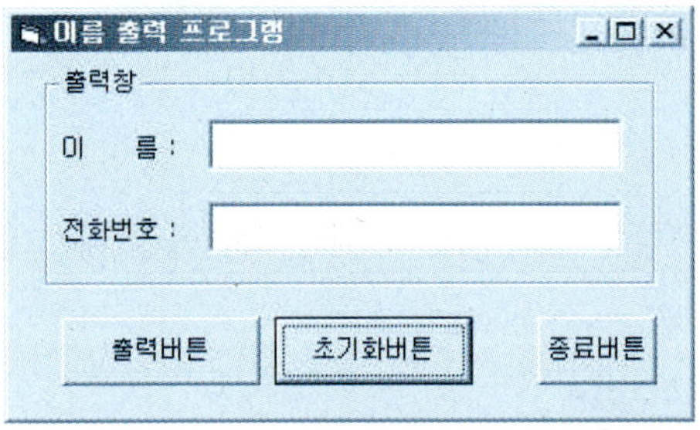

[그림2.23] [초기화버튼] 클릭 시 결과 화면

만약 사용자가 프로그램을 종료하고자 할 때에는 실행 화면의 우측 상단에 ☒ 버튼
을 클릭하거나 [종료버튼]을 클릭하면 바로 프로그램을 종료할 수 있습니다.

이번에는 완성된 프로그램을 저장해 보겠습니다. 저장할 때 사용자가 주의할 사항은
파일을 저장하기 이전에 저장할 폴더를 미리 정의하고 폼 파일(*.frm)과 프로젝트
파일(*.vbp)을 순서대로 저장해야 합니다. 폼 파일과 프로젝트 파일은 확장자가 틀
리므로 파일명은 같게 지정해 가능합니다.

파일을 저장하기 위해서는 주 메뉴의 [파일]→[프로젝트 저장]을 선택하거나 도구 상
자의 🖫 키를 클릭하면 프로젝트 저장을 위한 대화상자가 나타납니다. 이때 사용자
는 파일을 저장하기 위한 폴더를 지정하고 폼 파일을 저장하기 위한 파일명 입력하
고 [저장] 버튼을 선택합니다.

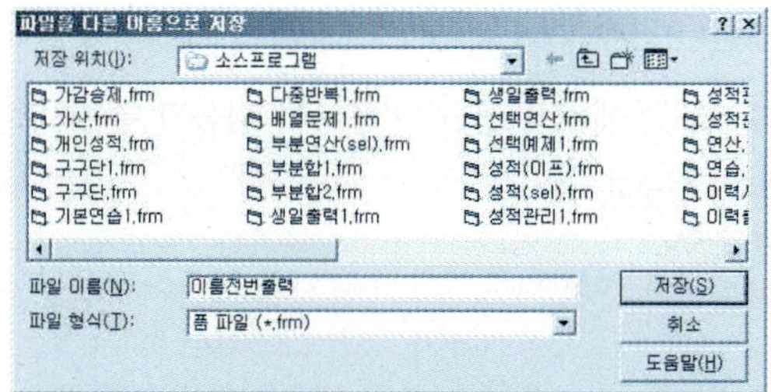

[그림2.24] 프로젝트 저장 초기화면

위와 같은 대화상자에서 사용자는 저장 위치와 파일명을 지정하고 저장 버튼을 클릭한 뒤에 프로젝트 저장 대화상자에서 똑같은 과정을 거치면서 파일을 저장하면 됩니다. 프로그램을 저장하기 전과 후의 프로젝트 탐색기 창에 변화를 살펴보면 다음과 같은 그림으로 결과를 확인할 수 있습니다.

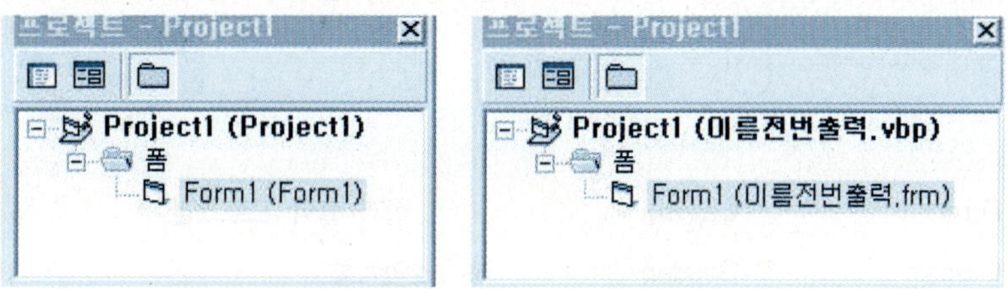

[그림2.25] 프로젝트 파일을 저장 전과 후의 결과 화면

끝으로 사용자는 만약 실행파일을 만들고자 할 때에는 [파일]→[이름전번출력.exe 만들기...]를 선택한 후에 다음과 같은 대화상자에서 [확인] 버튼을 클릭하면 쉽게 실행파일을 만들 수 있습니다. 다음의 대화상자에서 사용자는 실행 파일명을 임으로 변경이 가능합니다.

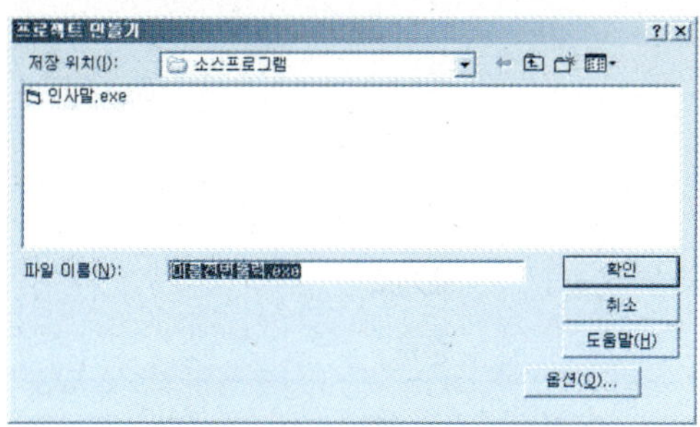

[그림2.26] 실행파일을 만들기 위한 대화상자

[실습2] 아래와 같은 조건을 만족하는 프로그램을 완성하시오.

폼 디자이너 창을 이용하여 도구모음에 컨트롤을 이용하여 다음과 같이 디자인합니다.

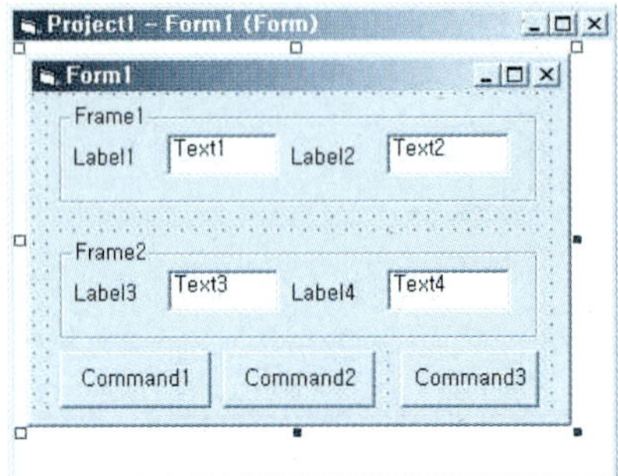

[그림2.27] **폼 디자인 초기화면**

디자인이 끝나면 다음과 같이 컨트롤별로 속성 값을 지정하여 화면에 입출력 디자인을 완성합니다.

컨트롤 명	속 성	속성 설정 값
Form1	Caption	학과 출력 프로그램
Frame1	Caption	임력창
Frame2	Caption	출력창
Label1	Caption	성명입력 :
Label2	Caption	학과입력 :
Label3	Caption	성명출력 :
Label4	Caption	학과출력 :
Text1	Text	""
Text2	Text	""
Text3	Text	""
Text4	Text	""
Command1	Caption	출력
Command2	Caption	초기화
Command3	Caption	종료

[표2.9] **컨트롤 별 속성 설정 값**

아래의 그림은 컨트롤 별 속성 설정 값을 지정한 후에 화면을 표시하고 있습니다.

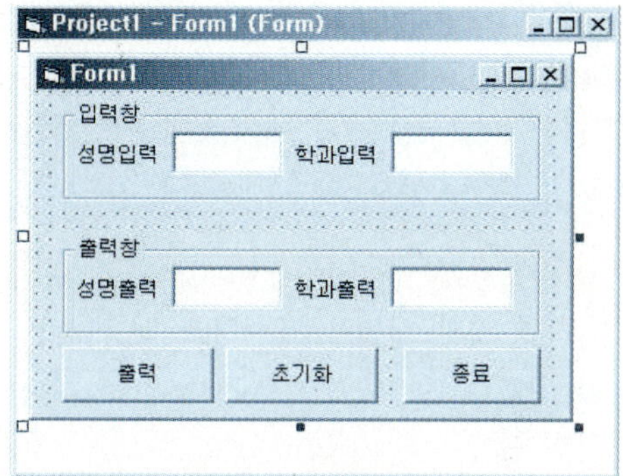

[그림2.28] 폼 디자인 완성화면

폼 디자인이 완성되면 출력버튼, 초기화버튼, 종료 버튼에 코드 값을 입력합니다. 코드 값 입력에서 변수에 데이터형 지정이 있는데, 자세한 설명은 다음 장에서 설명하도록 하겠습니다.

사용자는 다음과 같은 코드 값을 각각 입력합니다.

```
Private Sub Command1_Click()
Dim 성명 As String '성명 입력을 위한 변수형지정
Dim 학과명 As String '학과명 입력을 위한 변수형지정
성명 = Text1.Text '입력된 성명을 변수에 대입
학과명 = Text2.Text '입력된 학과명을 변수에 대입
Text3.Text = 성명 '성명 출력
Text4.Text = 학과명 '학과명 출력
End Sub


Private Sub Command2_Click()
'텍스트 박스의 모든 내용을 초기화
Text1.Text = ""
Text2.Text = ""
Text3.Text = ""
```

↓다음 페이지에서 계속

```
        Text4.Text = ""
        End  Sub


        Private  Sub  Command3_Click()
        End

        End  Sub
```

아래의 그림은 코드 값을 모두 입력한 결과 화면을 표시하고 있습니다.

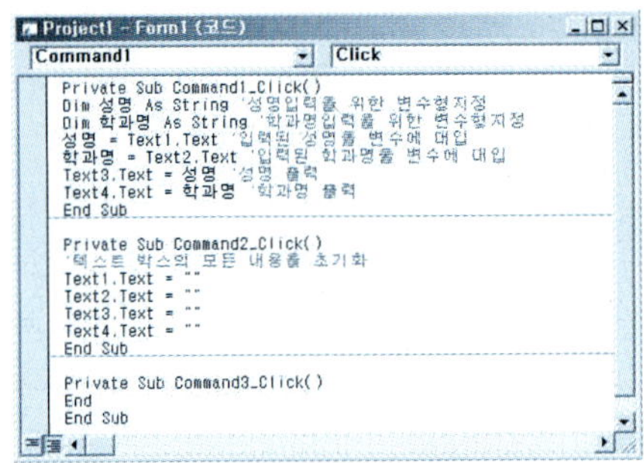

[그림2.29] **코드 값 입력 후 화면**

사용자가 완성된 프로그램을 실행하기 위해서는 우선 이름 입력란과 학과 입력란에 원하는 값을 입력하고 출력 버튼을 눌러야 결과가 출력됩니다.

- **입력 값 예시**

❶ 성명입력 : 김태형
❷ 학과입력 : 정보통신과

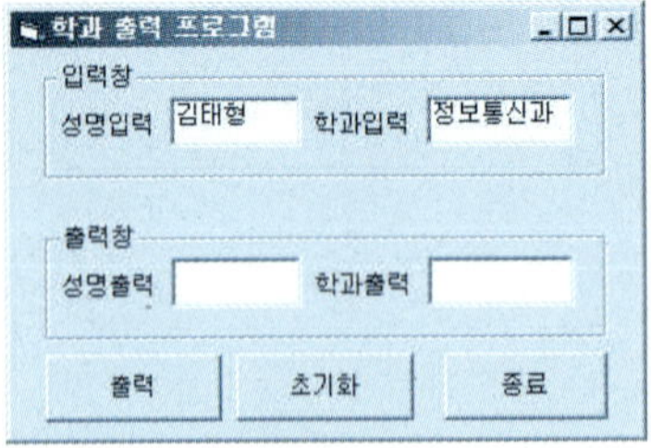

[그림2.30] **입력창에 입력 후 화면**

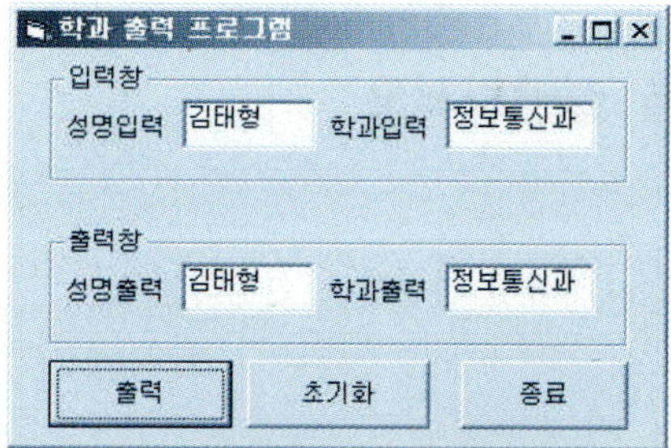

[그림2.31] 출력 버튼 클릭 결과 화면

위와 같은 방법을 이용하여 사용자는 프로그래밍 작업 과정을 다시 한 번 숙지한 후에 초기화 버튼과 종료버튼을 실행하여 결과를 확인한 다음. 프로젝트 저장을 이용하여 다음과 같은 파일명으로 저장합니다.

- 저장 파일명 예시

❶ 폼 파일 : 학과출력.frm
❷ 프로젝트 파일 : 학과출력.vbp
❸ 프로젝트 실행파일 : 학과출력.exe

다음의 문제를 읽고 답을 설명하시오.

❶ 프로젝트를 구성하고 있는 기본 구조에 대하여 간단하게 설명하시오.

❷ 컨트롤(객체)에 사용되는 일반적인 접두어의 의미와 예를 들어 간단하게 설명하시오.

❸ 도구상자에서 사용되는 단축키에 대한 종류와 의미를 설명하시오.

❹ 프로그래밍 작업 순서를 간단하게 설명하시오.

❺ 완성된 프로그램을 저장하기 위한 방법과 기본적으로 저장되는 파일의 확장자를 들어 설명하시오.

다음 프로그램을 완성하시오.

(저장 파일명 : 이력출력.frm, 이력출력.vbp, 이력출력.exe)

다음과 같이 폼 디자이너 창에 입출력 디자인을 한 후에, 컨트롤 별 속성 값을 변경하고 조건에 맞는 프로그램을 완성하시오.

[그림2.32] 입출력 디자인화면(실행 전)

처리 조건

❶ 사용자가 프로그램을 실행하고 입력창에 입력 값 예시를 입력한 뒤에 이력서 출력 버튼을 클릭하여 실행하도록 한다.

❷ 이력서 출력 버튼 : 입력창에 입력된 값을 출력 창에 출력한다.

❸ 초기화 버튼 : 초기화버튼은 입력창과 출력 창 값을 초기화한다.

❹ 종료 버튼 : 실행된 현재 프로그램을 종료한다.

입력 값 예시

❶ 이름 : 오은정

❷ 전화번호 : 019-477-9090

❸ 주소 : 천안시 신부동 188-25

❹ 생년월일 : 80.11.20

단, 사용자는 속성 값 입력 시 Form, Frame, Label, Text, Command 버튼의 속성을 정확하게 입력하고 프로그램을 실행하도록 합니다.

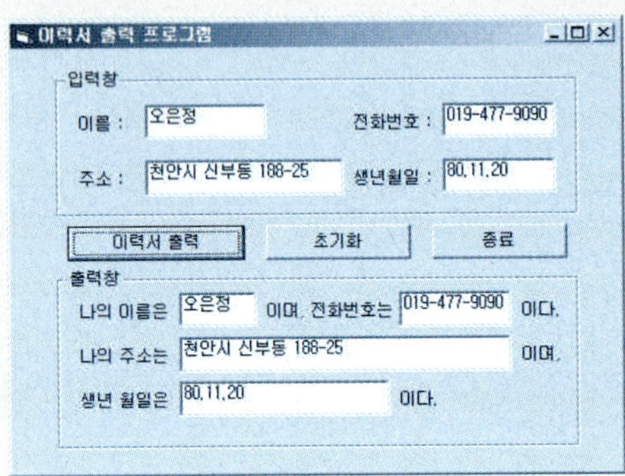

[그림2.33] 이력서 출력 버튼 클릭 시 결과 화면

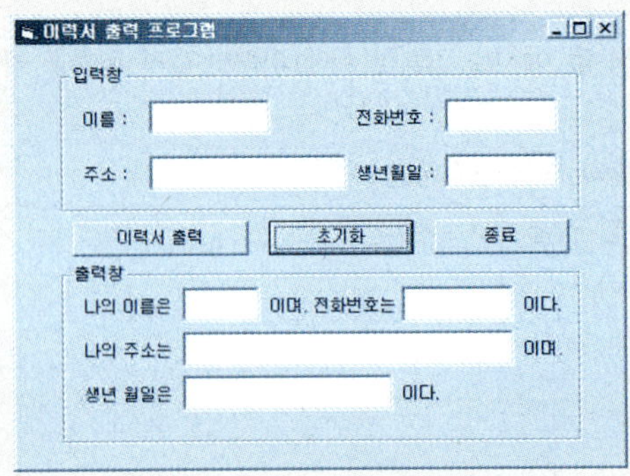

[그림2.34] 초기화 버튼 클릭 시 결과 화면

Chapter 3

데이터 형식과 연산자

3.1 변수와 상수

대부분의 프로그래밍 언어와 마찬가지로 Visual Basic 역시 값을 저장하기 위해 변수를 사용합니다. 변수는 이름(변수가 가지고 있는 값을 참조하기 위해 사용하는 단어)과 데이터형식(변수가 저장할 수 있는 데이터의 종류를 결정한 것)을 가집니다. 관련 변수들의 인덱스 처리된 컬렉션들을 저장하기 위해 배열을 사용할 수도 있습니다.

상수 역시 값을 저장하지만 상수라는 이름이 의미하듯이 이 값은 응용프로그램이 종료될 때까지 항상 일정합니다. 상수를 사용하면 숫자 대신 의미 있는 이름을 사용하므로 코드를 한결 쉽게 이해할 수 있습니다. Visual Basic에는 내부 상수들이 많이 있으나 새로운 상수를 만들 수도 있습니다.

데이터 형식은 Visual Basic에서 데이터를 내부적으로 저장하는 것을 관리합니다. 기본적으로 Visual Basic은 Variant 데이터 형식을 사용합니다. Variant 데이터 형식이 제공하는 여러 가지 유용성이 필요한 경우를 제외하고는 속도나 크기를 최적화하기 위하여 여러 가지 다른 데이터 형식을 사용할 수 있습니다.

변수(Variable)

변수 이름의 규칙

- 영문자, 한글, 숫자, 밑줄문자(_)로 구성된다.
- 첫 번째 문자는 반드시 영문자 혹은 한글로 시작(한글 비주얼 베이직일 경우)해야 하며, 숫자나 특수문자를 사용할 수 없다.

변수 선언 방법

프로시저 내에서 Dim 문을 사용하여 선언된 변수는 해당 프로시저가 실행 중일 때에만 존재합니다. 프로시저가 끝나면 변수의 값은 사라집니다. 또한 프로시저 내의 변수 값은 해당 프로시저에 대하여 지역적입니다.

```
Dim 변수명 As 데이터형식
```

Dim 문의 선택 사항인 As type 절을 사용하면 선언하려는 변수의 데이터 형식이나 개체 형식을 정의할 수 있습니다. 데이터 형식의 몇 가지 예를 들면, String, Integer, Currency 등이 있습니다. 변수는 또한 Visual Basic이나 다른 응용프로그램의 개체를 포함할 수도 있습니다. Object, Form1, TextBox 등은 Visual Basic 개체 형식이나 클래스의 한 예입니다.

올바른 변수 사용 예

- Dim total as Integer
- Dim 합계 As Long
- Dim 이름 As String
- Dim 조건명 As Boolean

틀린 변수 사용 예

- Dim 10A As Integer
- Dim #Kim As Boolean
- Dim For As String

묵시적 변수 선언

변수를 사용하기 전에 선언할 필요는 없습니다. 예를 들어 사용도 하기 전에 선언할
필요가 없는 TempVal을 가진 함수를 작성할 수도 있을 것입니다.

```
Function SafeSqr(num)
    TempVal = Abs(num)
    SafeSqr = Sqr(TempVal)
End Function
```

Visual Basic은 자동적으로 마치 명시적 선언을 한 것처럼 사용할 수 있는 변수
이름을 만듭니다. 물론 이것이 편리하기는 하지만 변수 이름을 잘못 입력한 경우에는
미세한 오류를 발생시킬 수 있습니다.

명시적 변수 선언

Visual Basic이 명백하게 변수로 선언되지 않은 이름을 만날 때마다 경고하도록
규정하면 변수 이름을 잘못 입력하여 발생하는 문제를 사용자가 미리 알 수 있습니다.
사용자가 변수를 명백하게 선언하기 위해서는 다음과 같은 내용을 코드 입력 창에 추
가해야 합니다.

- 아래 문을 클래스나 폼, 표준 모듈의 선언 영역에 추가합니다.
- Option Explicit
- 또는 [도구] 메뉴에서 [옵션]을 선택하고 [편집기] 탭을 누른 후 [변수 선언 요구]를 선택합
  니다.

이렇게 하면 어떠한 새로운 모듈에서도 Option Explicit 문이 삽입됩니다. 그러나
이미 작성된 모듈에는 해당되지 않으므로 프로젝트 내에 이미 존재하는 모듈에 대해서
는 Option Explicit 문을 수동으로 추가해야 합니다.

프로시저 내에서 사용된 변수

프로시저 수준의 변수는 선언된 프로시저 내에서만 인식됩니다. 이러한 변수를 지역

변수라고도 합니다. 아래 예와 같이 Dim 또는 Static 키워드로 선언합니다.

```
Dim intTemp As Integer
Static intPermanent As Integer
```

Static으로 선언된 지역 변수의 값은 응용프로그램이 실행되는 전체 시간 동안 존재하지만 Dim으로 선언된 지역 변수는 프로시저가 실행되는 동안에만 존재합니다.

모듈 내에서 사용되는 변수

모듈 수준 변수는 기본적으로 모듈 내의 모든 프로시저에서 사용할 수 있으나 다른 모듈의 코드에서는 사용할 수 없습니다. 아래 예와 같이 모듈 처음의 선언 영역에 Private 키워드를 사용해 선언하면 모듈 수준 변수가 생성됩니다.

```
Private intTemp As Integer
```

모듈 수준에서는 Private와 Dim 사이의 차이가 없습니다. 그러나 Public과 쉽게 대조되어 코드 이해가 쉽기 때문에 Private를 더 많이 사용합니다.

전체 모듈에서 사용되는 변수

Public 키워드를 사용하여 변수를 선언하면 모듈 수준의 변수를 다른 모듈에서도 사용할 수 있습니다. 이러한 공용 변수가 가진 값은 응용프로그램의 모든 프로시저에서 사용할 수 있습니다. 모든 모듈 수준 변수와 마찬가지로 공용 변수도 모듈 처음의 선언 영역에 선언됩니다.

```
Public intTemp As Integer
```

프로시저 내에서 공용 변수를 선언할 수 없습니다. 반드시 모듈의 선언 영역에서 선언해야 합니다.

상수(Constant)

상수는 프로그램 내에서 값이 변하지 않고 항상 일정한 값을 유지하며, 상수를 선언할 때 사용하는 모듈의 레벨에 따라 Public 문과 Private 문을 제한적으로 사용할 수 있는데, public 나 Private를 생략하면 자동으로 Private 로 상수가 선언된다. 상수 선언 구문은 다음과 같습니다.

```
[Public|Private] 상수명 [As 데이터 형식] = 상수값
```

여기에서 상수명(변수명) 인수는 유효한 기호 이름이고 상수값은 숫자 또는 문자열 상수와 연산자로 구성됩니다.

```
파이 = 3.14159265358979
Public 최대값 As Integer = 9
날짜 = #1/1/95#
```

쉼표(:)를 사용하여 상수를 구분하면 같은 줄에 여러 개의 상수를 정의할 수 있습니다.

```
Pi = 3.14 : A = 100 : Total = 2000
```

3.2 데이터형식 지정

데이터 형식에 따른 값의 범위

자료형	크기(Byte)	범 위	저장 내용
Byte	1	0 ~ 255	정수
Boolean	2	True, False	논리값
Integer	2	-32,768 ~ 32,767	정수
Long	4	-2,147,483,648 ~ 2,147,483,647	정수
Single	4	3.402823E38 ~ 1.401298E-45	실수
Double	8	±4.94065645841247E-324 ~ ±1.79769313486232E308	실수
Date	8	Jan 1, 100 ~ Dec 31, 9999	날짜
Object	4	아무객체나 참조	객체
String	10+문자열 길이(문자당 1 Byte)		문자열
Variant	22+문자열 길이(숫자 혹은 문자)		모든 유형

[표3.1] 데이터 형식과 그 의미

숫자 데이터 형식

Visual Basic에는 Integer, Long(long integer), Single(단정도 부동 소수점), Double(배정도 부동 소수점) 및 Currency 등의 숫자 데이터 형식이 있습니다.

```
Dim 국어 As Integer '국어 변수를 정수형으로 지정
Dim 총점 As Long '총점 변수를 정수형으로 지정
Dim 평균 As Single '평균 변수를 실수형으로 지정
국어 = 100 '100점 대입(정수 값)
총점 = 35,000 '35,000점 대입(정수 값)
평균 = 99.90 '99.90점을 대입(실수 값)
```

Byte 데이터 형식

변수가 이진 데이터를 포함한다면 Byte 데이터 형식의 배열로 선언합니다. Byte 변수를 사용하여 이진 데이터를 저장하면 형식 변환이 있을 때까지 값을 보관하게 됩니다.

```
Dim 카운트 As Byte '카운트 변수를 바이트형으로 지정
        카운트 = 1 '1을 대입
```

String 데이터 형식

숫자 값이 아닌 문자열만을 포함하는 변수는 String 형식으로 선언할 수 있습니다.
문자열 값을 대입하고자 할 때에는 상수 값 양쪽에 "" 인용 부호가 있어야 합니다.

```
Dim 과목명 As String '가변길이 문자열 변수로 지정
Dim Name As String * 10 '고정길이 문자열 변수로 지정
        S = "Database" '문자열 대입
        Name = "KimDaeEung" '문자열 대입
```

Boolean 데이터 형식

단지 참/거짓, 예/아니오, 켜짐/꺼짐 등의 정보만을 갖는 변수라면 Boolean 형식으
로 선언할 수 있습니다. Boolean의 기본 값은 False입니다.

```
Dim 조건결과 As Boolean '조건결과 변수를 논리형 변수로 지정
        조건결과 = 100>200 '조건결과에 거짓을 대입
```

Date 데이터 형식

날짜와 시간 값은 특정 Date 데이터 형식과 Variant 변수에 포함될 수 있습니다.
동일한 일반 특징이 두 형식의 날짜에 적용됩니다. 사용 가능한 날짜는 100/1/1~9999
/12/31까지 지정 가능하며, 사용 가능한 시간은 0:00:00~23:59:59까지 사용할 수 있
습니다.

Variant 데이터 형식

Variant 변수는 모든 시스템에 의해 정의된 데이터 형식을 저장할 수 있습니다. 시
스템에 의해 정의된 데이터 형식들을 Variant 변수로 지정하면 이들 데이터 형식을

매번 변환시킬 필요가 없습니다.

```
SomeValue = "17"   ' SomeValue는 "17"입니다(문자열)
SomeValue = SomeValue - 15   ' SomeValue의 값은 숫자 2입니다.
```

Null 값

Variant 데이터 형식은 특정 값인 Null을 포함할 수 있습니다. Null은 일반적으로 데이터 형식이 알려지지 않았거나 데이터가 없음을 나타내기 위해 데이터베이스 응용 프로그램 내에서 사용됩니다.

변수 선언 없이 사용 가능한 자료형

다음과 같이 정의된 특수문자를 변수명 뒤에 사용하여 지정하면 데이터형 지정이 없이도 변수에 자료형을 지정할 수 있습니다.

변수형	문자형	사 용 예
Integer	%	A% = 100
Long	&	A& = 100,000
Single	!	A! = 3.14
String	$	A$ = "KimDaeEung"

[표3.2] 변수 선언 없이 사용 가능한 자료형

3.3 연산자의 개념

비주얼 베이직이 제공하는 산술 연산자, 관계 연산자, 논리 연산자, 연결 연산자 의 기능과 하나의 수식에 여러 가지 연산자가 있는데 각각 연산자의 종류에 대하여 설명하도록 하겠습니다.

3.4 산술 연산자

산술 연산자에는 대표적인 4칙 연산자와 기타 연산자가 있으며, 산술 연산자의 종류와 기능은 다음과 같습니다.

연산자	기 능
+	두 수를 더함
-	두 수의 차를 구하거나 어떤 수의 음수를 구함
*	두 수를 곱함
/	두 수를 나눈 소수점 몫을 돌려 줌
^	어떤 수의 제곱을 구함
₩	두 수를 나눈 정수 몫을 돌려 줌
Mod	두 수를 나눈 나머지를 돌려 줌

[표3.3] 산술 연산자의 종류와 기능

[실습1] 다음 프로그램을 실습하면서 산술 연산자의 사용 방법을 이해하도록 하겠습니다.

(저장 파일명 : 더하기.frm, 더하기.vbp, 더하기.exe)

처리 조건

❶ 사용자가 프로그램을 실행하고 입력창에 정수형 값을 입력한 뒤에 계산시작 버튼을 클릭하여 결과 값을 출력 창에 출력하도록 한다.

❷ 계산시작 버튼 : 연산 결과를 출력 창에 출력한다.

❸ 초기화 버튼 : 초기화버튼은 입력창과 출력창 값을 초기화한다.

❹ 종료 버튼 : 실행된 현재 프로그램을 종료한다.

❺ 변수형 지정은 정수형으로 선언한다.

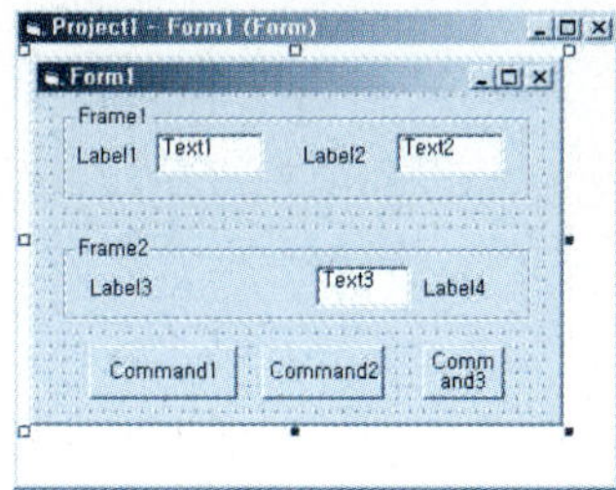

[그림3.1] 속성 값 지정 전 입출력 화면

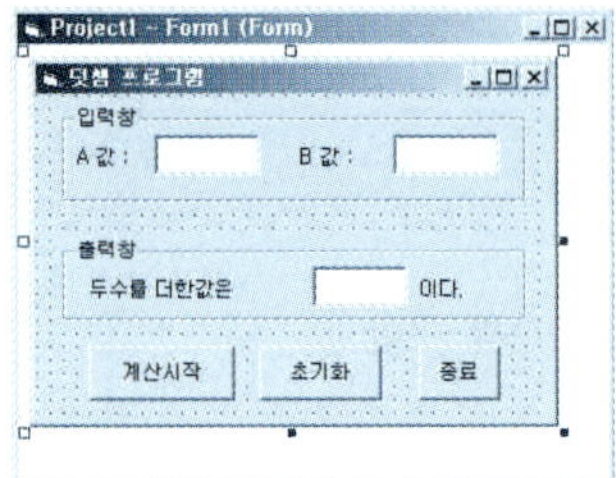

[그림3.2] 속성 값 지정 후 입출력 화면

입출력 디자인과 속성 값을 변경하였으면, 다음과 같은 코드 값을 각각 Command button에 입력시킵니다.

```vb
Private Sub Command1_Click()
    '입출력용 변수를 정수형으로 선언
    Dim A As Integer
    Dim B As Integer
    Dim total As Integer
    '입력 자료를 숫자형으로 변환하여 변수에 대입
    A = Val(Text1.Text)
    B = Val(Text2.Text)
    '계산 결과를 변수에 대입
    total = A + B
    '계산 결과를 출력
    Text3.Text = total
End Sub

Private Sub Command2_Click()
    '텍스트 박스를 초기화
    Text1.Text = ""
    Text2.Text = ""
    Text3.Text = ""
End Sub

Private Sub Command3_Click()
    End
End Sub
```

아래의 그림은 임의의 정수 값을 입력한 뒤에 계산시작 버튼을 클릭하였을 경우에
화면을 표시하고 있습니다.

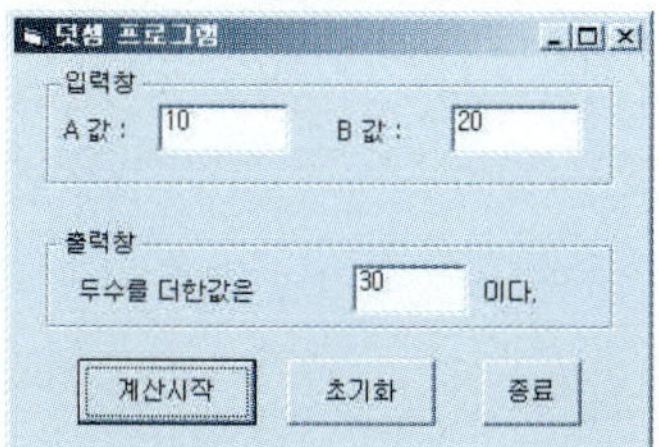

[그림3.3] 자료 입력 후 결과 출력 화면

다음과 같이 프로그램이 완성되어 실행한 다음, 사용자는 위에 지정된 파일로 폼 파
일(frm)과 프로젝트 파일(vbp)을 저장하고, 실행 파일(exe)을 생성하도록 하십시오.

[실습2] 다음 프로그램을 실습하면서 결과를 확인하기 바랍니다.

(저장 파일명 : 가감승제.frm, 가감승제.vbp, 가감승제.exe)

처리 조건

❶ 사용자가 프로그램을 실행하고 입력창에 정수형 값을 입력한 뒤에 계산시작 버튼을 클릭하여
   결과 값을 출력 창에 출력하도록 한다.
❷ 계산/처리 버튼 : 연산 결과를 각각 출력 창에 출력한다.
❸ 변수형 지정은 정수형으로 선언한다.

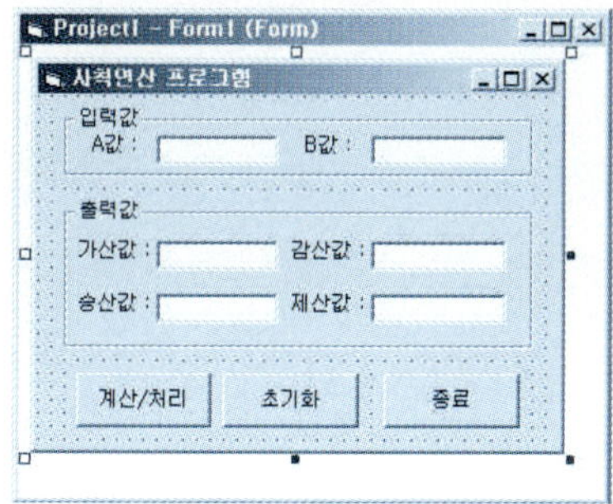

[그림3.4] 입출력 디자인화면(속성 지정)

입출력 디자인과 속성 값을 변경하였으면, 다음과 같은 코드 값을 각각 Command

button에 입력시킵니다.

```
Private Sub Command1_Click()
        '입력 값에 변수형을 정수형으로 지정
        Dim a As Long
        Dim b As Long
        '계산결과를 저장을 위한 변수형을 정수형으로 지정
        Dim 덧셈 As Long
        Dim 뺄셈 As Long
        Dim 곱셈 As Long
        Dim 나눗셈 As Long
        '입력 값을 숫자형으로 지정하여 대입
        a = Val(Text1.Text)
        b = Val(Text2.Text)
        '연산 결과를 변수에 대입
        덧셈 = a + b
        뺄셈 = a - b
        곱셈 = a * b
        나눗셈 = a / b
        '연산결과를 각각 출력 창에 출력
        Text3.Text = 덧셈
        Text4.Text = 뺄셈
        Text5.Text = 곱셈
        Text6.Text = 나눗셈
End Sub

Private Sub Command2_Click()
        '텍스트 박스를 초기화
        Text1.Text = ""
        Text2.Text = ""
        Text3.Text = ""
        Text4.Text = ""
        Text5.Text = ""
        Text6.Text = ""
End Sub
```

↓ 다음 페이지에서 계속

```
Private Sub Command3_Click()
        End
End Sub
```

다음에 그림은 임의의 정수 값을 입력한 뒤에 계산시작 버튼을 클릭하였을 경우에
화면을 표시하고 있습니다.

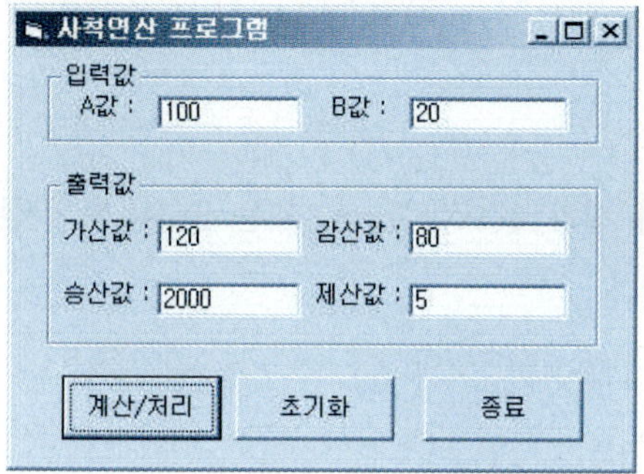

[그림3.5] 자료 입력 후 결과 출력 화면

다음과 같이 프로그램이 완성되어 실행한 다음, 지정된 파일로 폼파일(frm)과 프로
젝트파일(vbp)을 저장하고, 실행파일(exe)을 생성하도록 하십시오.

3.5 관계(비교) 연산자

관계(비교) 연산자는 두 수식 등에 대한 대/소 관계를 나타내며 결과 값은 True나
False를 반환하며, 관계 연산자의 종류와 기능은 다음과 같다.

연산자	기 능
〈	보다 작다.
〈=	작거나 같다.
〉	보다 크다.
〉=	크거나 같다.

↓ 다음 페이지에서 계속

연산자	기 능
=	같다.
〈〉	같지 않다.
Like	두개의 문자열을 비교한다.

[표3.4] 관계 연산자의 종류와 기능

3.6 논리 연산자

논리 연산자는 논리연산을 수행하여 결과 값으로 True 또는 False를 반환하며, 논리 연산자의 종류와 기능은 다음과 같다.

연산자	기 능
And	두 식의 논리곱을 구함
Not	식의 논리적 역을 구함
Or	두 식의 논리합을 구함
Xor	두 식이 논리적으로 다른지 비교

[표3.5] 논리 연산자의 종류와 기능

3.6 연결 연산자

연결 연산자 "&"는 문자열 연결에 사용하며, 그 기능은 다음과 같다.

연산자	기 능
&	문자열을 연결하는 경우에 사용
+	문자열과 수식을 연결하는 데 사용

[표3.6] 연결 연산자의 종류와 기능

 연산자의 우선순위

어떤 수식에 연산자가 중복 사용되면 다음과 같은 연산자의 우선순위에 따라 계산을
수행한다.

연산자 우선순위		
산술 연산자	^	높음
	-(음수기호)	
	*, /	
	₩	
	Mod	
	+, -(뺄셈)	
연결 연산자	&	
관계 연산자	=, 〈〉, 〈, 〉, 〈=, 〉=	
논리 연산자	Not	
	And	
	Or	
	Xor	
	Eqv	낮음
	Imp	

[표3.7] 연산자의 우선순위

우선순위가 같은 경우에는 왼쪽에서 오른쪽으로, 괄호를 사용하면 괄호 안의 연산이
가장 먼저 수행된다.

다음의 문제를 읽고 답을 설명하시오.

❶ 변수 이름을 지정하기 위한 규칙을 나열하시오.

❷ 명시적 변수를 지정하기 위한 방법을 설명하시오.

❸ 전체 모듈에서 사용하기 위한 변수형 지정 방식을 예를 들어 설명하시오.

❹ 연산자의 우선순위를 간단하게 설명하시오.

❺ 관계(비교) 연산자에 대하여 간단하게 설명하시오.

다음 프로그램을 완성하시오.

(저장 파일명 : 선택연산.frm, 선택연산.vbp, 선택연산.exe)

다음과 같이 폼 디자이너 창에 입출력 디자인을 한 후에, 컨트롤 별 속성 값을 변경하고 조건에 맞는 프로그램을 완성하시오.

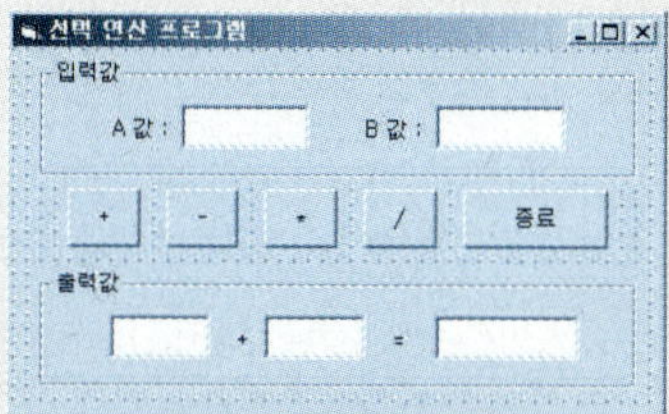

[그림3.6] 입출력 디자인화면

처리 조건

❶ 사용자가 <u>프로그램</u>을 실행하고 입력창에 입력 값 예시를 입력한 뒤에 가감승제 버튼을 클릭하여 해당 출력 값을 얻도록 한다.

❷ + 버튼 : 출력 창에 가산에 대한 결과를 출력한다.

❸ - 버튼 : 출력 창에 감산에 대한 결과를 출력한다.

❹ * 버튼 : 출력 창에 승산에 대한 결과를 출력한다.

❺ / 버튼 : 출력 창에 제산에 대한 결과를 출력한다.

❻ 종료 버튼 : 실행된 현재 프로그램을 종료한다.

❼ 출력 창 A값과 B값을 출력하는 중간에 Label의 Caption값을 연산 선택과 같은 부호가 출력되도록 <u>프로그램</u> 한다.

사용자는 속성 값 입력 시 Form, Frame, Label, Text, Command 버튼의 속성을 정확하게 입력하고 프로그램을 실행하도록 합니다.

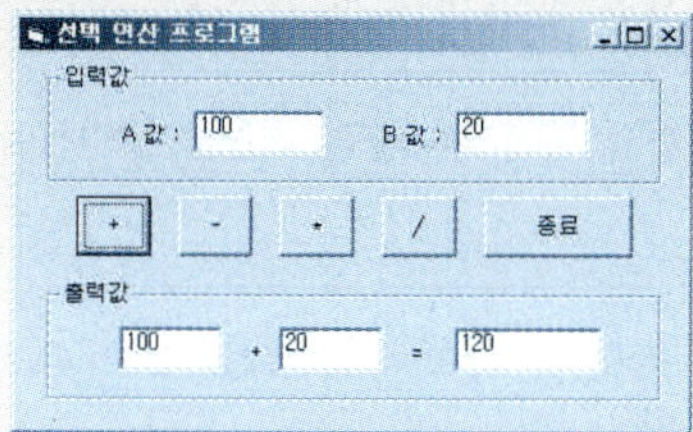

[그림3.7] + 버튼 클릭 시 결과 화면

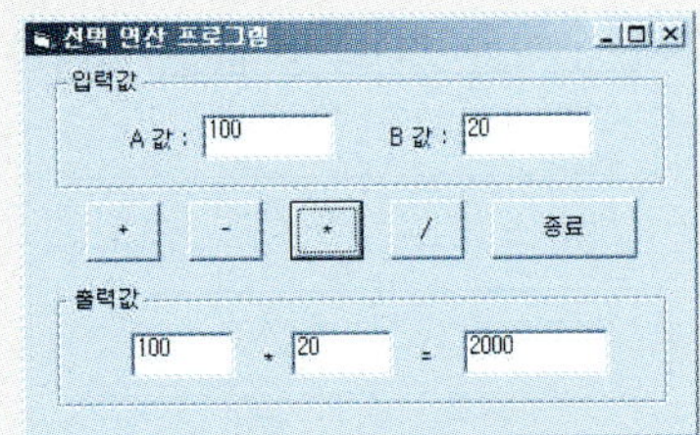

[그림3.8] * 버튼 클릭 시 결과 화면

다음 프로그램을 완성하시오.
(저장 파일명 : 성적.frm, 성적.vbp, 성적.exe)

다음과 같이 폼 디자이너 창에 입출력 디자인을 한 후에, 컨트롤 별 속성 값을 변경하고 조건에 맞는 프로그램을 완성하시오

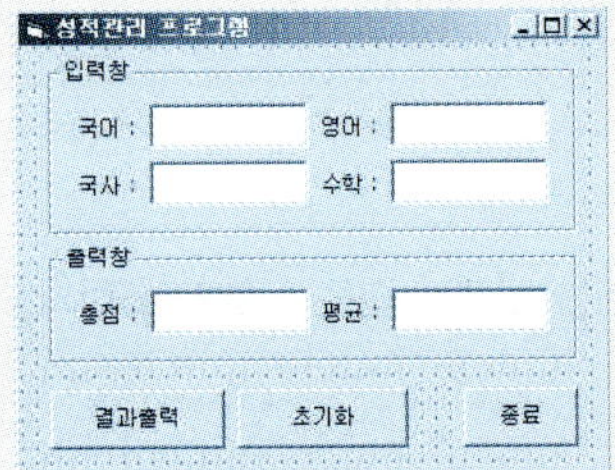

[그림3.9] 입출력 디자인화면

처리 조건

❶ 사용자가 프로그램을 실행하고 입력창에 입력 값 예시를 입력한 뒤에 결과출력 버튼을 클릭하여 출력 값을 얻도록 한다.

❷ 결과출력 버튼 : 출력 창에 총점과 평균값을 출력한다.

❸ 초기화 버튼 : 텍스트 박스를 초기화한다.

❹ 종료 버튼 : 실행된 현재 프로그램을 종료한다.

사용자는 속성 값 입력 시 Form, Frame, Label, Text, Command 버튼의 속성을
정확하게 입력하고 프로그램을 실행하도록 합니다.

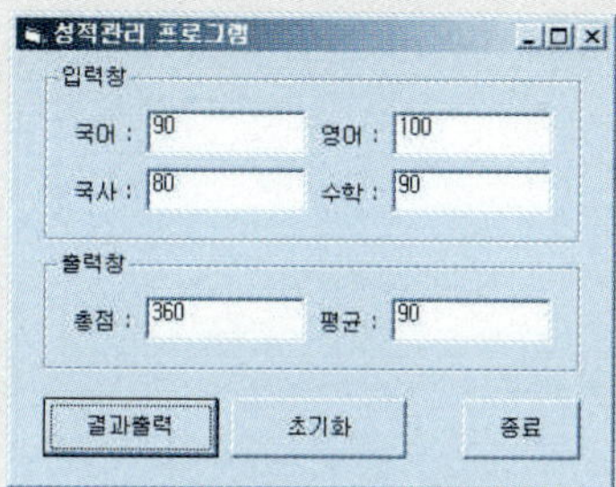

[그림3.10] 결과출력 버튼 클릭 시 결과 화면

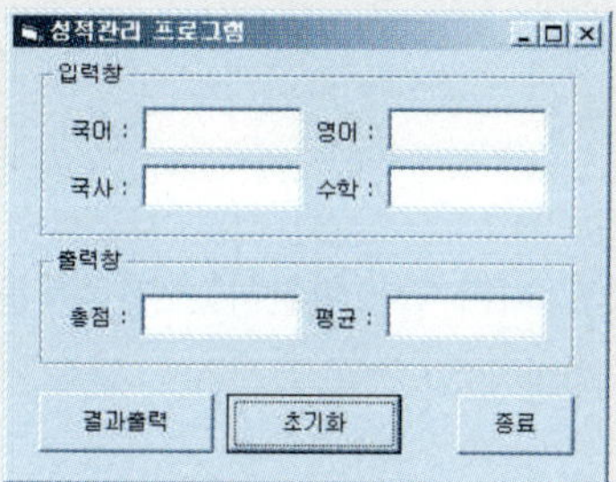

[그림3.11] 결과출력 버튼 클릭 시 결과 화면

다음 프로그램을 완성하시오.

(저장 파일명 : 나눗셈.frm, 나눗셈.vbp, 나눗셈.exe)

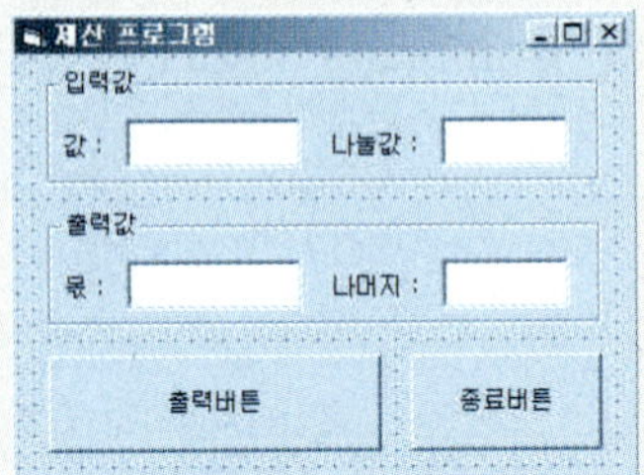

[그림3.12] 입출력 디자인 화면

처리 조건

❶ 사용자가 프로그램을 실행하고 입력창에 입력 값 예시를 입력한 뒤에 출력버튼을 클릭하여 출력 값을 얻도록 한다.

❷ 출력버튼 : 출력 창에 몫과 나머지 값을 출력한다.

❸ 종료 버튼 : 실행된 현재 프로그램을 종료한다.

사용자가 주의할 것은 산술 연산자에서 나누기에서 몫과 나머지를 반환하는 연산자를 잘 확인하고 수식을 사용하면 쉽게 답을 얻을 수 있습니다.

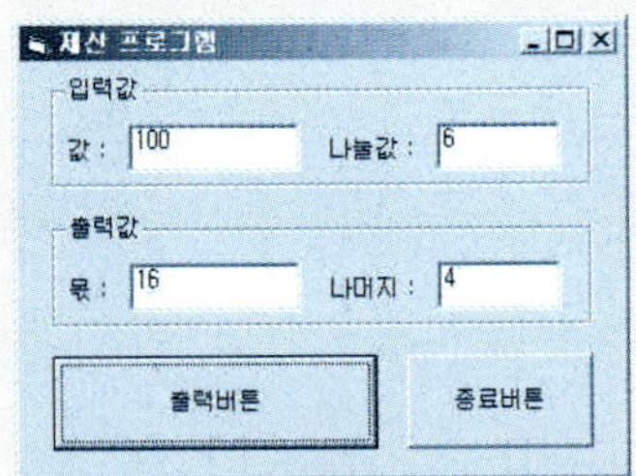

[그림3.13] 출력버튼 클릭 시 결과 화면

기본 컨트롤과 대화상자

4.1 폼(Form)

폼(Form)은 프로그램을 실행시켰을 때 나타나는 윈도우이다. 폼은 통합개발환경을 기동시키면 나타나는 윈도우 객체입니다. 폼에는 그 모양과 행동을 제어할 수 있는 고유의 속성, 메서드, 이벤트가 있습니다.

폼(Form)의 속성

폼은 비주얼 베이직 응용프로그램의 기본 구성 요소로서 사용자가 응용프로그램을 실행시킬 때 상호 작용하게 되는 사용자 인터페이스 객체입니다.

속 성	의 미
(이름)	폼의 이름을 설정
AutoReDraw	폼의 크기에 관계없이 폼 안에 있는 결과 값을 모두 출력
Appearance	폼의 모양을 설정
BackColor	폼의 배경색을 설정
BorderStyle	폼의 테두리 모양과 유형을 설정
Caption	폼의 제목표시 줄에 나타나는 문자열을 설정
Font	폼에 나타나는 글자에 대한 여러 가지 속성을 설정
ForeColor	폼 위에 사용되는 텍스트의 색상을 설정
Height, Width	폼의 크기를 설정
Icon	폼의 우측상단에 있는 "최소화 버튼"을 눌렀을 때 바탕화면의 작업 표시 줄에 나타나는 아이콘의 모양을 설정
Min, Max Button	폼의 우측상단에 전체 화면 "표시 버튼"을 on/off로 설정
Visible	폼을 화면에 보이게 할 것인지 아닌지를 설정
StartUpPosition	화면에 보이게 할 폼에 위치를 설정
WindowState	폼이 화면에 나타날 때의 상태를 설정

[표4.1] 폼(Form)의 속성과 의미

Appearance 속성

폼의 모양을 [3D] 혹은 [평면]으로 표현할 여부를 결정하는 속성으로 기본 값은 [3D]로 설정되어 있습니다.

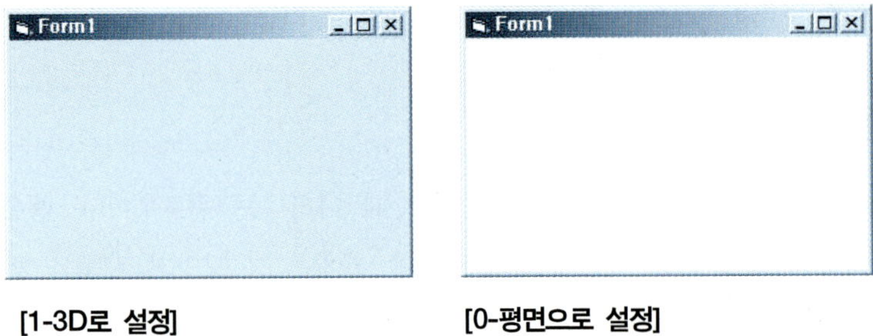

[1-3D로 설정] [0-평면으로 설정]

BorderStyle 속성

폼의 출력 형태를 지정하는 속성으로 6개의 속성을 선택할 있습니다. 기본 값은 [크기조절가능]으로 설정되어 있습니다.

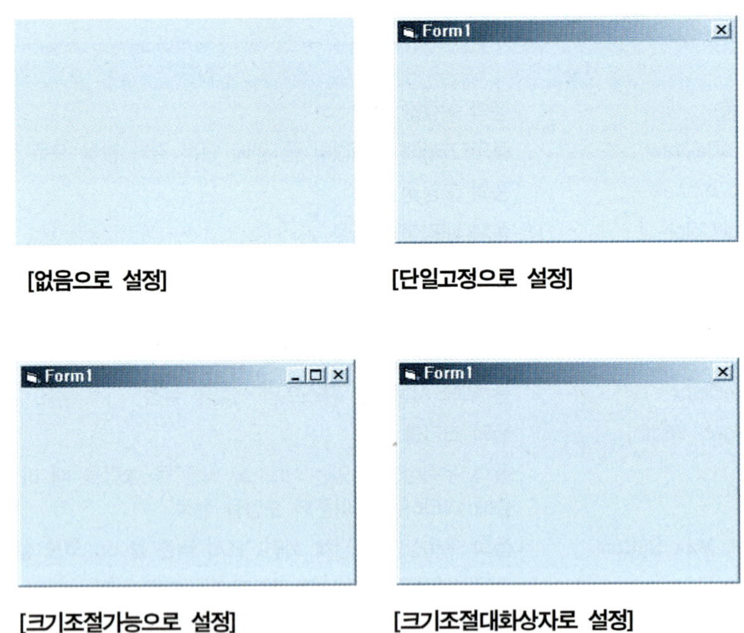

[없음으로 설정] [단일고정으로 설정]

[크기조절가능으로 설정] [크기조절대화상자로 설정]

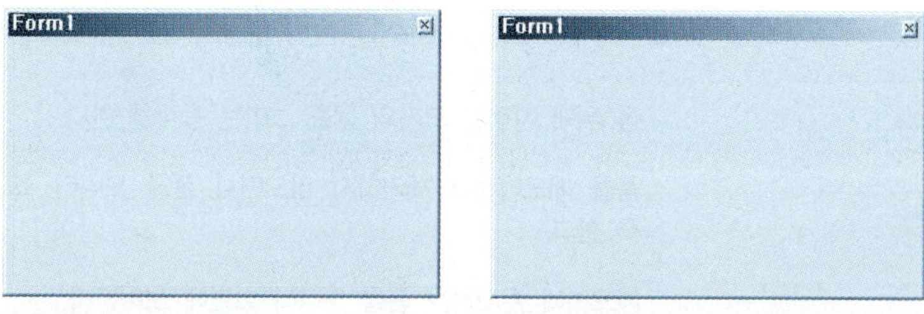

[고정도구창으로 설정]　　　　　　**[크기조정가능도구로 설정]**

StartUpPosition 속성

폼이 실행되었을 경우 출력 위치를 변경하는 속성으로 4개의 속성을 선택할 있습니다. 기본 값은 [Windows 기본 값]으로 설정되어 있습니다.

이 름	의　　　　　　　　　　　　　　　미
수동	폼에 출력위치를 변경하면 자동으로 속성 값이 변경됩니다. 설정된 초기값이 없는 상태
소유자 가운데	다른 폼 위에 폼을 출력할 때 폼 중앙에 폼을 출력
화면 가운데	전체 화면의 중앙에 폼을 출력
Windows 기본 값	화면 왼쪽 상단 위치에 폼을 출력

[표4.2] **StartUpPosition 속성의 종류와 의미**

사용자는 StartUpPosition 속성을 [화면 가운데]로 지정하고 폼을 실행하여 결과를 확인해 보기 바랍니다.

폼(Form)의 메서드

객체로서의 폼은 메서드를 실행하고 이벤트에 반응할 수 있습니다. 폼 객체의 메서드에는 Hide, Show가 가장 많이 사용되고 있으며, 아래의 표는 각 메서드별 기능을 설명하고 있습니다.

메 서 드	의 미
Circle	폼 위에 지정된 크기의 원을 그리는 동작을 한다.
Hide	폼을 메모리에서 제거하지 않으면서 폼을 모니터 화면에 나타나지 않도록 한다.
Show	메모리에 존재하는 폼을 모니터 화면에 보여준다. 만약, 메모리에 폼이 없으면 메모리로 적재(Load) 시킨 후 모니터 화면에 보여준다.
Move	폼의 위치를 트윕(Twip) 단위로 모니터 상에 지정한 위치로 이동시킨다.
Print	폼 위에 텍스트를 출력한다.
Refresh	폼을 다시 그린다.

[표4.3] 폼(Form)의 메서드과 의미

폼(Form)의 이벤트

폼의 Resize 이벤트는 사용자 상호 작용이나 코드에 의해서 폼의 크기가 변경될 때마다 불려집니다. 이것은 폼의 크기가 변경되었을 때 폼에서 컨트롤을 이동시키고 크기를 변경하는 등의 작업을 수행 가능하게 합니다. 이 외에 이벤트별 의미를 아래의 표에서 설명하고 있습니다.

이 벤 트	의 미
Initialize	폼 객체가 생성될 때 발생한다. Initialize 이벤트에는 폼의 초기 값을 설정하는 코드를 작성한다.
Load	폼을 메모리에 불러올 때 발생한다. Load 이벤트에는 폼에 사용된 각종 객체들의 초기 값을 설정하는 코드를 작성한다.
Unload	폼이 메모리에서 제거될 때 발생
Terminate	폼 객체가 사라질 때 발생

[표4.4] 폼(Form)의 이벤트와 의미

폼(Form)의 메서드와 이벤트에 대한 이해는 다음 장에서 프로그램 실습을 통하여 설명하도록 하겠습니다.

 명령버튼(Command Button)

사용자가 응용프로그램과 상호 작용하는 가장 쉬운 방법은 누름단추를 제공하는 것
입니다.

명령 버튼(Command button) 속성

비주얼 베이직에서 제공되는 명령 단추 컨트롤을 사용할 수도 있고, 아이콘과 같이
그래픽을 포함한 이미지 컨트롤을 사용하여 고유의 단추를 만들 수도 있습니다. 다음
표는 속성의 종류와 의미는 나타내고 있습니다.

속　　성	의　　　　미
이름(Name)	객체를 구분하는데 사용되는 이름을 설정
Cancel	Cancel 속성을 "True"로 설정하고 프로그램을 실행시켰을 때, Esc 키를 누르면 Cancel이 "True"로 설정된 명령버튼의 코드가 실행
Caption	폼에 명령버튼을 올려놓고 Caption 속성에 문자열을 입력하면 해당 명령버튼 위에 문자열이 나타난다.
Default	Default 속성을 "True"로 설정하고 프로그램을 실행시, Enter↵ 키를 누르면 Default가 "True" 설정된 명령버튼의 코드가 실행
DownPicture	DownPicture 속성에 그림(*.pcx, *.ico 등)을 설정하고 해당 명령 버튼을 누르면 설정된 그림이 명령버튼에 나타난다.
Enabled	Enabled 속성에 "False"를 설정하면 해당 명령버튼은 폼 화면에 보이기는 하지만 사용할 수 없게 된다.
Font	Caption에서 설정한 문자열의 글자 모양을 설정
MousePointer	명령버튼에 마우스 포인터가 놓일 경우 포인터 모양 설정
Picture	Caption 속성에 설정한 문자열이 나타나는 위치에 나타낼 그림 설정하는 속성으로 Caption과 Picture 속성 모두 설정하면 중첩되어 나타난다.
Style	그림 관련 속성 Picture, DownPicture 속성을 설정할 때 함께 설정하는 속성으로 "표준 버튼" 또는 "그래픽 버튼"으로 설정
ToolTipText	ToolTipText 속성에 문자열을 설정하고 프로그램을 실행시킨 다음, 해당 명령버튼에 마우스 포인터를 올려 놓으면 이 속성에 설정한 문자열이 나타난다.
Visible	Visible 속성에 "False"를 설정하고 프로그램을 실행시키면 해당 명령버튼은 보이지 않는다. 기본 값으로 "True"가 설정

[표4.5] 명령 버튼의 속성과 의미

폼에 명령버튼을 디자인 한 뒤에 Caption 속성에 문자열을 입력하면 해당 명령 버튼 위에 문자열이 나타난다. 만약 사용자가 [Alt] 단축키를 삽입하기 위한 방법은 [확인버튼 (+ & 해당키)] 넣는 방식으로 설정 가능합니다.

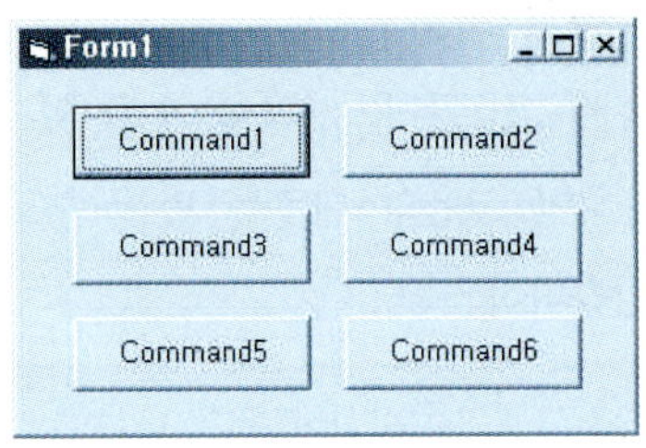

[Caption 속성 지정 전]

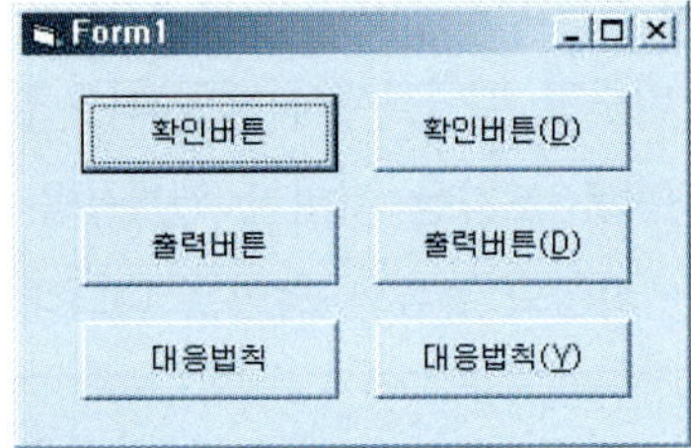

[Caption 속성 지정 후]

Picture 속성

Picture 속성은 명령 버튼에 그래픽 이미지를 넣을 수 있는 속성으로 읽어 들일 수 있는 이미지 파일은 비트맵, 아이콘, 메타파일 등을 읽어 들여 추가할 수 있습니다. 또한 Picture 속성에 그림이 등록되어 있더라도 명령 버튼 Style 속성이 [일반]으로 되어 있으면 나타낼 수 없습니다. Style 속성을 [그래픽] 속성으로 변경하고 확인하기 바랍니다.

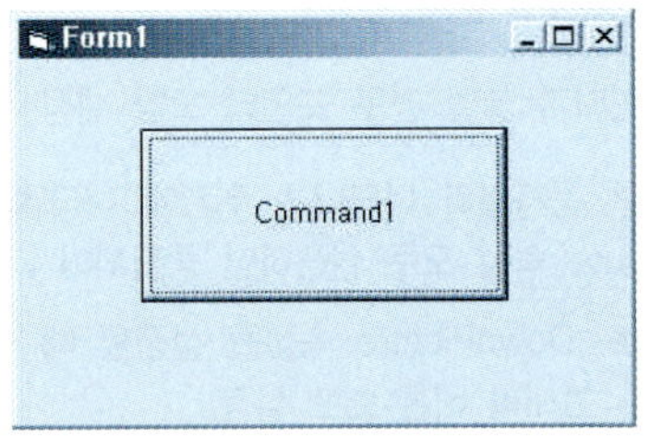

[Picture 속성 지정 전]

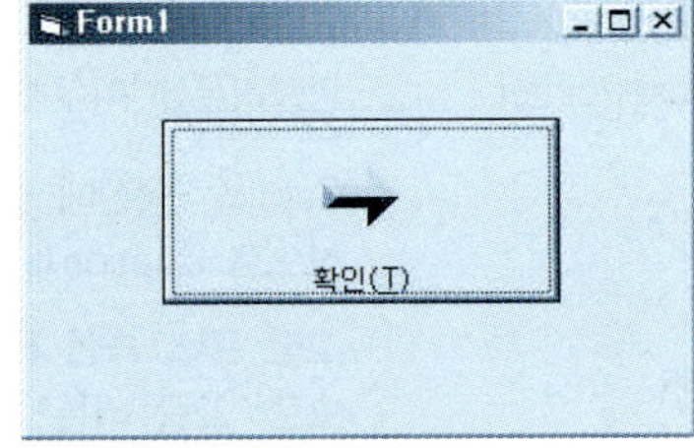

[Picture 속성 지정 후]

명령 버튼(Command button) 이벤트

명령 단추를 누를 때마다 Click 이벤트 프로시저가 불리어지므로, 코드를 Click 이벤트 프로시저에 두어 원하는 기능을 수행토록 합니다. 이외에 이벤트의 종류와 의미는 다음과 같습니다.

이 벤 트	의 미
Click	명령버튼 객체를 마우스 왼쪽 버튼을 누를 때 발생
DragDrop	명령버튼을 끌어 놓을 때 발생
LostFocus	LostFocus로 작성된 해당 명령버튼에서 다른 객체를 선택할 때 발생
KeyUp	자판의 키를 눌렀다 뗄 때 발생

[표4.6] 명령 단추의 이벤트와 의미

4.3 텍스트 박스(Text Box)

텍스트 박스는 사용자의 입력을 받아들이거나 텍스트를 표시하는데 사용될 수 있는 다목적 컨트롤입니다.

텍스트 박스(Text Box) 속성

텍스트 박스에 표시되는 실제의 문자열은 Text 속성에 의해 조정된다. 이것은 세 가지 다른 방법으로 설정할 수 있는데, 디자인 모드 속성 창에서, 실행 모드 중 코드에 의해서, 또는 실행 모드 중 사용자의 입력에 의해서 설정될 수 있습니다. 텍스트 박스의 현재 내용은 실행 모드 중 Text 속성으로부터 가져올 수 있습니다.

속 성	의 미
Appearance	평면이나 3D 모양으로 설정
BorderStyle	테두리의 모양을 설정
Enabled	텍스트박스의 사용가능여부를 설정
Font	문자열의 글자 모양 설정
MaxLength	입력할 수 있는 문자수를 설정
MultiLine	여러 줄에 걸쳐 입력할 수 있는지의 여부를 설정
PasswordChar	패스워드 입력란일 경우 나타낼 글자를 설정
TabIndex	(TAP) 키를 누를 경우 포커스 이동 순서 설정

↓ 다음 페이지에 계속

속 성	의 미
TabStop	⊡(TAP) 키를 누를 경우 포커스를 갖는지의 여부 설정
Text	텍스트 박스에 입력된 값
Visible	텍스트 박스가 보이도록 할지의 여부를 설정

[표4.7] 텍스트 박스의 속성과 의미

MaxLength 속성

MaxLength 속성은 텍스트 박스에 표시하는 글자 수를 제한하는 속성으로 한글과 영문 모두 동일한 글자 수만큼 제한합니다. 기본 값은 0으로 되어 최대 32K까지 문자열을 입력할 수 있습니다. 아래 화면은 MaxLength 속성을 "3"으로 지정하고 난 뒤에 화면을 표시하고 있습니다.

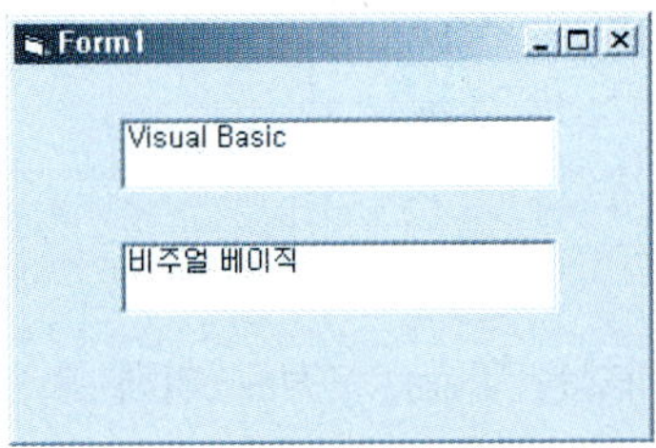

[MaxLength 속성 지정 전]

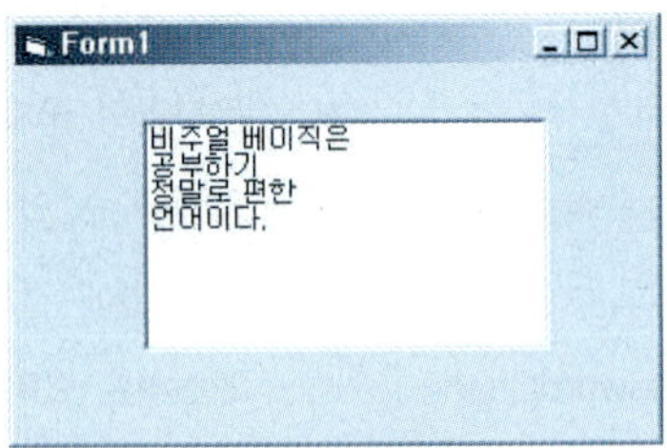

[MaxLength 속성 지정 후]

MultiLine 속성

MultiLine 속성은 텍스트 박스에 여러 라인의 문자열을 입력하기 위한 속성을 지정할 수 있습니다. 기본 값은 False로 한 라인밖에는 입력할 수 없습니다. 여러 라인을 입력하기 위해서는 MultiLine 속성을 True로 설정합니다.

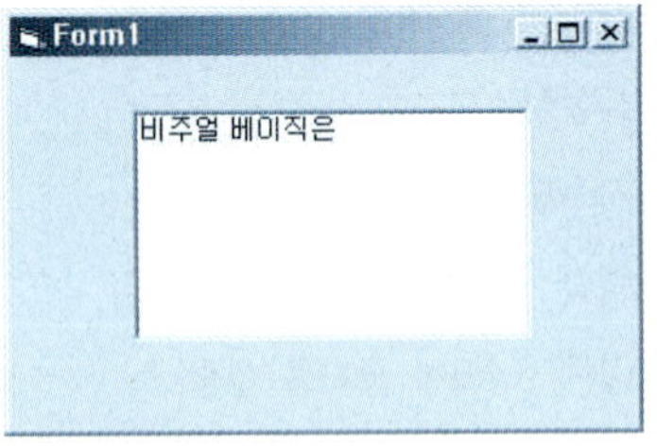

[MultiLine 속성 지정 전]

[MultiLine 속성 지정 후]

PasswordChar 속성

PasswordChar 속성은 텍스트 박스에 입력시킨 문자를 출력하는 대신에 출력할 문자나 기호를 설정하여 사용할 수 있습니다. 이것은 텍스트 입력창에 비밀번호를 입력하고자할 때 유용하게 사용되는 기능으로 기본 값은 들어있지 않습니다. 사용자가 만약 비밀번호 형태의 출력 값을 얻고자 할 때에는 비밀번호 출력용 문자나 기호를 PasswordChar 속성에 입력하면 됩니다.

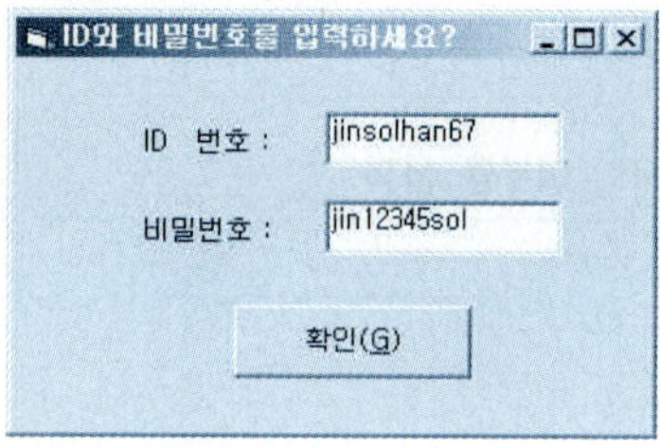

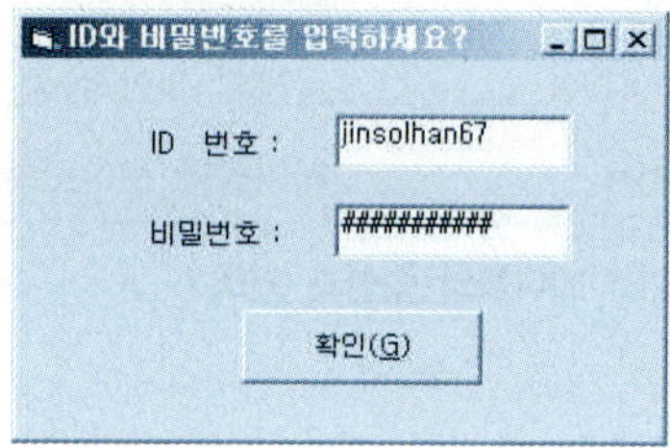

[속성 지정 전]   [속성 지정 후]

4.4 레이블(Label)

레이블 컨트롤은 사용자가 직접 변경할 수 없는 텍스트를 화면에 표시한다. 고유의 Caption 속성을 가지고 있지 않은 컨트롤을 식별하기 위하여 레이블을 사용할 수 있습니다. 또한 레이블은 디자인 모드 속성 창에서, 또는 실행 모드 시 코드에 지정하여 설정할 수 있습니다.

레이블(Label) 속성

레이블에 표시되는 실제의 문자는 Caption 속성에 의해 제어되고, 레이블에서 사용되는 속성의 종류와 의미는 다음과 같습니다.

속 성	의 미
(이름)	레이블 객체의 이름 설정
Alignment	레이블의 Caption 속성에 기술한 문자열의 정렬방식 설정
Appearance	평면이나 3D 모양으로 설정

↓ 다음 페이지에 계속

속 성	의　　　　　　　　　　　　미
AutoSize	레이블의 크기가 Caption의 텍스트 길이에 맞게 자동으로 조절될지의 여부를 설정
BackColor	바탕색을 설정
BackStyle	바탕을 투명하게 할지의 여부를 설정
BorderStyle	테두리의 모양을 설정
Caption	레이블에 나타낼 문자열을 설정
Font	글자모양 설정
ForeColor	글자의 색상 설정
Visible	레이블을 보이도록 할지의 여부를 설정

[표4.8] 레이블의 속성과 의미

Alignment 속성

Alignment 속성은 레이블의 Caption 속성에 기술한 문자열의 정렬방식 설정하기 위한 속성입니다.

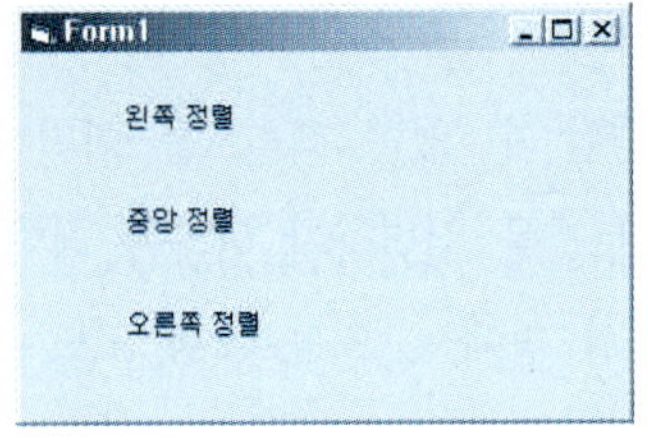

[Alignment 속성 지정 전]

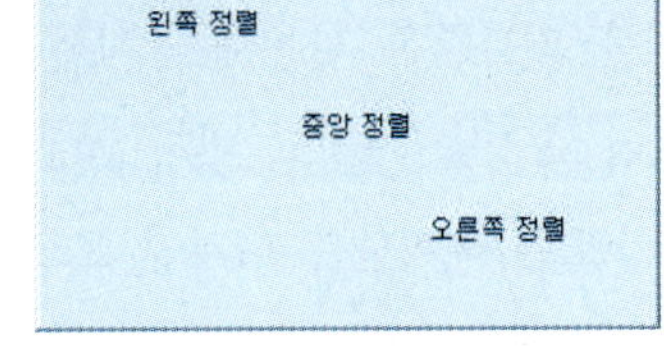

[Alignment 속성 지정 후]

BorderStyle 속성

BorderStyle 속성은 테두리의 모양을 설정하기 위한 속성입니다.

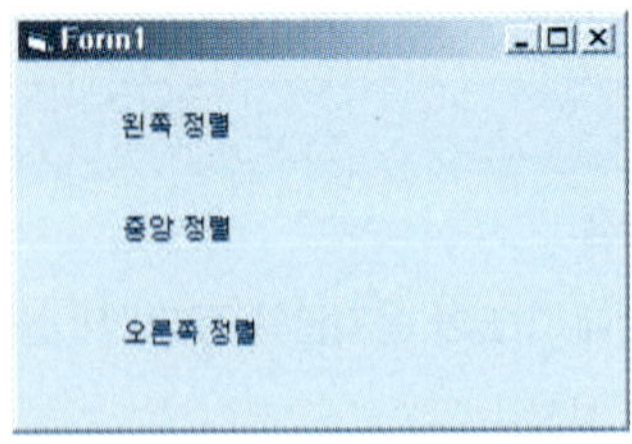

[BorderStyle 속성 지정 전]

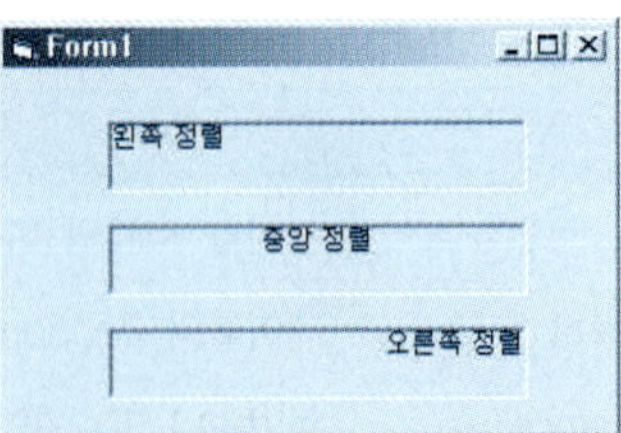

[BorderStyle 속성 지정 후]

BackStyle 속성은 컨트롤을 사용할 때 겹쳐서 출력할지 여부를 설정할 때 사용하는 속성입니다. 만약 사용자가 BackStyle 속성을 사용하기 위해서는 BorderStyle 속성을 [단일고정]으로 선택하여 사용하면 확인할 수 있습니다.

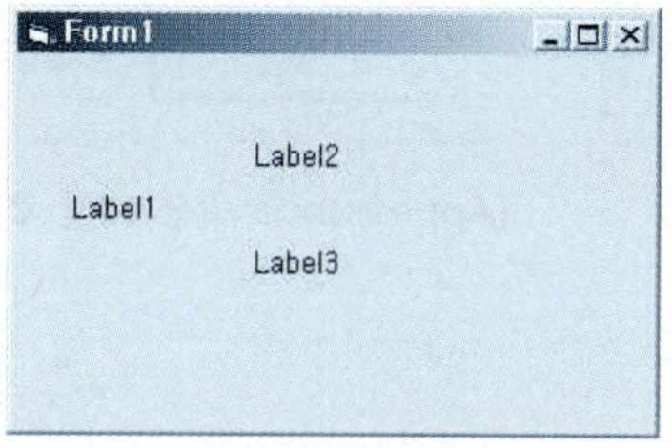

[BackStyle 속성 지정 전]

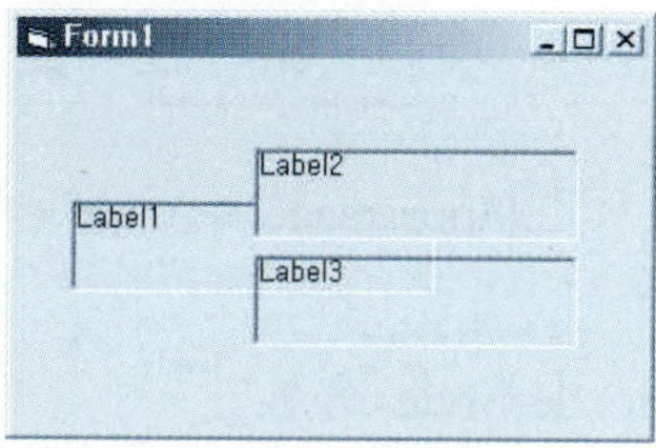

[BackStyle 속성 지정 후]

4.5 프레임(Frame)

프레임은 관련된 기능끼리 묶어서 폼에 배치된 컨트롤의 그룹을 만들 때 사용합니다. 특히, 프레임 서로 관련된 항목들을 선택하기 위해 사용되는 컨트롤 들을 그룹으로 묶을 때 자주 사용한다.

프레임(Frame) 속성

속 성	의 미
(이름)	프레임 객체의 이름 설정
Appearance	평면이나 3D 모양으로 설정
BorderStyle	테두리의 모양을 설정
Caption	프레임 객체에 나타낼 문자열 설정
Visible	프레임 객체를 보이도록 할지의 여부를 설정

[표4.9] 프레임 속성과 의미

Appearance 속성

Appearance 속성은 프레임의 Caption 속성에 기술한 문자열의 [평면]이나 [3D]

모양으로 설정하기 위한 속성으로, 기본 값은 [3D]로 설정되어 있습니다.

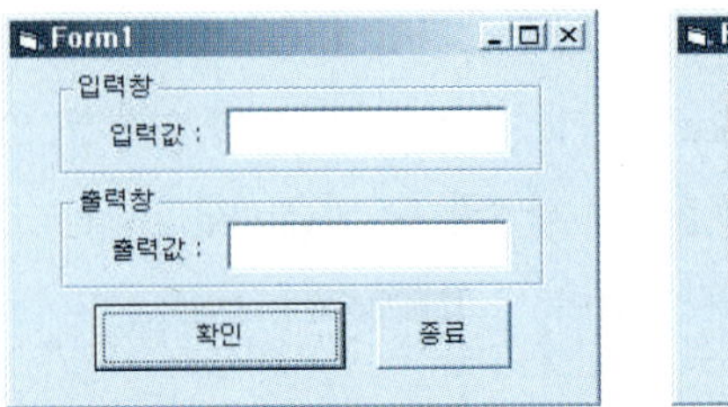

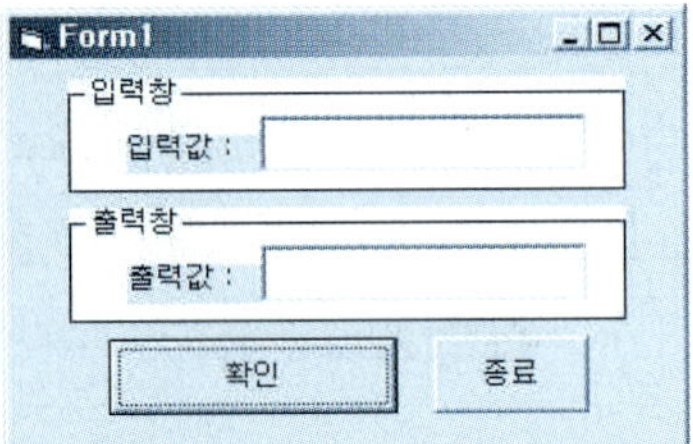

[Appearance 속성 지정 전]   [Appearance 속성 지정 후]

BorderStyle 속성

BorderStyle 속성은 프레임의 테두리 모양을 설정하기 위한 속성입니다. 기본 값은 단일고정으로 설정되어 있습니다.

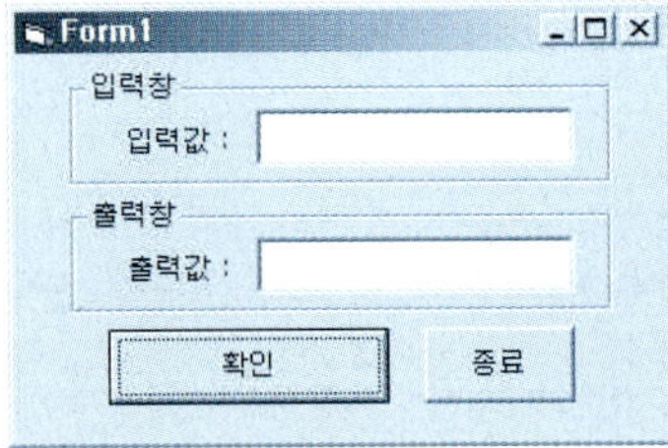

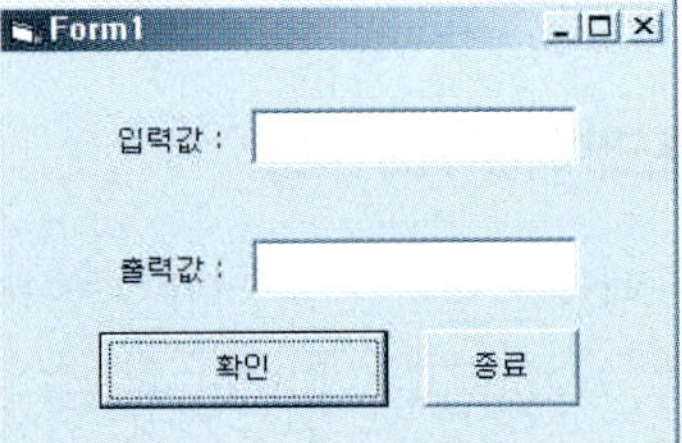

[BorderStyle 속성 지정 전]   [BorderStyle 속성 지정 후]

4.6 InputBox 함수

사용자에게 임의의 데이터를 요구할 때 InputBox 함수를 사용합니다. 이 함수는 사용자에게 데이터 입력을 요구하는 모델 대화상자를 나타냅니다.

InputBox의 구성 요소

InputBox는 대화상자 안에 프롬프트를 보여 주면서 문자열 입력을 기다리고 있다가 사용자가 입력 프롬프트에 문자열을 입력하고 확인 버튼을 클릭하면 입력된 문자열을 변수에 반환합니다.

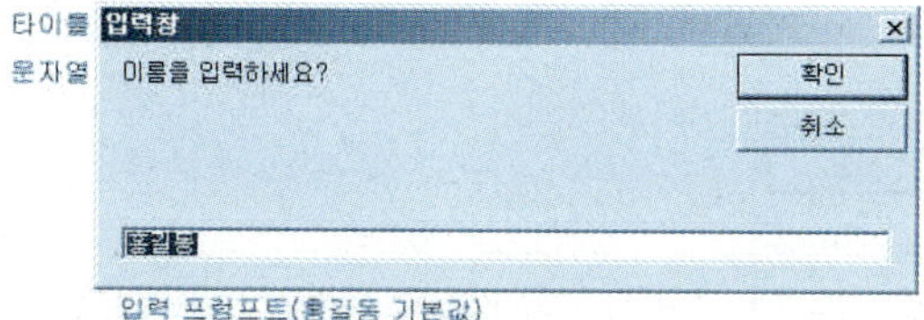

[그림4.1] InputBox 대화상자

InputBox의 구문 형식

> 변수 = InputBox(문자열 [, 타이틀] [, 기본 값] [, X좌표] [, Y좌표] [, 도움말])

　InputBox 함수는 위와 같은 구문으로 되어 있으며, 최소 [문자열]을 입력해야만 사용 가능하며, 보통 문자열, 타이틀, 기본 값 입력하여 사용자가 입력하고 다른 내용은 보통 생략하고 사용합니다.

- 변수 : InputBox 함수에 입력된 문자열을 반환
- 문자열 : 사용자에게 질문과 같은 내용을 보여주는 문장
- 타이틀 : 입력창 혹은 출력창이란 문장을 넣어 입출력을 알려주는 문장
- 기본 값 : 입력받을 초기값을 설정하는 문장으로, 사용자에게 미리 예시하는 형태의 문장
  (새로운 값 입력 시 바로 삭제된다.)
- X좌표, Y좌표 : 트윕 단위로 폼의 왼쪽 상단 위치를 지정하는 값으로, 생략하면 화면의
  중앙에 InputBox 대화상자가 나타납니다.

InputBox 사용 예

> dim 직업 As String
> 직업 = InputBox("당신에 직업은 무엇입니까?", "입력상자", "백수~!")

　위와 같이 InputBox 지정한 후에 프로그램을 실행하면 다음과 같은 InputBox 대화상자가 화면에 나타납니다. 이 때 사용자는 본인의 직업을 입력하고 [확인] 버튼을 클릭하면 다음 프로그램을 진행할 수 있습니다. 만약 사용자가 [취소] 버튼을 클릭하면

반환 값은 공백문자입니다.

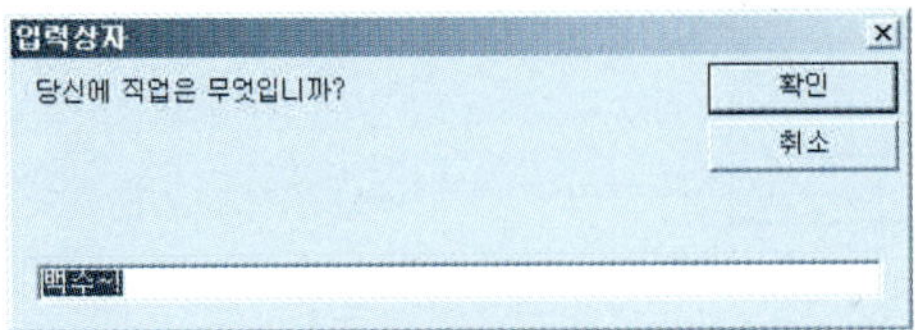

[그림4.2] InputBox 사용 예

[실습] 다음 프로그램을 실습하면서 InputBox 함수 사용 방법을 이해하도록 하겠습니다.

(저장 파일명 : 입력창.frm, 입력창.vbp, 입력창.exe)

다음과 같이 폼 디자이너 창에 입출력 디자인을 한 후에, 컨트롤 별 속성 값을 변경하고 조건에 맞는 프로그램을 완성하시오.

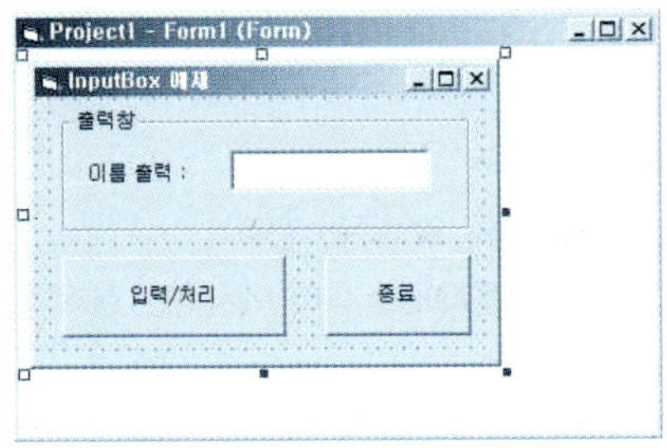

[그림4.3] 폼 디자이너 창에 디자인 된 화면

처리 조건

❶ 이름 입력은 InputBox 함수를 이용하여 입력 받도록 하며, InputBox를 통하여 입력된 값을 반환하여 출력 창에 출력하도록 한다.
❷ 입력/처리 버튼 : InputBox 대화상자를 발생하여 입력 값을 받아 출력한다.
❸ 종료 버튼 : 실행된 현재 프로그램을 종료한다.
❹ 변수형 지정은 문자열로 선언한다.

폼 디자인과 속성값 입력이 끝나면 Command Button의 이벤트 별로 다음과 같은 코드값을 입력합니다.

```vb
Private Sub Command1_Click()
    '입력창에서 받아들일 변수에 데이터형 지정
    Dim 이름 As String
    '입력창에 입력받을 형식을 지정
    이름 = InputBox("이름을 입력하세요?", "입력창", "홍길동")
    '입력창에 받아들인 자료를 텍스트 박스에 출력
    Text1.Text = 이름
End Sub


Private Sub Command2_Click()
    End
End Sub
```

이벤트별 코드값 입력이 완료되면 완성된 프로그램을 실행하도록 합니다. 프로그램을 실행하고 [입력/처리] 버튼을 클릭하면 다음과 같은 InputBox 대화상자가 나타납니다.

[그림4.4] InputBox 대화상자 초기화면

[그림4.5] InputBox 대화상자에서 입력 후 화면

사용자는 InputBox 대화상자에서 원하는 문자열을 입력한 다음, [확인] 버튼을

클릭하면 그림과 같은 결과 화면이 나타납니다.

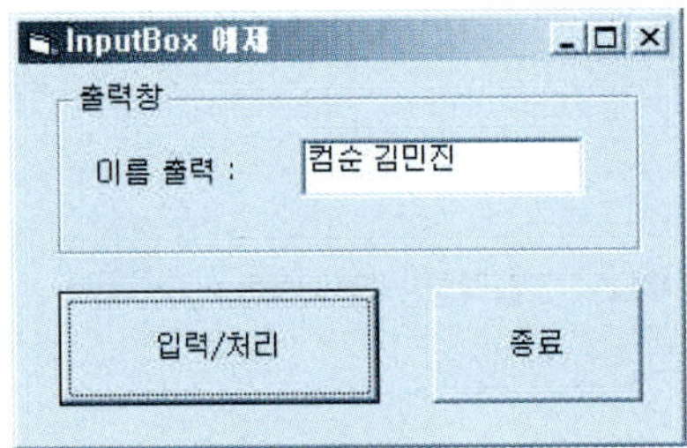

[그림4.6] 실행 결과 화면

4.7 MsgBox 함수

사용자로부터 [예] 또는 [아니오] 답변을 얻거나 오류, 주의, 경고 메시지와 같은 간단한 메시지를 표시하려면 MsgBox 함수를 사용합니다. 메시지를 읽은 다음 대화상자를 닫으려면 결과에 맞는 단추를 누릅니다.

MsgBox의 구성 요소

MsgBox는 사용자의 실수나 시스템 에러가 발생하였을 경우 나타나는 메시지 상자로 프로그램 상에서 사용자가 자유롭게 메시지 상자를 표시하고 또한 사용자에게 선택을 요구하는 기능을 수행합니다.

[그림4.7] MsgBox 대화상자

MsgBox의 구문 형식

변수 = MsgBox(메시지, [단추형태 + 기호형태 + 내정값], [제목], [도움말])

MsgBox 함수는 위와 같은 구문으로 되어 있으며, 최소 [메시지]를 입력해야만 사용 가능하며, 보통 사용자의 조건에 맞추어 [단추형태], [기호형태], [내정값, [제목]을 설정하여 사용합니다.

- 변수 : MsgBox 함수에서 선택된 반환 값을 대입
- 메시지 : 사용자에게 질문과 같은 내용을 보여주는 문장

- 단추 형태 : 단추의 종류를 선택하는 숫자

상　수	값	의　　미
vbOkOnly	0	[확인] 버튼
vbOkCancel	1	[확인], [취소] 버튼
vbAbortRetryIgnore	2	[취소], [재시도], [무시] 버튼
vbYesNoCancel	3	[예], [아니오], [취소] 버튼
vbYesNo	4	[예], [아니오] 버튼
vbRetryCancel	5	[재시도], [취소] 버튼

[표4.11] 단추 형태 종류와 의미

- 기호 형태 : 기호의 종류를 선택하는 숫자

상　수	값	의　　미
vbCritical	16	오류 아이콘 표시
vbQuestion	32	질의 아이콘 표시
vbExclamation	48	경고 아이콘 표시
vbInformation	64	정보 아이콘 표시

[표4.12] 기호 형태 종류와 의미

- 내정 값 : 단추를 기본적 선택 여부를 결정하는 숫자

상　수	값	의　　미
vbDefaultButton1	0	첫 번째 버튼을 기본 버튼
vbDefaultButton2	256	두 번째 버튼을 기본 버튼
vbDefaultButton3	512	세 번째 버튼을 기본 버튼
vbDefaultButton4	768	네 번째 버튼을 기본 버튼

[표4.13] 내정 값 종류와 의미

- 제목 : 제목 창에 내용을 나타내는 문장

[실습] 다음 프로그램을 실습하면서 MsgBox 함수 사용 방법을 이해하도록 하겠습니다.

다음과 같은 화면을 폼 디자이너 창에 디자인을 한 뒤에 Command button을 더블클릭하여 코드값을 입력합니다.

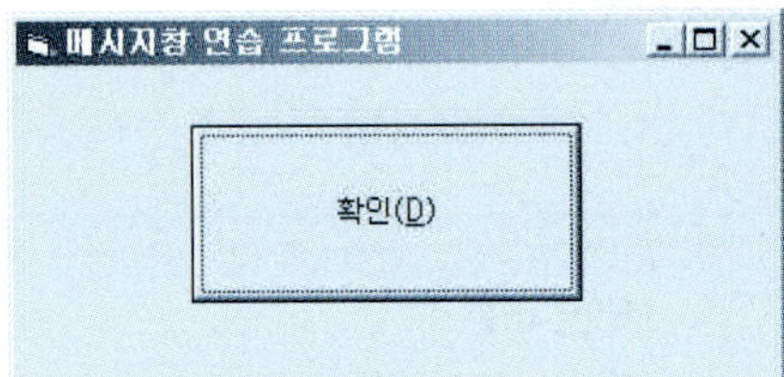

[그림4.8] 폼 디자인 화면

```
Private Sub Command1_Click()
    '메시지창에서 반환 값을 저장하기 위한 변수에 데이터형 지정
dim 직업 As Integer
    '메시지 박스의 모양을 지정
직업 = MsgBox("당신에 직업이 맞습니까?", 4+32+0, "직업?")
End Sub
```

위와 같이 MsgBox 지정한 후에 프로그램을 실행하면 다음과 같은 MsgBox 대화상자가 화면에 나타납니다. 이 때 사용자는 [예] 혹은 [아니오] 선택하여 눌러진 키에 대한 반환 값을 변수에 대입합니다.

[그림4.9] MsgBox 사용 예

[문제1] 다음 조건에 만족하는 MsgBox 함수를 완성하시오.

MsgBox 함수에서 단추 형태, 기호 형태, 내정 값에 대한 각각 인수 값을 이용하여 아래의 그림에 맞는 대화상자를 표현하시오.

[그림4.10] 대화상자 결과 화면

❶ 메시지 : "이름을 재입력 하시겠습니까?"로 설정한다.
❷ 단추 형태 : [예], [아니오] 버튼을 선택하도록 한다.
❸ 기호 형태 : 물음표(?)를 표시한다.
❹ 내정 값 : 두 번째 단추를 내정 값으로 한다.
❺ 제목 : "이름 재입력?"으로 설정한다.

코드 값 입력란

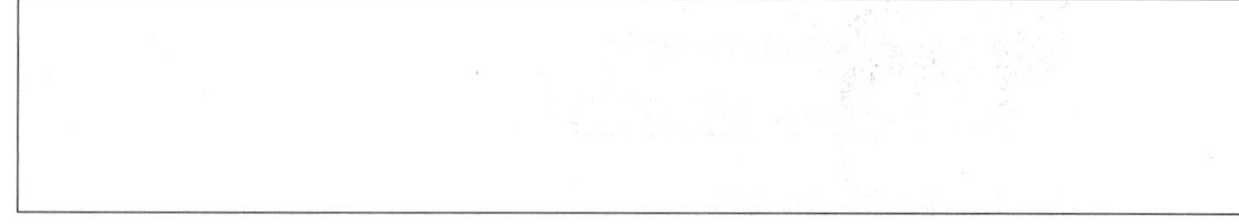

[문제2] 다음 조건에 만족하는 MsgBox 함수를 완성하시오.

MsgBox 함수에서 단추 형태, 기호 형태, 내정 값에 대한 각각 인수 값을 이용하여 아래의 그림에 맞는 대화상자를 표현하시오.

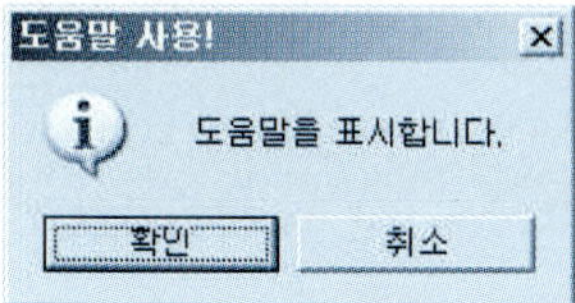

[그림4.11] 대화상자 결과 화면

❶ 메시지 : "도움말을 표시합니다."로 설정한다.
❷ 단추 형태 : [확인], [취소] 버튼을 선택하도록 한다.

❸ 기호 형태 : 정보(i)를 표시한다.

❹ 내정 값 : 첫 번째 단추를 내정 값으로 한다.

❺ 제목 : "도움말 사용!"으로 설정한다.

코드 값 입력란

[문제3] 다음 조건에 만족하는 MsgBox 함수를 완성하시오.

MsgBox 함수에서 단추 형태, 기호 형태, 내정 값에 대한 각각 인수 값을 이용하여 아래의 그림에 맞는 대화상자를 표현하시오.

[그림4.12] 대화상자 결과 화면

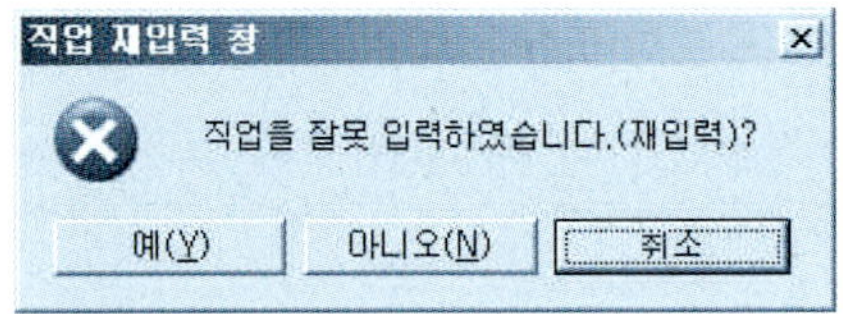

❶ 메시지 : "직업을 잘못 입력하였습니다.(재입력)?"으로 설정한다.

❷ 단추 형태 : [예], [아니오], [취소] 버튼을 선택하도록 한다.

❸ 기호 형태 : 오류(X)를 표시한다.

❹ 내정 값 : 세 번째 단추를 내정 값으로 한다.

❺ 제목 : "직업 재입력 창"으로 설정한다.

코드 값 입력란

MsgBox()에 반환 값

MsgBox 대화상자에서 어떤 단추가 눌려졌는가를 확인하기 위한 정수 값이 1부터 7
까지 반환되며, 이 반환 값은 MsgBox 함수 앞에 사용하는 변수에 대입된다. 반환 값
의 용도는 프로그래밍 과정에서 제어문을 자유롭게 사용하기 위한 용도로 사용됩니다.
다음 표는 MsgBox 대화상자에서 반환되는 값의 종류와 의미를 설명하고 있습니다.

상 수	반환 값	의 미
vbOK	1	[확인] 버튼 누름
vbCancel	2	[취소] 버튼 누름
vbAbort	3	[중단] 버튼 누름
vbRetry	4	[재시도] 버튼 누름
vbIgnore	5	[무시] 버튼 누름
vbYes	6	[예] 버튼 누름
vbNo	7	[아니오] 버튼 누름

[표4.14] 메시지 박스의 반환 값

[실습] 다음 프로그램을 실습하면서 MsgBox 함수에서 반환 값을 이용
하는 방법을 이해하도록 하겠습니다.

(저장 파일명 : 메시지반환.frm, 메시지반환.vbp)

다음과 같은 화면을 폼 디자이너 창에 디자인 한 뒤에 Command button을 더블
클릭하여 코드 값을 입력합니다.

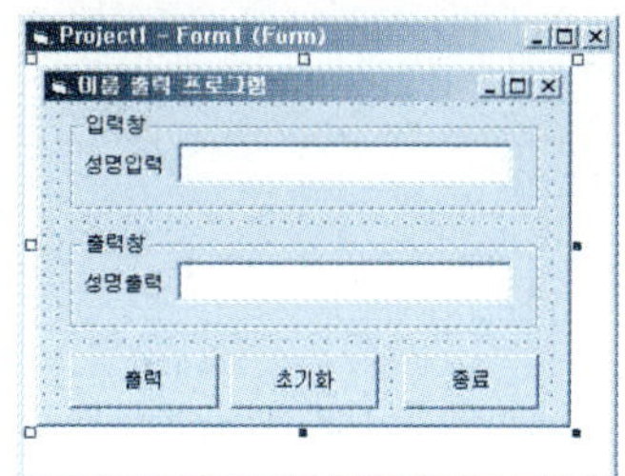

[그림4.13] 폼 디자인 화면

이번 실습 문제는 프로그램 실행 후, 성명 입력 텍스트 창에 사용자가 이름을 입력하고 출력 버튼을 클릭 하였을 경우 메시지 창을 발생시켜 입력된 이름이 올바른지의 여부를 판단하여 맞으면 성명출력 텍스트 창에 결과를 출력하고, 맞지 않으면 성명입력 텍스트 창을 비우고 재입력 받도록 하기 위한 프로그램입니다. 이곳에서 사용된 제어문은 IF문을 사용하였으며 다음 장에서 자세히 설명하도록 하겠습니다.

```vb
Private Sub Command1_Click()
    '성명과 선택을 대입하기 위한 변수형 지정
    Dim 성명 As String
    Dim 선택 As Integer
    '이름에 해당하는 문자열을 성명에 대입
    성명 = Text1.Text
    '정확한 이름을 판단하는 메시지창 출력
    선택 = MsgBox("사용자 이름이 정확한가요?", 4 + 32 + 0, _
    "입력확인창!")
    '입력된 값의 참과 거짓에 따른 출력 방식 지정
    If 선택 = 6 Then
        Text2.Text = 성명
        Else
        Text1.Text = ""
        Text2.Text = ""
        Text1.SetFocus
    End If
End Sub


Private Sub Command2_Click()
    '텍스트 박스의 모든 내용을 초기화
    Text1.Text = ""
    Text2.Text = ""
End Sub

Private Sub Command3_Click()
    End
End Sub
```

위와 같이 프로그램을 완성한 다음, 실행하고 출력 버튼을 클릭하면 다음과 같은 M sgBox 대화상자가 화면에 나타납니다. 이 때 사용자는 입력 값에 따라 [예] 혹은 [아니오] 버튼을 선택합니다.

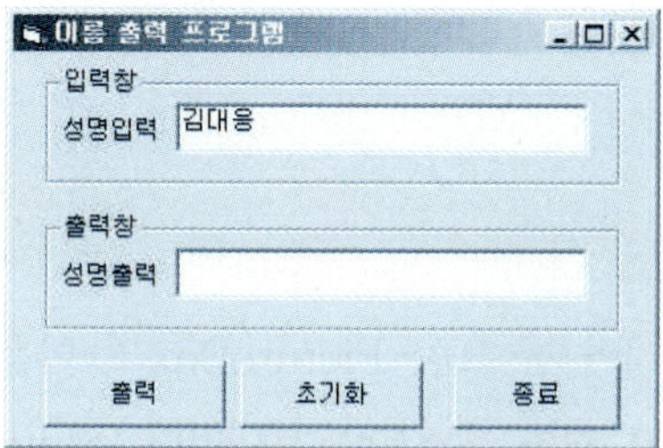

[그림4.14] 실행 후 이름 입력 화면

[그림4.15] 출력버튼 클릭 화면

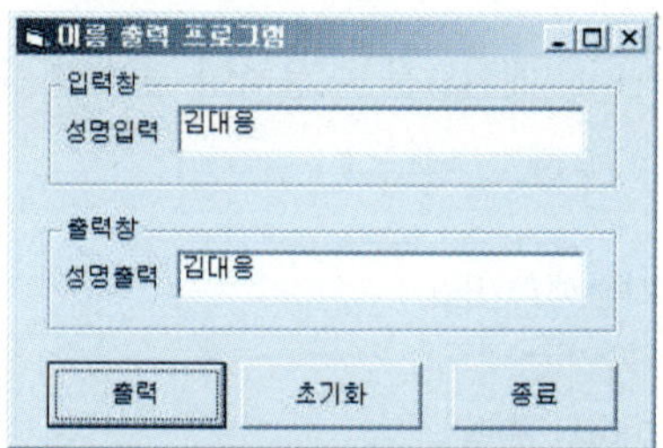

[그림4.16] 출력버튼 결과 화면

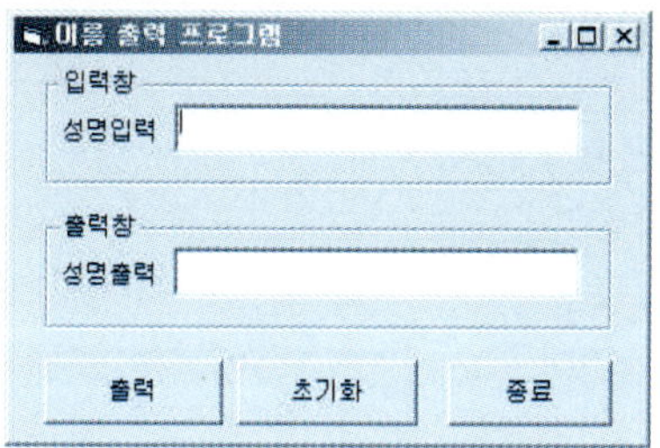

[그림4.17] 초기화버튼 결과 화면

위에서 실습한 프로그램은 MsgBox 대화상자에서 [예]를 선택하면 성명출력 텍스트 창에 입력된 이름을 그대로 출력하고, [아니오]를 선택하면 성명입력 텍스트 창을 비우고 재입력을 위한 커서가 위치하게 됩니다.

4.8 print 메소드

폼 또는 PictureBox에 텍스트를 표시하려면 폼 또는 PictureBox의 이름과 Print 메서드를 사용합니다. 만약 사용자가 프린터로 결과 텍스트를 보내려면 Printer 개체의 Print 메서드를 사용합니다.

Print 메서드

Print 메서드 구문 형식

    [object.]Print [값 또는 수식] [{ ; | , }]

폼(Form)에 결과를 출력하기 위해서는 Print 메서드를 이용하여 출력할 수 있으며, Print 메스도 대신에 단축키 "?"(물음표)를 사용해도 됩니다.

- object : 출력하고자하는 폼이나 픽처 박스를 지정(생략가능)
- 값 또는 수식 : 출력할 내용(생략 시 한줄 바꾸기 기능)
- ;(세미콜론) : 여러 가지를 한 줄에 출력할 때 이어서 출력
- ,(콤마) : 여러 가지를 한 줄에 출력할 때 일정한 간격을 띄고 출력

Print 메서드 사용예

- 이름이 MyForm인 폼일 때

    MyForm.Print "This is a form."
- 이름이 picMiniMsg인 PictureBox일 때

    picMiniMsg.Print "This is a picture box."

↓ 다음 페이지에 계속

- 현재 폼일 때

    Print "This is the current form."

- Printer 개체일 때

    Printer.Print "This text is going to the printer."

Print 메서드 예제

직접 실행 창에 결과 출력하기

다음 예제는 Print 메서드를 사용하여 [직접 실행 창]에 MyVar 변수 값을 표시합니다. Print 메서드만이 문자열을 표시할 수 있는 개체에 적용할 수 있다는 점에 유의합니다.

```
Private Sub Form_Load()
    '데이터 입력을 위한 데이터형 지정
    Dim MyVar As String
    '변수에 데이터 값 대입
    MyVar = "직접 실행창에서 보실 수 있습니다."
    '직접 실행창에 변수값을 출력
    Debug.Print MyVar
End Sub
```

위 프로그램은 폼을 더블클릭하여 Form_Load 이벤트에서 직접 실행 창에 결과를 출력하기 위한 프로그램입니다. 직접 실행창이 화면에 나타나지 않았을 경우에는 메뉴에서 [보기]→[직접 실행 창(I)]를 선택하거나 또는 Ctrl + G 단축키를 눌러 화면에 표시합니다.

[그림4.18] 직접 실행 창에 실행된 결과 화면

폼(Form)에 출력하기 위해서는 Print 메서드를 이용하여 다음과 같은 방식을 간단하게 출력할 수 있습니다. 이번 예제는 Form_Click 이벤트를 이용하여 활용한 문제입니다. 사용자는 잘 확인하고 실행하기 바랍니다.

```vb
Private Sub Form_Click()
    '데이터 입력을 위한 데이터형 지정
    Dim MyVar As String
    '변수에 데이터 값 대입
    MyVar = "폼 창에 결과를 출력합니다."
    '폼 창에 변수값을 출력
    Print MyVar
End Sub
```

[그림4.19] 폼 창에 결과 출력 화면

[실습] 다음 프로그램을 실습하면서 Print 메소드를 이용한 프로그램 기법을 이해하도록 하겠습니다.

(저장 파일명 : 폼프린드.frm, 폼프린트.vbp)

다음과 같이 폼 디자이너 창에 디자인 한 뒤에 각각 Command button을 더블클릭하여 코드값을 입력합니다.

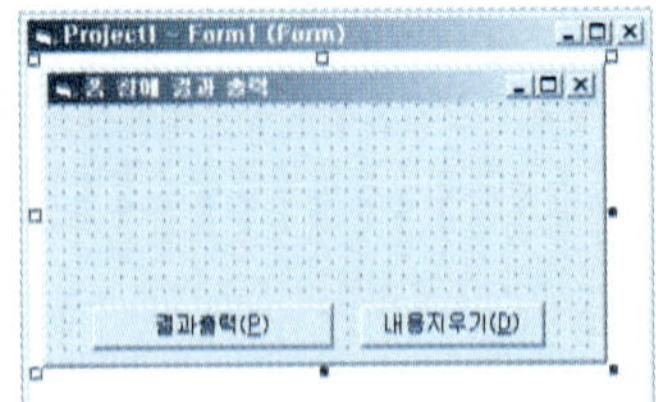

[그림4.20] 폼 디자인 결과 화면

```
Private Sub Command1_Click()
    Dim a As Integer
    Dim b As String
    a = 39
    b = "나의 나이는"
    Print '한줄 띄우기
    Print "나의 이름은 홍길동 입니다."
    Print "나의 전화번호는 123-4567번 입니다."
    Print
    Print b; a; "세 입니다."
End Sub


Private Sub Command2_Click()
    Cls '폼 출력 값 지우기
End Sub
```

위와 같이 코드값을 입력하고 프로그램을 실행하여 결과출력 버튼을 클릭하면 다음과 같은 화면이 출력됩니다.

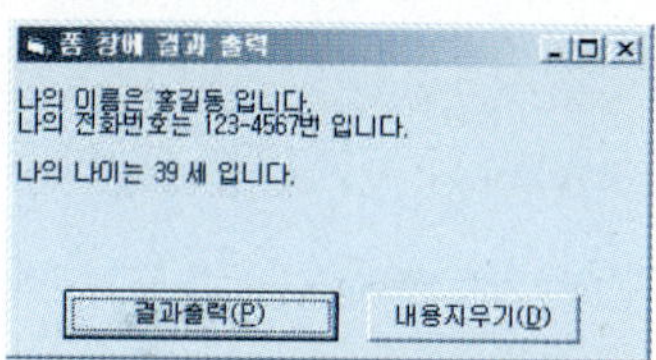

[그림4.21] **결과출력 선택 결과 화면**

[그림4.22] **내용지우기 선택 결과 화면**

내용지우기 버튼의 용도는 폼에 출력된 내용을 지울 때 사용하는 메서드로 CLS를 사용합니다. 만약 사용자가 CLS 메서드를 사용하지 않고 결과출력 버튼을 계속해서 선택하면, 아래로 계속해서 출력되는 결과를 확인할 수 있습니다. CLS는 Clear Screen 약자로 폼의 내용을 지울 때 사용하는 메서드입니다.

Print 메서드 구성요소

Print 메서드 구성요소

폼에 결과를 출력할 때 보기 좋은 형식을 표현하기 위한 기법으로 사용되며, 다음과 같은 종류가 있습니다.

구성요소	의 미
Spc(n)	인쇄할 때 공백을 삽입하는데 사용되며, n은 공백의 숫자를 의미
Tab(n)	항의 절대 값(행의 첫 번째 칼럼)에 추가되는 포인트의 위치를 잡아주며 n은 열의 숫자입니다. 인수가 없으면 삽입점은 다음 번 인쇄범위의 시작점에 위치합니다.

[표4.15] Print 메서드 구성요소와 의미

Print 메서드 구성요소 사용예

- Spc(n)을 사용할 때

    Print "1번"; Spc(10); "2번"; Spc(20); "3번"
- Tab(n)을 사용할 때

    Print "1번"; Tab(10); "2번"; Tab(20); "3번"
- Spc(n)과 Tab(n)을 혼합해서 사용할 때

    Print "1번"; Spc(10); "2번"; Spc(20); "3번"

    Print "1번"; Tab(10); "2번"; Tab(20); "3번"
- Spc(n)이용하여 결과를 한 줄에 출력하고 싶을 때

    Print "1번"; Spc(10); "2번"; Spc(10); "3번"; Spc(10);

    Print "4번"; Spc(10); "5번"; Spc(10); "6번"

[실습] 다음 프로그램을 실습하면서 Print 메소드의 구성요소를 이용한 프로그램 기법을 이해하도록 하겠습니다.

(저장 파일명 : 폼구성.frm, 폼구성.vbp)

다음과 같이 폼 디자이너 창에 디자인 한 뒤에 Command button을 더블클릭하여
코드값을 입력합니다.

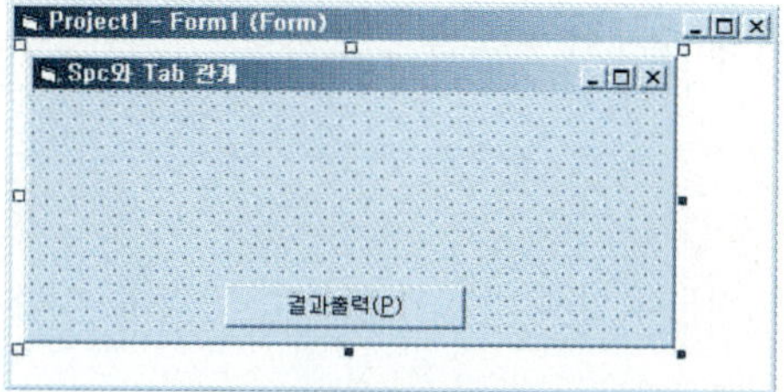

[그림4.23] 폼 디자인 결과 화면

```
Private Sub Command1_Click()
    'Spc(n)과 Tab(n)을 혼합해서 사용할 때
    Print
    Print "1번"; Spc(10); "2번"; Spc(20); "3번"
    Print "1번"; Tab(10); "2번"; Tab(20); "3번"
    'Spc(n)이용하여 결과를 한 줄에 출력하고 싶을 때
    Print
    Print "1번"; Spc(10); "2번"; Spc(10); "3번"; Spc(10);
    Print "4번"; Spc(10); "5번"; Spc(10); "6번"
End Sub
```

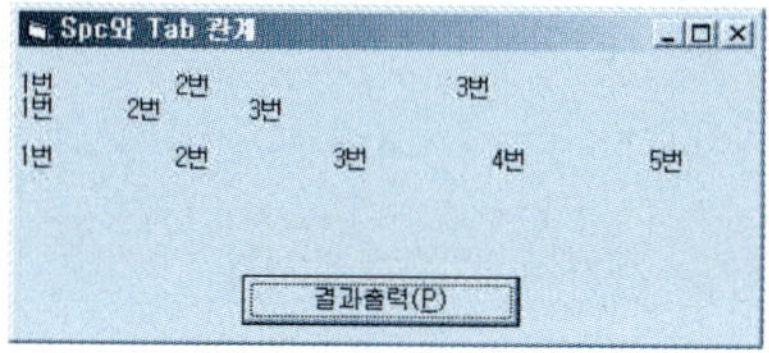

[그림4.24] 결과출력 실행 화면

프로그램에서 주의할 사항은 Spc(n)을 사용할 때에는 글자와 글자 사이에 공간을
띄우며, Tab(n)은 첫 번째부터 다시 해당 칼럼 위치에 출력한다는 것을 필이 학습
하기 바랍니다.

다음의 문제를 읽고 답을 설명하시오.

❶ 폼(Form)의 속성 중에서 BorderStyle 용도와 종류를 설명하시오.

❷ 명령 버튼(Command Button)에서 버튼에 단축키를 삽입하는 방법에 대하여 간단하게 설명하시오.

❸ 텍스트 박스(Text Box)에서 여러 라인을 입력받기 위한 속성은 무엇인지 간단하게 설명하시오.

❹ 프레임(Frame)안에 컨트롤 객체들을 하나의 단위로 이동하거나 복사하고자 할 때 어떠한 방식으로 우선 폼 디자인이 이루어져야 하는지 간단하게 설명하시오.

❺ InputBox 에서 사용되는 구문 형식과 각각 용어를 간간하게 설명하시오.

❻ Print 메서드에서 Spc()와 Tab()의 차이점을 간간하게 설명하시오.

다음 프로그램을 완성하시오.

종합문제 2

(저장 파일명 : 입력이름.frm, 입력이름.vbp)

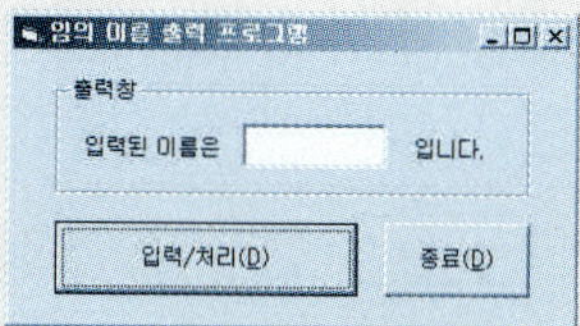

[그림4.25] 입출력 디자인화면

처리 조건

❶ 디자인과 속성 값을 입력하고 사용자가 프로그램을 실행하고 입력/처리 버튼을 선택한 다음, InputBox 도구상자를 발생하여 입력된 이름을 가지고 출력 값을 얻도록 한다.

[그림4.26] InputBox 대화상자 화면

❷ 변수 : "이름"으로 설정
❸ 문자열 : "이름을 입력하세요?"로 설정
❹ 타이틀 : "입력창"으로 설정
❺ 기본 값 : "홍길동"으로 설정

위에 표시된 InputBox 대화상자는 사용자가 임의의 이름을 입력하고 난 다음, 확인 버튼을 누르기 전 상태의 화면을 표시하고 있습니다.

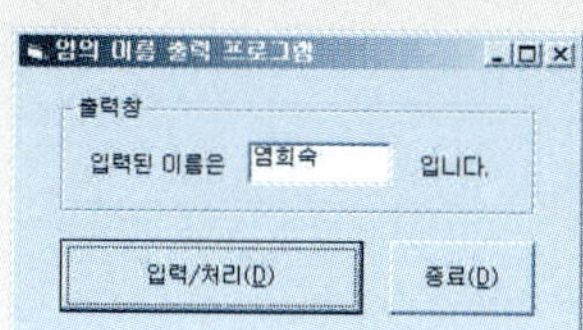

[그림4.27] 확인 버튼 선택 결과 화면

다음 프로그램을 완성하시오.

(저장 파일명 : 입력성적.frm, 입력성적.vbp)

다음과 같이 폼 디자이너 창에 입출력 디자인을 한 후에, 컨트롤 별 속성 값을 변경하고 조건에 맞는 프로그램을 완성하시오.

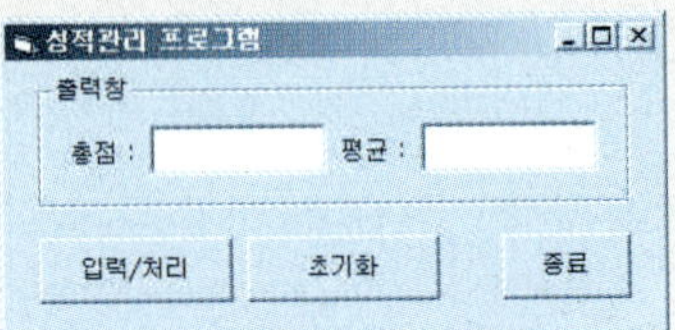

[그림4.28] 입출력 디자인화면

처리 조건

❶ 디자인과 속성 값을 입력하고 사용자가 프로그램을 실행하고 입력/처리 버튼을 선택한 다음, 두개의 InputBox 도구상자를 발생하여 국어점수와 수학점수를 가지고 출력 값을 얻도록 한다.

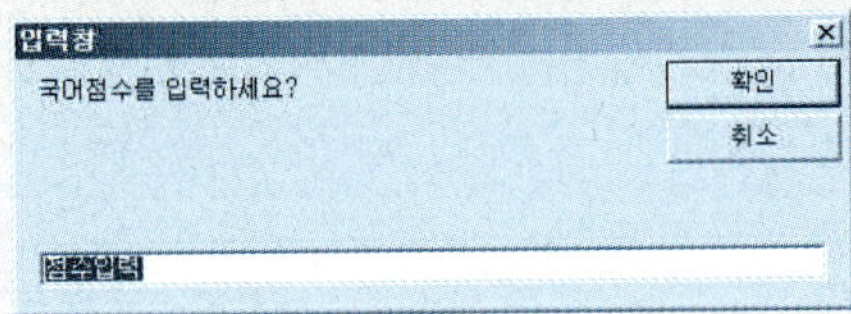

[그림4.29] InputBox 대화상자 화면

❷ 변수 : "국어","수학"으로 설정

❸ 문자열 :"○○점수를 입력하세요?"로 설정

❹ 타이틀 : "입력창"으로 설정

❺ 기본 값 : "점수입력"으로 설정

❻ 입력예시 : 국어 점수 "90", 수학 점수 "100"으로 설정

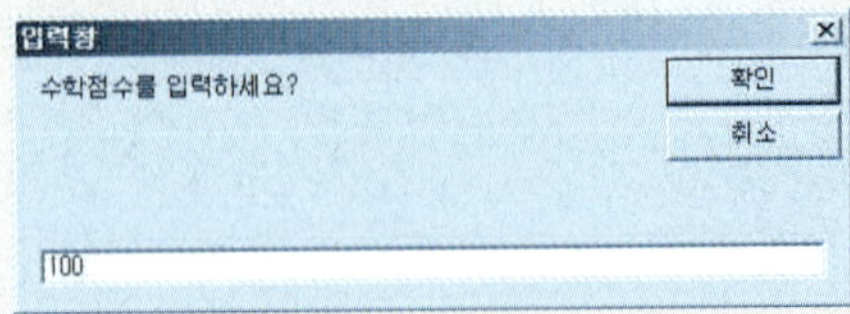

[그림4.30] 수학점수 입력 대화상자 화면

위에 표시된 InputBox 대화상자는 국어 점수와 수학 점수를 각각 입력하고 확인 버튼을 누르기 전 상태의 화면을 표시하고 있습니다.

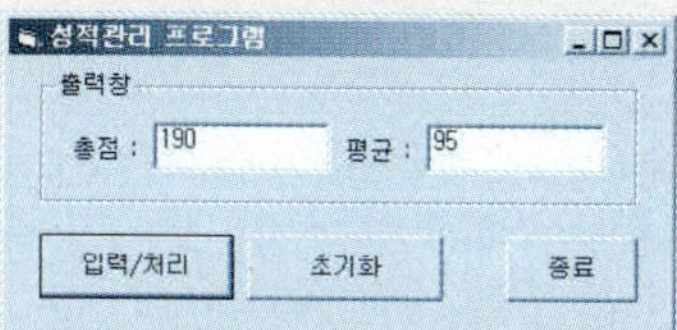

[그림4.31] 확인 버튼 클릭시 결과 화면

# 다음 프로그램을 완성하시오.
.(저장 파일명 : 입력확인.frm, 입력확인.vbp)

다음과 같이 폼 디자이너 창에 입출력 디자인을 한 후에, 컨트롤 별 속성 값을 변경하고 조건에 맞는 프로그램을 완성하시오.

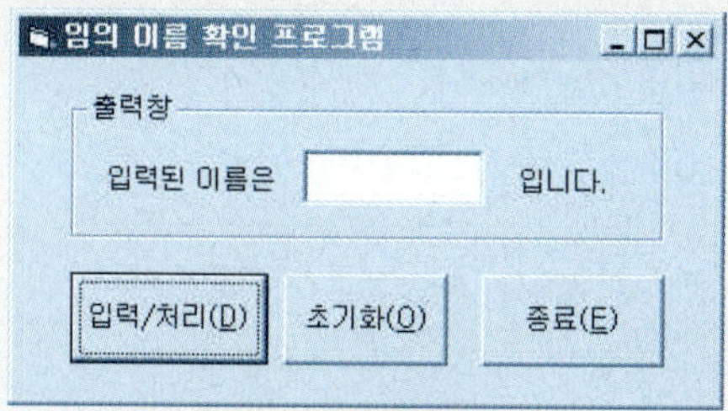

[그림4.32] 입출력 디자인화면

처리 조건

❶ 디자인과 속성 값을 입력하고 사용자가 프로그램을 실행하고 입력/처리 버튼을 선택한 다음, InputBox 도구상자를 발생하여 입력된 이름을 가지고 출력 값을 얻도록 한다.

[그림4.33] InputBox 대화상자 화면

❷ 변수 : "이름"으로 설정
❸ 문자열 :"이름을 입력하세요?"로 설정
❹ 타이틀 : "입력창"으로 설정
❺ 기본 값 : "홍길동"으로 설정
❻ 입력예시 : "이종헌" 으로 설정

위에 표시된 InputBox 대화상자는 사용자가 임의의 이름을 입력하고 난 다음, 확인 버튼을 누르기 전 상태의 화면을 표시하고 있습니다.

[그림4.34] 입력 판단 화면

위에 표시된 MsgBox 대화상자는 사용자가 입력한 이름이 맞는지 틀린지를 판단하는 대화상자입니다.

처리 조건

❶ 변수 : "판단"으로 설정
❷ 메시지 : "입력한 이름이 맞습니까?"로 설정

❸ 단추 형태 : [예], [아니오]로 설정

❹ 기호 형태 : 물음표(?)로 설정

❺ 내정 값 : 첫 번째 단추를 기본 값으로 설정

❻ 제목 : "입력 판단!"으로 설정

판단 처리 조건

❶ 예 : 입력된 이름을 출력 창에 출력한다.

❷ 아니오 : 입력된 이름을 출력 창에 출력하지 않고 종료한다.

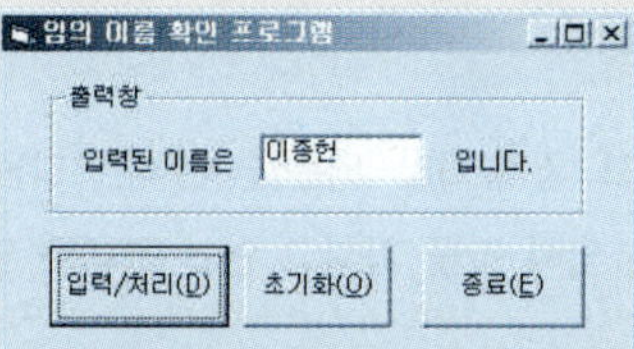

[그림4.35] 예 버튼 선택 결과 화면

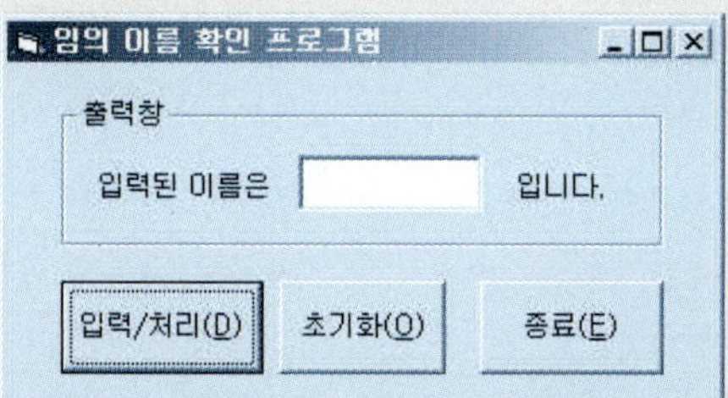

[그림4.36] 아니오 버튼 선택 결과 화면

다음 프로그램을 완성하시오.

종합문제 5

(저장 파일명 : 입력사칙연산.frm, 입력사칙연산.vbp)

다음과 같이 폼 디자이너 창에 입출력 디자인을 한 후에, 컨트롤 별 속성 값을 변경하고 조건에 맞는 프로그램을 완성하시오.

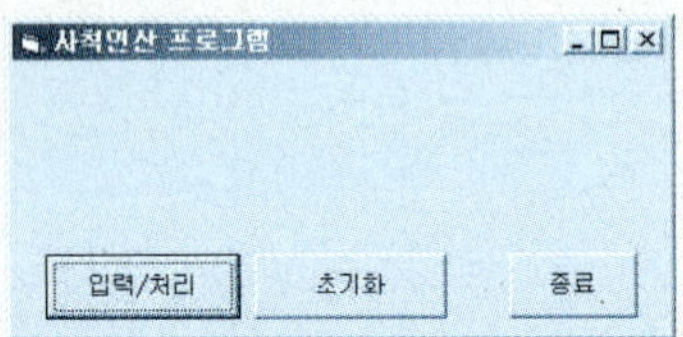

[그림4.37] 입출력 디자인화면

처리 조건

❶ 디자인과 속성 값을 입력하고 사용자가 프로그램을 실행하고 입력/처리 버튼을 선택한 다음, InputBox 도구상자를 두개 발생하여 A값과 B값에 해당하는 입력 값을 가지고 연산 결과를 얻도록 한다.

[그림4.38] InputBox 대화상자 화면

❷ 변수 : "A","B"로 각각 설정

❸ 문자열 : "○ 값을 입력하세요?"로 각각 설정

❹ 타이틀 : "입력창"으로 설정

❺ 기본 값 : "정수값 입력"으로 설정

❻ 입력예시 : A 값 : "20", B 값 : "5"로 설정

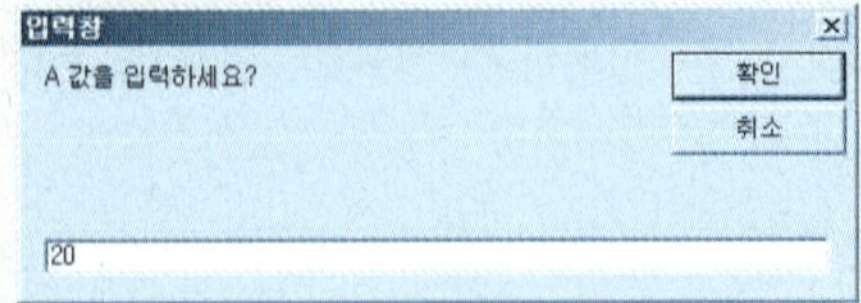

[그림4.39] A 값 입력 화면

다음 프로그램을 완성하시오.

(저장 파일명 : 입력사칙연산.frm, 입력사칙연산.vbp)

[그림4.40] B 값 입력 화면

위와 같이 각각 2개의 값을 입력하고 확인 버튼을 선택하면 아래와 같은 화면이 나옵니다. 또한, 사용자가 주의할 점은 초기화 버튼에 초기화시 메서드는 잘 확인하고 코딩해야 한다는 것을 알아주기 바랍니다.

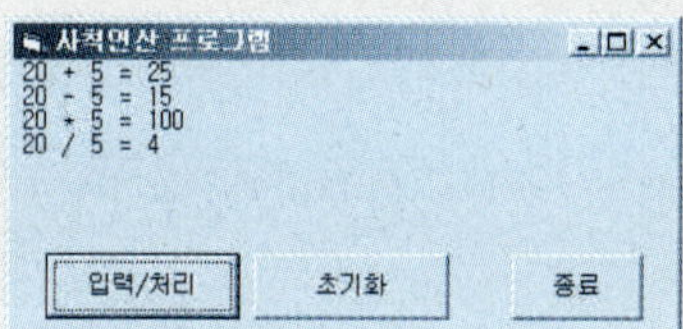

[그림4.41] 확인 버튼 선택 결과 화면

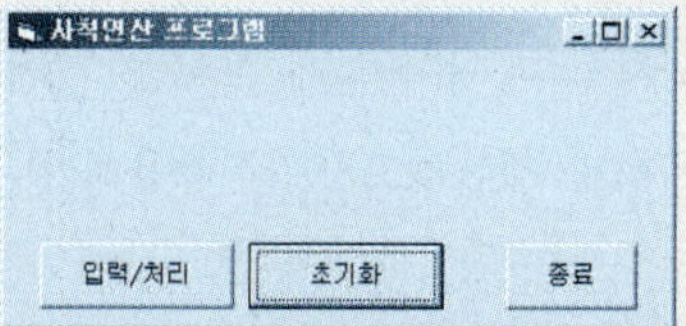

[그림4.42] 초기화 버튼 선택 결과 화면

5.1 Int() 함수

입력된 수치에 소수점이 포함되어 있을 경우 소수점을 잘라내고 정수값 만을 출력하고자할 때 사용하는 함수입니다. 만약, 사용자가 반올림 값을 필요로 하는 경우에는 입력된 수치에 0.5를 더해줘야만 사용할 수 있습니다.

Int() 함수 형식

변수 = Int(수치 값)

- 변수 : 수치 값(실수형)의 정수 값만을 반환
- 수치 값 : 실수형 수치 값을 말한다.

특히, Int() 함수를 이용하여 프로그램을 작성하고자할 때 유용하게 쓰이는 기법으로는 성적 프로그램의 평균에서 소수점이하 값을 자유롭게 계산하고자 할 유용하게 사용됨을 알아주기 바랍니다.

Int() 함수 사용예

- A에 365값이 대입
    A = Int(365.75)
- B에 366값이 대입
    B = Int(365.75 + 0.5)

↓다음 페이지에 계속

> - C에 98.36값이 대입
>
>   C = Int(98.365 * 100) / 100
>
> - D에 389값이 대입
>
>   D = Int(365.75 + 23.56)

[실습1] 다음 프로그램을 실습하면서 Int() 함수를 이용한 프로그램 기법을 이해하도록 하겠습니다.

(저장 파일명 : 함수(Int).frm, 함수(Int).vbp)

다음과 같이 폼 디자이너 창에 디자인 한 뒤에 Command button을 더블클릭하여 코드 값을 입력합니다.

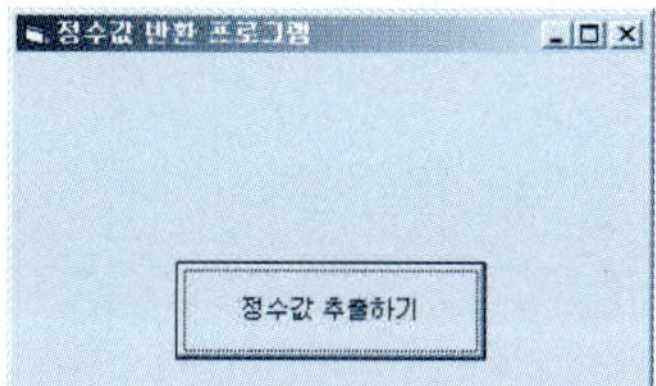

[그림5.1] 폼 디자인 초기화면

```
Private Sub Command1_Click()
        '반환 값 365를 출력한다.
        Print "Int(365.75)==>"; Int(365.75)
        '반환 값 366을 출력한다.
        Print "Int(365.75 + 0.5)==>"; Int(365.75 + 0.5)
        '반환 값 98.36을 출력한다.
        Print "Int(98.365 * 100) / 100==>"; Int(98.365 * 100) / 100
        '반환 값 389를 출력한다.
        Print "Int(365.75 + 23.56)==>"; Int(365.75 + 23.56)
End Sub
```

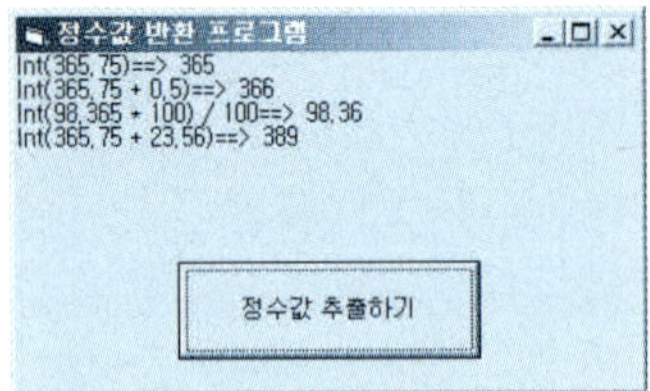

[그림5.2] 출력 결과 화면

[실습2] 다음 성적관리 프로그램을 실습하면서 Int() 함수를 이용한 프로그램 기법을 이해하도록 하겠습니다.

(저장 파일명 : 성적(Int).frm, 성적(Int).vbp)

다음과 같이 폼 디자이너 창에 디자인 한 뒤에 Command button을 더블클릭하여 코드 값을 입력합니다.

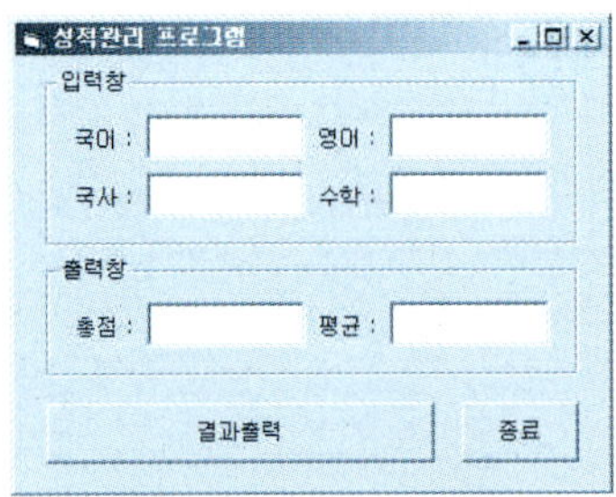

[그림5.3] 폼 디자인 초기화면

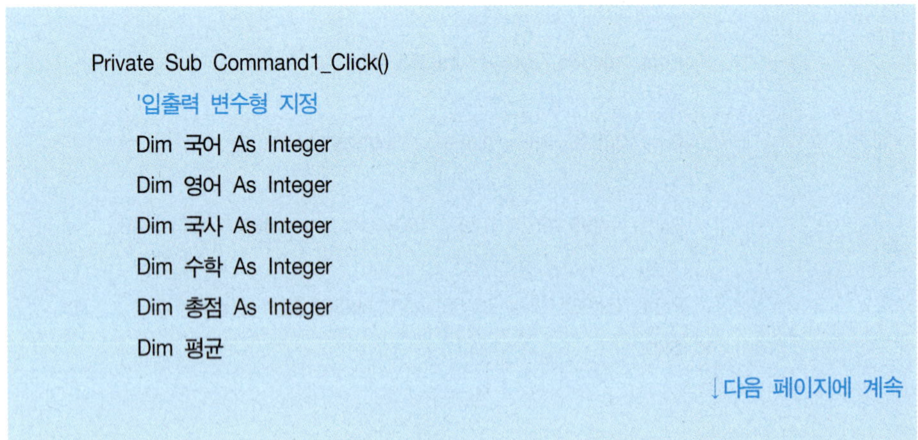

```
Private Sub Command1_Click()

    '입출력 변수형 지정

    Dim 국어 As Integer

    Dim 영어 As Integer

    Dim 국사 As Integer

    Dim 수학 As Integer

    Dim 총점 As Integer

    Dim 평균
```

↓다음 페이지에 계속

```
        '변수에 입력된 값을 대입
        국어 = Val(Text1.Text)
        영어 = Val(Text2.Text)
        국사 = Val(Text3.Text)
        수학 = Val(Text4.Text)
        '입력된 값을 이용하여 총점과 평균 구하기
        총점 = 국어 + 영어 + 국사 + 수학
        '소수점이하 3째자리에서 반올림 2째자리 표현하기
        평균 = Int((총점 / 4 + 0.005) * 100) / 100
        '총점과 평균값을 출력
        Text5.Text = 총점
        Text6.Text = 평균
    End Sub


    Private Sub Command2_Click()
        End
    End Sub
```

프로그램에서 주의할 점은 평균값을 산출할 때 소수점 이하의 값을 구하는 공식을
미리 공부하여 많이 활용하면 되겠습니다.

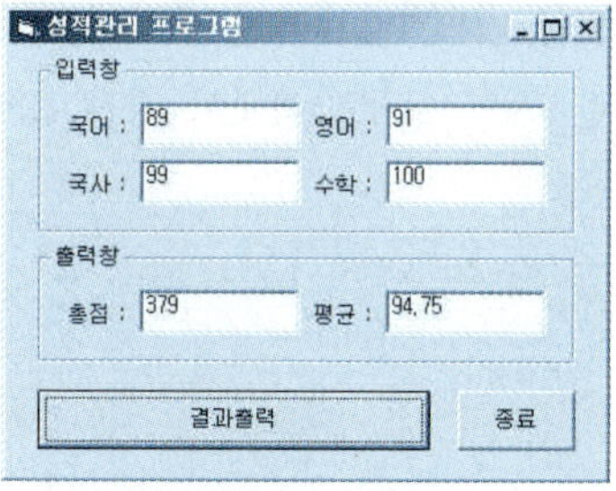

[그림5.4] 출력 결과 화면

[문제1] 다음 조건에 만족하는 Int() 함수를 완성하시오.

처리 조건

❶ 소수점이하 1자리까지 출력하라.

❷ 반올림 하지 않는다.

[문제2] 다음 조건에 만족하는 Int() 함수를 완성하시오.

처리 조건

❶ 소수점이하를 버리고 출력하라.
❷ 소수점이하 1자리에서 반올림 한다.

5.2 Rnd() 함수

사람이 예측할 수 없는 임의의 숫자(난수)를 발생시키는 함수로, 난수를 발생하는 범위는 0~0.9999999까지 만들어 낼 수 있습니다. 이렇게 만들어진 난수를 이용하여 사용자가 원하는 수치를 자유롭게 표현할 수 있는데, 이때에는 Int() 함수와 조합해서 자유롭게 표현할 수 있습니다. 또한 Int() 함수는 게임 프로그램에서 가장 많이 사용되는 함수이기도 합니다.

Rnd() 함수 형식

변수 = Rnd(수치 값)

- 변수 : 난수 발생 값을 반환
- 수치 값 : 난수를 생성하는 방식을 결정

Rnd() 함수 반환 값

수치 값	반 환 값
음수	항상 같은 숫자이며, 수치 값을 시드 값으로 사용
양수	다음 순서의 난수
0	가장 최근에 생성된 숫자
없음	다음 순서의 난수

[표5.1] Rnd() 함수의 반환 값

Rnd() 함수의 활용

Rnd() 함수를 이용하여 난수를 발생시킨 뒤에 사용자가 원하는 수치로 다시 표현하기 위해서는 다음과 같은 형식의 기법을 이용하여 자유롭게 활용할 수 있습니다.

> 변수 = Int((상한값 - 하한값 + 1) * Rnd + 하한값)

- 변수 : 난수 발생 값을 반환
- 상한 값 : 발생하고자하는 수치의 최댓값
- 하한 값 : 발생하고자하는 수치의 최솟값

Rnd() 함수 사용 예

- A에 0˜0.9999999 범위에 난수를 발생하여 대입

    A = Rnd(1)
- B에 0˜9 범위에 난수를 발생하여 대입

    B = Int((10) * Rnd)
- C에 10˜19 범위에 난수를 발생하여 대입

    C = Int((20 - 10) * Rnd + 10)
- D에 1˜100 범위에 난수를 발생하여 대입

    D = Int((100 - 1 + 1) * Rnd + 1)

[실습1] 다음 프로그램을 실습하면서 Rnd() 함수를 이용한 프로그램 기법을 이해하도록 하겠습니다.

(저장 파일명 : 난수발생.frm, 난수발생.vbp)

다음과 같이 폼 디자이너 창에 디자인 한 뒤에 Command button을 더블클릭하여 코드 값을 입력합니다.

[그림5.5] 폼 디자인 초기화면

```
Private Sub Command1_Click()
    '0~0.9999999 범위에 난수를 발생하여 대입
    Print "0~0.9999999 범위에 난수==>";
    Print Rnd(1)
    '0~9 범위에 난수를 발생하여 대입
    Print "0~9 범위에 난수==>";
    Print Int((10) * Rnd)
    '10~19 범위에 난수를 발생하여 대입
    Print "10~19 범위에 난수==>";
    Print Int((20 - 10) * Rnd + 10)
    '1~100 범위에 난수를 발생하여 대입
    Print "1~100 범위에 난수==>";
    Print Int((100 - 1 + 1) * Rnd + 1)
End Sub
```

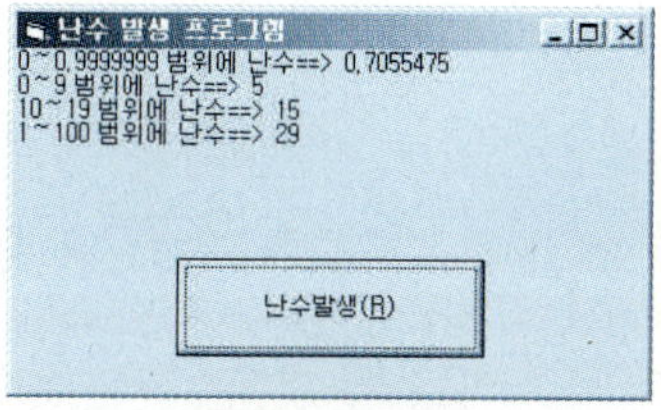

[그림5.6] 출력 결과 화면

[문제1] 다음 조건에 만족하는 Rnd() 함수를 완성하시오.

처리 조건

❶ 50~100 사이의 난수를 발생하도록 하라.
❷ 변수 : "난수1" 로 설정

[문제2] 다음 조건에 만족하는 Rnd() 함수를 완성하시오.

처리 조건

❶ 1~10 사이의 난수를 발생하도록 하라.
❷ 변수 : "난수2" 로 설정

[실습2] 다음 프로그램을 실습하면서 Rnd() 함수를 이용한 프로그램 기법을 이해하도록 하겠습니다.

(저장 파일명 : 난수성적.frm, 난수성적.vbp)

다음과 같이 폼 디자이너 창에 디자인 한 뒤에 Command button을 더블클릭하여 코드 값을 입력합니다.

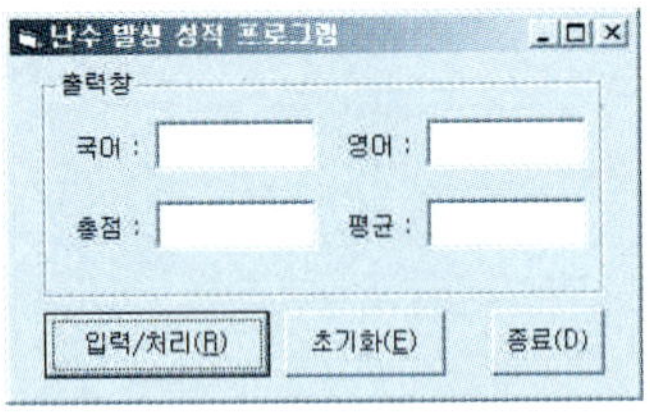

[그림5.7] 폼 디자인 초기화면

❶ 입력/처리 버튼을 클릭하면 1-100사이의 국어점수와 영어점수에 해당하는 난수를 발생하여 총점과 평균을 구하여 출력 창에 출력한다.

❷ 난수가 발생하기 전에 난수 발생을 위한 메시지 창을 띄운다.

❸ 평균값은 소수점 이하 반올림 처리한다.

```
Private Sub Command1_Click()
        '입력을 위한 변수형 지정
        Dim 국어 As Integer
        Dim 영어 As Integer
        Dim 총점 As Integer
        Dim 평균
        '난수 발생 메시지 창
        MsgBox "1-100사이의 국어점수와 영어점수를 발생합니다."
        '국어점수와 영어점수 난수 발생
        국어 = Int((100 - 1 + 1) * Rnd + 1)
        영어 = Int((100 - 1 + 1) * Rnd + 1)
        '총점과 평균값 계산
        총점 = 국어 + 영어
        평균 = Int((총점 / 2) + 0.5)
        '출력창에 자료 출력
        Text1.Text = 국어
        Text2.Text = 영어
        Text3.Text = 총점
```

↓다음페이지에 계속

```
        Text4.Text = 평균
    End Sub


    Private Sub Command2_Click()
        Text1.Text = ""

        Text2.Text = ""

        Text3.Text = ""

        Text4.Text = ""
    End Sub


    Private Sub Command3_Click()
        End
    End Sub
```

[그림5.8] 난수 발생 전 메시지 화면

메시지 대화상자에서 확인버튼을 클릭하면, 국어점수와 영어점수를 자동자적으로 발
생하여 총점과 평균을 구한 다음, 다음 그림과 같은 결과 화면에 나옵니다.

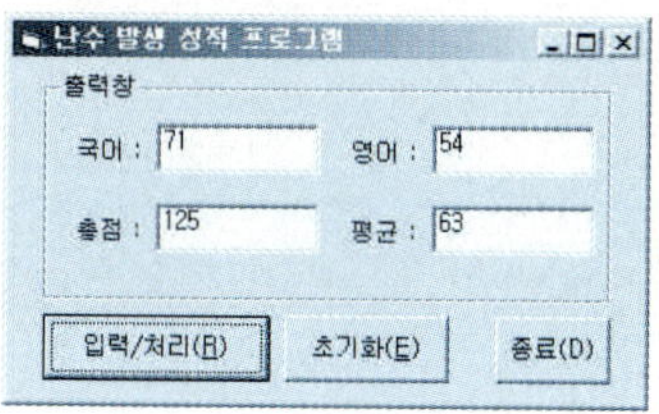

[그림5.9] 난수 발생 전 메시지 화면

Randomize의 활용

난수열을 발생시키려면 숫자 인수를 보유한 Randomize를 사용하기 전에 즉시 음
(-)의 인수를 가진 Rnd() 함수를 호출합니다. 수치 값 부분에 동일한 값을 가진 Ran
domize를 사용하게 되면 앞서의 수열을 반복하지 않습니다.

```
        :
Randomize
국어 = Int((100 - 1 + 1) * Rnd + 1)
영어 = Int((100 - 1 + 1) * Rnd + 1)
        :
```

위와 같은 방법으로 프로그램을 작업하면, 매번 실행하여 난수를 발생시킬 때 사용
자가 예측하지 못하는 수치 값이 틀리게 발생한다는 것을 알아두기 바랍니다.

5.3 UCase(), LCase() 함수

Ucase() 함수는 입력되는 영문자의 대·소문자에 관계없이 대문자로 변환하여 반환
하고, Lcase() 함수는 입력되는 영문자의 대·소문자에 관계없이 소문자로 변환하여
반환하는 함수로 이용됩니다. 특히, 해당 함수는 영문자를 이용하여 조건문을 만들고자
할 때 매우 유용하게 쓰이고 있습니다.

Ucase(), Lcase() 함수 형식

```
변수 = Ucase(영문자 혹은 문자열변수)
변수 = Lcase(영문자 혹은 문장열변수)
```

- 변수 : 대·소문자를 반환받기 위한 변수
- 영문자 혹은 문자열변수 : 변환하고자 하는 영문자

Ucase(), Lcase() 함수 사용예

[실습] 다음 프로그램을 실습하면서 Ucase()와 Lcase() 함수를 이용한 프로그램 기법을 이해하도록 하겠습니다.

(저장 파일명 : 대소변환.frm, 대소변환.vbp)

다음과 같이 폼 디자이너 창에 디자인 한 뒤에 Command button을 더블클릭하여 코드 값을 입력합니다.

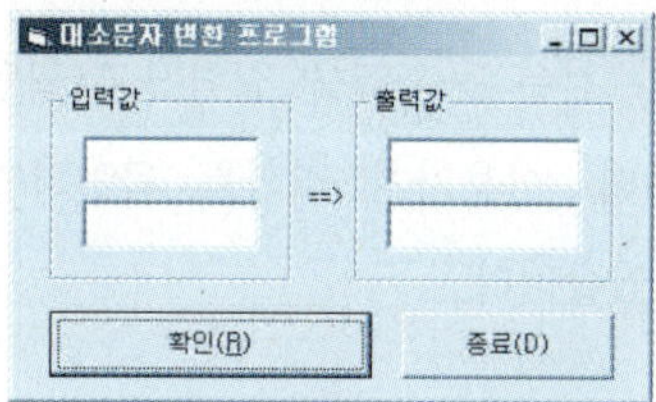

[그림5.10] 폼 디자인 초기화면

```
Private Sub Command1_Click()
    '대소문자 입력을 위한 변수형 지정
    Dim 대문자 As String
    Dim 소문자 As String
    '대소문자 변환
    대문자 = UCase(Text1.Text)
    소문자 = LCase(Text2.Text)
    '출력 창에 자료 출력
```

↓ 다음 페이지에 계속

```
            Text3.Text = 대문자
            Text4.Text = 소문자
      End  Sub


      Private  Sub  Command3_Click()
            End
      End  Sub
```

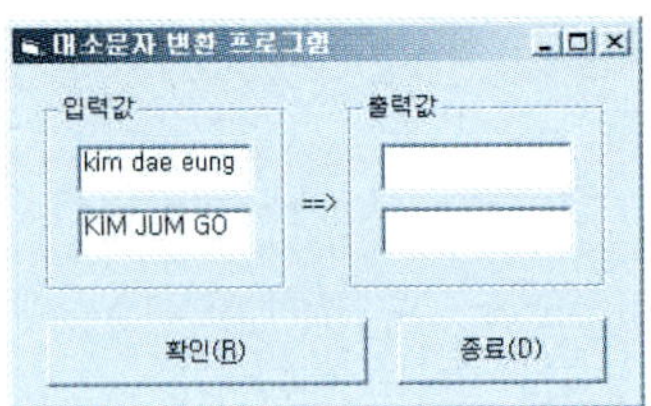

[그림5.11] **입력 값 입력 후 결과 화면**

프로그램을 입력하고 실행하여 입력 창에 위와 같은 문자열을 입력하고 확인 버튼을
클릭하면 그림과 같은 결과 화면이 나타납니다. 사용자가 결과를 확인하면 지정된
형태로 대·소문자가 변환된 것을 확인할 수 있습니다.

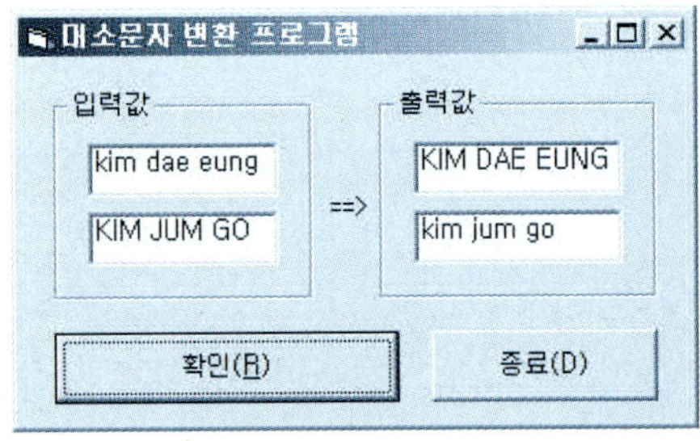

[그림5.12] **출력 결과 화면**

5.4 Val() 함수

    Text Box나 InputBox 통하여 받아들인 수치 값은 정확한 수치 값이 아닌 문자 혹은 문자열로 취급됩니다. 그러므로 산술연산을 수행하기 위한 수치 값을 입력할 때에는 정확한 수치 값으로 변환시켜줘야 하는데, 이때 사용되는 함수가 Val() 함수입니다. 사용자가 실수하는 가장 큰 예의 하나라고 말할 수 있으며, 관심을 갖지 않으면 확인하기 어려운 것입니다(단, 변수에 해당하는 데이터 형이 선언되지 않았을 경우에 해당하는 내용입니다.).

Val() 함수 형식

> 변수 = Val(입력값)

- 변수 : 산술연산을 위한 수치 값 반환
- 입력값 : 수치 값으로 변환하고자 하는 수치 값(문자열)

[실습] 다음 프로그램을 실습하면서 Val() 함수를 이용한 프로그램 기법을 이해하도록 하겠습니다.

(저장 파일명 : 수치연산.frm, 수치연산.vbp)

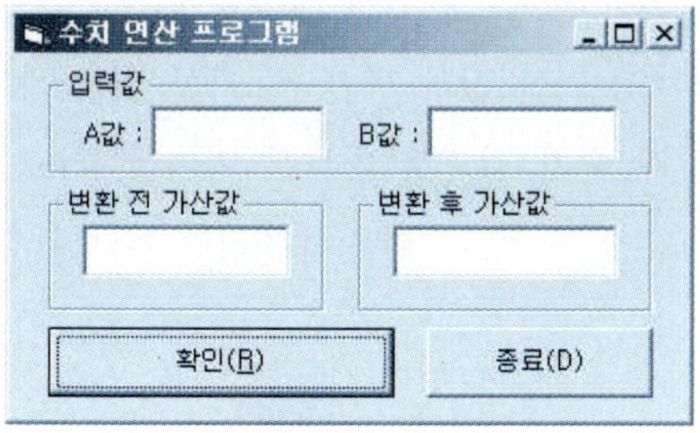

[그림5.13] 폼 디자인 초기화면

```
Private Sub Command1_Click()
    '텍스트 값을 변수에 대입
    A = Text1.Text
    B = Text2.Text
    '텍스트 값을 수치로 변환 후 대입
    변환A = Val(Text1.Text)
    변환B = Val(Text2.Text)
    '연산된 결과를 출력 창에 출력
    Text3.Text = A + B
    Text4.Text = 변환A + 변환B
End Sub

Private Sub Command2_Click()
    End
End Sub
```

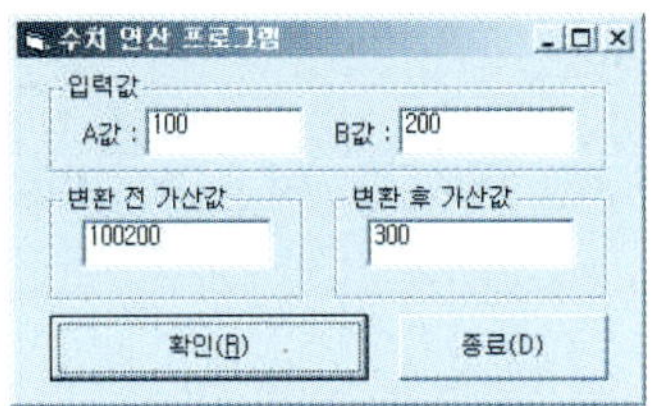

[그림5.14] **입력 후 결과 화면**

위 프로그램을 자세히 살펴보면 변환 전 가산 값과 변환 후 가산 값에 차이가 있습
니다. 차이점은 문자열로 취급된 것과 수치 값으로 취급된 차이점이라고 생각하면
될 것입니다. 위와 같은 단점을 가지고 있는 프로그램을 수정하면 아래와 같습니다.

```
PPrivate Sub Command1_Click()
    '입력 값에 데이터형을 지정
    Dim  A  As  Integer
    Dim  B  As  Integer
    Dim  변환A  As  Integer
    Dim  변환B  As  Integer
    '텍스트 값을 변수에 대입
    A = Text1.Text
    B = Text2.Text
    '텍스트 값을 수치로 변환 후 대입
    변환A = Val(Text1.Text)
    변환B = Val(Text2.Text)
    '연산된 결과를 출력 창에 출력
    Text3.Text = A + B
    Text4.Text = 변환A + 변환B
End  Sub

Private  Sub  Command2_Click()
    End
End  Sub
```

사용자는 위와 같이 프로그램을 수정한 다음, 결과를 실행하여 정확하게 출력된 결과를 확인하기 바랍니다.

5.5 Left(), Right(), Mid() 함수

Left() 함수는 문자열을 입력받아 문자열 왼쪽부터 지정한 문자 수 만큼의 문자열을 반환하며, Right() 함수는 문자열을 입력받아 문자열 오른쪽부터 지정한 문자 수 만큼의 문자열을 반환하며, Mid() 함수는 문자열의 지정된 위치부터 지정한 문자 수 만큼의 문자열을 반환합니다.

Left(), Right(), Mid() 함수 형식

```
변수 = Left(문자열, 수치값2)
변수 = Right(문자열, 수치값2)
변수 = Mid(문자열, 수치값1, 수치값2)
```

- 변수 : 지정된 문자열 값 반환
- 문자열 : 원래 문자열 의미
- 수치값1 : 문자열에서 자르고자하는 시작위치의 칼럼 수
- 수치값2 : 문자열에서 자르고자하는 문자수

[실습] 다음 프로그램을 실습하면서 Left(), Right(), Mid() 함수를 이용한 프로그램 기법을 이해하도록 하겠습니다.

(저장 파일명 : 선택문자.frm, 선택문자.vbp)

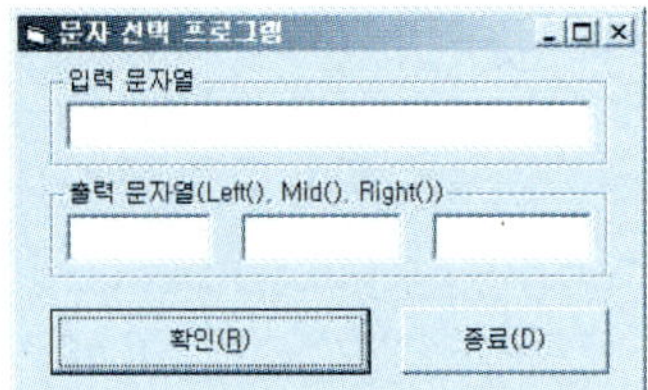

[그림5.15] 폼 디자인 초기화면

```
Private Sub Command1_Click()
    '입력 값에 데이터형을 지정
    Dim 입력 As String
    Dim 왼쪽 As String
    Dim 가운데 As String
    Dim 오른쪽 As String
    '문자열을 변수에 대입
    입력 = Text1.Text
    '원래 문자열에서 원하는 문자열을 취한다.
    왼쪽 = Left(입력, 6)
```

↓다음 페이지에 계속

```
        가운데 = Mid(입력, 8, 5)
        오른쪽 = Right(입력, 11)
        '선택된 문자열 결과를 출력 창에 출력
        Text2.Text = 왼쪽
        Text3.Text = 가운데
        Text4.Text = 오른쪽
    End Sub


    Private Sub Command2_Click()
        End
    End Sub
```

[그림5.16] 입력 문자열 입력 화면

프로그램을 실행한 다음, 입력 문자열에 Visual Basic Programming이란 문자열을 입력하고 확인 버튼을 누르면 결과를 확인할 수 있습니다. 문자열의 위치를 선택하고자 할 때에는 공백문자도 하나의 문자로 취급된다는 것을 알고 원하는 위치를 정확하게 확인하고 넣어주기 바랍니다.

[그림5.17] 확인버튼 클릭 결과 화면

 Now, Date, Time 함수

Now 함수는 사용자 컴퓨터 시스템의 날짜와 시간 설정에 따른 현재의 날짜와 시간을 나타내며, Date 함수는 현재 시스템의 날짜 값을 반환하며, Time 함수는 시스템의 현재 시각을 나타내는 Variant형의 값을 나타내는데 사용됩니다.

날짜와 시간 관련 함수와 의미

함 수	의 미
Date문	시스템 날짜를 설정
Time문	시스템 시간을 설정
DateSerial()	인수로 지정한 연, 월, 일의 날짜(Date)를 반환
DateValue()	인수로 지정한 날짜 문자열의 날짜(Date)를 반환
TimeSerial()	인수로 지정한 시, 분, 초의 시간을 반환
TimeValue()	인수로 지정한 시간 문자열의 시간을 반환
Year()	연도를 나타내는 정수 반환
Month()	월을 나타내는 1 ~ 12 사이의 정수 반환
Day()	일을 나타내는 정수 반환
Weekday()	요일을 나타내는 1 ~ 7 사이의 정수 반환(1이 일요일)
Hour()	시간을 나타내는 0 ~ 23 사이의 정수 반환
Minute()	분을 나타내는 0 ~ 59 사이의 정수 반환
Second()	초를 나타내는 0 ~ 59 사이의 정수 반환

[표5.3] 날짜와 시간 관련 함수와 의미

[실습] 다음 프로그램을 실습하면서 Date, Time 함수를 이용한 프로그램 기법을 이해하도록 하겠습니다.

(저장 파일명 : 날짜시간.frm, 날짜시간.vbp)

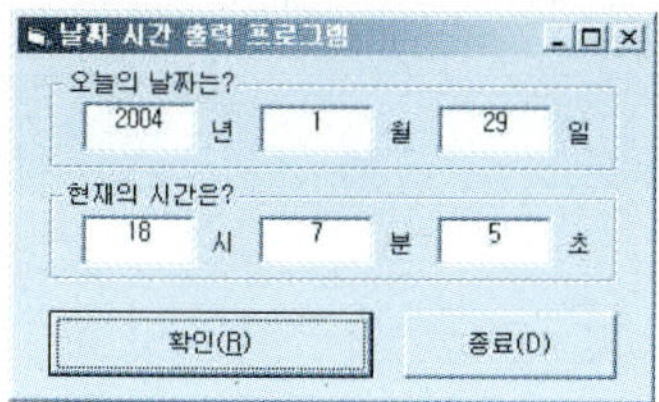

[그림5.18] 폼 디자인 초기화면

```
Private Sub Command1_Click()
    'Date 함수를 이용하여 시스템의 년, 월, 일 출력
    Text1.Text = Year(Date)
    Text2.Text = Month(Date)
    Text3.Text = Day(Date)
    'Time 함수를 이용하여 시스템의 시, 분, 초 출력
    Text4.Text = Hour(Time)
    Text5.Text = Minute(Time)
    Text6.Text = Second(Time)
End Sub


Private Sub Command2_Click()
    End
End Sub
```

[그림5.19] 출력 결과 화면

Date 함수와 Time 함수를 이용하여 시스템의 날짜와 시간을 자유롭게 출력하는 방식을 설명하였으며, 사용자는 프로그램에 추가할 때 활용하기 바랍니다. 또한 텍스트 박스에서 글자를 가운데로 정렬하기 위한 속성은 Alignment 속성을 가운데로 지정하면 됩니다.

5.7 QBColor() 함수

QBColor() 함수는 각 객체의 색상(BackColor, ForeColor, FillColor)을 변경하는 함수로 16가지의 색상을 지정할 수 있습니다.

QBColor() 함수의 색상 코드표

색상코드	색 상	색상코드	색 상
0	검은색	8	회 색
1	파란색	9	옅은 파랑
2	초록색	10	옅은 초록
3	청록색	11	옅은 청록
4	빨간색	12	옅은 빨강
5	자홍색	13	옅은 자홍
6	노란색	14	옅은 노랑
7	하얀색	15	옅은 하얀

[표5.4] QBColor() 함수의 색상 코드표

QBColor() 함수의 색상 지원 속성

속 성	의 미
BackColor	배경색을 지정
ForeColor	글자색을 지정
FillColor	도형(원, 사각형)의 색상을 지정

[표5.5] QBColor() 함수의 색상 지원 속성

[실습] 다음 프로그램을 실습하면서 QBColor() 함수를 이용한 프로그램 기법을 이해하도록 하겠습니다.

(저장 파일명 : 큐비색상.frm, 큐비색상.vbp)

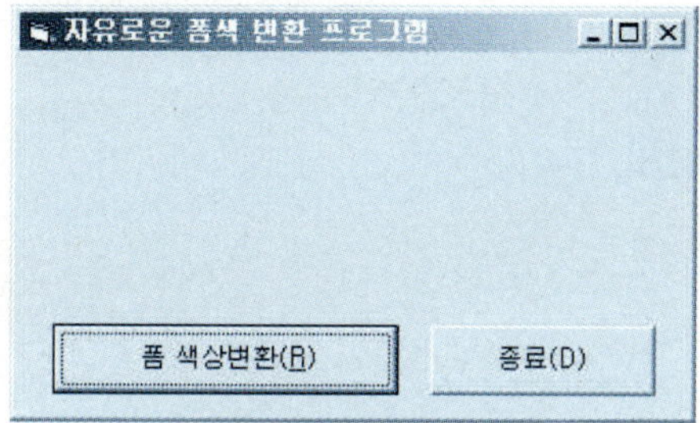

[그림5.20] 폼 디자인 초기화면

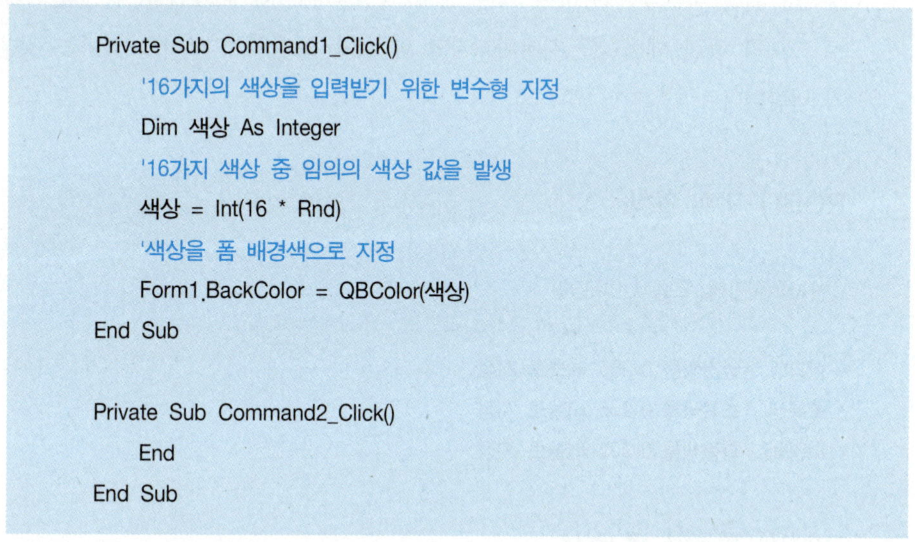

```
Private Sub Command1_Click()
    '16가지의 색상을 입력받기 위한 변수형 지정
    Dim 색상 As Integer
    '16가지 색상 중 임의의 색상 값을 발생
    색상 = Int(16 * Rnd)
    '색상을 폼 배경색으로 지정
    Form1.BackColor = QBColor(색상)
End Sub


Private Sub Command2_Click()
    End
End Sub
```

위 프로그램은 폼 색상변환 버튼을 클릭 할 때마다 0-15까지의 난수를 발생시켜 난수 값을 QBColor() 함수에 적용하여 색상을 변경시키기 위한 프로그램입니다. 사용자는 프로그램 실행 후 폼 색상변환 버튼을 계속하여 클릭하면서 변화를 확인하기 바랍니다.

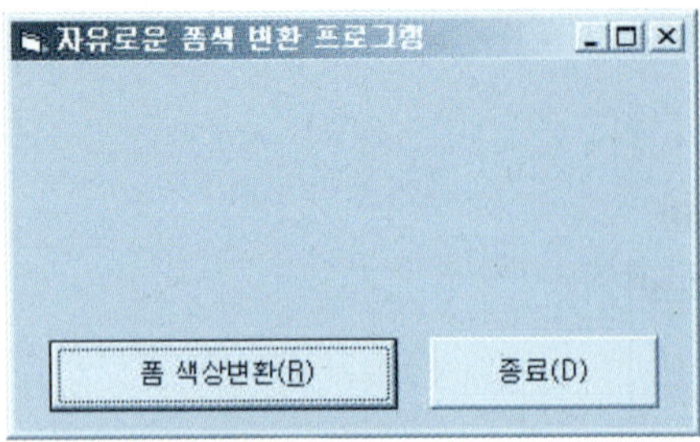

[그림5.21] 출력 결과 화면

5.8 RGB() 함수

QBColor() 함수는 16색만을 표현할 수 있지만, RGB() 함수는 빨강색, 초록색, 파랑색의 일정 비율을 이용하여 많은 양의 색상을 자유롭게 표현할 수 있습니다. 그러므로 그래픽 관련 메서드를 사용하고자할 때 매우 유용하게 쓰이고 있다는 것을 알아두기 바랍니다.

RGB() 함수 형식

RGB(빨간색, 초록색, 파란색)

- 빨강색 : 빨간색을 0-255 비율로 지정
- 초록색 : 초록색을 0-255 비율로 지정
- 파랑색 : 파란색을 0-255 비율로 지정

RGB() 함수의 색 속성

속성	의 미
BackColor	폼이나 컨트롤의 배경색을 설정
ForeColor	폼이나 컨트롤의 텍스트 또는 그래픽을 작성하기 위해 그래픽 메서드에 의해 사용된 색을 설정
BorderColor	Shape 컨트롤의 테두리의 색을 설정
FillColor	Circle 메서드로 작성된 원과 Line 메서드로 작성된 상자를 채우는 색을 설정

[표5.6] RGB() 함수의 색 속성과 의미

146

[실습] 다음 프로그램을 실습하면서 RGB() 함수를 이용한 프로그램 기법을 이해하도록 하겠습니다.

(저장 파일명 : RGB색상.frm, RGB색상.vbp)

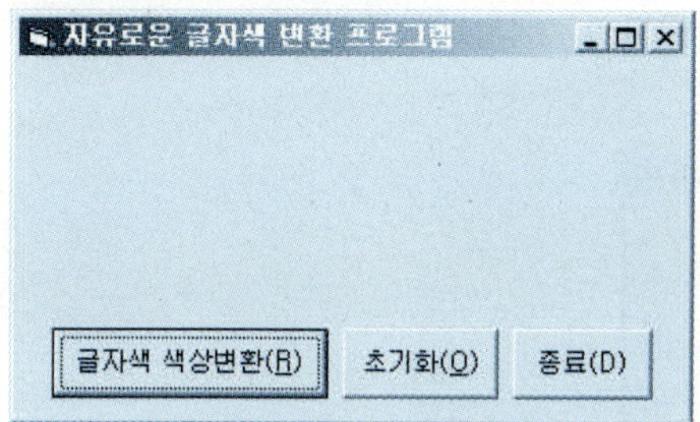

[그림5.22] 폼 디자인 초기화면

```
Private Sub Command1_Click()
    'RGB() 색상을 입력받기 위한 변수형 지정
    Dim 빨강 As Integer
    Dim 초록 As Integer
    Dim 파랑 As Integer
    '빨강, 초록, 파랑색 비율을 위한 난수 발생
    빨강 = Int(255 * Rnd)
    초록 = Int(255 * Rnd)
    파랑 = Int(255 * Rnd)
    '지정된 색상을 글자색으로 지정
    ForeColor = RGB(빨강, 초록, 파랑)
    Print "비주얼 베이직 프로그램 색상 변환~!"
End Sub


Private Sub Command2_Click()
    Cls
End Sub


Private Sub Command3_Click()
    End
End Sub
```

위 프로그램은 글자색 색상변환 버튼을 클릭 할 때마다 빨간색, 초록색, 파란색의 비율에 맞는 난수를 발생시켜 난수 값을 RGB() 함수에 적용하여 글자색을 변경시키기 위한 프로그램입니다. 사용자는 프로그램 실행 후 글자색 색상변환 버튼을 계속하여 클릭하면서 폼 창에 나타나는 글자의 색상 변화를 확인하기 바랍니다.

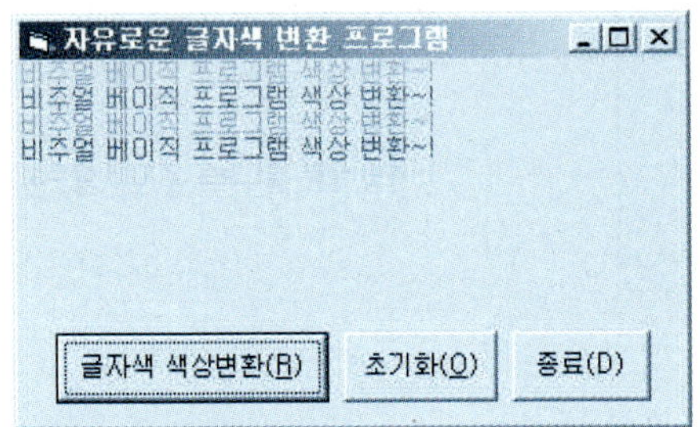

[그림5.23] 출력 결과 화면

다음의 문제를 읽고 답을 설명하시오.

❶ 소수점이하 3째 자리에서 반올림하여 2째 자리까지 출력하는 방식의 예를 들어 간단하게 설명하시오

❷ 50부터 100사이의 난수를 발생하여 출력하는 방식의 예를 들어 간단하게 설명하시오

❸ 난수 발생에서의 단점은 한번 실행 후 계속 발생되는 난수는 불규칙하지만 종료하고 재실행하면 전에 실행한 결과와 똑같은 결과가 나옵니다. 이러한 단점을 보완하기 위하여 사용되는 메서드는 무엇이며, 사용방법의 예를 표현하시오.

❹ 입력되는 영문자에 관계없이 대문자나 소문자로 변경하는 함수는 무엇이며, 간단하게 사용방법을 설명하시오.

❺ Left(), Mid(), Right() 함수의 형식에 대하여 간단하게 설명하시오

❻ QBColor() 함수와 RGB() 함수의 특징을 간간하게 설명하시오

다음 프로그램을 완성하시오.

(저장 파일명 : 정수종합.frm, 정수종합.vbp)

다음과 같이 폼 디자이너 창에 입·출력 디자인을 한 후에, 컨트롤 별 속성 값을 변경하고 조건에 맞는 프로그램을 완성하시오.

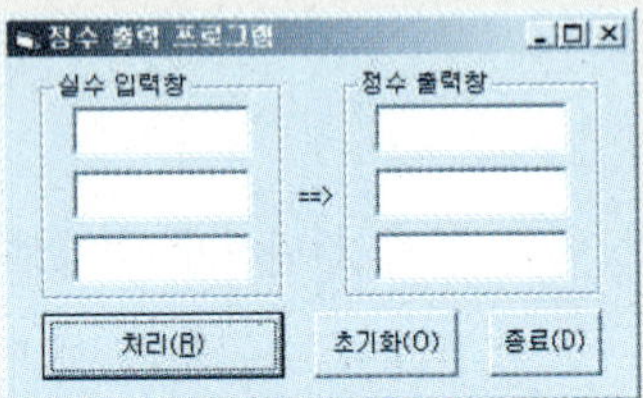

[그림5.24] 입출력 디자인화면

처리 조건

① 프로그램을 실행하고 왼쪽 실수 입력창에 실수 값을 입력한 다음 처리 버튼을 선택하면 오른쪽 정수 출력 창에 정수 값을 출력하는 프로그램을 작성하라.

② 실수 입력 창에는 실수 값 입력을 원칙으로 한다.

③ 초기화 버튼을 선택하면 모든 텍스트 박스의 값을 초기화한다.

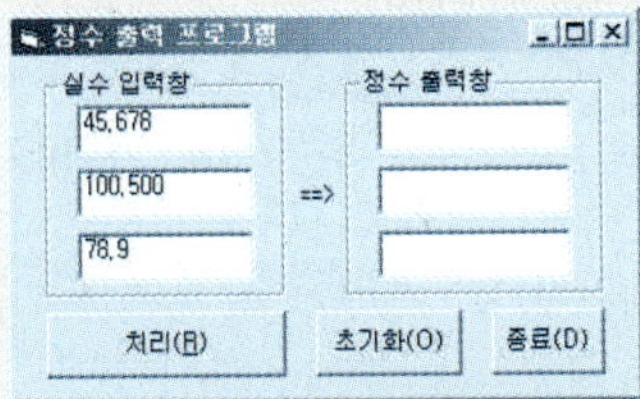

[그림5.25] 실수 입력 값 예시 화면

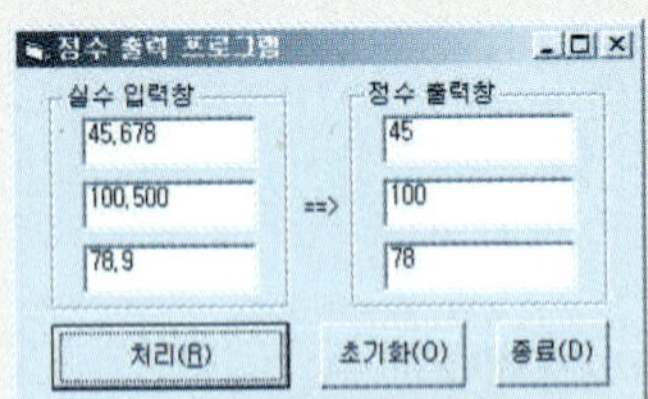

[그림5.26] 확인 버튼 선택 결과 화면

다음 프로그램을 완성하시오.

(저장 파일명 : 난수종합.frm, 난수종합.vbp)

다음과 같이 폼 디자이너 창에 입·출력 디자인을 한 후에, 컨트롤 별 속성 값을 변경하고 조건에 맞는 프로그램을 완성하시오.

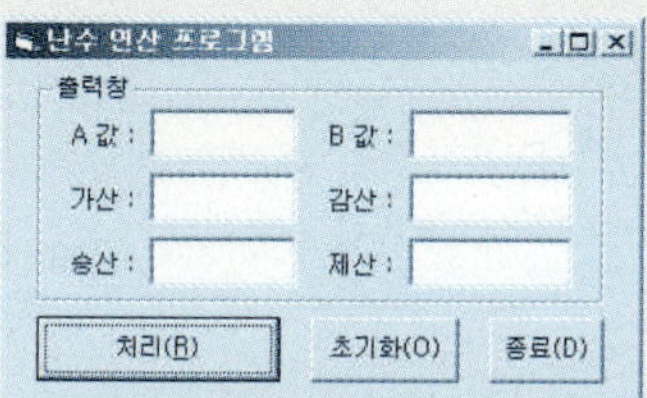

[그림5.27] 입출력 디자인화면

처리 조건

① 프로그램을 실행하여 처리 버튼을 선택하면 난수를 2개 발생하여 이 값을 이용한 가감승제 연산 프로그램을 구한다.

② 난수는 1-100까지의 난수를 발생시키도록 한다.

③ 가·감·승산 값은 Integer형으로, 제산은 묵시적으로 선언한다.

④ 초기화 버튼을 선택하면 텍스트 박스를 모두 비운다.

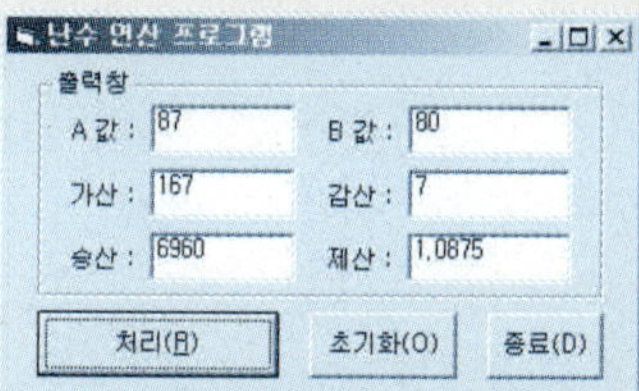

[그림5.28] 처리 버튼 선택 결과 화면

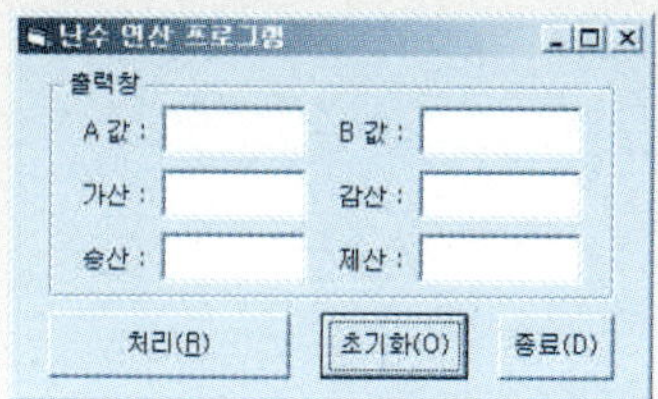

[그림] 초기화 버튼 선택 결과 화면

다음 프로그램을 완성하시오.

(저장 파일명 : 생일출력.frm, 생일출력.vbp)

다음과 같이 폼 디자이너 창에 입·출력 디자인을 한 후에, 컨트롤 별 속성 값을 변경하고 조건에 맞는 프로그램을 완성하시오.

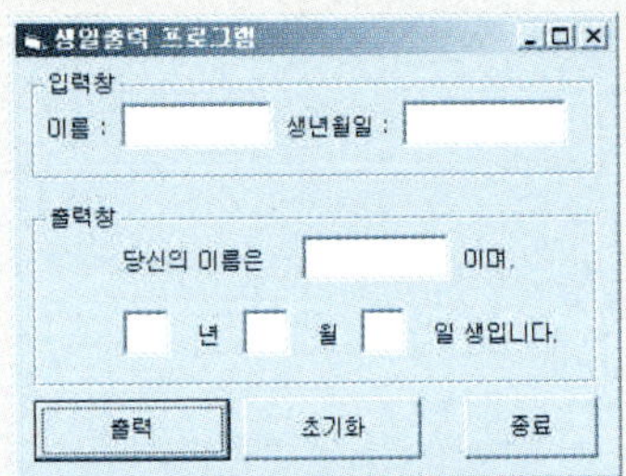

[그림5.29] 입출력 디자인화면

처리 조건

❶ 프로그램을 실행하고 입력 창에 이름과 생년월일을 입력받아 출력 창에 이름과 생년, 생월, 생일을 따로 분리하여 출력하도록 한다.

❷ 생년월일은 2자리씩 6자리를 입력하도록 한다.

❸ Left(), Mid(), Right() 함수를 이용하여 생년월일을 각각 구한다.

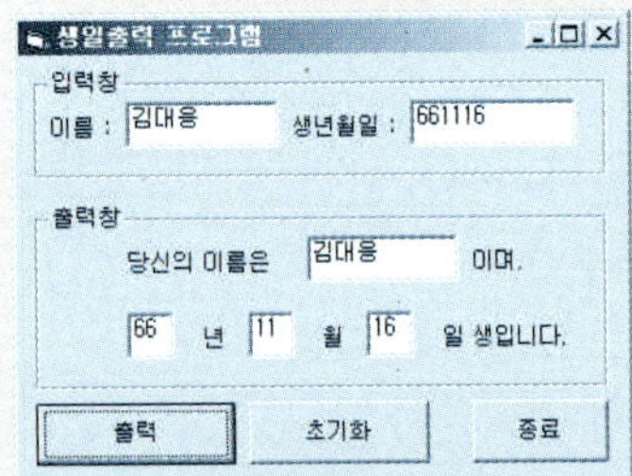

[그림5.30] 출력 결과 화면

 **종합문제 5** ## 다음 프로그램을 완성하시오.
(저장 파일명 : 문자종합.frm, 문자종합.vbp)

　　다음과 같이 폼 디자이너 창에 입·출력 디자인을 한 후에, 컨트롤 별 속성 값을 변경하고 조건에 맞는 프로그램을 완성하시오

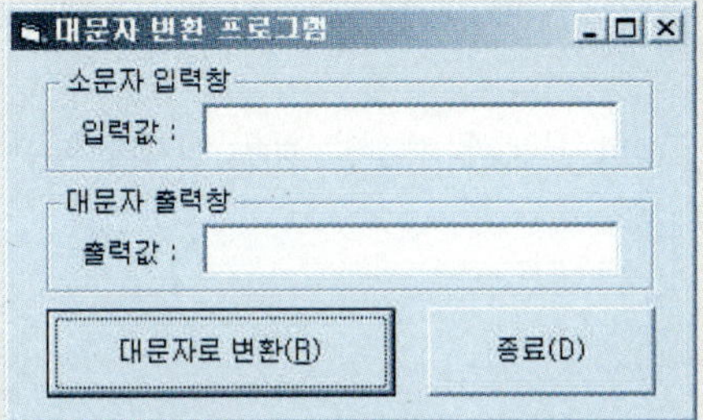

[그림5.31] 입출력 디자인화면

처리 조건

❶ 프로그램을 실행하고 입력 값에 소문자로 문자열을 입력받아 대문자로 변환 버튼을 선택하면 소문자로 입력된 문자열이 대문자로 변환되도록 한다.

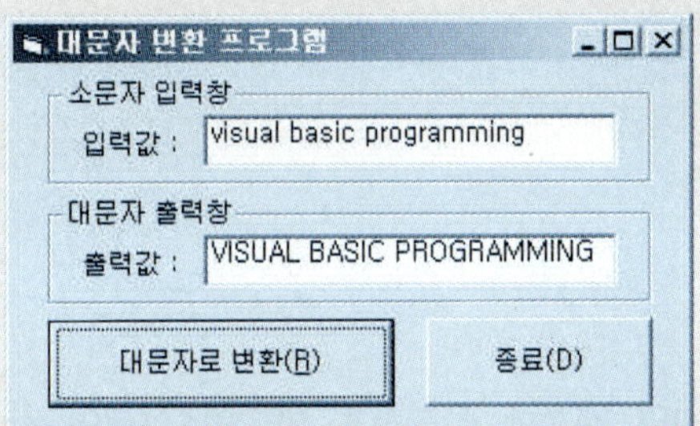

[그림5.32] 출력 결과 화면

Chapter 6 제어문 반복문

6.1 IF 문

IF문은 조건식을 검사하여 참인 경우에 실행할 부분과 거짓일 경우 실행할 부분으로 나뉘어 프로그램을 실행하고자할 때 사용됩니다.

IF 문 형식

If-Then Else 문

```
If 〈조건식〉 Then
        실행1
Else
        실행2
End If
```

- 조건식 : 참과 거짓을 판단하기 위한 조건
- 실행1 : 조건이 참인 경우에 실행 값
- 실행2 : 조건이 거짓인 경우에 실행 값

두 개의 조건을 참인 경우의 블록과 거짓인 경우에 블록으로 나누어 실행이 가능한 If 문의 구조입니다. 또한 반드시 End If를 If문 블록에 넣어주어야 문법 에러가 발생하지 않으며 실행할 수 있습니다.

복합 If-Then Else 문

```
If 〈조건식1〉 then
        실행1
ElseIf 〈조건식2〉 Then
```

```
        실행2
    ElseIf 〈조건식3〉 Then
        실행3
    Else
        실행4
    End If
```

- 조건식1 : 첫 번째 참과 거짓을 판단하기 위한 조건
- 실행1 : 첫 번째 조건이 참인 경우에 실행 값
- 조건식2 : 두 번째 참과 거짓을 판단하기 위한 조건
- 실행2 : 두 번째 조건이 참인 경우에 실행 값
- 조건식3 : 세 번째 참과 거짓을 판단하기 위한 조건
- 실행3 : 세 번째 조건이 참인 경우에 실행 값
- 실행4 : 모든 조건에 만족하지 않을 때 실행 값

여러 개의 조건을 한 번에 지정이 가능한 If 문의 구조입니다. 또한 If-Then Else문과 같이 End If를 If문 블록에 넣어주어야 문법 에러가 발생하지 않으며 실행할 수 있습니다.

If 문 사용예

If-Then Else 문

```
If 입력값 〉 0 Then
        Print "양수"
Else
        Print "0 또는 음수"
End If
```

복합 If-Then Else 문

```
If 입력값 〉 0 Then
        Print "양수"
ElseIf 입력값 = 0 Then
        Print "0"
Else
        Print "음수"
End If
```

[실습1] 다음 프로그램을 실습하면서 If 문을 이용한 프로그램 기법을 이해하도록 하겠습니다.

(저장 파일명 : 제어1.frm, 제어1.vbp)

다음과 같이 폼 디자이너 창에 디자인 한 뒤에 Command button을 더블클릭하여 코드 값을 입력합니다.

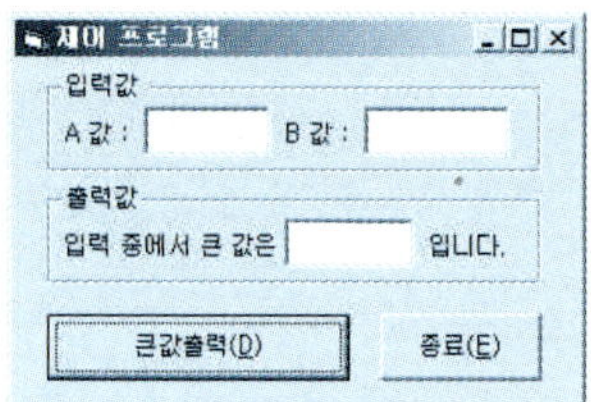

[그림6.1] 폼 디자인 초기화면

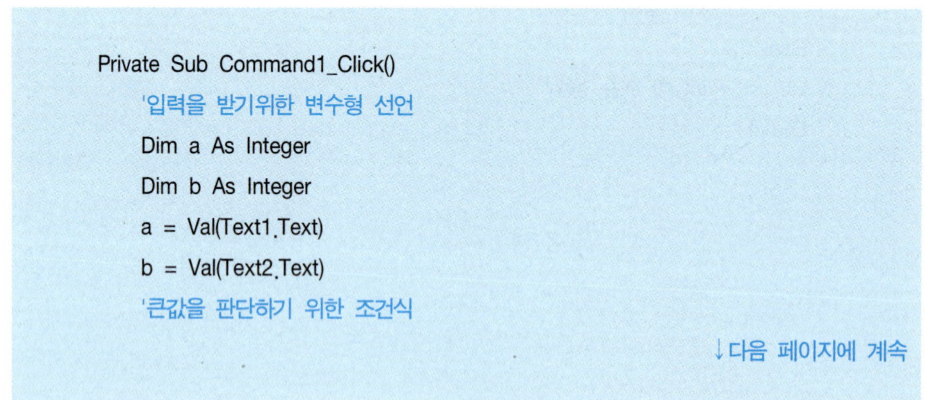

```
Private Sub Command1_Click()
    '입력을 받기위한 변수형 선언
    Dim a As Integer
    Dim b As Integer
    a = Val(Text1.Text)
    b = Val(Text2.Text)
    '큰값을 판단하기 위한 조건식
```

↓다음 페이지에 계속

```
            If a 〉 b Then
                Text3.Text = a '참인 경우 출력
            Else
                Text3.Text = b '거짓인 경우 출력
            End If
        End Sub


        Private Sub Command2_Click()
            End
        End Subnt "음수"
    End If
```

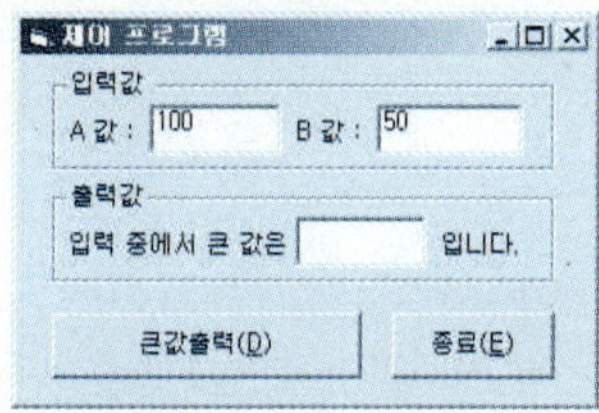

[그림6.2] **입력 값 입력 화면**

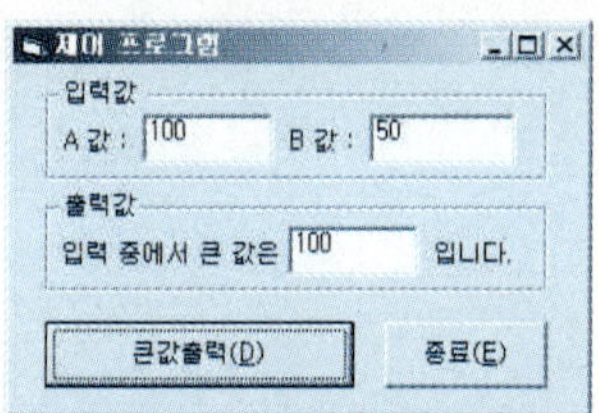

[그림6.3] **입력 값 입력 화면**

첫 번째 제어 프로그램은 입력된 두수를 비교하여 큰 값을 출력하기 위한 조건을 나
타내는 프로그램입니다.

[실습2] 다음 프로그램을 실습하면서 If 문을 이용한 프로그램 기법을 계속하여 이해하도록 하겠습니다.

(저장 파일명 : 제어2.frm, 제어2.vbp)

[그림6.4] 폼 디자인 초기화면

```
Private Sub Command1_Click()
    '입력을 받기위한 변수형 선언
    Dim 입력 As Integer
    입력 = Val(Text1.Text)
    '음수, 양수, 제로를 판단하기 위한 조건
    If 입력 > 0 Then
        Text2.Text = "양수!"
    ElseIf 입력 = 0 Then
        Text2.Text = "제로!"
    Else
        Text2.Text = "음수!"
    End If
End Sub


Private Sub Command2_Click()
    End
End Sub
```

본 프로그램은 복합 If-Then Else 문을 이용하여 3개의 조건을 하나의 If 문으로 처리하기 위한 프로그램입니다. 아래 그림은 입력표창에 양수와 음수를 입력하였을 경우에 결과 화면을 표시하고 있습니다.

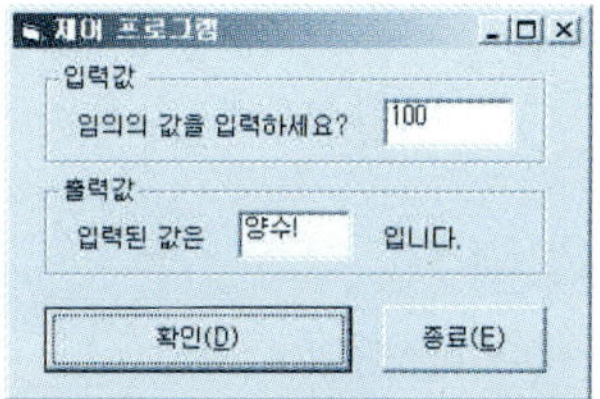

[그림6.5] 양수 입력 결과 화면

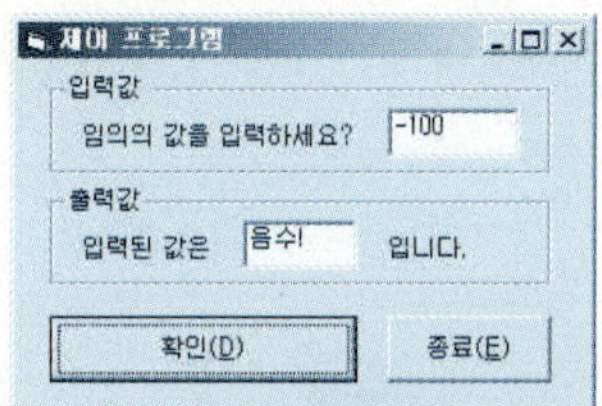

[그림6.6] 음수 입력 결과 화면

[문제1] 다음 조건에 만족하는 If 문을 완성하시오.

(저장 파일명 : 제어3.frm, 제어3.vbp)

다음과 같이 폼 디자이너 창에 디자인 한 뒤에 Command button을 더블클릭하여 코드 값을 입력합니다.

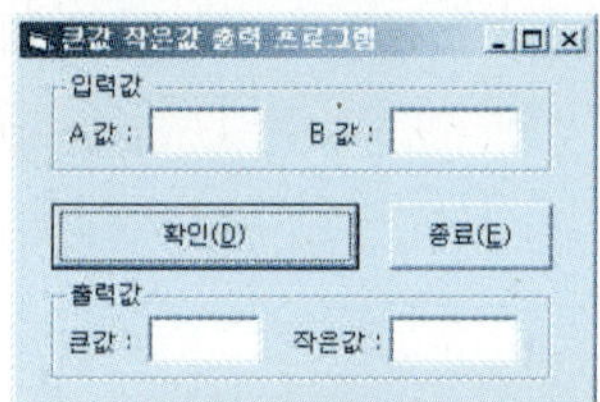

[그림6.7] 폼 디자인 초기화면

처리 조건

❶ 프로그램을 실행한 다음 입력 값에 각각 두개의 수를 입력하고 확인 버튼을 선택하였을 때 큰 값과 작은 값을 각각 출력하도록 하라.

❷ 만약 입력된 값이 같을 경우에는 같은 값이 각각 출력되도록 하라.

❸ 큰 값에는 항상 큰 값이 출력되고, 작은 값에는 항상 작은 값이 출력되도록 한다.

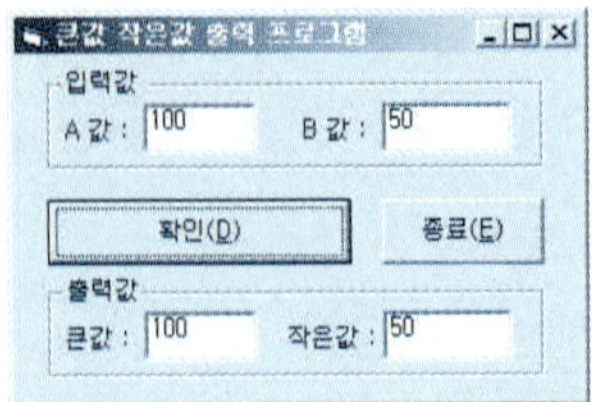

[그림6.8] 입력 예(1) 결과 화면

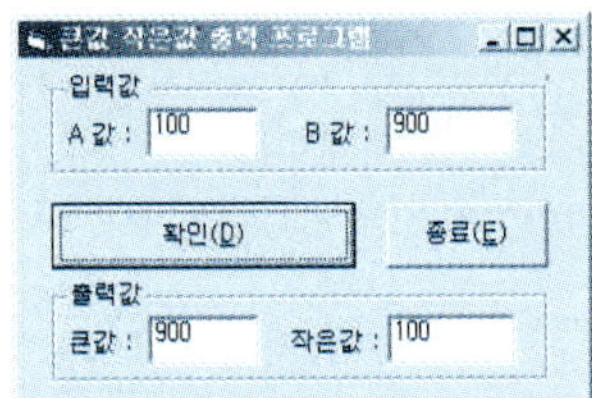

[그림6.9] 입력 예(2) 결과 화면

[실습3] 다음 프로그램을 실습하면서 If 문을 다양한 프로그램 기법을 계속하여 이해하도록 하겠습니다.

(저장 파일명 : 제어4.frm, 제어4.vbp)

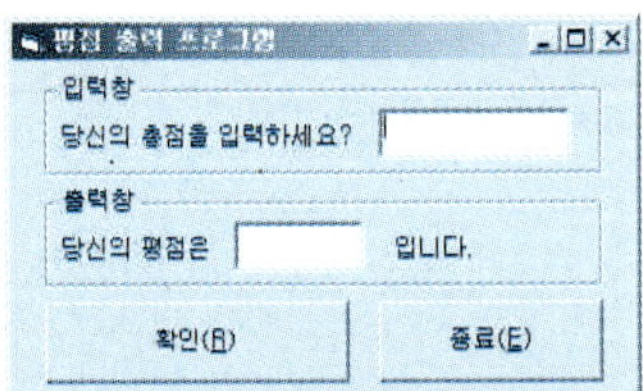

[그림6.10] 폼 디자인 초기화면

처리 조건

❶ 평점을 산출하기 위한 조건은 다음과 같다.

- 총점이 90 이상일 때 : 수
- 총점이 80 이상일 때 : 우
- 총점이 70 이상일 때 : 미
- 총점이 60 이상일 때 : 양
- 총점이 60 미만일 때 : 가

160

❷ 프로그램을 실행하여 임의의 총점 값을 입력하여 원하는 평점을 출력하도록 한다.

```
Private Sub Command1_Click()
        '입출력을 위한 데이터형 선언
        Dim 총점 As Integer
        Dim 평점 As String
        '총점값을 입력 받는다.
        총점 = Val(Text1.Text)
        '평점을 구하기 위한 복합 If문 형식
        If 총점 >= 90 Then
                평점 = "수"
            ElseIf 총점 >= 80 Then
                평점 = "우"
            ElseIf 총점 >= 70 Then
                평점 = "미"
            ElseIf 총점 >= 60 Then
                평점 = "양"
            Else
                평점 = "가"
        End If
        '평점을 출력한다.
        Text2.Text = 평점
End Sub


Private Sub Command2_Click()
End
End Sub
```

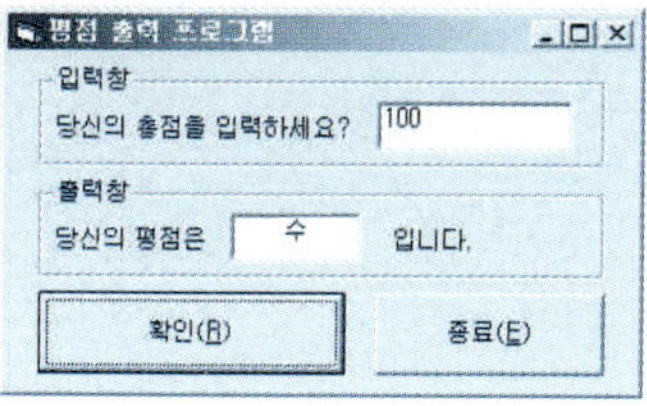

[그림6.11] 100점 입력 결과 화면

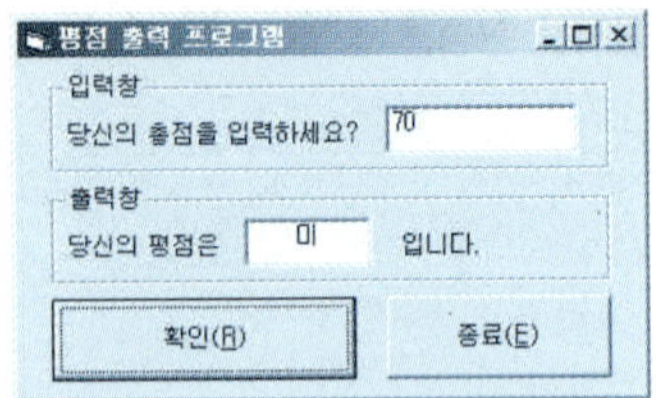

[그림6.12] 70점 입력 결과 화면

[문제2] 다음 조건에 만족하는 If 문을 완성하시오.

(저장 파일명 : 제어성적.frm, 제어성적.vbp)

다음과 같이 폼 디자이너 창에 디자인 한 뒤에 Command button을 더블클릭하여 코드 값을 입력합니다.

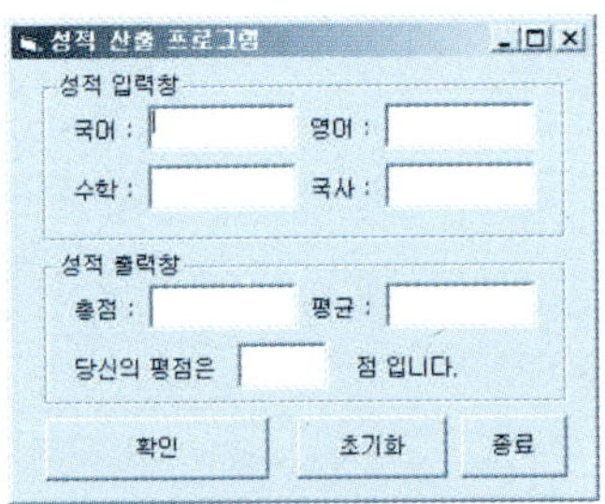

[그림6.13] 폼 디자인 초기화면

① 프로그램을 실행한 다음 입력 값에 각각 4개의 점수를 입력하고 확인 버튼을 선택하였을 때 성적 출력 창에 결과가 각각 출력하도록 하라.

② 평균값은 소수점이하 그대로 출력되도록 한다.

③ 성적 입력창에 4개의 점수를 입력하고 확인 버튼을 선택하면 메시지 창을 띄우도록 한다.

④ 평점을 산출하기 위한 조건은 다음과 같다.

- 총점이 90 이상일 때 : A
- 총점이 80 이상일 때 : B
- 총점이 70 이상일 때 : C
- 총점이 60 이상일 때 : D
- 총점이 60 미만일 때 : F

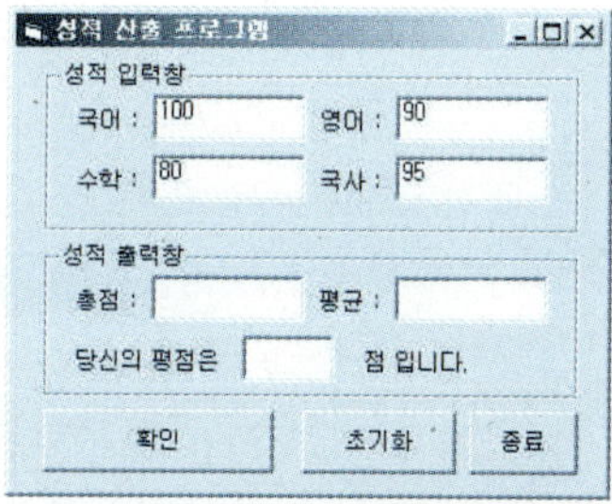

[그림6.14] 입력 예시 결과 화면

[그림6.15] 확인 버튼 선택 화면

[그림6.16] 성적 처리 결과 화면

6.2 Select Case 문

비주얼 베이직은 If-Then Else 문 대신 사용하도록 Select Case 구조를 제공하고 있습니다. 이 구조는 문의 여러 블록 중에서 한 블록을 선택하여 실행합니다. Select Case 문은 If-Then Else 문과 비슷한 기능을 하지만 몇 개의 선택 항목이 있을 경우 코드를 더 쉽게 읽을 수 있도록 합니다.

Select Case문 형식

```
Select case 〈변수〉
    case 〈값1〉
```

↓다음 페이지에 계속

```
                          처리1
            case 〈값2〉
                          처리2
                   ⋮
            Case Else
                          처리n
      End Select
```

- 변수 : 조건에서 사용된 변수(문자형, 숫치형)
- 값1 : 첫 번째 조건 값
- 처리1 : 첫 번째 조건 값에 처리될 내용
- Case Else : 위에 모든 조건에 만족하지 않을 때 수행할 명령문
- 처리n : 모든 조건에 만족하지 않을 때 처리될 내용

Select Case문 사용 예

```
Select Case 입력값
    Case Is>0 : Print "양수~!"
    Case Is=0 : Print "제로~!"
    Case Else
              Print "음수~!"
End Select
```

Case에서 사용 가능한 조건 형식

종 류	의 미
Case 1	조건식의 값이 숫자 1일 때 조건 만족
Case "A"	조건식의 값이 문자 A일 때 조건 만족
Case Is >=100	조건식의 값이 100보다 크거나 같을 때 조건 만족
Case 100 To 200	조건식의 값이 100부터 200사이일 때 조건 만족
Case Is > "A"	조건식의 값이 A보다 클 때 조건 만족 (문자는 아스키코드 값을 기준으로 크기 비교)

[표6.1] Case 에서 사용 가능한 조건 형식

If-Then 문과 Select Case 문 비교

If-Then 문과 Select case 문을 비교하면서 서로의 장점과 단점을 확인하면 사용자가 프로그래밍 작업에서 매우 효율적인 기법으로 구현이 가능하다는 사실을 알아두기 바랍니다.

우선 If-Then 문을 살펴보면 복잡한 제어구조를 가지고 있는 반면에 Select case 문은 간단하면서 알아보기 쉽게 프로그램의 제어구조를 만들 수 있습니다. 사용자가 무조건 If-Then 문을 이용해서 제어구조를 만든다면 할 수 없지만, 각 제어구조의 장점을 살펴보면 사용자들에게 많은 도움이 될 것입니다.

특히, 정보처리 관련 실기시험을 응시하고자하는 학생들에게는 꼭 필요한 제어구조의 표본이라는 것을 알아두기 바랍니다.

If-Then 문

```
If 총점 >= 90 Then
        평점 = "수"
ElseIf 총점 >= 80 Then
        평점 = "우"
ElseIf 총점 >= 70 Then
        평점 = "미"
ElseIf 총점 >= 60 Then
        평점 = "양"
Else
        평점 = "가"
End If
```

Select Case 문

```
Select Case 총점
        Case Is >= 90 : 평점 = "수"
        Case Is >= 80 : 평점 = "우"
        Case Is >= 70 : 평점 = "미"
        Case Is >= 60 : 평점 = "양"
```

↓ 다음 페이지에 계속

```
            Case Is >= 60 : 평점 = "양"
        Case Else
            평점 = "가"
    End Select
```

If-Then 문의 장점은 간단한 제어구조에서 유용하게 쓰이지만, 제어구조가 복잡한 경우에는 Select Case 문이 편리하다는 것을 알아두기 바랍니다.

[실습1] 다음 프로그램을 실습하면서 Select Case 문을 이용한 프로그램 기법을 이해하도록 하겠습니다.

(저장 파일명 : 선택1.frm, 선택1.vbp)

다음과 같이 폼 디자이너 창에 디자인 한 뒤에 Command button을 더블클릭하여 코드 값을 입력합니다.

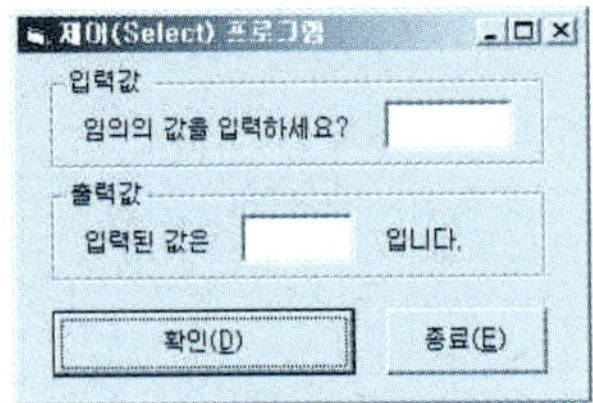

[그림6.17] 폼 디자인 초기화면

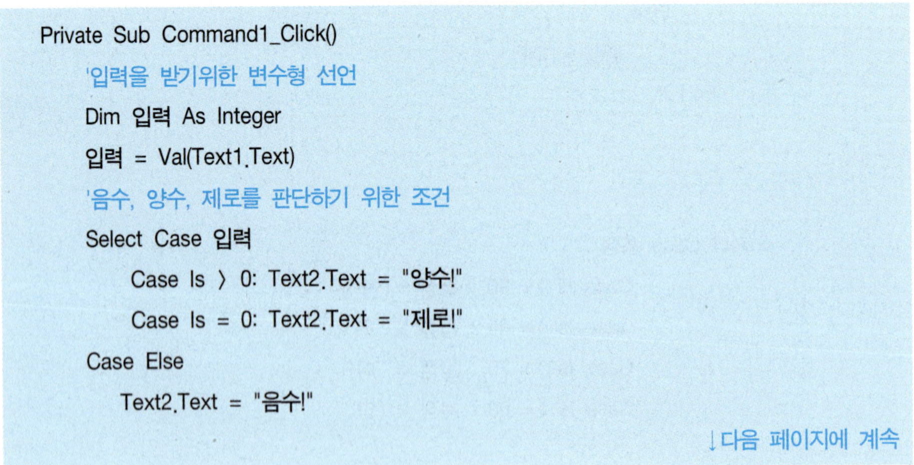

```
Private Sub Command1_Click()
    '입력을 받기위한 변수형 선언
    Dim 입력 As Integer
    입력 = Val(Text1.Text)
    '음수, 양수, 제로를 판단하기 위한 조건
    Select Case 입력
        Case Is > 0: Text2.Text = "양수!"
        Case Is = 0: Text2.Text = "제로!"
    Case Else
        Text2.Text = "음수!"
```

↓다음 페이지에 계속

```
            Text2.Text = "음수!"
        End Select
    End Sub


    Private Sub Command2_Click()
        End
    End Sub
```

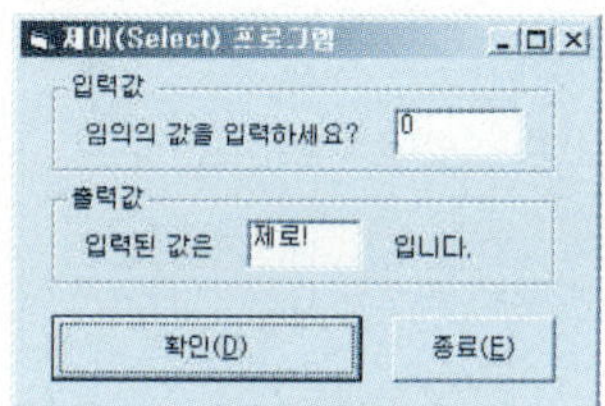

[그림6.18] 출력 결과 화면

[문제3] 다음 조건에 만족하는 Select Case 문을 완성하시오.

(저장 파일명 : 제어성적(Sel).frm, 제어성적(Sel).vbp)

다음과 같이 폼 디자이너 창에 디자인 한 뒤에 Command button을 더블클릭하여
코드 값을 입력합니다.

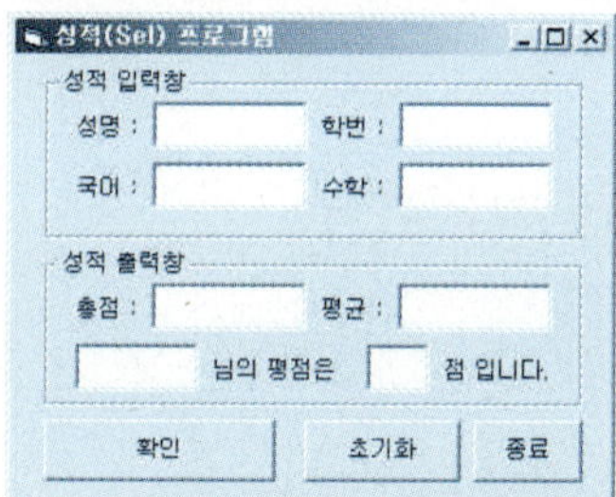

[그림6.19] 폼 디자인 초기화면

❶ 프로그램을 실행한 다음 입력 값에 각각 4개의 점수를 입력하고 확인 버튼을 선택하였을 때
성적 출력 창에 결과가 각각 출력하도록 하라.

❷ 평균값은 소수점 이하 반올림하고 정수 부분만 출력되도록 한다.

❸ 평점을 산출하기 위한 조건은 다음과 같다.

- 총점이 90 이상일 때 : 수
- 총점이 80 이상일 때 : 우
- 총점이 70 이상일 때 : 미
- 총점이 60 이상일 때 : 양
- 총점이 60 미만일 때 : 가

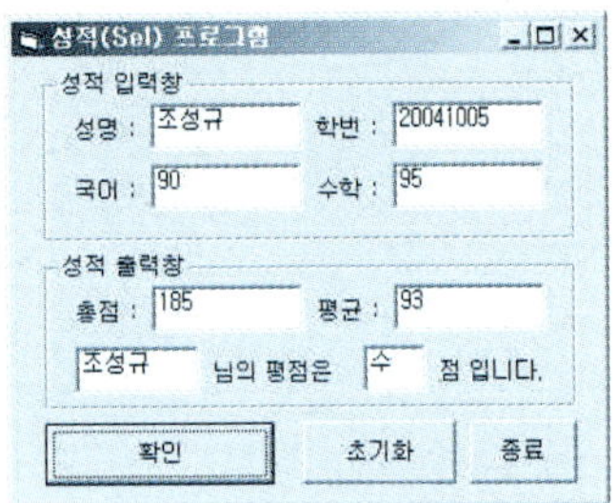

[그림6.20] 성적 처리 결과 화면

[실습2] 다음 프로그램을 실습하면서 Select Case 문을 이용한 프로그램 활용 기법을 이해하도록 하겠습니다.

다음과 같이 폼 디자이너 창에 디자인 한 뒤에 Command button을 더블클릭하여 코드 값을 입력합니다.

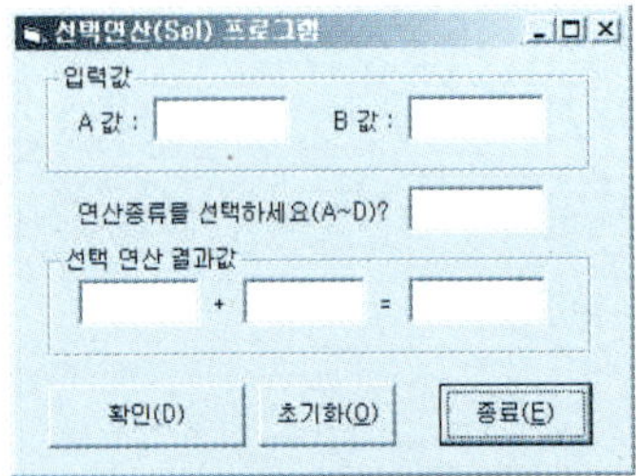

[그림6.21] 폼 디자인 초기화면

처리 조건

❶ 프로그램을 실행한 다음 입력 값에 각각 2개의 점수를 입력하고 확인 버튼을 선택하였을 때 결과가 출력 창에 출력하도록 하라.
❷ 선택연산을 하기 위한 조건은 다음과 같다.

- "A"일 때 가산과 Label4.Caption = "+" 버튼 처리
- "B"일 때 감산과 Label4.Caption = "-" 버튼 처리
- "C"일 때 승산과 Label4.Caption = "*" 버튼 처리
- 그 외에 문자일 때 제산과 Label4.Caption = "/" 버튼 처리

❸ 선택 연산에 사용되는 문자는 대문자를 입력을 원칙으로 하며, 만약 소문자로 입력하였을 경우에 대문자로 처리하도록 한다.

```
Private Sub Command1_Click()
'입·출력을 위한 변수형 선언
Dim a As Long
Dim b As Long
Dim 선택 As String
Dim 결과
'데이터 입력
    a = Val(Text1.Text)
    b = Val(Text2.Text)
    선택 = UCase(Text3.Text)
'선택 결과를 얻기 위한 제어문
    Select Case 선택
        Case "A"
            결과 = a + b
            Label4.Caption = "+"
        Case "B"
            결과 = a - b
            Label4.Caption = "-"
        Case "C"
            결과 = a * b
            Label4.Caption = "*"
        Case Else
            결과 = a / b
            Label4.Caption = "/"
    End Select
'산출된 결과 값을 출력 창에 출력
```

↓다음 페이지에 계속

```
        Text4.Text = a
        Text5.Text = b
        Text6.Text = 결과
    End Sub

    Private Sub Command2_Click()
        Text1.Text = ""
        Text2.Text = ""
        Text3.Text = ""
        Text4.Text = ""
        Text5.Text = ""
        Text6.Text = ""
    End Sub

    Private Sub Command3_Click()
        End
    End Sub
```

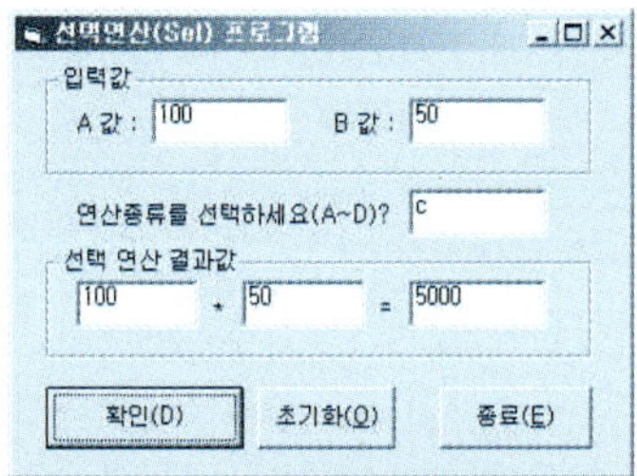

[그림6.22] 승산을 선택한 결과 화면

6.3 GoTo 문

GoTo 문은 제어문의 가장 간단한 형식으로 실제적으로 프로그램을 구현하고자할 때 많이 사용되지 않은 기능입니다. 그러나 부득이한 경우에 사용하는 메서드로 사용자는 활용방법을 알아두기 바랍니다.

GoTo 문 형식

```
              ⋮
    If 〈조건식〉 Then GoTo 〈라벨1〉
    처리할 내용
              ⋮
    〈라벨2〉:
```

- 라벨1 : 조건식의 값이 참일 경우 무조건 분기하고자하는 위치
- 라벨2 : Goto 문에서 분기할 위치(라벨1, 라벨2는 같은 이름으로 처리)

GoTo 문 사용예

```
              ⋮
    If A 〉= B Then GoTo kim
        가산 = A + B : 감산 = A - B
        승산 = A * B : 제산 = A / B
              ⋮
    kim:
```

Goto 문의 조건은 A값과 B값을 비교하여 A값이 크거나 같을 경우에만 가감승제 연산을 수행하고, B값이 클 경우에는 가감승제 연산을 수행하지 않고 프로그램을 빠져 나오는 프로그램입니다.

카운터 기법과 누적 값 구하기

```
    A=A+1 '카운터 기법의 수식
    Total = Total+A '누적 값 구하는 수식
```

[**실습1**] 다음 프로그램을 실습하면서 GoTo 문을 이용한 프로그램 기법을 이해하도록 하겠습니다.

(저장 파일명 : 무조건1.frm, 무조건1.vbp)

실습 문제는 1부터 100까지의 합을 구하기 위한 프로그램을 If 문과 Goto 문을 이용하여 프로그래밍 하는 기법을 설명하고 있습니다.

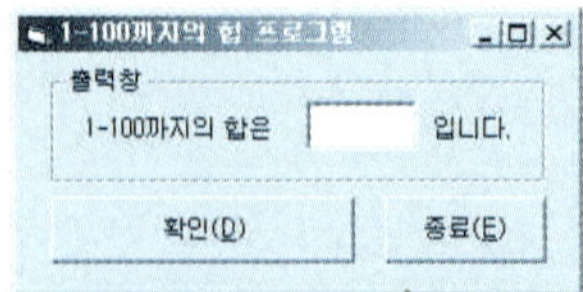

[그림6.23] 폼 디자인 초기화면

```vb
Private Sub Command1_Click()
    '입출력을 위한 데이터형 선언
    Dim A As Integer
    Dim Total As Long
    'A값을 초기화
    A = 1
    'If문에서 조건 만족 시 반복 수행될 범위
kim1: '반드시 첫 번째 행의 칼럼에 위치해야 한다.
    Total = Total + A '누적 값
    A = A + 1 '카운트
    If A <= 100 Then GoTo kim1 '조건 만족 시 반복수행
    '조건을 만족하지 않을 때 결과 출력
    Text1.Text = Total
End Sub

Private Sub Command2_Click()
    End
End Sub
```

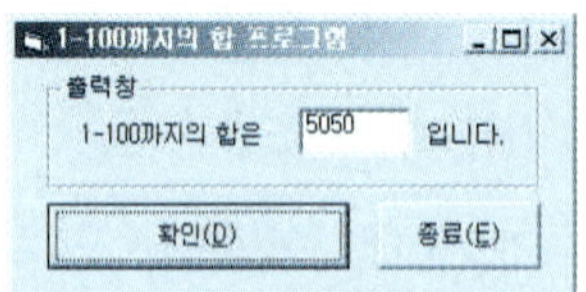

[그림6.24] 결과 출력 화면

If 문의 제어문의 조건은 A값이 1부터 100사이에 존재할 때 반복 수행하면 누적 값을 구하기 위한 프로그램이며 만약 조건에 만족하지 않을 때에는 조건 만족할 경우에 얻어진 누적 값을 출력하는 프로그램입니다.

[실습2] 다음 프로그램을 실습하면서 GoTo 문을 이용한 프로그램 활용 기법을 이해하도록 하겠습니다.

(저장 파일명 : 무조건2.frm, 무조건2.vbp)

[그림6.25] 폼 디자인 초기화면

처리 조건

❶ 프로그램을 실행한 다음 입력 값에 누적 값을 구하고자하는 수의 범위를 입력하고 확인 버튼을 선택할 경우 결과가 출력 창에 출력하도록 하라.

❷ 레이블 속성 설정 값
- 초기 값 : "1-n까지의 합은"으로 설정
- 수의 범위를 넣었을 경우 n 대신에 해당 수치 값이 출력되도록 한다.

```vb
Private Sub Command1_Click()
    '입·출력을 위한 데이터형 선언
    Dim 값 As Integer
    Dim A As Integer
    Dim Total As Long
    'A값을 초기화
    A = 1
    값 = Val(Text1.Text) 'n값을 입력
    'If문에서 조건 만족 시 반복 수행될 범위
```

↓다음 페이지에 계속

```
Eung:
    Total = Total + A '누적 값
    A = A + 1 '카운트
    If A <= 값 Then GoTo Eung '조건 만족 시 반복수행
    '조건을 만족하지 않을 때 결과 출력
    Label2.Caption = "1-" & 값 & " 까지의 합은"
    Text2.Text = Total
End Sub


Private Sub Command2_Click()
    End
End Sub
```

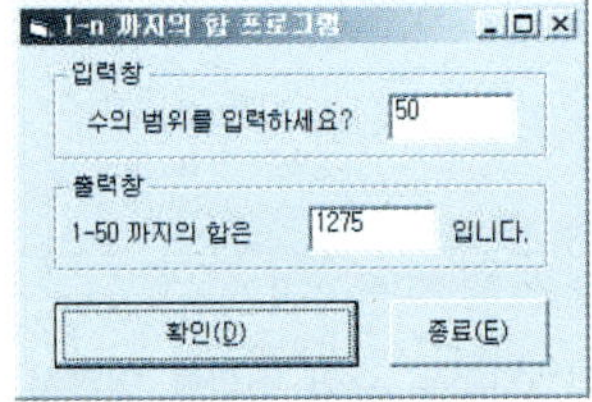

[그림6.26] **결과 출력 화면**

[문제4] 다음 조건에 만족하는 GoTo 문을 완성하시오.

(저장 파일명 : 무조건3.frm, 무조건3.vbp)

다음과 같이 폼 디자이너 창에 디자인 한 뒤에 Command button을 더블클릭하여 코드 값을 입력합니다.

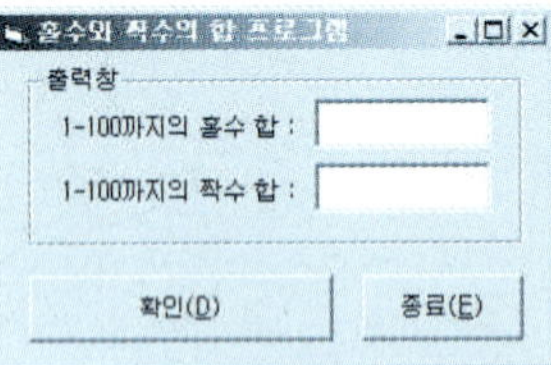

[그림6.27] **폼 디자인 초기화면**

174

❶ 프로그램을 실행한 다음 확인 버튼을 선택하였을 때 출력 창에 홀수의 합과 짝수의 합이 각 각 출력하도록 하라.

❷ 카운트 값의 설정 방식을 응용한 문제이므로 잘 고려하여 프로그래밍해야 한다.

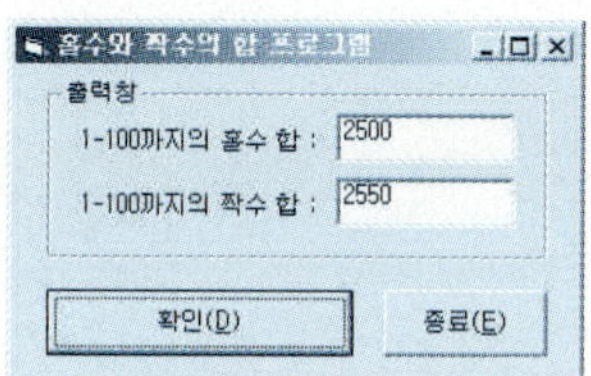

[그림6.28] 실행 결과 화면

6.4 For 문

For 문은 주어진 조건에서 자동 반복 수행을 하고자할 때 사용되는 문으로 매우 편리한 기능을 사용자에게 제공합니다.

For 문 형식

단순 For 문

```
For 변수 = 〈초기 값〉 To 〈최종 값〉 Step 〈증감 값〉
        처리 내용
Next 변수
```

- 변수 : 루프 카운터로 사용되는 숫자 변수
- 초기 값 : 반복 수행될 초기 값
- 최종 값 : 반복 수행될 최종 값
- 증감 값 : 1씩 증가 시에는 생략 가능하지만, 다른 증가 값이나 감소 값을 표현하고자할 때에는 필히, 입력해야 합니다.
- 처리 내용 : 지정한 횟수만큼 반복해서 실행되는 For와 Next 사이에 있는 하나 이상의 문입니다.

```
For 변수1 = 〈초기 값〉 To 〈최종 값〉
    For 변수2 = 〈초기 값〉 To 〈최종 값〉
        For 변수3 = 〈초기 값〉 To 〈최종 값〉
        처리 내용
        Next 변수3
    Next 변수2
Next 변수1
```

다중 For 문에서 변수를 사용하는 방법은 바깥 루프는 바깥으로, 안쪽 루프는 안쪽 루프를 사용해야 합니다.

If-Then 문과 For 문 비교

If-Then 문

```
A = 1
kim1:
Total = Total + A
A = A + 1 '카운트
If A <= 100 Then GoTo kim1
```

For 문

```
For A = 1 To 100
    Total = Total + A
Next A
```

If-Then 문은 초기 값을 설정하고, 누적 값을 구하는 공식과 카운트를 위한 공식을 별도로 넣어주고 조건식을 넣어야 실행 가능하지만, For 문은 초기 값과 최종 값을 설정하면 자동으로 반복 수행되기 때문에 If 문에 비하여 프로그램의 구현 방식이 매우 간편합니다.

[실습1] 다음 프로그램을 실습하면서 단순 For 문을 이용한 프로그램 기법을 이해하도록 하겠습니다.

(저장 파일명 : 자동반복1.frm, 자동반복1.vbp)

[그림6.29] 폼 디자인 초기화면

```
Private Sub Command1_Click()
    Dim i As Integer
    Dim Total As Long
    'for 문을 이용한 자동 반복 수행
    For i = 1 To 100
        Total = Total + i
    Next i
    Text1.Text = Total
End Sub


Private Sub Command2_Click()
    End
End Sub
```

[그림6.30] 처리 결과 화면

위 프로그램을 자세히 살펴보면 변환 For 문에서 초기 값과 최종 값만을 설정하고 Next 사이에 누적 값을 구하는 식을 추가함으로써 자동으로 연산이 수행됨을 알 수 있습니다.

[실습2] 다음 프로그램을 실습하면서 다중 For 문을 이용한 프로그램 기법을 이해하도록 하겠습니다.

(저장 파일명 : 자동반복2.frm, 자동반복2.vbp)

간단한 다중 For 문의 예를 들어 설명하도록 하겠습니다. 다중 For 문은 바깥 루프가 한번 증가할 때 안쪽 루프가 지정된 횟수만큼 반복된다는 사실을 알아두기 바랍니다.

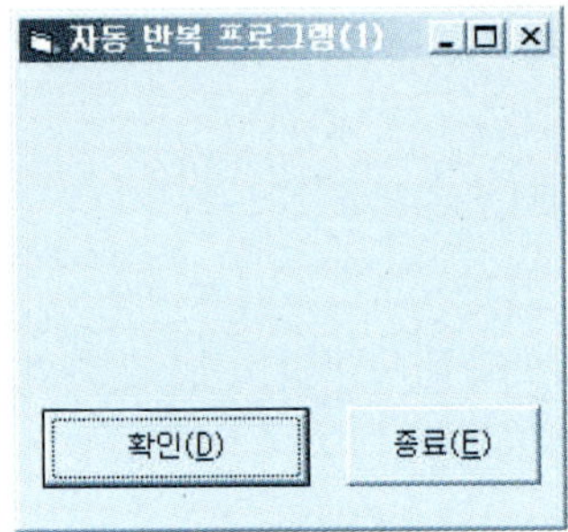

[그림6.31] 폼 디자인 초기화면

```
Private Sub Command1_Click()
    Dim i As Integer
    Dim Total As Long
    'for 문을 이용한 다중 반복 수행
    For i = 1 To 10
        For j = 1 To 10
            Print j; "   ";
        Next j
        Print
    Next i
End Sub

Private Sub Command2_Click()
    End
End Sub
```

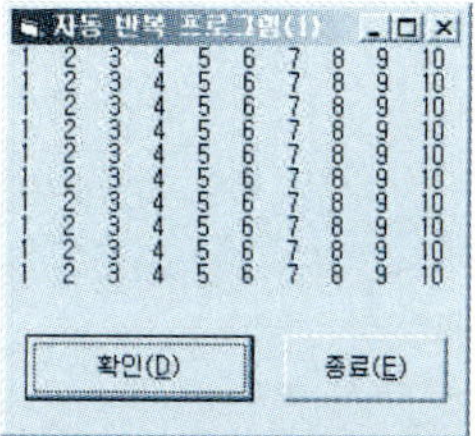

[그림6.32] J값 출력 결과 화면

위 프로그램을 자세히 살펴보면 반복 횟수는 총 100회가 되겠지만, J 값을 프린트하였기 때문에 1-10까지가 10회 반복됨을 알 수 있을 것입니다. 또한 아래의 프로그램은 I값을 출력함으로서 100회 반복은 되지만 출력되는 수치 값의 유형을 알 수 있습니다.

```
Private Sub Command1_Click()
    Dim i As Integer
    'for 문을 이용한 다중 반복 수행
    For i = 1 To 10
        For j = 1 To 10
            Print i; "   ";
        Next j
        Print
    Next i
End Sub


Private Sub Command2_Click()
    End
End Sub
```

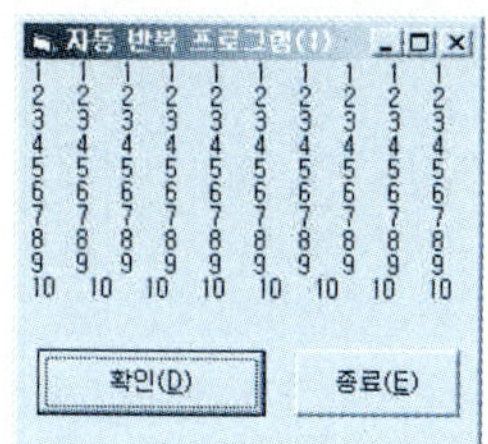

[그림6.33] I값 출력 결과 화면

(저장 파일명 : 자동반복3.frm, 자동반복3.vbp)

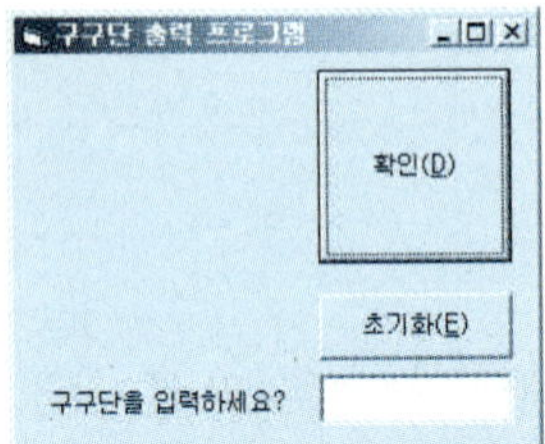

[그림6.34] 폼 디자인 초기화면

이번 구구단 프로그램은 프로그램을 실행하여 입력 창에 사용자가 출력하고자 하는
구구단을 넣고 확인 버튼을 선택하면 원하는 구구단이 외쪽 폼 창에 출력되는 프로
그램입니다. 이러한 프로그래밍 기법을 이용하여 다양한 조건을 이용한 For 문의 응
용이 가능하다는 것을 알아두기 바랍니다. 참고로 다른 단을 출력하기 위해서는 우
선 초기화 버튼을 선택하여 폼 창을 지운 다음 실행하기 바랍니다. 이유는 직접 확
인해 보기 바라구요.~!

```
Private Sub Command1_Click()
    Dim i As Integer
    Dim dan As Integer
    Dim Total As Long
    'for 문을 이용한 한단 출력
    dan = Val(Text1.Text)
    For i = 2 To 9
        Print dan; " * "; i; " = "; dan * i
    Next i
End Sub

Private Sub Command2_Click()
    Cls
End Sub
```

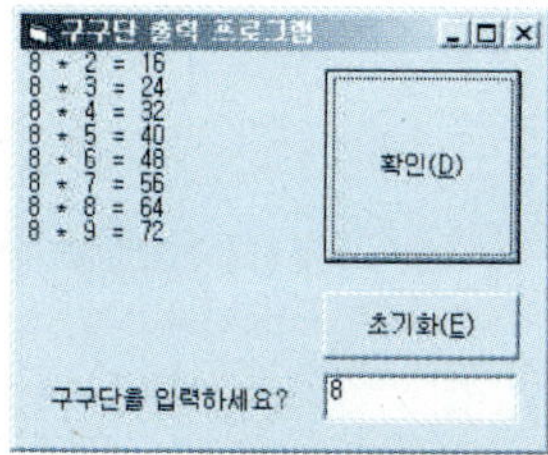

[그림6.35] 실행 결과 화면

[문제5] 다음 조건에 만족하는 For 문을 완성하시오.

(저장 파일명 : 자동반복4.frm, 자동반복4.vbp)

다음과 같이 폼 디자이너 창에 디자인한 뒤에 Command button을 더블클릭하여 코드 값을 입력합니다.

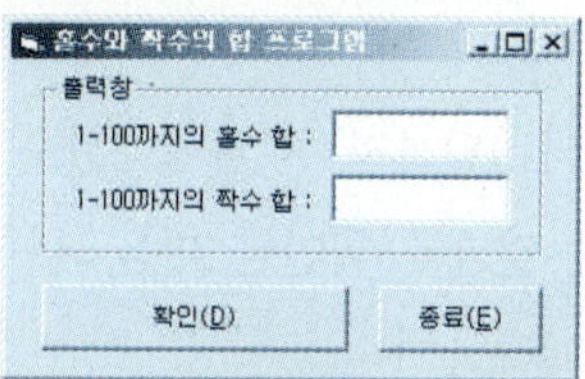

[그림6.36] 폼 디자인 초기화면

처리 조건

❶ 프로그램을 실행한 다음 확인 버튼을 선택하였을 때 출력 창에 홀수의 합과 짝수의 합이 각각 출력하도록 하라.

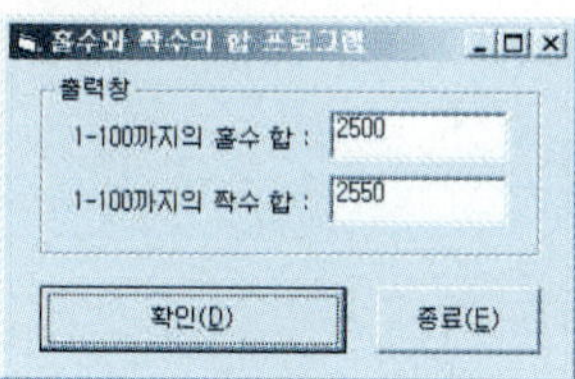

[그림6.37] 실행 결과 화면

[실습5] 다음 프로그램을 실습하면서 다중 For 문을 이용한 프로그램 기법을 계속하여 이해하도록 하겠습니다.

(저장 파일명 : 자동반복5.frm, 자동반복5.vbp)

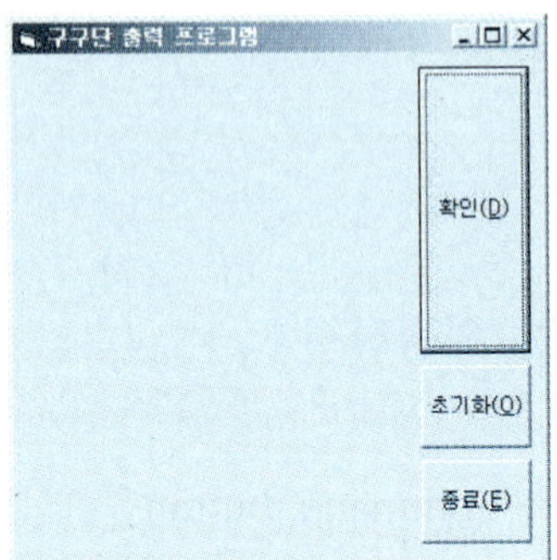

[그림6.38] 폼 디자인 초기화면

이번 프로그램은 다중 For 문을 이용하여 2단부터 9단까지 한 줄에 2단을 표현하기 위한 프로그래밍 기법입니다. 정확하게 코딩하여 결과를 확인한 다음, 나중에 응용 프로그램을 제작하고자할 때 많이 활용되길 바랍니다.

```
Private Sub Command1_Click()
    '입력 값을 위한 변수형 선언
    Dim i As Integer
    Dim j As Integer
    '한 줄에 2개 단을 표현하기 위한 기법
    For i = 2 To 9 Step 2
        For j = 1 To 9
        '한 줄에 2개 단을 출력
            Print i; " * "; j; " = "; i * j,
            Print i + 1; " * "; j; " = "; (i + 1) * j
        Next j
    '줄바꾸기 기능
    Print
    Next i
End Sub
```

↓다음 페이지에 계속

```
Private Sub Command2_Click()
Cls
End Sub


Private Sub Command3_Click()
End
End Sub
```

프로그램을 실행하여 결과를 확인하면 다음과 같은 크기로, 9단까지의 결과를 확인
할 수 없습니다. 그러나 단지, 폼 창이 작아서 출력되지 않았을 뿐이지 결과는 2단
부터 9단까지 모두 출력한 결과라는 것을 알아 두기 바랍니다.

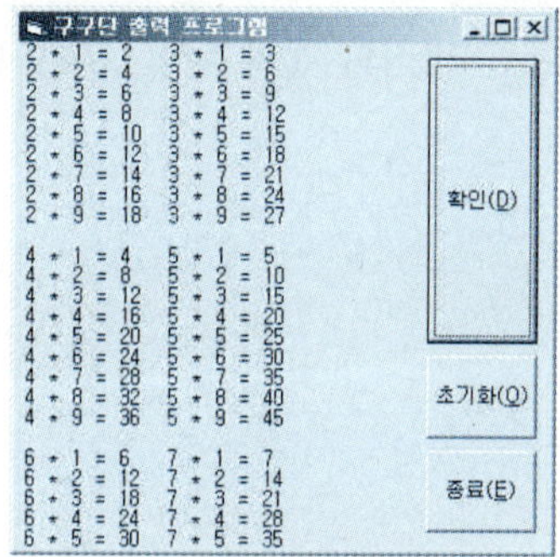

[그림6.39] 실행 결과 화면

6.5 Do While ··· Loop 문

Do While ··· Loop 문은 Do While 뒤에 조건이 만족할 때까지 처리를 Loop 사
이의 명령을 반복 수행하는 메서드입니다. 자주 사용되지 않지만, 사용자는 메서드 형
식을 알아두기 바랍니다.

Do While ⋯ Loop 문 형식

Do While 〈조건식〉

   처리 내용

Loop

- 조건식 : Do While 문에서 사용될 조건식
- 처리내용 : 조건 만족 동안 수행될 처리 내용
- Loop : 반복 수행될 범위

[실습1] 다음 프로그램을 실습하면서 Do While ⋯ Loop 문을 이용한 프로그램 기법을 이해하도록 하겠습니다.

(저장 파일명 : 두우루프1.frm, 두우루프1.vbp)

이번 실습문제는 Do While⋯Loop 문을 이용한 방식의 문제로서 1부터 10까지의 합을 구하는 프로그램입니다.

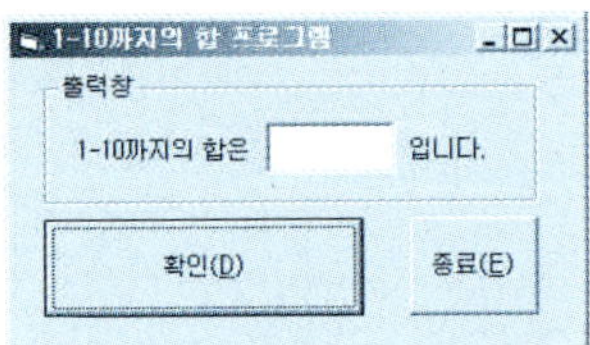

[그림6.40] 폼 디자인 초기화면

```
Private Sub Command1_Click()
    '입력 값을 위한 변수형 선언
    Dim i As Integer
    Dim total As Integer
    '초기 값 설정
    i = 1: total = 0
    '조건 만족 동안 반복 수행될 조건
    Do While i <= 10
        total = total + i
        i = i + 1
    Loop
```

↓다음 페이지에 계속

```
            '조건을 만족하지 않을 때 결과 출력
        Text1.Text = total
    End  Sub


    Private  Sub  Command2_Click()
        End
    End  Sub
```

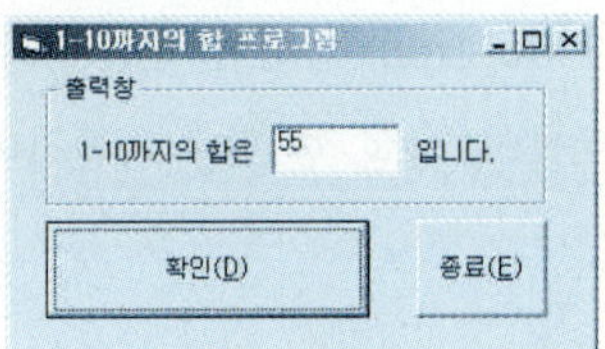

[그림6.41] 입력 문자열 입력 화면

[문제6] 다음 조건에 만족하는 Do While … Loop 문을 완성하시오.

(저장 파일명 : 두우루프2.frm, 두우루프2.vbp)

다음과 같이 폼 디자이너 창에 디자인한 뒤에 Command button을 더블클릭하여
코드 값을 입력합니다.

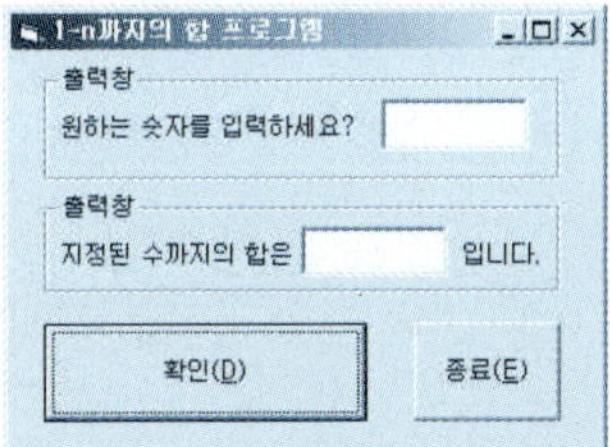

[그림6.42] 폼 디자인 초기화면

처리 조건

❶ 프로그램을 실행한 다음 원하는 숫자를 입력한 후에 확인 버튼을 선택하여 출력 창에 결과가
　출력하도록 하라.
❷ Form 속성 지정 값
　• 초기 값 : "1-n까지의 합 프로그램"으로 설정

- 수의 범위를 넣었을 경우 n 대신에 해당 수치 값이 출력되도록 한다.

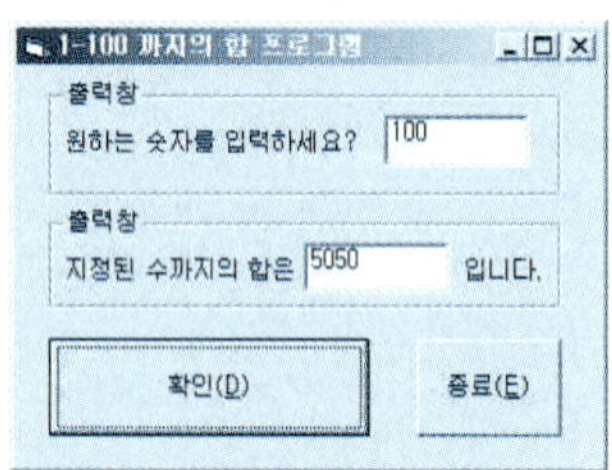

[그림6.43] 실행 결과 화면

프로그램 실행 후 결과 화면을 잘 살펴보면 폼의 Caption 속성이 변한 것을 확인할 수 있습니다. 이렇게 프로그램 하에서 각종 컨트롤의 속성 변경이 가능하다는 것을 알아두기 바랍니다.

6.6 On Error 문

오류 처리 루틴을 사용 가능하도록 만들고 프로시저에서 루틴의 위치를 지정합니다. 이 문은 오류 처리 루틴을 사용할 수 없도록 하는 데도 사용할 수 있습니다.

On Error 문 형식

```
On Error GoTo 〈라인〉
On Error Resume Next
On Error GoTo 0
```

문	의 미
On Error GoTo 〈라인〉	필수 〈라인〉 인수의 지정된 라인에서 시작하는 오류 처리 루틴을 사용 가능하도록 만듭니다. 라인 인수는 줄 레이블 또는 줄 번호를 말합니다. 런타임 오류가 발생하는 경우 컨트롤은 오류 처리기를 활성화시키는 〈라인〉으로 이동합니다. 지정된 라인은 On Error 문과 같은 프로시저에 있어야만 합니다. 그렇지 않으면 컴파일 모드 오류가 발생합니다.

↓ 다음 페이지에 계속

문	의 미
On Error Resume Next	실행 오류가 발생할 때 오류가 발생한 문장 바로 다음에 실행이 계속 될 수 있는 문으로 컨트롤을 옮길 수 있도록 지정합니다.
On Error GoTo 0	현재 프로시저에서 사용 가능한 오류 처리기를 사용할 수 없도록 만듭 니다.

[표6.2] On Error 문의 형식과 의미

On Error Resume Next는 실행 오류를 발생시키는 문장의 바로 다음 문장이나 On Error Resume Next 문을 가진 프로시저로부터 가장 최근에 호출된 바로 다음 문장을 사용하여 계속 실행하도록 합니다. 이 문은 실행 오류에서도 계속 실행하도록 합니다. 프로시저의 다른 위치에 컨트롤을 이동시키는 것보다 오류가 발생할 곳에 오류 처리 루틴을 둘 수 있습니다. On Error Resume Next 문은 다른 프로시저가 호출 되면 활성화되지 않습니다. 따라서 그 루틴 내에서 인라인 오류 처리를 하고자 한다면 각 호출 루틴에서 On Error Resume Next 문을 실행해야 합니다.

On Error GoTo 0 문은 현재 프로시저에서 오류 처리를 사용할 수 없도록 만듭니 다. 프로시저가 줄 번호 0을 포함하더라도 오류 처리 코드의 시작을 0으로 지정하지 않습니다. On Error GoTo 0 문이 없으면 오류 처리기는 프로시저가 끝나면 자동으 로 사용할 수 없게 됩니다.

[실습1] 다음 프로그램을 실습하면서 On Error 문을 이용한 프로그램 기법을 이해하도록 하겠습니다.

(저장 파일명 : 온에러1.frm, 온에러1.vbp)

이번 실습문제는 On Error 문을 이용한 방식의 문제로서 프로그램에서 에러가 발 생하였을 경우에 동작하는 프로그램입니다.

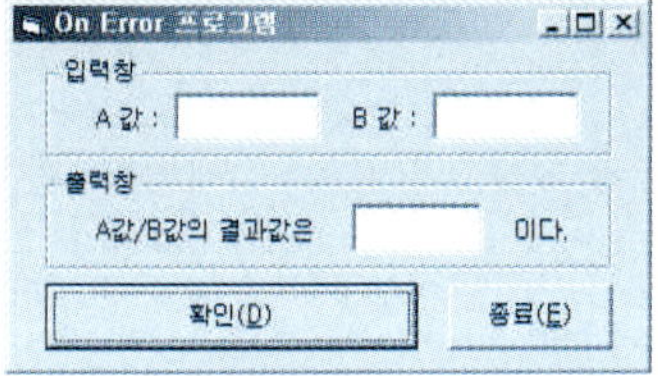

[그림6.44] 폼 디자인 초기화면

```
Private Sub Command1_Click()
    '입·출력용 변수형 선언
    Dim  a  As  Integer
    Dim  b  As  Integer
    Dim  total
    '입력 값 대입
    a = Val(Text1.Text)
    b = Val(Text2.Text)
    '계산 처리
    total = a / b
    '계산 출력
    Text3.Text = total
End Sub


Private Sub Command2_Click()
    End
End Sub
```

이번 문제에서 정상적인 값을 입력하고 결과를 출력하면 별 이상이 없게 결과 값을
얻을 수 있으나, 만약 사용자의 실수로 B값에 0을 입력하면 다음과 같은 치명적인
에러가 발생하며 프로그램이 정지하게 됩니다.

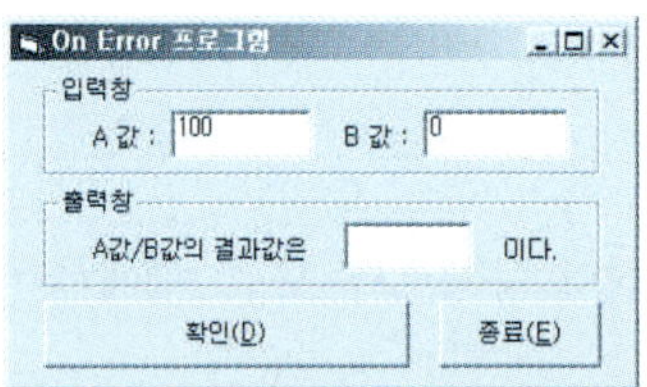

[그림6.45] **B값을 잘못 입력한 화면**

B값에 0을 입력하고 확인 버튼을 누르면 다음과 같은 치명적인 에러가 발생하며 프
로그램이 정지하게 됩니다.

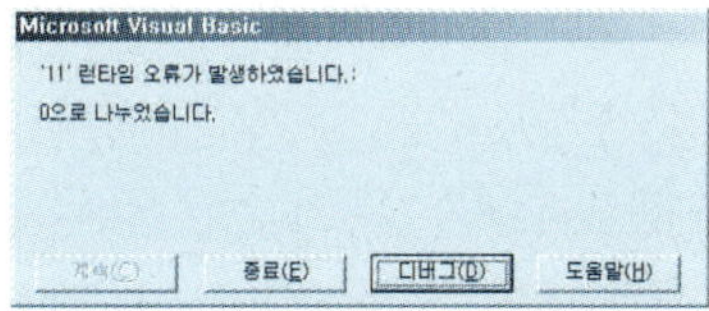

[그림6.46] B값을 잘못 입력한 화면

에러 발생 시 바로 프로그램을 종료하거나 에러를 수정할 수 있는 방식이 주어지지만, 이런 에러가 프로그램에서 발생하게 되면 치명적인 에러라고 말할 수 있습니다. 이번에는 프로그램에 다음과 같은 On Error 문을 추가한 다음, 프로그램을 실행해 보도록 하겠습니다.

```
Private Sub Command1_Click()
    '입출력용 변수형 선언
    Dim a As Integer
    Dim b As Integer
    Dim total
    '치명적인 오류 발생 시 루틴 결정
    On Error GoTo 에러처리
    '입력 값 대입
    a = Val(Text1.Text)
    b = Val(Text2.Text)
    '계산 처리
    total = a / b
    '계산 출력
    Text3.Text = total
    '에러 처리 루틴
에러처리:
    MsgBox "나눌값에 0을 넣었습니다.(재입력!)"
    Text2.Text = "": Text2.SetFocus
End Sub

Private Sub Command2_Click()
    End
End Sub
```

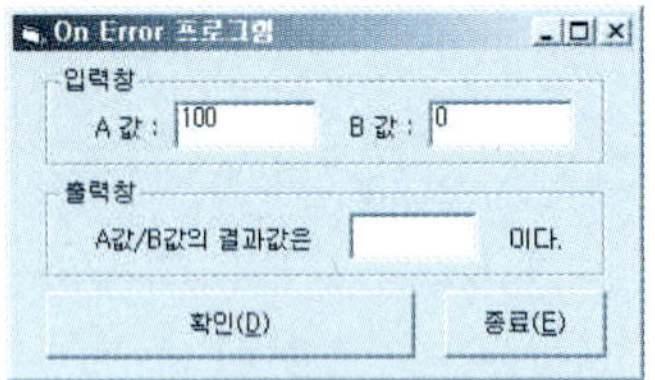

[그림6.47] **B값을 잘못 입력한 화면**

프로그램을 수정하고 난 뒤에 확인 버튼을 선택하면 치명적인 에러가 발생하지 않고, On Error 문이 동작하여 치명적인 에러가 아닌, 간단한 메시지 창을 띄어주고 확인 버튼을 선택하면 정상적으로 프로그램을 실행할 수 있는 방식의 프로그램입니다.

[그림6.48] **재입력 메시지 창**

위와 같은 메시지 창에서 확인 버튼을 선택하면 잘못 입력된 B값을 지워주면서 커서의 위치를 지워진 위치로 이동시켜 줍니다.

종합문제 1 **다음의 문제를 읽고 답을 설명하시오.**

❶ If 문을 사용하고자 할 때, End If를 사용하지 않아도 에러가 발생하지 않는 방식은 무엇이며, 사용 예를 들어 간단하게 설명하시오

❷ 복합 If-Then Else 문에 대한 구조와 각 용어를 설명하시오

❸ -10보다 크고 10보다 작은 난수를 하나 발생하여 난수 값이 양수, 음수, 제로를 판단하는 프로그램의 제어구조를 표현하시오

❹ If-Then Else 문과 Select Case 문의 장점과 단점을 비교 설명하시오

❺ Select Case 문에서 Case 뒤에 사용 가능한 조건 형식의 종류를 들어 간단하게 설명하시오

❻ For 문의 형식을 표현하고 용어에 대하여 간단하게 설명하시오

다음 프로그램을 완성하시오.

(저장 파일명 : 임의총점평균.frm, 임의총점평균.vbp)

다음과 같이 폼 디자이너 창에 입출력 디자인을 한 후에, 컨트롤 별 속성 값을 변경하고 조건에 맞는 프로그램을 완성하시오.

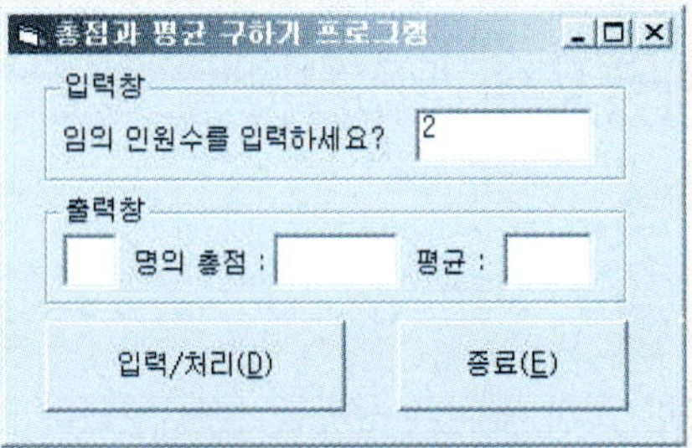

[그림6.49] **입출력 디자인화면**

처리 조건

❶ 프로그램을 실행하고 입력창에 인원수를 입력한 다음 입력/처리 버튼을 선택하면 인원수에 해당하는 InputBox를 이용하여 점수를 입력받아 출력 창에 원하는 결과를 출력하도록 한다.

[그림6.50] **인원수를 입력한 화면**

❷ 입력/처리 버튼을 선택 시 메시지 창을 띄운다. 주의할 사항은 MsgBox 타이틀에 입력된 인원수가 출력되도록 한다.

[그림6.51] **입력 전 메시지 화면**

❸ 인원수에 해당하는 InputBox를 다음과 같이 발생하여 원하는 점수를 각각 입력시킨다. 주의할 사
   항은 InputBox 타이틀에 입력시키는 인원수가 표시되어야 한다.

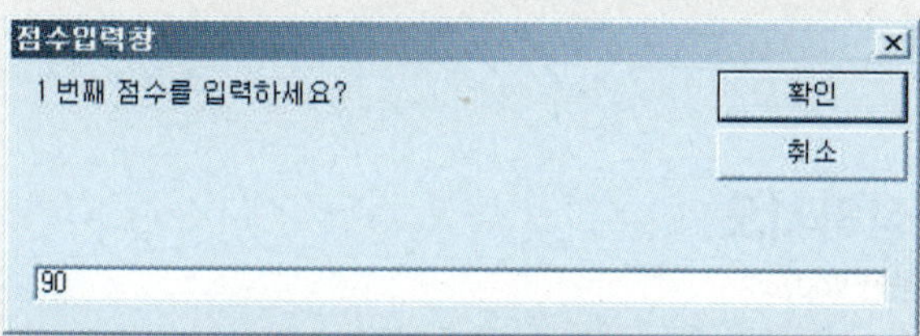

[그림6.52] **1번째 자료 입력 예시 화면**

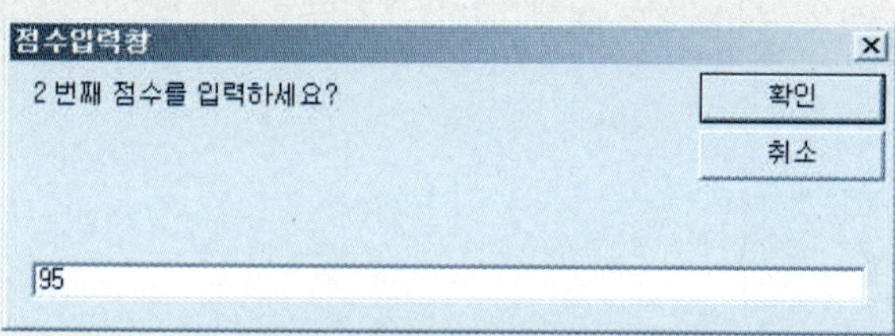

[그림6.53] **2번째 자료 입력 예시 화면**

❹ 인원수에 해당하는 점수를 모두 입력하면 결과를 표현하기 전에 다음과 같은 MsgBox 창을 띄우
   도록 한다.

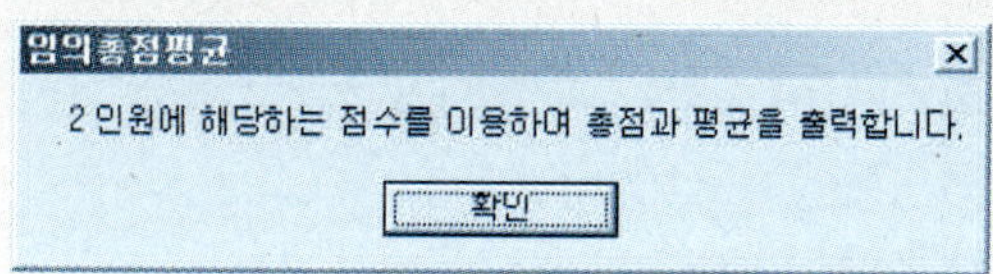

[그림6.54] **출력 결과가 나오기 전 메시지 화면**

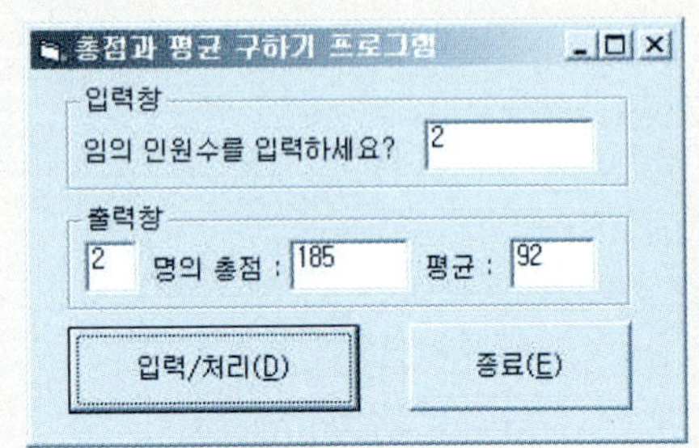

[그림6.55] **출력 결과 화면**

다음 프로그램을 완성하시오.

(저장 파일명 : 구구단.frm, 구구단.vbp)

다음과 같이 폼 디자이너 창에 입출력 디자인을 한 후에, 컨트롤 속성 값을 변경하고 조건에 맞는 프로그램을 완성하시오. 사용자는 실행 화면의 결과를 확인하고, 폼의 크기를 적절하게 조절하도록 한다.

[그림6.56] **입출력 디자인화면**

 종합문제 3

다음 프로그램을 완성하시오.

(저장 파일명 : 구구단.frm, 구구단.vbp)

❶ 프로그램을 실행하여 폼 창을 클릭했을 때 구구단의 결과가 나오도록 한다.

❷ 다중 For 문 1개만 사용하여 프로그램을 작성한다.

❸ 앞에 예문을 참고하면서 문제를 풀면 쉽게 해결될 수 있다.

```
구구단 프로그램                          _ □ ×
                ** 구구단 프로그램 **
          ============================

   === 2 단 ===   === 3 단 ===   === 4 단 ===   === 5 단 ===

   2 * 1 = 2      3 * 1 = 3      4 * 1 = 4      5 * 1 = 5
   2 * 2 = 4      3 * 2 = 6      4 * 2 = 8      5 * 2 = 10
   2 * 3 = 6      3 * 3 = 9      4 * 3 = 12     5 * 3 = 15
   2 * 4 = 8      3 * 4 = 12     4 * 4 = 16     5 * 4 = 20
   2 * 5 = 10     3 * 5 = 15     4 * 5 = 20     5 * 5 = 25
   2 * 6 = 12     3 * 6 = 18     4 * 6 = 24     5 * 6 = 30
   2 * 7 = 14     3 * 7 = 21     4 * 7 = 28     5 * 7 = 35
   2 * 8 = 16     3 * 8 = 24     4 * 8 = 32     5 * 8 = 40
   2 * 9 = 18     3 * 9 = 27     4 * 9 = 36     5 * 9 = 45


   === 6 단 ===   === 7 단 ===   === 8 단 ===   === 9 단 ===

   6 * 1 = 6      7 * 1 = 7      8 * 1 = 8      9 * 1 = 9
   6 * 2 = 12     7 * 2 = 14     8 * 2 = 16     9 * 2 = 18
   6 * 3 = 18     7 * 3 = 21     8 * 3 = 24     9 * 3 = 27
   6 * 4 = 24     7 * 4 = 28     8 * 4 = 32     9 * 4 = 36
   6 * 5 = 30     7 * 5 = 35     8 * 5 = 40     9 * 5 = 45
   6 * 6 = 36     7 * 6 = 42     8 * 6 = 48     9 * 6 = 54
   6 * 7 = 42     7 * 7 = 49     8 * 7 = 56     9 * 7 = 63
   6 * 8 = 48     7 * 8 = 56     8 * 8 = 64     9 * 8 = 72
   6 * 9 = 54     7 * 9 = 63     8 * 9 = 72     9 * 9 = 81
```

[그림6.57] 폼 창 클릭 결과 화면

다음 프로그램을 완성하시오.

(저장 파일명 : 판매(sel).frm, 판매(sel).vbp)

다음과 같이 폼 디자이너 창에 입출력 디자인을 한 후에, 컨트롤 별 속성 값을 변경하고 조건에 맞는 프로그램을 완성하시오.

[그림6.61] 입출력 디자인화면

처리 조건

❶ 프로그램을 실행하고 입력창에 제품코드와 판매수량을 입력하여, 제품코드에 해당하는 제품명과 단가를 대입하여 출력 창에 조건에 맞는 결과가 출력되도록 한다.

제품코드	제품명	제품단가
A	에쿠스	800
B	다이너스티	500
C	뉴 그랜져	450
D	엑센트	250

[표6.4] 제품 코드에 따른 제품명과 단가

❷ 제품코드가 잘못 입력되었을 경우, 메시지 창을 띄우고 잘못 입력된 제품코드를 지워주면서 커서를 위치시켜라.

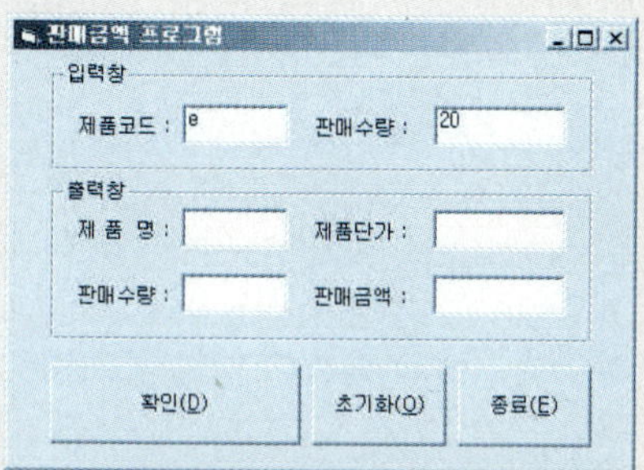

[그림6.62] 제품코드 잘못 입력 화면

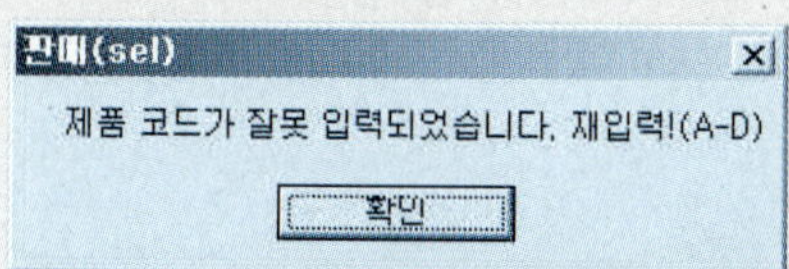

[그림6.63] 입력오류! 재입력 메시지 화면

❸ 제품 코드 값을 입력 받을 때 대문자와 소문자 모두 인식하도록 한다.

❹ Select Case 문을 이용하여 프로그래밍한다.

❺ 판매금액 = 제품단가 * 판매수량

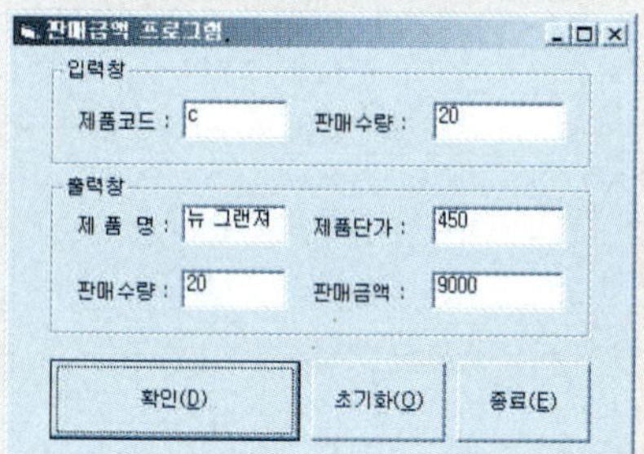

[그림6.64] 제품 코드를 c로 입력 결과 화면

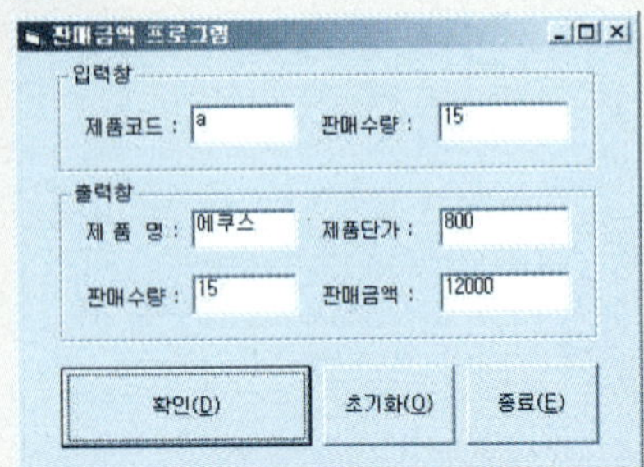

[그림6.65] 제품 코드를 a로 입력 결과 화면

다음 프로그램을 완성하시오.
(저장 파일명 : 종합성적.frm, 종합성적.vbp)

다음과 같이 폼 디자이너 창에 입출력 디자인을 한 후에, 컨트롤 별 속성 값을 변경하고 조건에 맞는 프로그램을 완성하시오.

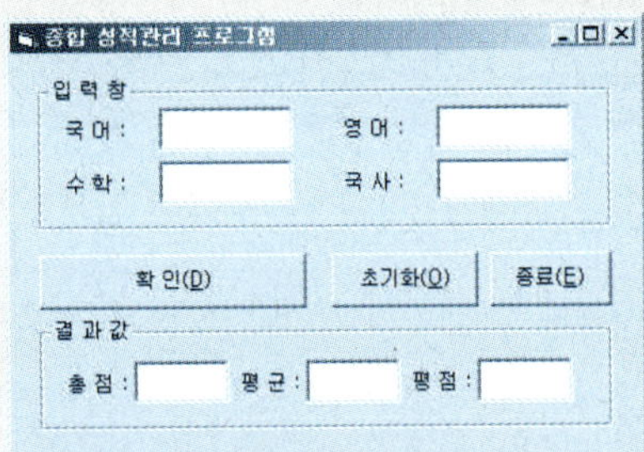

[그림6.66] 입출력 디자인화면

처리 조건

❶ 프로그램을 실행하고, 입력창에 국어, 영어, 수학, 국사 점수를 각각 입력하여 결과 값 창에 결과를 출력하도록 한다.

❷ 평점을 구하는 식은 Select Case 문을 이용한다.

❸ 각각 점수의 입력 범위는 0-100 사이의 점수를 입력 받는다. 만약, 잘못 입력된 경우에는 메시지 창을 띄운다.

❹ 각각 점수에 대한 재입력 조건은 복합 If-Then Else 문을 이용하여 프로그래밍 하도록 한다.

❺ 재입력 받을 때에는 잘못 입력된 자료를 지우고, 커서는 잘못 입력된 위치하도록 하며, 프로그램을 실행하지 않고 종료하도록 한다.

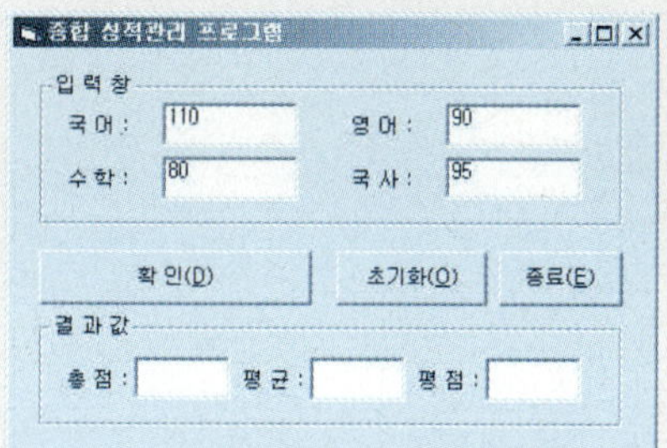

[그림6.67] 국어점수 잘못 입력 화면

[그림6.68] 점수 재입력 메시지 창

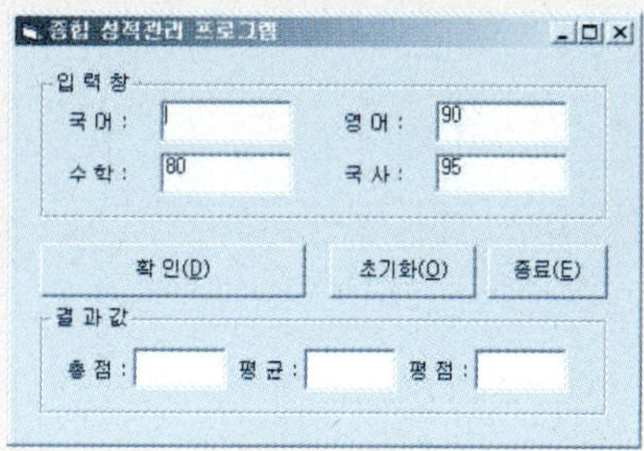

[그림6.69] 국어 점수 재입력 결과 화면

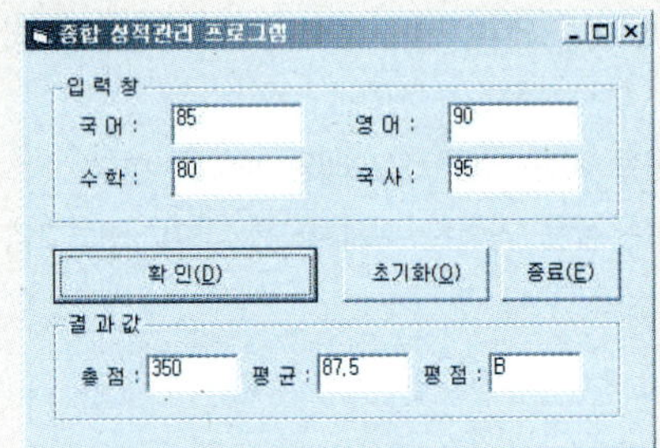

[그림6.70] 성적 처리 결과 화면

7 배열

7.1 배열의 개념

배열을 통해 동일한 이름으로 연속되는 변수를 참조하고 인덱스 번호를 사용할 수 있습니다. 배열은 인덱스 번호를 사용하여 인덱스 번호에 따라 효율적으로 루프를 설정하므로 여러 상황에서 코드를 작고 간단하게 작성할 수 있습니다. 배열의 인덱스 번호는 상한 값과 하한 값을 가지며 배열의 요소는 범위 내에서 연속적입니다. Visual Basic은 인덱스 번호에 따라 공간을 할당하기 때문에 필요한 크기로 배열을 선언할 수 있습니다.

배열의 모든 요소는 동일한 데이터 형식을 갖습니다. 하지만 데이터 형식이 Variant일 때는 개별 요소는 개체, 문자열, 숫자 등과 같이 다른 종류의 데이터일 수 있습니다. 사용자 정의 형식과 개체 변수를 포함하는 기본 데이터 형식의 배열을 선언할 수 있습니다. 배열을 선언할 때 배열 이름 뒤의 괄호 안에 인덱스 번호의 상한 값이 옵니다. 상한 값은 Long 데이터 형식의 범위가 −2,147,483,648에서 2,147,483,647까지를 넘을 수 없습니다.

7.2 1차원 배열

1차원 배열은 첨자가 하나 존재하는 배열을 말하는 것으로, 행의 의미만 가지고 있는 배열 방식을 말합니다.

1차원 배열 선언 형식

```
Dim 배열명(첨자) As 데이터형
Dim 배열명(시작 값 To 끝값) As 데이터형
```

- 배열명 : 배열을 사용하고자 할 때 사용될 이름
- 첨자 : 배열의 크기를 정의(만약 첨자값을 5로 입력하면 0부터 5번지까지 6개 크기로 설정이 이루어진다.)
- 데이터형 : 배열에서 공통적으로 사용될 데이터 형
- 시작 값 : 배열의 시작 번지를 지정
- 끝 값 : 배열의 끝 번지를 지정

1차원 배열 선언 사용 예

- 일반적인 배열(프로시저 내) 선언 예

```
Dim 대우3차(5) As Integer ' 요소 수는 6개입니다.
Dim 국어(3) As Double ' 요소 수는 4개입니다.
```

첫째 선언은 인덱스 번호가 0에서 5까지의 6개 요소를 갖는 배열을 생성합니다. 둘째는 인덱스 번호가 0에서 3까지의 4개 요소를 갖는 배열을 생성합니다. 인덱스 번호 하한 값의 기본 값은 0입니다.

대우3차(0)	대우3차(1)	대우3차(2)	대우3차(3)	대우3차(4)	대우3차(5)

대우3차(5)의 배열 요소(6개 방으로 구성)

국어(0)	국어(1)	국어(2)	국어(3)

국어(3)의 배열 요소(4개 방으로 구성)

- Public 배열 선언 예

```
Public Counters(14) As Integer
Public Sums(20) As Double
```

```
Dim Counters(1 To 15) As Integer
Dim Sums(100 To 120) As String
```

앞의 선언에서 Counters의 인덱스 번호는 1에서 15까지입니다. Sums의 인덱스 번호 범위는 100에서 120까지입니다.

변수를 사용하지 않고, 배열을 사용하는 가장 큰 장점은 만약, 똑같은 자료형이 100개 존재할 때, 이를 변수로 저장시키기 위해서는 100개의 다른 이름을 가진 변수를 사용하여 자료를 저장할 수 있지만 배열을 사용하면 배열명(100)을 사용함으로서 한번에 100개의 자료를 입력할 수 있는 방이 확보됩니다. 또한 배열을 사용할 경우 장점은 배열에 저장된 자료를 내림차순이나 오름차순으로 정렬하거나 필요한 번지에 있는 자료만을 추출하여 또 다른 작업을 수행할 수 있습니다.

Dim 문을 빈 괄호와 함께 사용하여 동적 배열을 선언할 수도 있습니다. 동적 배열을 선언한 다음 프로시저에서 ReDim 문을 사용하여 배열의 차원과 요소를 정의합니다. 그 크기를 Dim 문에 명시적으로 지정한 크기를 갖는 경우 이 배열 변수의 차원을 다시 선언하면 오류가 발생합니다.

● 동적 배열 선언 방법

```
Dim Names(9) ' 10 개의 요소로 배열을 선언합니다.
Dim Names() ' 동적 배열을 선언합니다.
Dim MyVar, MyNum ' 두 개의 변수를 선언합니다.
```

[실습1] 다음 프로그램을 실습하면서 배열을 이용한 프로그램 기법을 이해하도록 하겠습니다.

(저장 파일명 : 배열1.frm, 배열1.vbp)

다음과 같이 폼 디자이너 창에 디자인한 뒤에 Command button을 더블클릭하여 코드 값을 입력합니다.

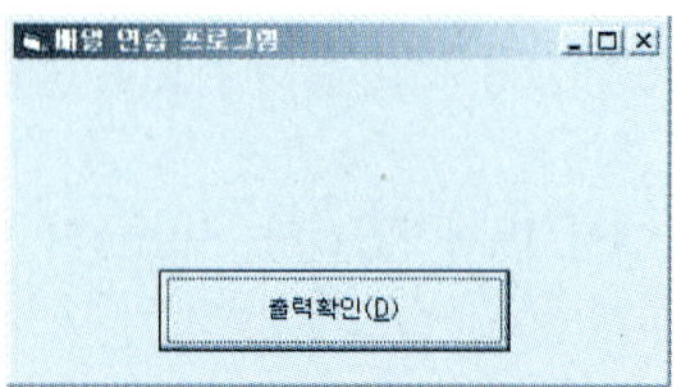

[그림7.1] 폼 디자인 초기화면

이번 프로그램은 점수를 입력하기 위한 배열을 선언하고, 각각 배열에 점수를 입력하여 입력된 자료를 이용하여 총점과 평균을 구하고, 배열에 저장된 자료를 차례대로 출력한 다음 뒤에 총점과 평균을 출력하는 프로그램입니다.

```
Private Sub Command1_Click()
    '배열 선언
    Dim 점수(5) As Integer
    '변수 선언
    Dim 총점 As Integer, 평균 As Single
    '선언된 변수에 자료 입력
    점수(1) = 95
    점수(2) = 85
    점수(3) = 100
    점수(4) = 90
    점수(5) = 80
    '배열에 저장된 자료에 총점 산출
    For i = 1 To 5
        총점 = 총점 + 점수(i)
    Next i
    '평균 산출
    평균 = 총점 / 5
    '배열에 저장된 자료를 순서대로 출력
    For i = 1 To 5
```

↓다음 페이지에 계속

```
        Print "점수("; i; ") ="; 점수(i)
    Next  i
    Print
    '총점과 평균을 출력
    Print "총점 = "; 총점, "평균 = "; 평균
End  Sub
```

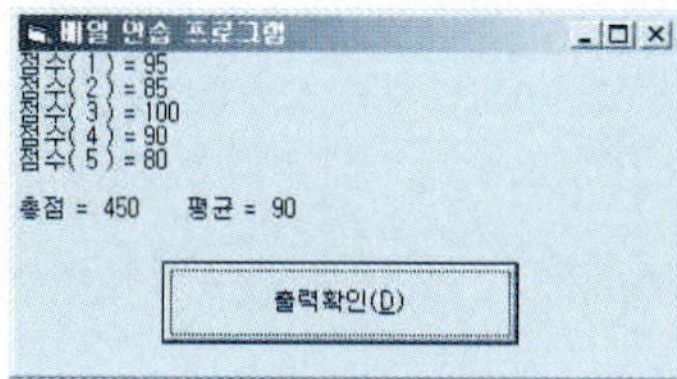

[그림7.2] 출력 결과 화면

[실습2] 다음 프로그램을 실습하면서 배열을 활용한 프로그램 기법을 계속하여 이해하도록 하겠습니다.

(저장 파일명 : 배열2.frm, 배열2.vbp)

[그림7.3] 폼 디자인 초기화면

```
Private Sub Command1_Click()
    '변수와 배열의 데이터형 선언
    Dim  i  As  Integer
    Dim  jum(5)  As  Integer
    '입력전 메시지 창
    MsgBox "5 명에 점수를 입력하세요?"
    '임의의 5명 점수 입력과 총점 구하기
```

↓다음 페이지에 계속

```vb
For i = 1 To 5
    jum(i) = InputBox(i & " 번째 점수입력?", "점수입력창")
    총점 = 총점 + jum(i)
Next i
MsgBox "5 명에 점수를 순서대로 출력~~!"
'순서대로 출력
For i = 1 To 5
    Print "jum("; i; ")="; jum(i); "   ";
Next i
MsgBox "5 명에 점수를 반대로 출력~~!"
Print: Print
'반대로 출력
For i = 5 To 1 Step -1
    Print "jum("; i; ")="; jum(i); "   ";
Next i
Print: Print
MsgBox "5 명에 짝수번지 값 출력~~!"
'짝수 번지 값 출력
For i = 2 To 5 Step 2
    Print "jum("; i; ")="; jum(i); "   ";
Next i
MsgBox "5 명에 홀수번지 값 출력~~!"
'홀수 번지 값 출력
Print: Print
For i = 1 To 5 Step 2
    Print "jum("; i; ")="; jum(i); "   ";
Next i
평균 = 총점 / 5
Print: Print
MsgBox "5 명에 홀수번지 값 출력~~!"
Print "총점 = "; 총점, "평균 ="; 평균
End Sub


Private Sub Command2_Click()
```

| 다음 페이지에 계속

```
        Cls
    End  Sub


    Private  Sub  Command3_Click()
        End
    End  Sub
```


❶ 프로그램이 진행되는 모든 과정을 메시지 창을 띄우고 결과를 출력한다.

❷ 임의의 입력 값을 받아들일 때는 InputBox를 이용한다.

[그림7.4] 입력 전 메시지 창

[그림7.5] 입력 값을 받기 위한 InputBox 창

❸ 입력 값 예시 : 95, 90, 85, 80, 75 순으로 입력한다.

[그림7.6] 출력 전 메시지 창

❹ 각각 결과를 출력하기 전에 모두 메시지 창을 띄우도록 한다.

❺ 출력 순서 : 순서대로, 반대로, 짝수번지, 홀수번지, 총점과 평균 순으로 출력 시킨다.

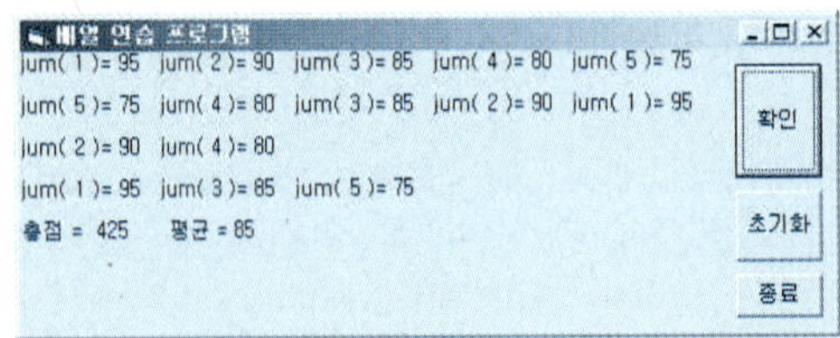

[그림7.7] 출력 전 메시지 창

이번 프로그램에서 가장 큰 특징은 배열에 저장된 자료를 이용하여 사용자가 자유롭게 원하는 위치에 저장된 자료를 이용하여 다른 용도로 사용할 수 있다는 특징을 가지고 있습니다. 이번 문제를 다루면서 사용자의 많은 이해와 응용력이 있었으면 하는 바램입니다.

[실습3] 다음 조건에 만족하는 배열을 선언하여 지정된 자료를 기억시킨 뒤에 해당 자료를 이용하여 프로그램을 완성하시오.

(저장 파일명 : 배열성적.frm, 배열성적.vbp)

다음과 같이 폼 디자이너 창에 디자인 한 뒤에 Command button을 더블클릭하여 코드 값을 입력합니다.

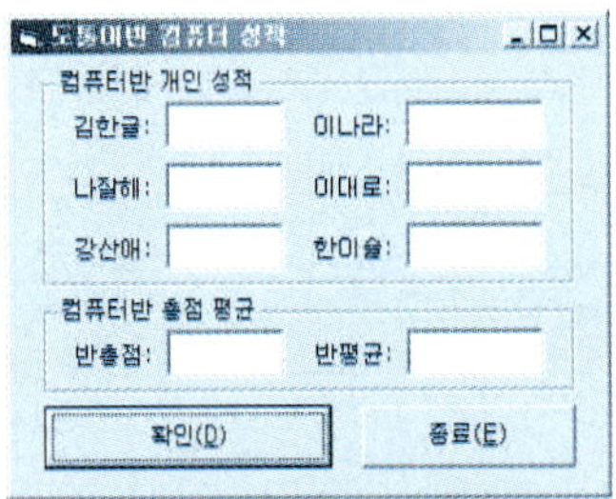

[그림7.8] 폼 디자인 초기화면

❶ 프로그램에서 배열을 선언하고, 배열에 6명의 자료를 각각 입력하고 입력된 자료를 이용하여 반총점과 반평균을 구하도록 하라.

❷ 반평균을 구할 때는 소수점 한자리에서 반올림한 다음, 출력할 때 소수점 이하는 버린다.

❸ 입력 값 예시는 다음과 같으며, 개인별 이름은 Label 속성에서 바로 입력하도록 한다.
  • 김하늘 : 90

- 이나라 : 75
- 나잘해 : 80
- 이대로 : 95
- 강산애 : 85
- 한이슬 : 100

```
Private Sub Command1_Click()
    '배열과 변수형 지정
    Dim 성적(6) As Integer
    Dim 종점 As Integer
    Dim 평균 As Integer
    '각각 성적을 배열에 저장
    성적(1) = 90: 성적(2) = 75: 성적(3) = 80
    성적(4) = 95: 성적(5) = 85: 성적(6) = 100
    '배열에 저장된 자료를 이용 총점 산출
    For i = 1 To 6
        총점 = 총점 + 성적(i)
    Next i
    '평균값 산출
    평균 = Val(총점 / 6 + 0.5)
    '배열에 저장된 개인성적 출력
    Text1.Text = 성적(1): Text2.Text = 성적(2)
    Text3.Text = 성적(3): Text4.Text = 성적(4)
    Text5.Text = 성적(5): Text6.Text = 성적(6)
    '총점 평균값 출력
    Text7.Text = 총점: Text8.Text = 평균
End Sub

Private Sub Command2_Click()
    End
End Sub
```

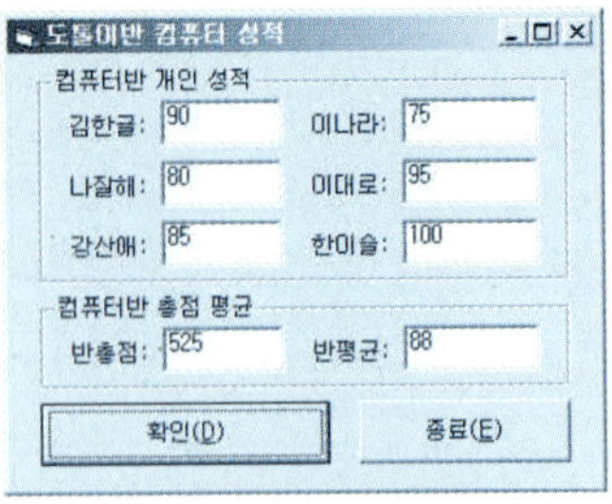

[그림7.9] 출력 결과 화면

[실습4] 다음 조건에 만족하는 배열을 이용한 프로그램을 완성하시오.

(저장 파일명 : 배열문제2.frm, 배열문제2.vbp)

배열을 지정한 다음, 각각의 자료를 InputBox 통하여 입력받아 배열에 저장하고, 저장된 자료를 이용하여 주어진 조건에 맞는 프로그램을 완성하시오.

다음과 같이 폼 디자이너 창에 디자인 한 뒤에 Command button을 더블클릭하여 코드 값을 입력합니다.

이번 문제에서는 최댓값과 최솟값을 구하는 공식이 나왔으며, 최댓값과 최솟값을 구하기 위해서는 우선 배열에 자료가 저장되어 있어야만 쉽게 구할 수 있으며, 각각 초기 값(최댓값 = 0, 최솟값 = 99)이 지정되어야 합니다.

최댓값의 초깃값은 통상적으로 입력된 모든 자료를 비교하기 위한 방법으로 주어진 수보다 작을 수를 초깃값으로 지정하며, 최솟값은 마찬가지로 주어진 수 중에서 가장 큰 수 이상의 수를 초깃값으로 설정합니다.

● **For문을 이용하여 배열에 점수를 입력하는 식**

```
For i = 1 To 10
    성적(i) = Val(InputBox(i & "번 점수 입력?", "점수 입력창"))
Next i
```

- **최댓값 구하는 식**

```
For i = 1 To 10
    If 최고점 〈 성적(i) Then
        최고점 = 성적(i)
    End If
Next i
```

- **최솟값 구하는 식**

```
For i = 1 To 10
    If 최하점 〉 성적(i) Then
        최하점 = 성적(i)
    End If
Next i
```

이번에는 텍스트 창에 결과를 출력하기 위한 방법에서 여러 줄의 입력을 위해서는
우선 텍스트 박스의 속성에서 MultiLine의 속성을 True로 설정이 되어 있어야 하
며, 다음과 같은 공식을 통하여 줄 바꿈을 하면서 출력이 가능합니다.

- **텍스트 장에 여러 줄을 출력하는 식**

```
For i = 1 To 10
    Text1.Text = Text1.Text & i & " 번 : " & 성적(i) _
    & Chr(13) & Chr(10)
Next i
```

앞에서 사용된 공식에서 "Text1.Text & i & " 번 : " & 성적(i)"의 기능은 계속
해서 입력된 자료를 이어서 출력하는 방식이며, "Chr(13) & Chr(10)"은 줄바꾸기
를 위한 방식입니다. 사용자는 해당 공식을 잘 기억하였다가 유용하게 사용하시기
바랍니다.

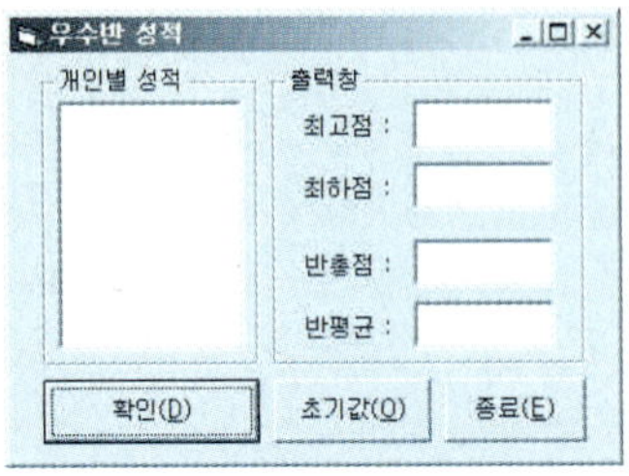

[그림7.10] 폼 디자인 초기화면

❶ 프로그램을 실행한 다음 개인별 10명의 자료를 InputBox를 통하여 받아들여 저장하고, 저장된 자료를 이용하여 최고점, 최하점, 반총점, 반평균 값을 구하라.

❷ 평균값은 소수점이하 반올림하고 소수점은 버린다.

❸ 텍스트 창에 10명의 입력된 자료를 그대로 출력한다.(각각의 자료가 이어서 출력되도록 하되, 줄 바꿈이 이루어지도록 한다.

```
Private Sub Command1_Click()
    '배열과 변수형 지정
    Dim 성적(10) As Integer
    Dim 최고점 As Integer
    Dim 최하점 As Integer
    Dim 총점 As Integer
    Dim 평균 As Integer
    '최고점과 최하점을 산출하기 위한 초기화
    최고점 = 0: 최하점 = 99
    '각각 성적을 배열에 저장
    For i = 1 To 10
    성적(i) = Val(InputBox(i & "번 점수 입력?", "점수 입력창"))
    Next i
    '배열에 저장된 자료를 이용 총점 산출
    For i = 1 To 10
        총점 = 총점 + 성적(i)
    Next i
```

↓다음 페이지에 계속

```vb
        '최고점 산출
    For i = 1 To 10
        If 최고점 < 성적(i) Then
            최고점 = 성적(i)
        End If
    Next i
        '최하점 산출
    For i = 1 To 10
        If 최하점 > 성적(i) Then

        최하점 = 성적(i)
        End If
    Next i
        '평균값 산출
    평균 = Val(총점 / 10 + 0.5)
        '배열에 저장된 개인성적 텍스트 창에 출력
    For i = 1 To 10
        Text1.Text = Text1.Text & i & " 번 : " & 성적(i) _
        & Chr(13) & Chr(10)
    Next i
        '산출된 결과 출력
    Text2.Text = 최고점: Text3.Text = 최하점
    Text4.Text = 총점: Text5.Text = 평균
End Sub

Private Sub Command2_Click()
    '모든 텍스트 창 초기화
    Text1.Text = "": Text2.Text = ""
    Text3.Text = "": Text4.Text = ""
    Text5.Text = ""
End Sub

Private Sub Command3_Click()
    End
End Sub
```

[그림7.11] InputBox를 통한 데이터 입력(10명 분)

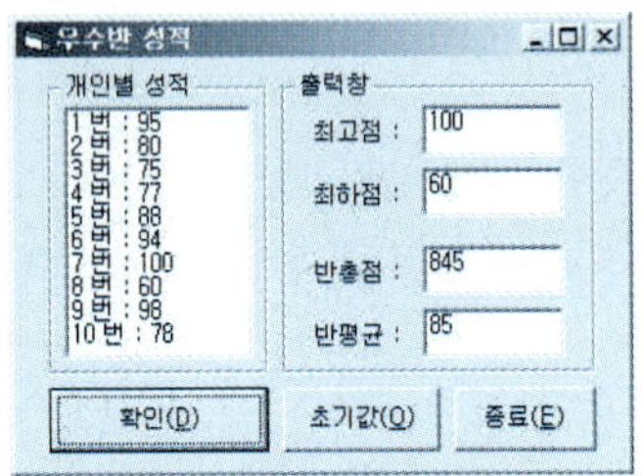

[그림7.12] 출력 결과 화면

[문제] 다음 조건에 만족하는 1차원 배열을 이용하여 프로그램을 완성하시오.

(저장 파일명 : 배열실습1.frm, 배열실습1.vbp)

처리 조건

❶ 프로그램에서 배열을 선언하고 각각 프로그램 내에서 배열 번지에 사용자가 입력하는 것을 원칙으로 한다.

❷ 프로그램을 실행하고 확인 버튼을 클릭하면 기억된 배열에 자료를 이용하여 최댓값과 최솟값을 각각 산출하여 바로 출력하도록 한다.

❸ 입력 값 예시
- 값(1) = 245
- 값(2) = 678
- 값(3) = 45
- 값(4) = 473
- 값(5) = 567

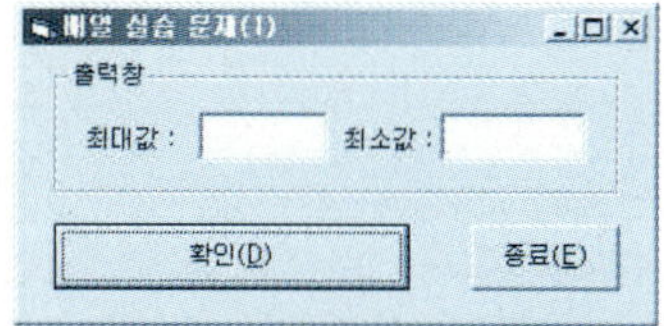

[그림7.13] 폼 디자인 초기화면

사용자는 앞에 실습에서 사용된 최댓값과 최솟값 구하는 공식을 토대로 하여 프로그램을 완성하고, 결과가 바로 출력되도록 프로그래밍하면 됩니다. 아래의 화면은 확인 버튼을 선택하였을 때 결과 화면을 표시하고 있습니다.

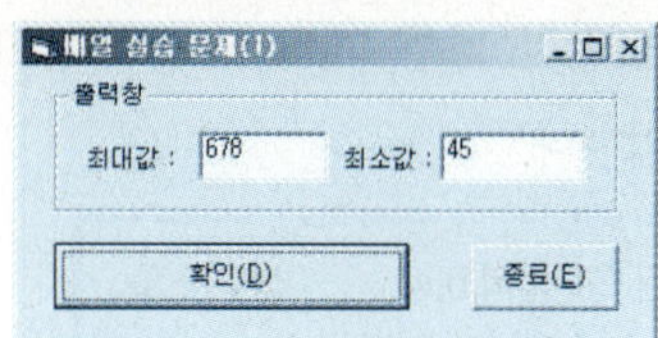

[그림7.14] 성적 처리 결과 화면

7.3 2차원 배열

2차원 배열은 1차원 배열과 마찬가지로 사용하는 용도는 똑같지만, 배열을 선언할 때 행과 열을 동시에 정의하여 1차원 배열보다 좀 더 향상된 기법을 사용자에게 제공합니다.

2차원 배열 선언 형식

```
Dim 배열명(첨자1, 첨자2) As 데이터형
Dim 배열명(시작 값 To 끝 값, 시작 값 To 끝 값) As 데이터형
```

- 배열명 : 배열을 사용하고자 할 때 사용될 이름
- 첨자1 : 배열에서 행의 크기를 정의
- 첨자2 : 배열에서 열의 크기를 정의
- 데이터형 : 배열에서 공통적으로 사용될 데이터 형
- 시작 값 : 배열의 시작 번지를 지정
- 끝 값 : 배열의 끝 번지를 지정

2차원 배열 선언 사용예

- 일반적인 배열(프로시저 내) 선언 예

```
Dim 성적(2, 5) As Integer ' 요소수는 18개입니다.
Dim 자료(3, 3) As Double ' 요소수는 16개입니다.
```

첫째 선언은 행의 인덱스 번호가 0에서 2까지의 3개 요소와 열의 인덱스 번호가 0에서 5까지의 6개 요소를 갖는 배열로 선언된 방의 개수는 3×6=18개의 방을 생성합니다. 두 번째 선언은 행의 인덱스 번호가 0에서 3까지의 4개 요소와 열의 인덱스 번호가 0에서 3까지의 4개 요소를 갖는 배열로 선언된 방의 개수는 4×4=16개의 방을 생성합니다. 인덱스 번호 하한 값의 기본값은 0입니다.

성적(0,0)	성적(0,1)	성적(0,2)	성적(0,3)	성적(0,4)	성적(0,5)
성적(1,0)	성적(1,1)	성적(1,2)	성적(1,3)	성적(1,4)	성적(1,5)
성적(2,0)	성적(2,1)	성적(2,2)	성적(2,3)	성적(2,4)	성적(2,5)

성적(2, 5)의 배열 요소(18개 방으로 구성)

자료(0,0)	자료(0,1)	자료(0,2)	자료(0,3)
자료(1,0)	자료(1,1)	자료(1,2)	자료(1,3)
자료(2,0)	자료(2,1)	자료(2,2)	자료(2,3)
자료(3,0)	자료(3,1)	자료(3,2)	자료(3,3)

자료(3, 3)의 배열 요소(16개 방으로 구성)

- Public 배열 선언 예

```
Public Counters(2, 14) As Integer
Public Sums(10, 20) As Double
```

- 인덱스 번호 하한 값은 To 키워드를 사용하여 명시적으로 지정

```
Dim  Counters(1  To  10,  1  To  5)  As  Integer
Dim  Sums(100  To  120,  10  To  20)  As  String
```

[실습] 다음 프로그램을 실습하면서 2차원 배열을 이용한 프로그램 기법을 이해하도록 하겠습니다.

(저장 파일명 : 2차원배열.frm, 2차원배열.vbp)

다음과 같은 자료를 이용하여 2차원 배열에 자료를 저장한 다음 해당 자료를 이용하여 조건을 만족하는 프로그램을 작성하도록 하겠습니다.

번호	국어	영어	수학	국사	총점	평균
1	80	60	90	60		
2	70	80	85	90		
3	65	75	85	90		
4	75	90	80	85		
5	90	70	80	95		

[표7.1] 입력 데이터 예시

색상이 있는 부분을 2차원 배열을 이용하여 선언한 다음 자료를 기억시킨 다음, 번호에 해당하는 총점과 평균값을 구하도록 하겠습니다.

다음과 같이 폼 디자이너 창에 디자인 한 뒤에 Command button을 더블클릭하여 코드 값을 입력합니다.

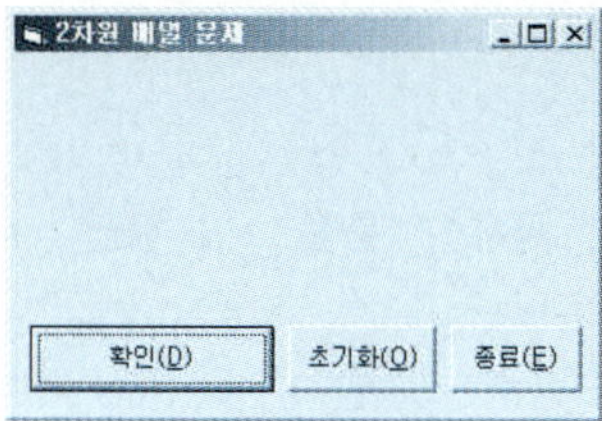

[그림7.15] 폼 디자인 초기화면

```vb
Private Sub Command1_Click()
    '성적 입력과 총점 평균을 기억하기 위한 2차원 배열 선언
    Dim 성적(5, 7) As Integer
    '각각의 성적을 배열요소에 입력
    성적(1, 1) = 1: 성적(1, 2) = 80: 성적(1, 3) = 60
    성적(1, 4) = 90: 성적(1, 5) = 60
    성적(2, 1) = 2: 성적(2, 2) = 70: 성적(2, 3) = 80
    성적(2, 4) = 85: 성적(2, 5) = 90
    성적(3, 1) = 3: 성적(3, 2) = 65: 성적(3, 3) = 75
    성적(3, 4) = 85: 성적(3, 5) = 90
    성적(4, 1) = 4: 성적(4, 2) = 75: 성적(4, 3) = 90
    성적(4, 4) = 80: 성적(4, 5) = 85
    성적(5, 1) = 5: 성적(5, 2) = 90: 성적(5, 3) = 70
    성적(5, 4) = 80: 성적(5, 5) = 95
    '순수한 성적만 가지고 총점을 구하는 식
    For i = 1 To 5
        For j = 2 To 5
            성적(i, 6) = 성적(i, 6) + 성적(i, j)
        Next j
    Next i
    '번호별 총점을 가지고 평균을 구하는 식
    For i = 1 To 5
        성적(i, 7) = 성적(i, 6) / 4
    Next i
    '인쇄 형식 지정
    Print
    Print Tab(15); "=== 성  적  표 ==="
    Print
    Print "번호    국어    영어    수학    국사    총점      평균"
    Print "----------------------------------------"
    '번호, 과목별 점수, 총점, 평균을 출력
    For i = 1 To 5
        For j = 1 To 7
```

```
            Print 성적(i, j); "           ";
        Next j
        Print
    Next i
    '인쇄 형식 지정
    Print "-----------------------------------"
End Sub


Private Sub Command2_Click()
    Cls
End Sub


Private Sub Command3_Click()
    End
End Sub
```

[그림7.16] 결과 출력 화면

본 프로그램에서는 2차원 배열을 이용하여 성적 프로그램을 작성하는 연습을 진행하였습니다. 복잡한 형식인 것 같지만, 코딩하여 실행하여 결과를 확인하고 나면 많은 이해와 도움이 될 것입니다.

현재 프로그램에서 가장 중요한 부분은 순수한 성적만 가지고 총점을 구하는 식에 대한 방식입니다. 열에서의 1번지는 번호가 대입되고, 6번지에는 총점, 7번지에는 평균이 기억되어야 하므로, 순수한 점수가 들어있는 2번지부터 5번지까지의 구성 요소를 참조하여 다중 For 문을 이용하여 총점을 구한 식의 샘플입니다.

```
For i = 1 To 5
    For j = 2 To 5
        성적(i, 6) = 성적(i, 6) + 성적(i, j)
    Next j
Next i
```

또한 총점을 구하는 식은 단일 For 문을 이용하여 번호별로 총점이 기억되어있는 행별 6번째 열의 구성요소에 주소를 참조하여 평균을 구한 다음 인위적으로 행별 7번지에 평균 자료를 기억시키는 방식입니다. 여기서는 배열 번지에 연산된 결과를 기억시키는 방식으로 출력을 위해서는 별도의 메서드 방식을 통하여 출력시킬 수 있습니다.

```
'번호별 총점을 가지고 평균을 구하는 식
For i = 1 To 5
    성적(i, 7) = 성적(i, 6) / 4
Next i
```

배열에 저장된 자료를 출력하기 위해서는 우선 행과 열의 전체(번호, 총점, 평균)가 기억되어 있는 배열 요소를 모두 지정하여 인쇄할 수 있습니다. 인쇄하는 방식은 2차원 배열을 사용하고 있으므로 다중 For 문을 이용하여 아래와 같이 쉽게 출력할 수 있습니다.

```
For i = 1 To 5 '5명에 해당되는 자료
    For j = 1 To 7 '번호, 총점, 평균까지 출력하기 위한 열
        Print 성적(i, j); "          ";
    Next j
    Print
Next i
```

다음의 문제를 읽고 답을 설명하시오.

❶ 배열의 인덱스 값을 지정할 때 상한 값의 범위는 얼마인지 설명하시오.

❷ 1차원 배열을 선언하는 방식의 종류 중에서 Public 배열 선언 방식의 예를 들어 표현하고, 용어를 설명하시오.

❸ 아래의 그림을 보고 배열로 표현하시오.

이름(1)	이름(2)	이름(3)	이름(4)	이름(5)

❹ 배열의 선언 방식에서 동적 배열이란 무엇을 말하며, 배열 선언 방식에 대한 예를 들어 표현하시오.

❺ 100명의 자료를 입력받아 최댓값을 구하는 식을 표현하시오.

❻ 텍스트 창에서 여러 라인을 입력할 때 계속 이어서 입력받으면서 줄 바꿈의 기능을 가지고 있는 특수 문자는 무엇인지 설명하시오.

다음 2차원 배열을 이용하여 프로그램을 완성하시오.

(저장 파일명 : 구구단배열.frm, 구구단배열.vbp)

다음과 같이 폼 디자이너 창에 입출력 디자인을 한 후에, 컨트롤 별 속성 값을 변경하고 조건에 맞는 프로그램을 완성하시오.

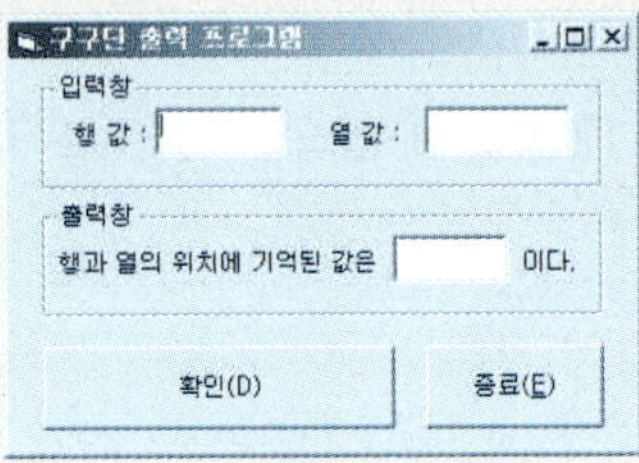

[그림7.17] 입출력 디자인화면

처리 조건

❶ 프로그램을 실행하고 입력창에 행값과 열값을 입력하고 확인 버튼을 선택하면 배열 요소에 저장된 구구단 값을 출력 창에 결과를 출력하도록 한다.

❷ 프로그램 상에서 2차원 배열을 선언하고 선언된 배열에 구구단 값을 기억시켜 놓은 상태에서 지정된 행과 열의 위치에 있는 결과 값을 출력하도록 한다.

❸ 2차원 배열 선언 방식은 아래와 같은 방식으로 선언한다.

```
Dim 구구단(2 To 9, 1 To 9) As Integer
```

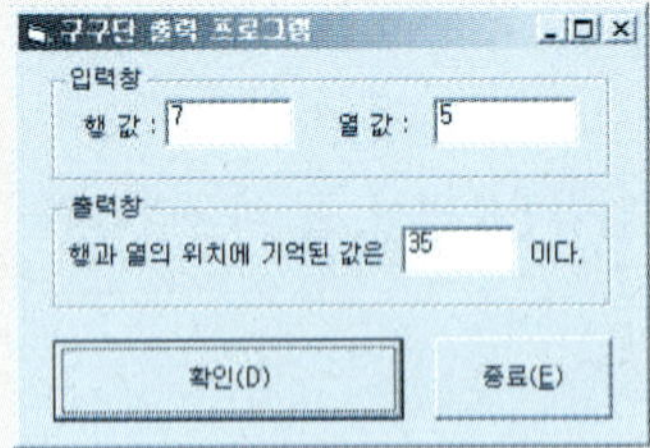

[그림7.18] 구구단(7,5)값을 출력한 화면

다음 2차원 배열을 이용하여 프로그램을 완성하시오.

(저장 파일명 : 구구단배열출력.frm, 구구단배열출력.vbp)

다음과 같이 폼 디자이너 창에 입출력 디자인을 한 후에, 컨트롤 별 속성 값을 변경하고 조건에 맞는 프로그램을 완성하시오. 사용자는 실행화면의 결과를 확인하고, 폼의 크기를 적절하게 조절하도록 한다.

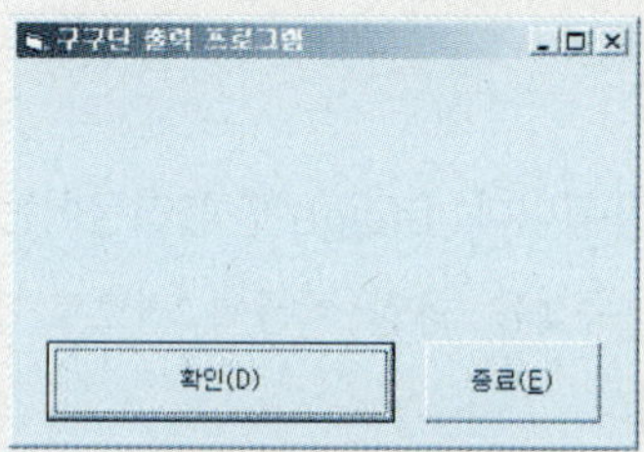

[그림7.19] 입출력 디자인화면

처리 조건

❶ 프로그램 상에서 2차원 배열을 선언하고 선언된 배열에 구구단 값을 기억시켜 놓은 상태에서 프로그램을 실행해야 한다.

❷ 2차원 배열 선언 방식은 아래와 같은 방식으로 선언한다.

```
Dim 구구단(2 To 9, 1 To 9) As Integer
```

❸ 프로그램 실행 후 확인버튼을 선택하면 다음과 같은 모양으로 정확하게 출력될 수 있도록 프로그래밍 한다.

❹ 배열에 선언된 값을 출력할 때 가지런히 출력하는 기법을 이해하기 위한 문제로 Tab(숫자)를 이용하여 쉽게 작성할 수 있다.

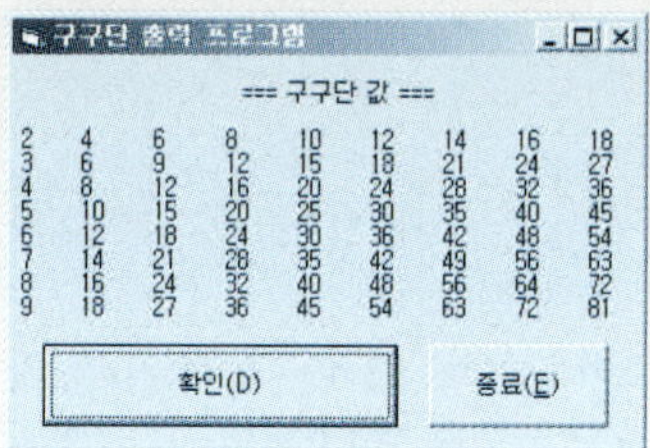

[그림7.20] 실행 결과 화면

Chapter 8 컨트롤

8.1 이미지(Image)

Image 컨트롤은 그림을 화면에 표시하는 데만 사용됩니다. Image를 불러들이는 방법은 두 가지가 있으며, 디자인 모드에서는 Picture 속성을 파일 이름과 경로로 설정하고 실행 모드에서는 LoadPicture 함수를 사용합니다.

그래픽을 표시할 때 Image 컨트롤은 비트맵, 아이콘 또는 메타파일과 향상된 메타파일, JPEG, GIF 파일 등을 표시할 수 있습니다.

종 류	의 미
BMP	비트맵 파일로 압축이 되지 않은 이미지
ICO	아이콘 파일로 마우스나 커서를 나타내는 이미지
WMF	메타 파일로 마이크로소프트사에서 많이 사용하는 이미지
JPG	JPEG 파일로 압축 기법을 이용하여 압축이 이루어진 이미지
GIF	GIF 파일로 압축 기법을 이용하여 압축이 이루어진 이미지 (JPG 파일이 나오기 전에 많이 사용한 형태)

[표8.1] 그림 파일의 종류와 의미

Image 컨트롤 형식

```
컨트롤명.Picture = LoadPicture("폴더명₩이미지명")
```

- 컨트롤명 : 이미지가 들어갈 이미지 컨트롤 이름
- Picture : 이미지를 불러들이기 위한 속성
- LoadPicture : 프로그램 내에서 이미지 삽입 방식
- 폴더명₩이미지명 : 불러들일 이미지가 존재하는 폴더의 경로명과 이미지 파일명

Image 컨트롤의 Stretch 속성을 기본 값인 False로 설정하면 그림의 크기에 따라 Image 컨트롤의 크기가 조정됩니다. Stretch 속성을 True로 설정하면 Image 컨트롤의 크기에 맞게 그림의 크기가 조정됩니다.

속성에서 직접 이미지 불러오기

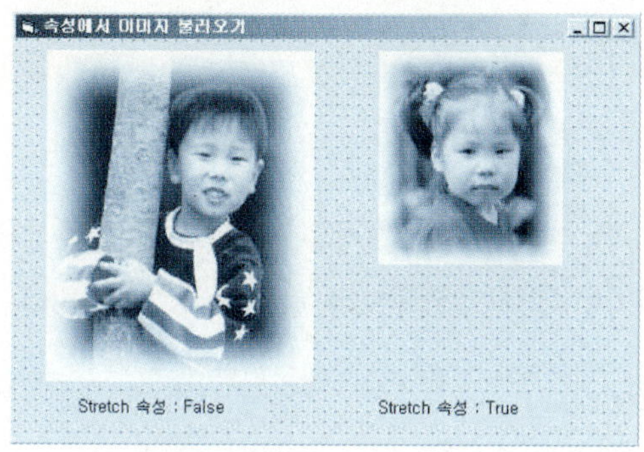

[그림8.1] Image 속성에서 직접 이미지 입력 화면

[그림8.1]에서 Image 컨트롤 2개를 똑같이 디자인 창에 디자인한 다음, Stretch 속성을 False와 True를 주고 이미지를 받아들였을 때의 예를 보여주고 있습니다. False 값으로 설정하면 Image 컨트롤의 크기에 관계없이 원본 이미지 크기로 바로 화면에 출력되며, True 값으로 설정하면 Image 컨트롤의 크기에 맞추어 이미지가 화면에 출력됩니다.

[실습] 다음 프로그램을 실습하면서 Image 컨트롤을 이용한 프로그램 기법을 이해하도록 하겠습니다.
(저장 파일명 : 이미지.frm, 이미지.vbp)
다음과 같이 폼 디자이너 창에 디자인 한 뒤에 Command button을 더블클릭하여 코드 값을 입력합니다.

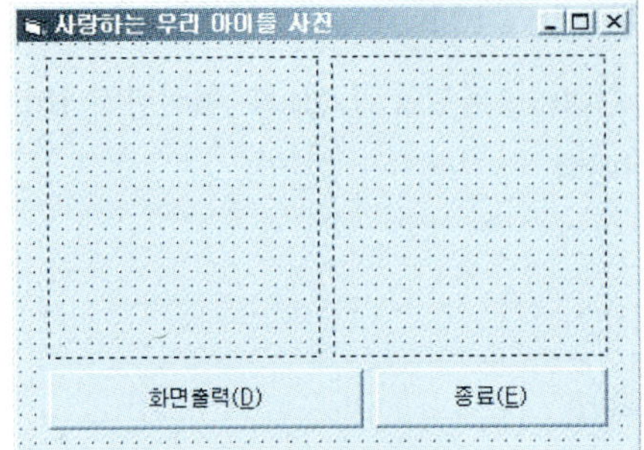

[그림8.2] 폼 디자인 초기화면

이번 프로그램은 Image 컨트롤을 폼 디자인 창에 2개를 똑같이 디자인한 다음, 화면출력 버튼을 클릭하면 사진이 디자인 창에 출력되도록 하는 프로그램입니다.

```vb
Private Sub Command1_Click()
    '이미지 Stretch 속성을 True로 설정
    Image1.Stretch = True
    Image2.Stretch = True
    '이미지 컨트롤에 이미지 삽입
    Image1.Picture = LoadPicture("C:\그림파일\태형.jpg")
    Image2.Picture = LoadPicture("C:\그림파일\민진.jpg")
End Sub


Private Sub Command2_Click()
    End
End Sub
```

Image 컨트롤에서 우선 Stretch 속성을 모두 True로 설정하여 이미지가 화면에 출력될 때 Image 컨트롤의 크기에 맞추어 출력이 되도록 처리하였으며, LoadPicture("C:\그림파일\태형.jpg")를 이용하여 이미지 파일을 불러들인 예입니다.

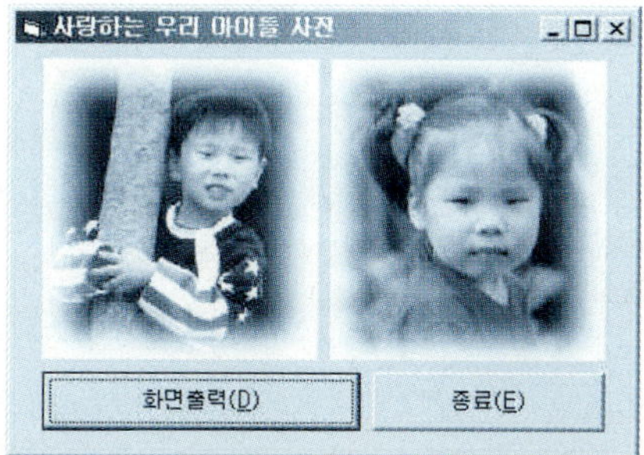

[그림8.3] 출력 결과 화면

8.2 픽처 박스(PictureBox)

PictureBox 컨트롤은 그래픽을 표시하거나 다른 컨트롤에 대해 컨테이너 역할을 하는데 사용됩니다. 그리고 그래픽 메서드로 출력을 표시하거나 Print 메서드를 사용하여 텍스트를 표시하는데 사용됩니다. PictureBox 컨트롤은 응용프로그램에서 그래픽을 표시할 수 있다는 점에서 Image 컨트롤과 비슷합니다. 각 그림 상자는 같은 형식의 그래픽을 지원합니다.

PictureBox 컨트롤은 Image 컨트롤과 마찬가지로 비트맵, 아이콘, 메타 파일, 확장 메타 파일, JPEG 또는 GIF 파일 형식으로 그림 파일을 표시할 수 있습니다.

PictureBox 컨트롤 형식

〈컨트롤명〉.Picture = LoadPicture("폴더명₩이미지명")

- 컨트롤명 : 이미지가 들어갈 이미지 컨트롤 이름
- Picture : 이미지를 불러들이기 위한 속성
- LoadPicture : 프로그램 내에서 이미지 삽입 방식
- 폴더명₩이미지명 : 불러들일 이미지가 존재하는 폴더의 경로명과 이미지 파일명

속성에서 직접 이미지 불러오기

[그림8.4] PictureBox 속성에서 직접 이미지 입력 화면

[그림8.4]에서 PictureBox 컨트롤 2개를 똑같이 디자인 창에 디자인한 다음, Auto Size 속성을 False와 True를 주고 이미지를 받아들였을 때의 예를 보여주고 있습니다. False 값으로 설정하면 PictureBox 컨트롤의 크기에 맞추어 이미지의 일부분이 출력되고, True 값으로 설정하면 PictureBox 컨트롤의 크기에 관계없이 이미지 원본 크기로 맞추어 이미지가 화면에 출력됩니다.

[실습1] 다음 프로그램을 실습하면서 PictureBox 컨트롤을 이용한 프로그램 기법을 이해하도록 하겠습니다.

(저장 파일명 : 픽처1.frm, 픽처1.vbp)

다음과 같이 폼 디자이너 창에 디자인한 뒤에 Command button을 더블클릭하여 코드값을 입력합니다.

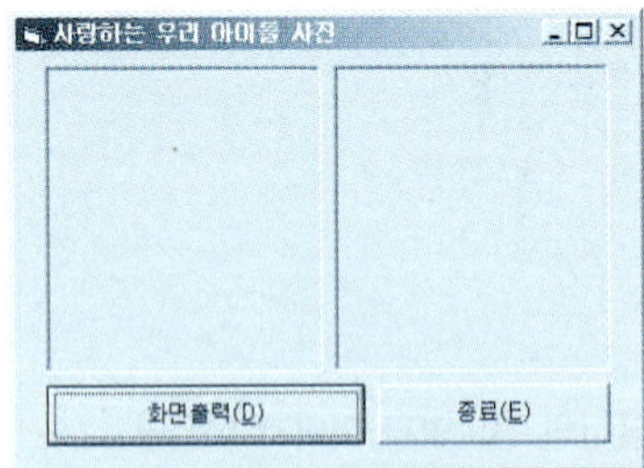

[그림8.5] 폼 디자인 초기화면

이번 프로그램은 PictureBox 컨트롤을 폼 디자인 창에 2개를 똑같이 디자인 한 다음, 화면출력 버튼을 클릭하면 사진이 디자인 창에 출력되도록 하는 프로그램입니다.

```
Private Sub Command1_Click()
    '픽처박스 AutoSize 속성을 False로 설정
    Picture1.AutoSize = False
    Picture2.AutoSize = False
    '픽처박스 컨트롤에 이미지 삽입
    Picture1.Picture = LoadPicture("C:₩그림파일₩태형.jpg")
    Picture2.Picture = LoadPicture("C:₩그림파일₩민진.jpg")
End Sub


Private Sub Command2_Click()
    End
End Sub
```

PictureBox 컨트롤에서 우선 AutoSize 속성을 모두 True로 설정하여 이미지가 화면에 출력될 때 AutoSize 컨트롤의 크기에 맞추어 이미지의 일부분이 출력이 되도록 처리 하였습니다.

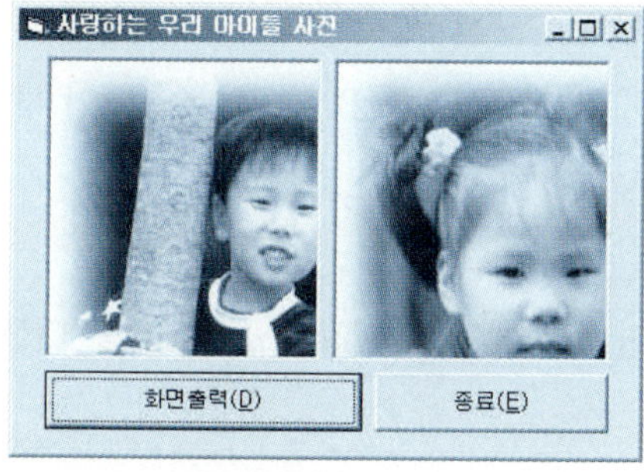

[그림8.6] 출력 결과 화면

PictureBox 컨트롤에 그림 그리기

PictureBox 컨트롤에 그림을 그릴 수 있도록 다음과 같은 메서드를 사용자에게 제공합니다.

메서드	의 미
Cls	PictureBox 안에 그려진 그림을 지움
PaintPicture	PictureBox 안에 그려진 그림을 복사
Point	PictureBox 안에 있는 점을 RGB 색상값으로 읽어 들인다.
Circle	PictureBox 안에 원이나, 타원, 아크를 출력
Line	PictureBox 안에 라인이나 직사각형, 속이 찬 직사각형을 출력
PSet	PictureBox 안에 점을 출력

[표8.2] PictureBox 안에서 지원되는 메서드와 의미

- **PictureBox 안에서 그림을 그리는 형식**

> 〈컨트롤명〉.Circle(x, y),반지름 [색, 시작, 끝, 옵션)]
>
> 〈컨트롤명〉.Line(x1, y1)-(x2, y2), [선색], [B], [F]
>
> 〈컨트롤명〉.PSet(x, y), [색]

- x, y : 중심 좌표를 의미
- (x1, y1)-(x2, y2) : 시작 좌표와 끝 좌표를 의미
- B : (x1, y1)-(x2, y2)에 해당하는 직사각형을 의미
- BF : (x1, y1)-(x2, y2)에 해당하는 속이 채워진 직사각형을 의미

[실습2] 다음 프로그램을 실습하면서 PictureBox 컨트롤 안에 그림을 그리는 프로그램 기법을 이해하도록 하겠습니다.

(저장 파일명 : 픽처2.frm, 픽처2.vbp)

다음과 같이 폼 디자이너 창에 디자인한 뒤에 Command button을 더블클릭하여 코드 값을 입력합니다.

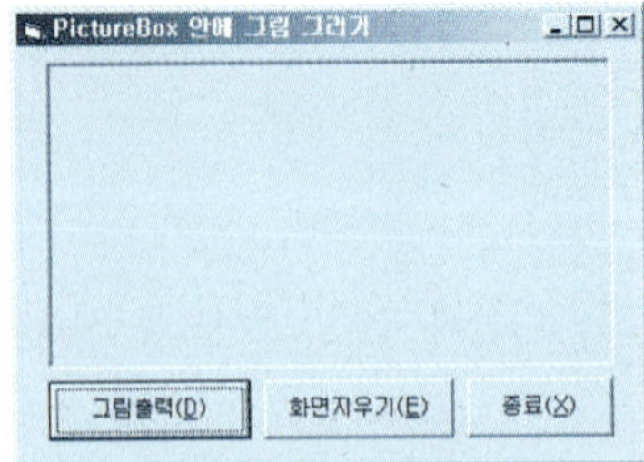

[그림8.7] 폼 디자인 초기화면

이번 프로그램은 PictureBox 컨트롤 안에 원과 라인, 직사각형을 출력하는 프로그램입니다.

```vb
Private Sub Command1_Click()
    '픽처박스 안에 지정된 원을 그린다.
    Picture1.Circle (1200, 1200), 900
    '픽처박스 안에 지정된 라인을 그리다.
    Picture1.Line (2500, 600)-(4000, 600)
    '픽처박스 안에 지정된 직사각형을 그린다.
    Picture1.Line (2500, 1000)-(4000, 2000), , B
End Sub


Private Sub Command2_Click()
    '픽처 박스에 그려진 그림을 지운다.
    Picture1.Cls
End Sub


Private Sub Command3_Click()
    End
End Sub
```

PictureBox 컨트롤 안에서 사용되는 그래픽 관련 메서드는 비주얼 베이직 활용 편에서 자세히 설명하도록 하겠습니다.

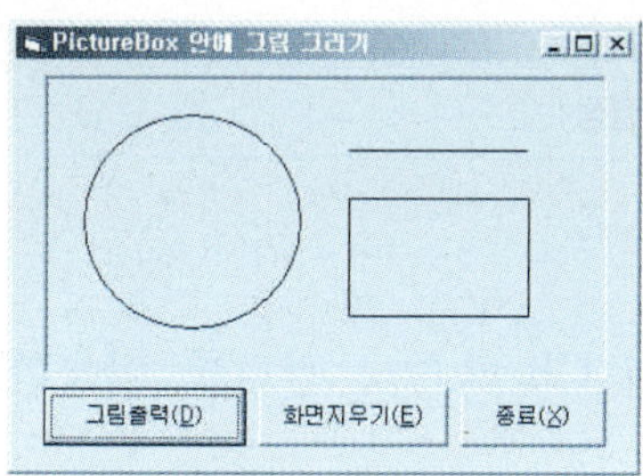

[그림8.8] 출력 결과 화면

프로그램을 실행하고 그림출력 버튼을 선택하면 [그림8.8]과 같이 출력되며, 화면지우기 버튼을 선택하면 [그림8.9]과 같이 PictureBox 안에 그려진 그림들이 깨끗이 지워지는 것을 확인할 수 있습니다.

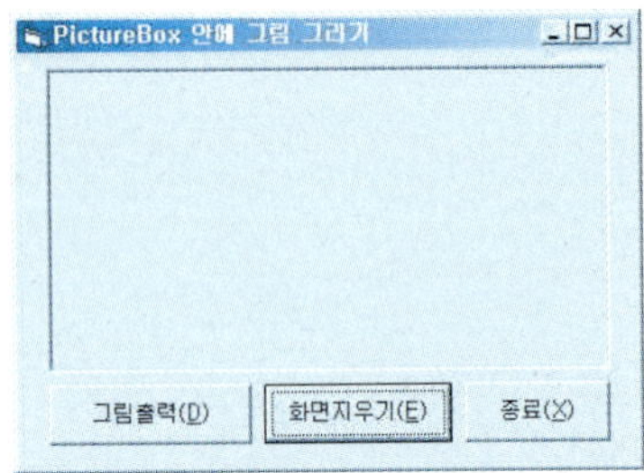

[그림8.9] 화면지우기 버튼 선택 화면

8.3 체크 박스(CheckBox)

CheckBox 컨트롤은 사용자의 입력을 제한하기 위하여 프로그래머가 미리 메뉴를 만들어 놓았다가 필요한 경우 한개 이상 메뉴를 선택할 수 있도록 하는 기능을 제공합니다.

속 성	의 미
Alignment	체크 란이 표시될 위치를 결정
Caption	체크 박스에 표시할 문자열을 의미
Enabled	체크 박스의 사용 여부를 결정
Style	체크 박스의 모양을 결정([그래픽]이면 그림을 포함한 체크 박스를 생성할 수 있다.
Value	체크 박스의 선택 여부를 결정
Visible	체크 박스의 화면 표시 여부를 결정

[표8.3] CheckBox의 속성과 의미

[실습1] 다음 프로그램을 실습하면서 CheckBox 컨트롤 이용한 프로그램 기법을 이해하도록 하겠습니다.

(저장 파일명 : 체크1.frm, 체크1.vbp)

다음과 같이 폼 디자이너 창에 디자인 한 뒤에 Command button을 더블클릭하여 코드값을 입력합니다.

[그림8.10] 폼 디자인 초기화면

```
Private Sub Command1_Click()
    '변수 데이터형 지정
    Dim 과목1 As String: Dim 과목2 As String
    Dim 과목3 As String: Dim 과목4 As String
    '체크 여부를 결정하여 반환
    If Check1.Value = 1 Then 과목1 = "비주얼 베이직"
    If Check2.Value = 1 Then 과목2 = "비주얼 C++"
    If Check3.Value = 1 Then 과목3 = "델파이"
    If Check4.Value = 1 Then 과목4 = "자바"
    '체크된 과목을 출력
    Text1.Text = "선택한 과목은 " & 과목1 & " " & _
        과목2 & " " & 과목3 & " " & 과목4 & " " & "입니다."
End Sub


Private Sub Command2_Click()
    End
End Sub
```

CheckBox에서 사용자가 프로그램을 제작하고자할 때 주의할 사항은 각각 메뉴에 대한 변수를 선언할 때에는 서로 다른 변수로 기억시켰다가 출력하고자할 때 이용하면 됩니다. 이유는 선택할 때 한개 이상 여러 개의 선택여부를 정확하게 나타내기 위한 방법이기 때문이지요.

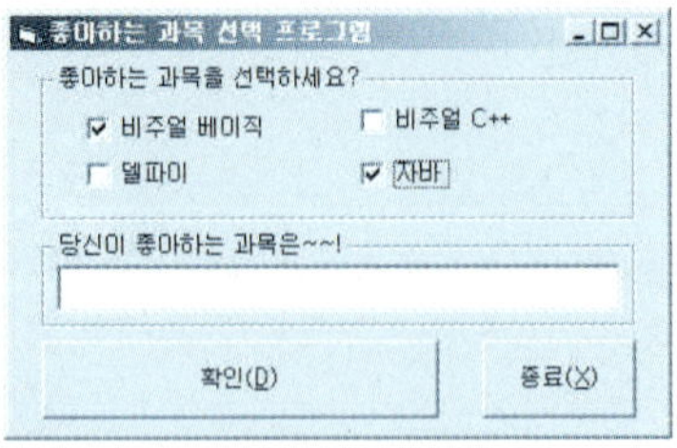

[그림8.11] 좋아하는 과목을 선택한 화면

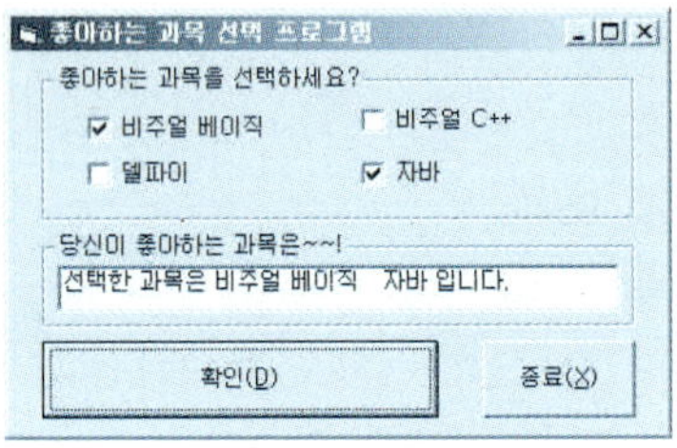

[그림8.12] 출력 결과 화면

8.4 옵션 버튼(OptionButton)

OptionButton 컨트롤은 CheckBox와 유사한 컨트롤로 여러 개의 메뉴 중에서 사용자가 하나만 선택할 수 있는 옵션을 표시합니다.

속 성	의 미
Alignment	옵션 버튼의 표시될 위치를 결정
Caption	옵션 버튼에 표시할 문자열을 의미
Enabled	옵션 버튼의 사용 여부를 결정
Value	옵션 버튼의 선택 여부를 결정
Visible	옵션 버튼의 화면 표시 여부를 결정

[표8.4] OptionButton의 속성과 의미

[실습1] 다음 프로그램을 실습하면서 OptionButton 컨트롤 이용한 프로그램 기법을 이해하도록 하겠습니다.

(저장 파일명 : 옵션1.frm, 옵션1.vbp)

다음과 같이 폼 디자이너 창에 디자인한 뒤에 Command button을 더블클릭하여 코드값을 입력합니다.

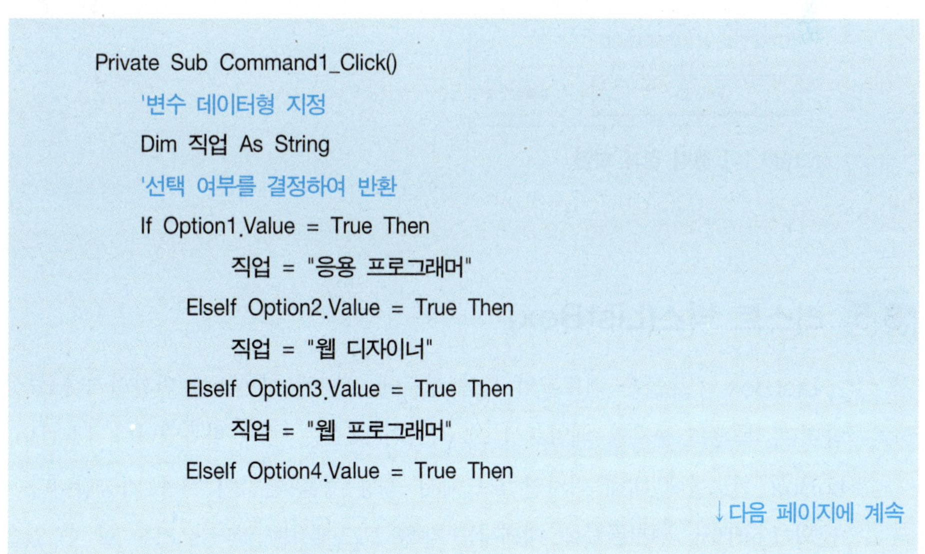

[그림8.13] 폼 디자인 초기화면

OptionButton에서 사용자가 프로그램을 제작하고자할 때 주의할 사항은 각각 메뉴에서 반환되는 값을 기억하기 위한 변수는 적어도 그룹으로 묶여진 단위에서 하나로 통일해야 OptionButton을 원하는 대로 사용할 수 있습니다. 만약, 변수 이름을 틀리게 지정하였을 경우에는 사용자가 여러 개를 선택할 수 있기 때문이지요. OptionButton 버튼의 사용 용도는 묶음에서 한 개만 선택하고자할 때 사용하는 컨트롤이기 때문입니다.

```
Private Sub Command1_Click()
        '변수 데이터형 지정
        Dim 직업 As String
        '선택 여부를 결정하여 반환
        If Option1.Value = True Then
                직업 = "응용 프로그래머"
        ElseIf Option2.Value = True Then
                직업 = "웹 디자이너"
        ElseIf Option3.Value = True Then
                직업 = "웹 프로그래머"
        ElseIf Option4.Value = True Then
```

↓다음 페이지에 계속

```
                직업 = "컴퓨터 A/S"
        Else
        GoTo  kim
        End  If
        '선택된 과목을 출력
        Text1.Text = "당신에 직업은 " & 직업 & "입니다."
kim:
End  Sub


Private  Sub  Command2_Click()
        End
End  Sub
```

위의 프로그램에서 GoTo kim을 사용한 가장 큰 이유는 프로그램을 처음 실행한
다음 OptionButton 버튼이 선택되지 않은 상태에서 확인 버튼을 선택하면 실행 값
이 나오지 않도록 하기 위한 방법입니다. 아무것도 아닌 프로그램 같지만, 이렇게 간
단한 오류도 항상 체크하여 보완할 수 있는 능력을 갖추도록 하는 것이 좋습니다.

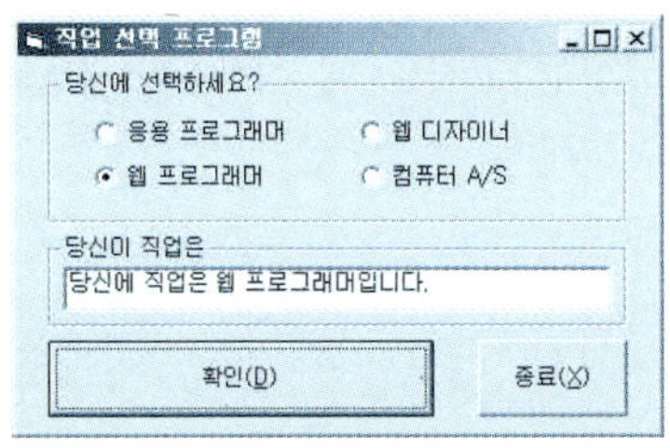

[그림8.14] 출력 결과 화면

8.5 리스트 박스(ListBox)

ListBox 컨트롤은 컨트롤의 목록 부분에 포함된 항목들을 반환하거나 설정할 수 있
습니다. 목록은 문자열 배열로서 그 각각의 요소는 목록 항목입니다. ListBox와 Com
boBox 컨트롤에 대해 디자인 모드에서 속성 창을 통하여 사용 가능합니다. ComboB
ox와 ListBox 컨트롤들에 대해서는 실행 모드에서는 읽기/쓰기를 할 수 있습니다.

특히, ComboBox는 콤보 텍스트에서 문자열을 추가로 입력할 수 있는 기능이 있는 반면 ListBox는 새로운 문자열을 선택할 수 없으므로 추가할 수 없습니다.

ListBox 선택 값 확인하기

ListBox에 위치 확인

```
〈컨트롤명〉.ListIndex
```

- 〈컨트롤명〉 : ListBox의 개체 컨트롤 이름
- ListIndex : 리스트 값이 들어있는 항목의 위치

ListBox 컨트롤에서 ListIndex 속성은 항목의 위치를 찾기 위해서 사용되는 기능으로 상단 항목을 값이 0의 값으로 가지고 있으며, 아래로 내려오면서 카운트 되고 있습니다.

특정 위치 리스트 항목 확인

```
〈컨트롤명〉.List(〈컨트롤명〉.ListIndex)
```

- 〈컨트롤명〉 : ListBox의 개체 컨트롤 이름
- List : 리스트 항목에 선택된 값을 반환

사용자가 프로그램을 실행한 다음, 마우스를 이용하여 리스트의 특정한 항목을 선택하면 지정된 컨트롤을 통하여 선택한 항목을 출력할 수 있습니다.

리스트의 전체 항목 개수 확인

```
〈컨트롤명〉.ListCount
```

- 〈컨트롤명〉 : ListBox의 개체 컨트롤 이름
- ListCount : 리스트 항목에 들어있는 자료의 개수를 반환

[실습1] 다음 프로그램을 실습하면서 ListBox 컨트롤 이용한 프로그램 기법을 이해하도록 하겠습니다.

(저장 파일명 : 리스트1.frm, 리스트1.vbp)

다음과 같이 폼 디자이너 창에 디자인한 뒤에 각각 Command button을 더블클릭하여 코드 값을 입력합니다.

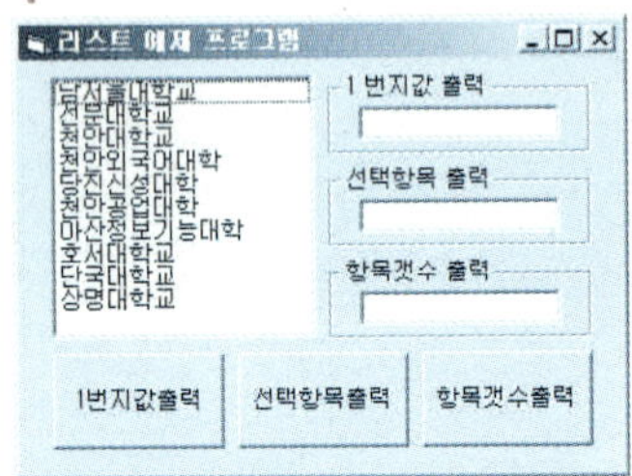

[그림8.15] **폼 디자인 초기화면**

폼 디자인을 [그림]과 같이 진행하고 List1 컨트롤을 선택하여 List 속성에 목록을 차례대로 입력하기 바랍니다. 본 프로그램에서는 ListBox에서 사용하는 여러 가지 기능을 이용하여 사용자가 프로그램 만들고자 할 때 활용이 가능한 방식을 제시하고 있습니다.

처리 조건

① 1번 지갑 출력 : 리스트에 1번지에 있는 항목 값을 출력
② 선택 항목 출력 : 리스트에 선택된 항목 값을 출력
③ 항목 개수 출력 : 리스트에 전체 항목 개수를 출력

```
Private Sub Command1_Click()
    Dim 번지값 As String
    '특정한 항목 값을 반환
    번지값 = List1.List(1)
    '반환 값 출력
    Text1.Text = 번지값
End Sub
Private Sub Command1_Click()
```

↓ 다음 페이지에서 계속

```vb
        Dim 번지값 As String
        '특정한 항목 값을 반환
        번지값 = List1.List(1)
        '반환 값 출력
        Text1.Text = 번지값
    End Sub


Private Sub Command2_Click()
        Dim 선택번지 As String
        '선택된 번지의 항목 값을 반환
        선택번지 = List1.List(List1.ListIndex)
        '반환 값 출력
        Text2.Text = 선택번지
    End Sub


Private Sub Command3_Click()
        Dim 항목개수 As String
        '항목의 개수를 반환
        항목개수 = List1.ListCount
        '반환 값 출력
        Text3.Text = 항목개수
    End Sub
```

　프로그램을 실행한 다음, 1번지값출력 버튼을 선택하면 텍스트 창에 리스트 항목 1
번지에 기억된 선문대학교가 바로 출력되며, 선택항목출력 버튼은 우선 사용자가 선택
항목을 클릭해서 선택한 다음 버튼을 선택해야 합니다. 본 프로그램에서는 1번지 항
목 값을 출력한 다음, 아산정보기능대학 항목을 선택한 결과를 보여주고 있습니다.

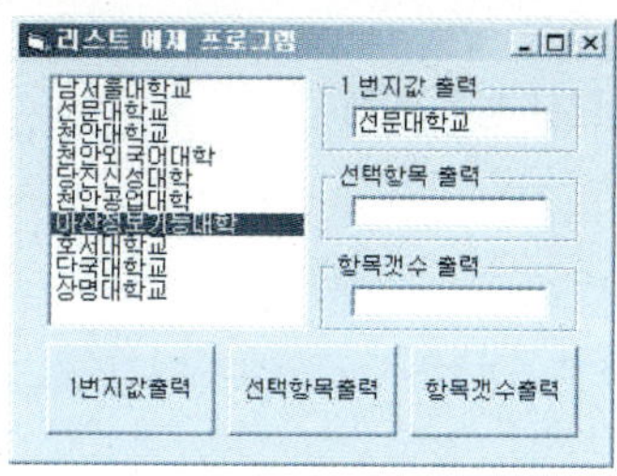

[그림8.16] 출력 결과 화면(1)

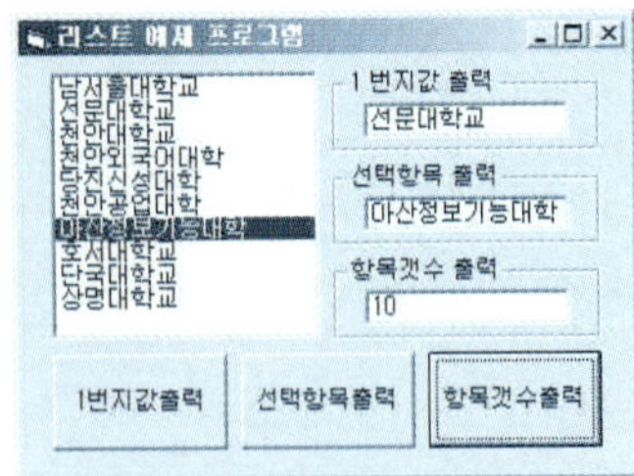

[그림8.17] 출력 결과 화면(2)

항목갯수출력 버튼은 현재 리스트 항목으로 저장되어 있는 자료의 모든 개수를 알아보는 속성으로 10개가 출력됩니다. 사용자는 선택항목출력을 자유롭게 진행하기위해 리스트 창에 있는 항목을 자유롭게 선택하고 실해하기 바랍니다. 그러면 선택된 항목이 계속 바뀌면서 화면에 출력됨을 알 수 있지요.

ListBox 컨트롤 메서드

ListBox에 항목 추가

〈컨트롤명〉.AddItem 〈추가할항목값〉, 〈인텍스번호〉

- AddItem : ListBox에 항목을 추가하기 위한 메서드
- 〈추가할 항목값〉 : ListBox에 추가할 항목 값
- 〈인덱스번호〉 : ListBox에 추가될 항목의 위치를 결정

ListBox에 항목 삭제

〈컨트롤명〉.RemoveItem(인덱스번호)
〈컨트롤명〉.RemoveItem(〈컨트롤명〉.ListIndex)

- RemoveItem(인덱스번호) : 인덱스 번호에 해당하는 항목 삭제
- RemoveItem(〈컨트롤명〉.ListIndex) : 리스트에서 선택된 항목 삭제

리스트의 전체 항목 삭제

〈컨트롤명〉.Clear

- 〈컨트롤명〉: ListBox의 개체 컨트롤 이름
- Clear : 리스트 항목에 들어있는 자료를 모두 삭제

[실습2] 다음 프로그램을 실습하면서 ListBox 컨트롤 이용한 프로그램 기법을 계속하여 이해하도록 하겠습니다.

(저장 파일명 : 리스트2.frm, 리스트2.vbp)

다음과 같이 폼 디자이너 창에 디자인한 뒤에 Command button을 더블클릭하여 코드 값을 입력합니다.

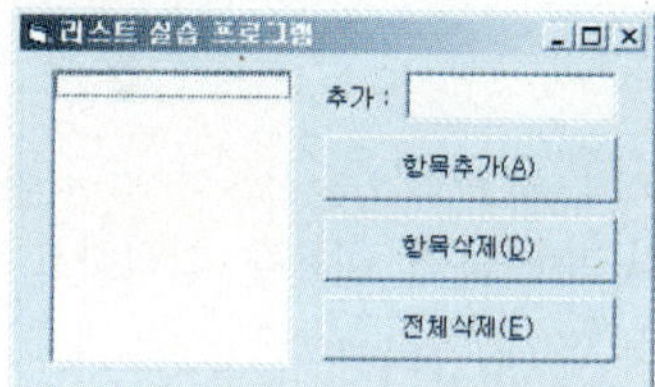

[그림8.18] 폼 디자인 초기화면

처리 조건

❶ 항목추가 : 텍스트 창에 입력된 자료를 리스트에 항목 추가
❷ 항목삭제 : 0번지 항목에 값을 삭제
❸ 전체삭제 : 리스트에 전체 항목을 삭제

```
Private Sub Command1_Click()
        '텍스트 창에 입력 내용을 항목에 추가
        List1.AddItem Text1.Text
        '항목 추가 후에 텍스트창을 지우고 커서 위치
        Text1.Text = ""
        Text1.SetFocus
End Sub

Private Sub Command2_Click()
        '지우고자 하는 항목이 없을 때 처리
        If List1.ListCount = 0 Then
            MsgBox "지울수 있는 항목이 없습니다~~~!"
```

↓다음 페이지에 계속

```
            '프로시져 종료
            Exit Sub
        End If
        '첫번째 항목을 삭제
        List1.RemoveItem (0)
    End Sub


    Private Sub Command3_Click()
        '리스트 항목을 모두 삭제
        List1.Clear
    End Sub
```

프로그램을 실행하고 추가 텍스트 창에 추가하고자 하는 내용을 입력하고 항목추가 버튼을 선택하면 리스트 창에 추가되는 것을 알 수 있습니다.

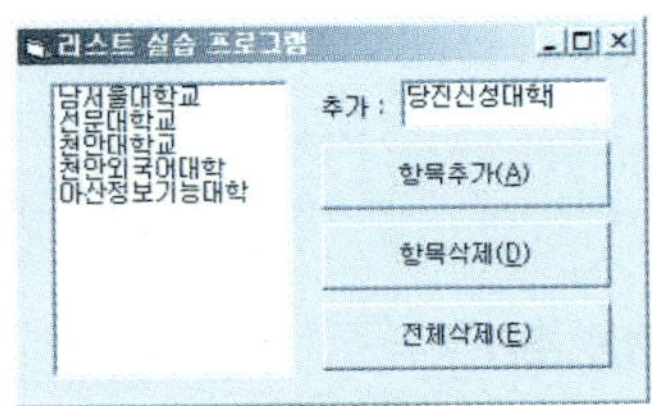

[그림8.19] 항목추가를 계속 진행한 화면

리스트에 추가된 항목을 삭제하는 방법은 크게 두 가지가 있으며, 본 프로그램에서는 리스트 항목의 0번지에 있는 항목을 삭제하는 방법으로 항목삭제 버튼을 선택하면 상단에 있는 항목이 하나씩 삭제됩니다.

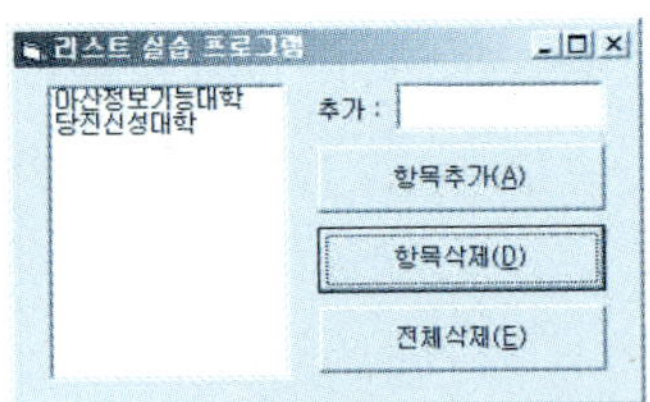

[그림8.20] 항목삭제를 4번 선택한 결과 화면

또한, 사용자가 하나씩 리스트 항목을 매번 지우는 단점을 보완하기 위해 한번에 모두를 지워주는 전체삭제 버튼을 추가했습니다. 전체삭제 버튼을 선택하면 리스트 항목에 있는 전체 자료가 지워짐을 알 수 있지요.

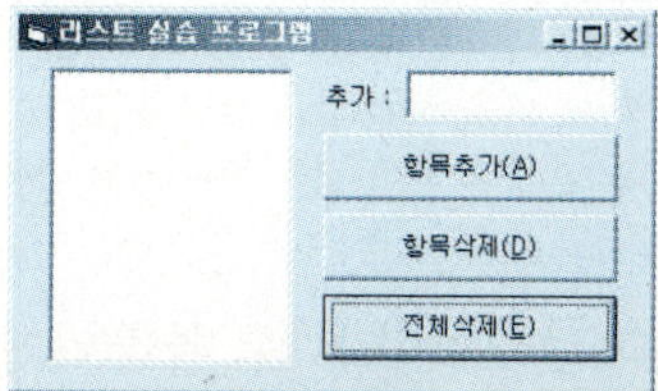

[그림8.21] 전체삭제를 선택한 결과 화면

특히, 본 프로그램에서는 지우고자 하는 항목이 없을 경우 항목삭제 버튼을 선택하면 에러를 발생하게 되어있습니다. 이런 에러를 미리 해결하기 위하여 처리한 IF문의 조건에서 메시지 창을 통하여 사용자에게 알려주며 프로시저를 종료하는 방법을 잘 살펴보고 활용하기 바랍니다.

8.6 콤보 박스(ComboBox)

ComboBox 컨트롤은 입력란과 목록 상자의 기능을 결합한 것입니다. 이 컨트롤을 사용하면 콤보 상자에 텍스트를 입력하거나 목록에서 항목을 선택할 수 있습니다. 일반적으로 콤보 상자는 추천된 선택 사항의 목록이 있을 때 적절하고 목록 상자는 목록의 입력을 제한할 때 적절합니다. 콤보 상자에는 편집란이 있어서 목록에 없는 선택 사항을 이 란에 입력할 수 있습니다.

그밖에 콤보 상자는 폼의 공간을 절약합니다. 아래 화살표를 눌러야 전체 목록이 표시되므로(항상 드롭다운 목록으로 표시되는 유형은 제외), 콤보 상자는 목록 상자는 적합하지 않은 적은 공간에 적합합니다.

ComboBox의 스타일 속성

드롭다운 콤보 상자

기본 설정으로 콤보 상자는 드롭다운 콤보 상자입니다. 입력란에서처럼 텍스트를 직접 입력하거나 콤보 상자의 오른쪽에 있는 별도의 화살표를 눌러 선택 사항 목록을 열

수 있습니다. 선택 사항 중 하나를 선택하면 콤보 상자 위쪽에 있는 텍스트 부분에 삽입됩니다. 그리고 컨트롤에 포커스가 맞춰져 있으면 <Alt> + <↓>를 눌러 목록을 열수도 있습니다.

단순 콤보 상자

콤보 상자의 Style 속성을 단순 콤보 상자를 지정하여 언제라도 목록을 표시합니다. 목록에 있는 모든 항목을 표시하려면 항목을 모두 표시할 수 있도록 크게 목록 상자를 그려야 합니다. 표시할 수 있는 항목보다 더 많으면 수직 스크롤 막대가 자동으로 나타납니다. 드롭다운 콤보와 마찬가지로 사용자가 직접 문자열을 입력하거나 목록에서 선택할 수 있습니다.

드롭다운 목록 상자

드롭다운 목록 상자는 보통 목록 상자와 같습니다. 이것은 사용자가 선택할 수 있는 항목의 목록을 표시합니다. 그러나 목록 상자와는 달리 상자의 오른쪽에 있는 화살표를 눌러야 목록이 표시됩니다. 드롭다운 목록 상자와 드롭다운 콤보 상자의 주요 차이는 사용자가 입력란에 입력할 수 없고 목록에서 항목을 선택만 할 수 있습니다.

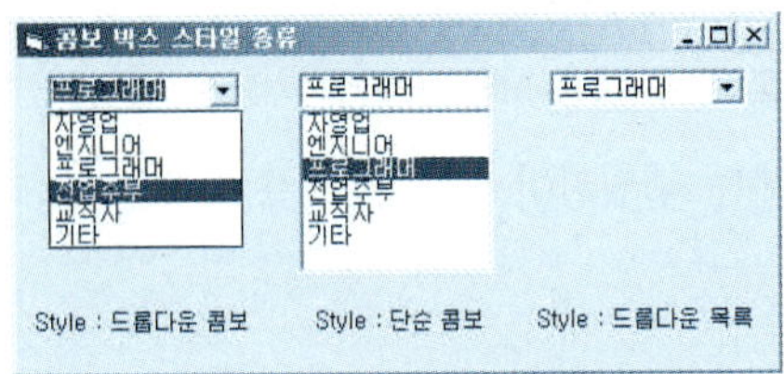

[그림8.22] 콤보 박스 스타일 종류

ComboBox 컨트롤 메서드

ComboBox에 항목 추가

〈컨트롤명〉.AddItem 〈추가할항목값〉, 〈인텍스번호〉

- 〈추가할 항목값〉 : ComboBox에 추가할 항목 값
- 〈인덱스번호〉 : ComboBox에 추가될 항목의 위치를 결정

ComboBox 텍스트에 있는 항목 추가

- 〈컨트롤명〉 : 추가하고자 하는 ComboBox 이름
- 〈Text〉 : ComboBox 상단에 입력된 자료

ComboBox에 항목 삭제

- RemoveItem(인덱스번호) : 인덱스 번호에 해당하는 항목 삭제
- RemoveItem(〈컨트롤명〉.ListIndex) : 리스트에서 선택된 항목 삭제

리스트의 전체 항목 삭제

- 〈컨트롤명〉 : ComboBox의 개체 컨트롤 이름
- Clear : 콤보 항목에 들어있는 자료를 모두 삭제

[실습1] 다음 프로그램을 실습하면서 ComboBox 컨트롤 이용한 프로그램 기법을 이해하도록 하겠습니다.

(저장 파일명 : 콤보1.frm, 콤보1.vbp)

다음과 같이 폼 디자이너 창에 디자인 한 뒤에 코드값을 입력하고 실행하여 최종학교 부분에 초등학교 졸업을 입력하고 항목추가 버튼을 선택합니다.

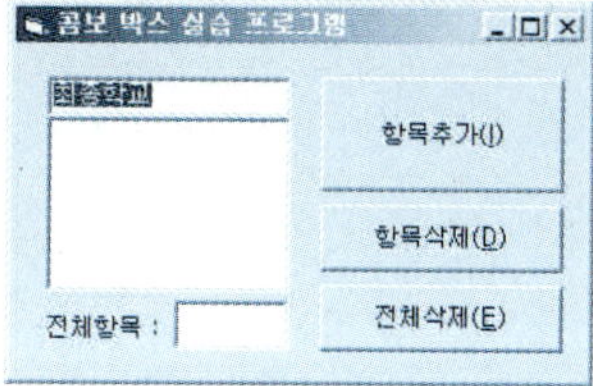

[그림8.23] 폼 디자인 초기화면

❶ 항목추가 : 콤보 텍스트 창에 입력된 자료를 콤보 항목에 추가

❷ 항목삭제 : 0번지 항목에 값을 삭제

❸ 전체삭제 : 콤보에 있는 전체 항목을 삭제

```vb
Private Sub Command1_Click()
    '콤보 텍스트에 입력할 내용이 없을 때 조건
    If Combo1.Text = "" Then
        MsgBox "추가할 항목 자료가 없습니다.(재입력~!)"
        Combo1.SetFocus
        Exit Sub
    End If
    '콤보 텍스트에 내용을 추가
    Combo1.AddItem Combo1.Text
    Combo1.Text = ""
    Combo1.SetFocus
    '콤보 개수를 카운트
    Text1.Text = Combo1.ListCount
End Sub


Private Sub Command2_Click()
    '지우고자 하는 항목이 없을 때 처리
    If Combo1.ListCount = 0 Then
        MsgBox "지울수 있는 항목이 없습니다~~~!"
        '프로시저 종료
        Exit Sub
    End If
    '첫번째 항목을 삭제
    Combo1.RemoveItem (0)
    '콤보 개수를 카운트
    Text1.Text = Combo1.ListCount
End Sub


Private Sub Command3_Click()
```

↓다음 페이지에 계속

```vb
        '콤보 항목을 모두 삭제
        Combo1.Clear
        '콤보 개수를 카운트
        Text1.Text = Combo1.ListCount
    End Sub
```

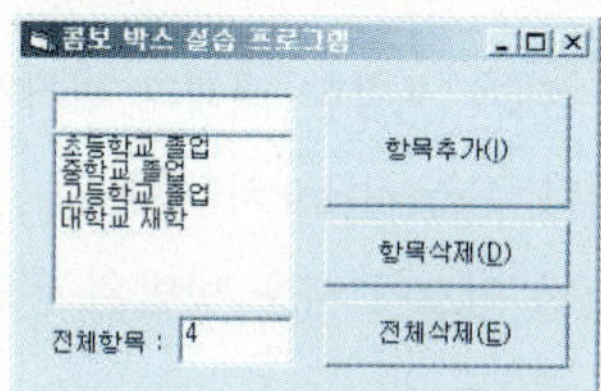

[그림8.24] **항목추가를 계속 진행한 화면**

콤보에 추가된 항목을 삭제하는 방법은 크게 두 가지가 있으며, 본 프로그램에서는 콤보 항목의 0번지에 있는 항목을 삭제하는 방법으로 항목삭제 버튼을 선택하면 상단에 있는 항목이 하나씩 삭제됩니다. 아래 그림은 대학원 졸업까지 3개 항목을 추가한 다음. 항목 삭제를 선택하였을 경우에 화면을 표시하고 있습니다.

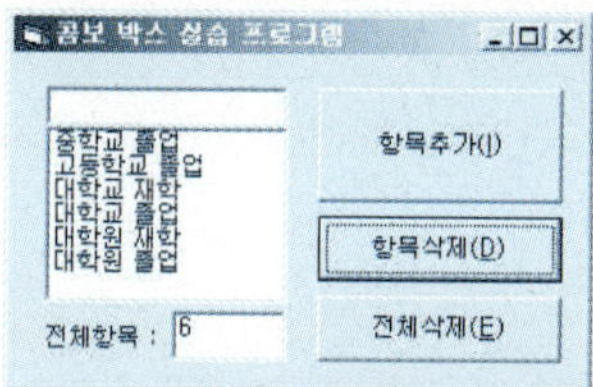

[그림8.25] **항목삭제를 1번 선택한 결과 화면**

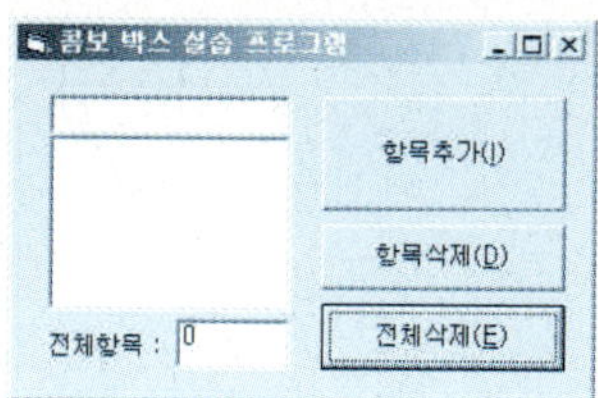

[그림8.26] **전체삭제를 선택한 결과 화면**

본 프로그램에서 중요한 것은 콤보 텍스트 창에 아무런 자료가 입력되지 않았을 경우에 에러 처리 조건과 전체 항목의 개수를 산출하는 부분이 쓰인 위치를 잘 확인하기 바랍니다. 어떤 이벤트가 발생할 때마다 항목의 개수가 변하기 때문에 각각 이벤트에 모두 추가하였습니다.

8.7 스크롤바(ScrollBar)

ScrollBar 컨트롤의 스크롤 상자 또는 스크롤 막대를 포함한 개체의 위치가 재설정되거나, 수직이나 수평으로 스크롤 할 때 발생합니다. ScrollBar의 종류로는 HScrollBar(수평 스크롤바)와 VScrollBar(수직 스크롤바)가 있으며 사용 방법은 동일합니다.

ScrollBar 컨트롤 이벤트

```
Private Sub HScroll1_Change()
End Sub


Private Sub VScroll1_Change()
End Sub
```

- HScroll1 : 수평 스크롤바 컨트롤 의미
- VScroll1 : 수직 스크롤바 컨트롤 의미
- Change() : 스크롤바의 Value값이 변하면 이벤트 성립

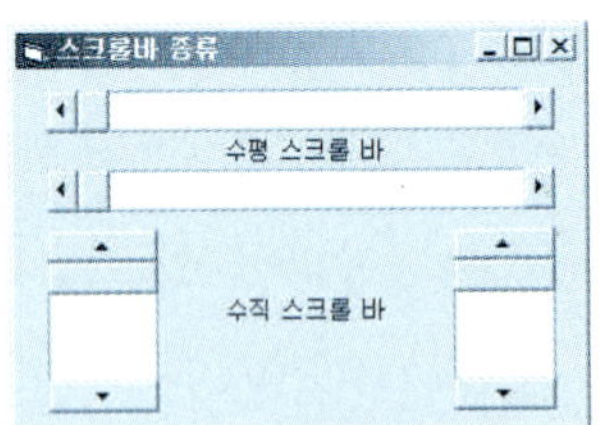

[그림8.27] ScrollBar 종류

ScrollBar 컨트롤 속성

속 성	의 미
LargeChange	스크롤바 양쪽 화살표 사이의 이동 막대를 선택하였을 경우에 증·감하는 간격을 의미
SmallChange	스크롤바 양쪽 화살표를 선택하였을 경우에 증·감하는 간격을 의미
Max	스크롤바 최댓값 의미
Min	스크롤바 최솟값 의미
Value	스크롤바 현재 위치 값을 의미

[표8.4] ScrollBar 속성과 의미

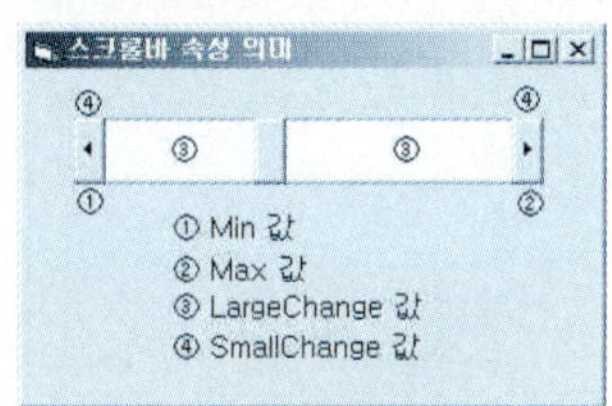

[그림8.28] ScrollBar 속성

[실습] 다음 프로그램을 실습하면서 ScrollBar 컨트롤 이용한 프로그램 기법을 이해하도록 하겠습니다.

(저장 파일명 : 스크롤1.frm, 스크롤1.vbp)

다음과 같이 폼 디자이너 창에 디자인 한 뒤에 아래에 지정된 스크롤바에 속성 값을 지정하도록 합니다. 본 프로그램은 글자크기를 스크롤바에 선택에 의하여 글자 크기가 변하도록 하는 프로그램입니다.

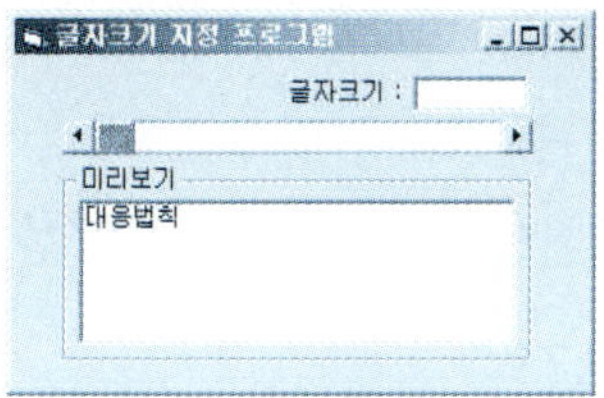

[그림8.29] 폼 디자인 초기화면

❶ Min : 초깃값을 10으로 설정

❷ Max : 최댓값을 100으로 설정

❸ LargeChange : 버튼을 누를 때마다 10씩 변하게 설정

❹ SmallChange : 버튼을 누를 때마다 5씩 변하게 설정

```
Private Sub HScroll1_Change()
        'HScroll1.Value 값을 받기 위한 변수 지정
        Dim 글자크기 As Integer
        'HScroll1.Value에서 글자크기 반환
        글자크기 = HScroll1.Value
        '글자크기 지정
        Text1.FontSize = 글자크기
        '글자크기 출력
        Text2.Text = 글자크기
End Sub
```

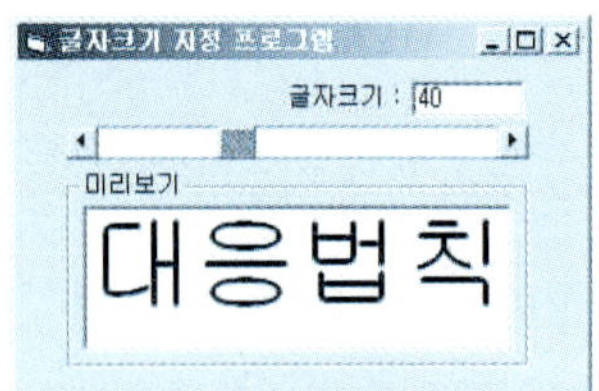

[그림8.30] 출력 결과 화면

8.8 타이머(Timer)

Timer 컨트롤은 시간의 경과에 반응합니다. Timer 컨트롤은 사용자와는 무관하게 일정한 간격으로 동작을 수행하도록 프로그래밍 할 수 있습니다. 일반적으로 일부 동작을 수행할 시간인지 확인하기 위해 시스템 시계를 확인하여 반응합니다. 또한 타이머는 다른 종류의 백그라운드 처리에도 유용합니다.

Timer 컨트롤은 폼 창에 타이머를 그린 후 실행하면 다른 컨트롤과 다르게 프로그

램을 실행시켰을 때 컨트롤이 보이지 않습니다.

Timer 컨트롤 이벤트

```
Private Sub Timer1_Timer()
End Sub
```

Timer 컨트롤 속성

속 성	의 미
Enabled	타이머 이벤트 작동 여부를 결정(True이면 타이머가 동작하고, False면 동작을 멈춘다.)
Interval	타이머 이벤트의 실행 간격을 결정(최댓값은 65,535이며 1초를 설정하기 위해서는 1000의 값으로 설정한다.)

[표8.4] Timer 속성과 의미

[실습10] 다음 프로그램을 실습하면서 Timer 컨트롤을 이용한 프로그램 기법을 이해하도록 하겠습니다.

(저장 파일명 : 타이머1.frm, 타이머1.vbp)

이번 프로그램은 타이머를 이용한 카운트를 만들기 위한 프로그램으로 간단한 방법을 통하여 카운트를 만들 수 있습니다.

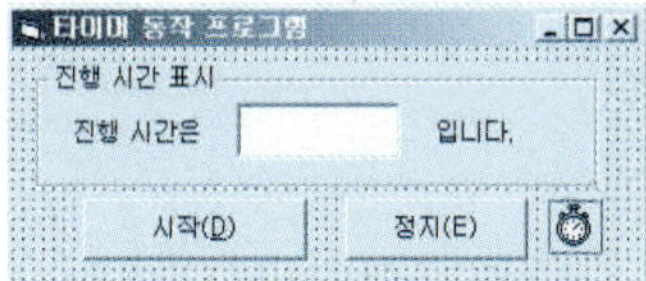

[그림8.31] 폼 디자인 초기 화면

다음과 같이 폼 디자이너 창에 디자인 한 뒤에 각각 이벤트별 코드 값을 입력합니다. 시작 버튼을 선택하면 0초부터 1초씩 텍스트 창에 초 값을 출력하며, 정지 버튼을 선택하면 현재 진행 중인 시간을 종료되고 시간이 초기화됩니다.

```vb
'카운트 변수를 전역 변수로 지정
Dim 카운트 As Integer

Private Sub Command1_Click()
    '타이머 시간은 1초 단위로 지정
    Timer1.Interval = 1000
    '타이머 동작 시작
    Timer1.Enabled = True
End Sub

Private Sub Command2_Click()
    '타이머 동작 정지
    Timer1.Enabled = False
    '카운트 변수 초기화
    카운트 = 0
End Sub

Private Sub Timer1_Timer()
    '카운트 값을 1씩 증가
    카운트 = 카운트 + 1
    '증가값을 출력
    Text1.Text = 카운트
End Sub
```

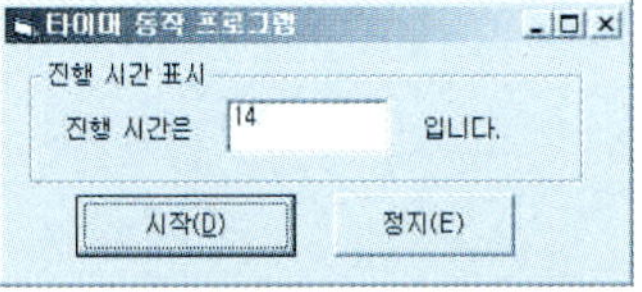

[그림8.32] 실행하고 시작 버튼 선택 화면

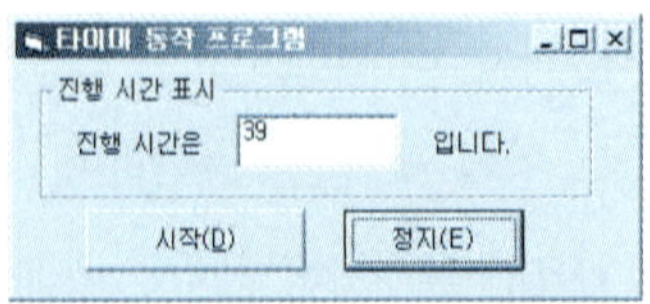

[그림8.33] 정지 버튼 선택 화면

다음의 문제를 읽고 답을 설명하시오.

❶ Image 컨트롤이나 Picture 컨트롤에서 받아들일 수 있는 이미지의 종류와 의미를 설명하시오.

❷ Image 컨트롤을 이용하는 방법 중에서 프로그램 내에서 이미지를 받아들이는 방법을 표현하시오.

❸ PictureBox 컨트롤에서 그림을 그릴 수 있는데, 속이 찬 직사각형을 그리기위한 예를 표현하시오.

❹ CheckBox 컨트롤에서 여러 개의 메뉴를 각각 다르게 파일명을 표시하는 이유에 대하여 간단하게 설명하시오.

❺ ListBox 컨트롤에서 선택된 항목만을 삭제하고자할 때 어떠한 방법으로 삭제를 할 수 있는지 표현하시오.

❻ ComboBox 컨트롤에서 드롭다운 목록 상자에 대하여 간단하게 설명하시오.

❼ Timer 컨트롤의 용도와 사용 방법을 간단하게 설명하시오.

다음 PictureBox 컨트롤을 이용하여 프로그램을 완성하시오.

(저장 파일명 : 컨트롤종합1.frm, 컨트롤종합1.vbp)

다음과 같이 폼 디자이너 창에 입출력 디자인을 한 후에, 컨트롤 별 속성 값을 변경하고 조건에 맞는 프로그램을 완성하시오.

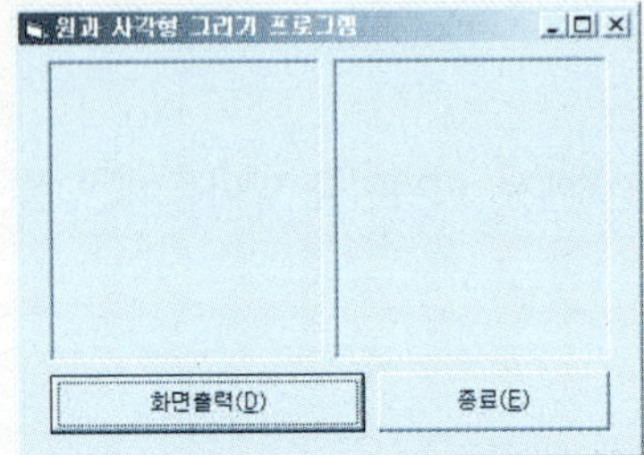

[그림8.34] 입출력 디자인화면

❶ 화면출력 버튼을 선택하였을 때 Picture1에는 원을 출력한다.
❷ 화면출력 버튼을 선택하였을 때 Picture2에는 속이 찬 직사각형을 출력한다.

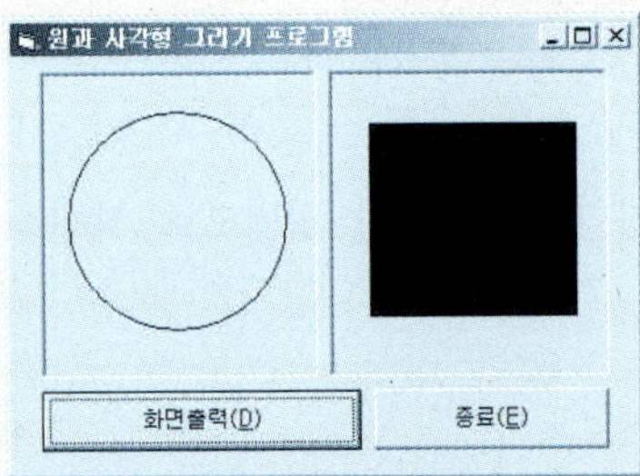

[그림8.35] 실행 결과 화면

다음 CheckBox 컨트롤과 OptionButton 컨트롤을 이용하여 프로그램을 완성하시오.

(저장 파일명 : 컨트롤종합2.frm, 컨트롤종합2.vbp)

다음과 같이 폼 디자이너 창에 입출력 디자인을 한 후에, 컨트롤 별 속성 값을 변경하고 조건에 맞는 프로그램을 완성하시오

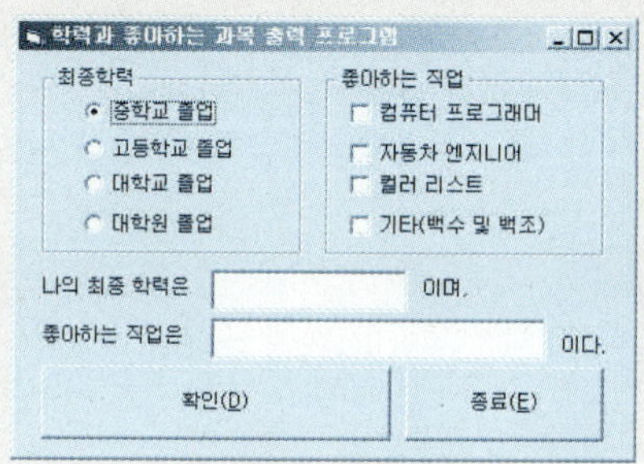

[그림8.36] 입·출력 디자인화면

처리 조건

❶ 최종 학력은 1개 이상 선택할 수 없도록 프로그래밍 한다.

❷ 좋아하는 직업은 1개 이상 선택해도 출력되도록 프로그래밍 한다.

❸ 조건을 판하하는 제어문은 복합 IF문을 이용한다.

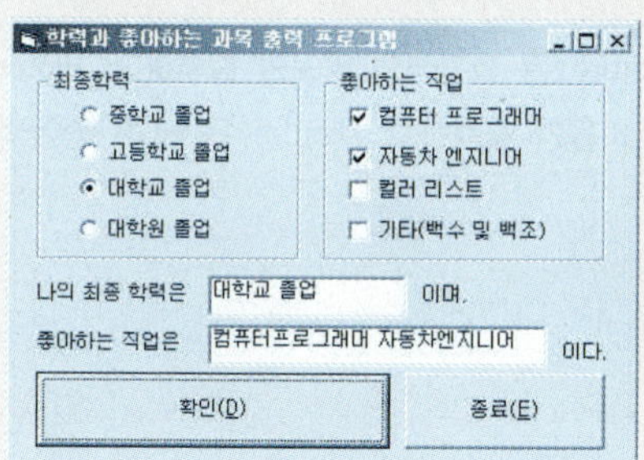

[그림8.37] 실행 결과 화면

다음 VScrollBar 컨트롤을 이용하여 프로그램을 완성하시오.

(저장 파일명 : 컨트롤종합3.frm, 컨트롤종합3.vbp)

다음과 같이 폼 디자이너 창에 입출력 디자인을 한 후에, 컨트롤 별 속성 값을 변경하고 조건에 맞는 프로그램을 완성하시오.

처리 조건(스크롤바 3개 공통 속성)

❶ Min : 초깃값을 0으로 설정
❷ Max : 최댓값을 255로 설정
❸ LargeChange : 버튼을 누를 때마다 50씩 변하게 설정
❹ SmallChange : 버튼을 누를 때마다 10씩 변하게 설정

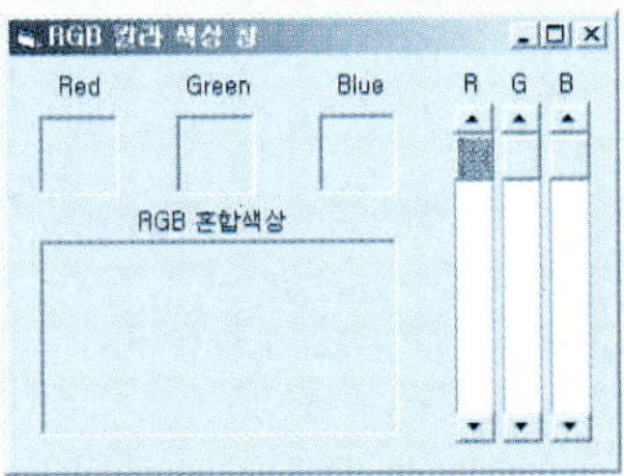

[그림8.38] 입·출력 디자인화면

❺ 색상을 출력하기 위한 PictureBox 4개를 이용하며, Picture1은 빨간색의 비율만 출력하고, Picture2은 초록색의 비율만 출력하고, Picture3은 파란색의 비율만 출력하고, Picture4은 RGB 종합색상을 표현하도록 한다.

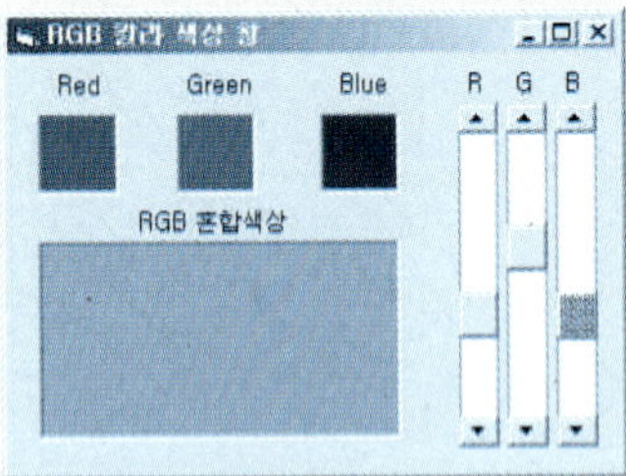

[그림8.39] 실행 결과 화면

다음 OptionButton 컨트롤을 이용하여 프로그램을 완성하시오.

(저장 파일명 : 컨트롤종합4.frm, 컨트롤종합4.vbp)

다음과 같이 폼 디자이너 창에 입출력 디자인을 한 후에, 컨트롤 별 속성 값을 변경하고 조건에 맞는 프로그램을 완성하시오.

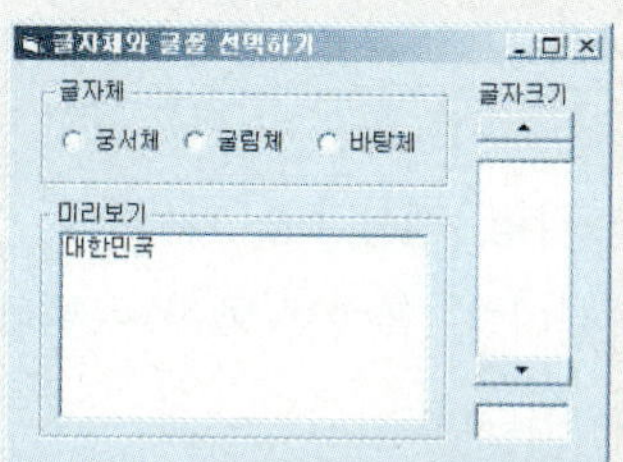

[그림8.40] 입출력 디자인화면

처리 조건(스크롤바 속성)

❶ Min : 초깃값을 10으로 설정
❷ Max : 최댓값을 100로 설정
❸ LargeChange : 버튼을 누를 때마다 10씩 변하게 설정
❹ SmallChange : 버튼을 누를 때마다 5씩 변하게 설정
❺ 글자체의 지정은 Option_Click() 이벤트를 사용한다.
❻ 글자체를 지정하는 방법은 FontName 속성을 이용한다.
❼ VScroll 컨트롤 아래 텍스트 창에는 VScroll에서 발생된 Value 값을 출력하도록 한다.

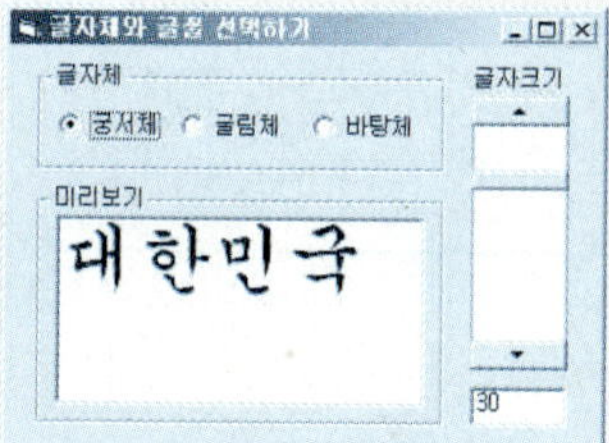

[그림8.41] 실행 결과 화면

만약, 사용자가 이용하고 있는 컴퓨터에서 지원되지 않은 글자체가 있을 경우에는 확인(TTF 폰트)하고 사용할 수 있는 글자체를 넣고 다시 실습을 하면 바로 확인할 수 있습니다.

Chapter 9 그래픽

9.1 Shape 컨트롤

Shape 컨트롤은 폼, 프레임 또는 그림 상자에서 직사각형, 정사각형, 타원, 원, 둥근 직사각형, 둥근 정사각형 등의 도형을 작성하는데 사용됩니다. 폼에서 그리는 도형 유형, 색상, 채우기 유형, 괘선 색, 괘선 유형을 설정할 수 있습니다.

Shape 컨트롤 속성

속 성	의 미
BorderStyle	그래픽 테두리 모양을 설정(7가지 종류로 설정 가능)
BackColor	그래픽 내부 색상을 설정
BackStyle	그래픽의 속성을 투명 혹은 불투명으로 설정(만약 내부색을 넣기 위해서는 불투명으로 설정해야 한다.)
FillStyle	그래픽 내부의 무늬를 설정(8가지 종류로 설정 가능)
FillColor	그래픽 내부의 무늬 색상을 설정
Shape	그래픽의 모양을 설정

[표9.1] Shape 컨트롤 속성과 의미

Shape 속성에서의 그래픽 모양

Shape 컨트롤의 Style 속성은 미리 정의된 6가지의 모양을 제공합니다. 다음 표는 미리 정의된 모양과 값 및 해당하는 Visual Basic 상수를 보여줍니다.

상수	유형	모 양
vbShapeRectangle	0	직사각형 모양
vbShapeSquare	1	정사각형 모양
vbShapeOval	2	타원 모양
vbShapeCircle	3	원형 모양
vbShapeRoundedRectangle	4	둥근 직사각형 모양
vbShapeRoundedSquare	5	둥근 정사각형 모양

[표9.1] **Shape 속성에서의 그래픽 모양**

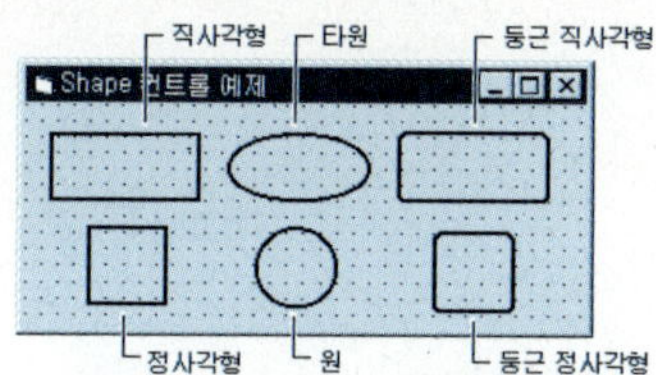

[그림9.1] **Shape 그래픽 모양**

[실습] 다음 프로그램을 실습하면서 Shape 컨트롤에 대한 속성 사용방법을 이해하도록 하겠습니다.

(저장 파일명 : 셰이퍼1.frm, 셰이퍼1.vbp)

이번 프로그램은 Shape 속성을 이용하여 Form_Load()가 이루어질 때 속성 값을 변경하는 프로그램입니다. 많이 사용되지 않은 기능이지만 사용방법을 알아 두었다가 필요한 경우 활용하기 바랍니다.

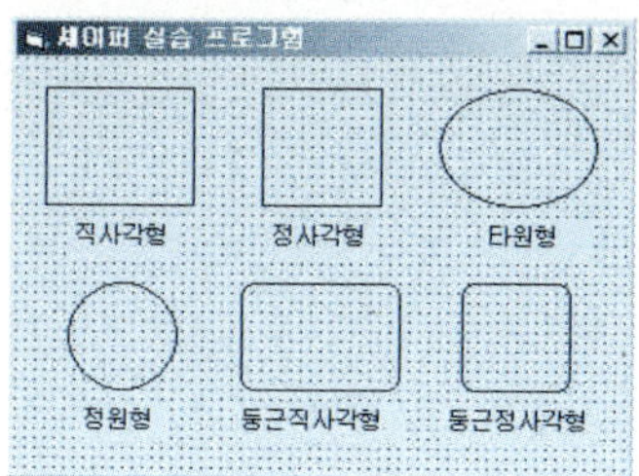

[그림9.2] **폼 디자인 초기화면**

폼 디자인이 끝나면 Shape 속성에서 6개의 그래픽을 설정한 다음 아래의 프로그램을 코딩합니다. 본 프로그램에서는 BorderStyle 속성과 FillStyle 속성을 프로그램을 실행과 동시에 바로 적용시키는 프로그램 실습입니다.

```
Private Sub Form_Load()
    'Shape1의 속성 값 변경
    Shape1.BorderStyle = 1
    Shape1.FillStyle = 1
    'Shape2의 속성 값 변경
    Shape2.BorderStyle = 2
    Shape2.FillStyle = 2
    'Shape3의 속성 값 변경
    Shape3.BorderStyle = 3
    Shape3.FillStyle = 3
    'Shape4의 속성 값 변경
    Shape4.BorderStyle = 4
    Shape4.FillStyle = 4
    'Shape5의 속성 값 변경
    Shape5.BorderStyle = 5
    Shape5.FillStyle = 5
    'Shape6의 속성 값 변경
    Shape6.BorderStyle = 6
    Shape6.FillStyle = 6
End Sub
```

위와 같은 프로그램을 코딩한 다음 실행 버튼을 선택하여 실행 초기 화면을 그림9.3에서 나타내고 있습니다.

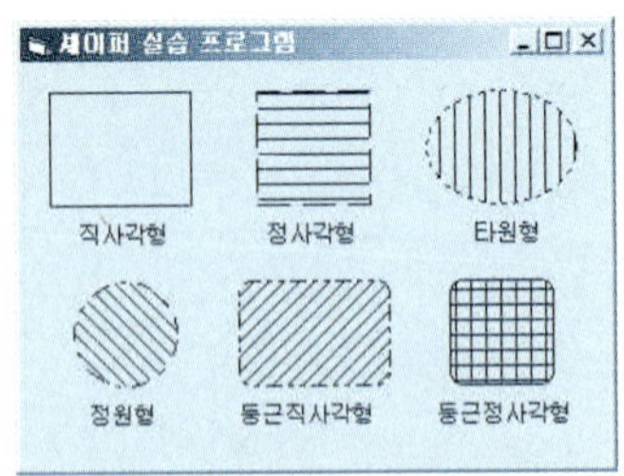

[그림9.3] 실행 초기 결과 화면

 Line 컨트롤

Line 컨트롤은 수평선, 수직선, 대각선으로 표시되는 그래픽 컨트롤입니다. 디자인 모드에서 Line 컨트롤을 사용하여 폼에 선을 그릴 수 있습니다. 실행 모드에서 Line 메서드 대신 또는 Line 메서드 함께 Line 컨트롤을 사용할 수 있습니다. Line 컨트롤로 그려진 선은 AutoRedraw 속성이 False로 설정된 경우에도 그대로 유지됩니다. Line 컨트롤은 폼, 그림 상자, 프레임에 표시될 수 있습니다.

실행 모드에서 Move 메서드를 사용하여 Line 컨트롤을 이동할 수 없지만 X1, X2, Y1, Y2 속성을 변경하면 이동 및 크기의 재조정이 가능합니다.

Line 컨트롤 속성

속 성	의 미
BordColor	선의 색상을 설정
BorderStyle	선의 모양을 설정(7가지 종류로 설정 가능)
BorderWidth	선의 굵기를 설정
X1, Y1	선의 시작점 위치를 표시(X축과 Y축)
X2, Y2	선의 끝점 위치를 표시(X축과 Y축)

[표9.3] Line 컨트롤 속성과 의미

[실습] 다음 프로그램을 실습하면서 Line 컨트롤에 대한 속성 사용방법을 이해하도록 하겠습니다.

(저장 파일명 : 라인컨트롤1.frm, 라인컨트롤1.vbp)

이번 프로그램은 Line 컨트롤에서 BorderStyle 속성을 이용하여 Form_Load()가 이루어질 때 속성 값을 변경하는 프로그램입니다.

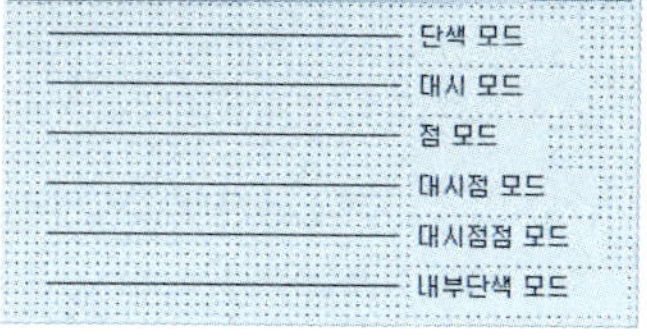

[그림9.4] Line 컨트롤 디자인 화면

폼 디자인이 끝나면 Line 컨트롤에서 BorderStyle 속성 지정을 위한 프로그램을
코딩하여 실행과 동시에 바로 적용시키는 프로그램 실습입니다.

```
    Private Sub Form_Load()
        'line1의 BoderStyle 속성 변경
        Line1.BorderStyle = 1
        'line2의 BoderStyle 속성 변경
        Line2.BorderStyle = 2
        'line3의 BoderStyle 속성 변경
        Line3.BorderStyle = 3
        'line4의 BoderStyle 속성 변경
        Line4.BorderStyle = 4
        'line5의 BoderStyle 속성 변경
        Line5.BorderStyle = 5
        'line6의 BoderStyle 속성 변경
        Line6.BorderStyle = 6
    End Sub
```

위와 같은 프로그램을 코딩한 다음 실행 버튼을 선택하여 실행 초기 화면을 [그림9.
5]에서 나타내고 있습니다.

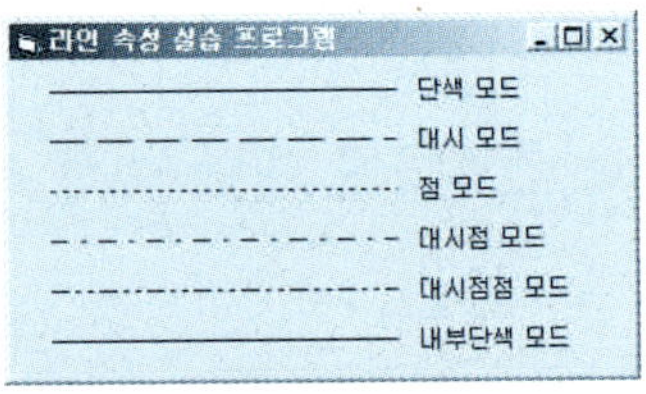

[그림9.5] 실행 초기 결과 화면

9.3 Line() 메서드

개체에 선과 사각형 혹은 다각형을 그립니다. 또한 속이 찬 사각형을 그릴 때도 편
리하게 사용됩니다.

Line 메서드의 형식

Line(X1, Y1) - (X2, Y2), Color, [B][F]

- X1, Y1) : 선의 시작점 좌표를 의미
- (X2, Y2) : 선의 끝점 좌표를 의미
- Color : QBcolor 혹은 RGB 값을 이용하여 선의 색상을 지정(생략하면 ForeColor 속성에서 설정된 값이 사용)
- [B] : 시작점과 끝점을 기준으로 한 사각형을 그린다.
- [F] : 사각형을 그리면서 사각형 안에 색을 채운다.

Line 메서드 사용예

```
'지정된 좌표에 선을 그린다.
Line(100, 100) - (1000, 100)
'지정된 좌표에 직사각형을 그린다.
Line(100, 100) - (1000, 100), , B
'지정된 좌표에 속이 채워진 직사각형을 그린다.
Line(100, 100) - (1000, 100), , BF
'지정된 좌표에 지정된 QBcolor(3)로 직사각형을 그린다.
Line(100, 100) - (1000, 100),QBcolor(3), B
'지정된 좌표에 지정된 RGB(255, 0, 0)로 선을 그린다.
Line(100, 100) - (1000, 100),RGB(255, 0, 0)
'이어서 선을 그린다.
Line - (1000, 1000)
```

비주얼 베이직에서 기본 좌표는 Twip(트윕) 단위를 사용하며, 1인치는 1440 Twip이고 1센티미터는 567 Twip로 환산할 수 있다. 만약 사용자가 좌표 단위를 바꾸고자 할 때에는 Scalemode 속성에서 단위의 변경이 가능합니다.

[실습1] 다음 프로그램을 실습하면서 Line 메서드에 대한 사용방법을 이해하도록 하겠습니다.

(저장 파일명 : 라인1.frm, 라인1.vbp)

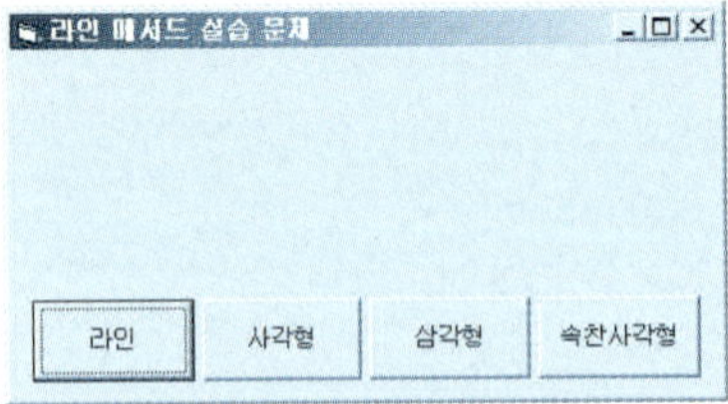

[그림9.6] 디자인 초기 화면

이번 프로그램은 각각의 버튼을 선택할 때마다 폼 창에 지정된 위치에 Line를 이용한 다각형을 그리는 실습입니다. 디자인이 끝나면 아래와 같은 프로그램을 각각 코딩합니다.

```
Private Sub Command1_Click()
    '선을 그린다.
    Line (200, 300)-(5150, 300)
End Sub


Private Sub Command2_Click()
    '직사각형을 그린다.
    Line (200, 700)-(1500, 1500), , B
End Sub


Private Sub Command3_Click()
    '삼각형을 그린다.
    Line (2000, 700)-(2000, 1500)
    Line -(3300, 1500)
    Line -(2000, 700)
End Sub


Private Sub Command4_Click()
    '속이 찬 직사각형을 그린다.
    Line (3800, 700)-(5100, 1500), , BF
End Sub
```

사용자가 본 프로그램을 실습하면서 주의할 사항은 폼에 크기를 적당하게 조정하여 보기 좋은 출력화면이 되도록 해야 합니다. [그림9.7]의 화면은 프로그램을 실행하여 각각 버튼을 모두 선택하였을 때의 화면을 표시하고 있습니다.

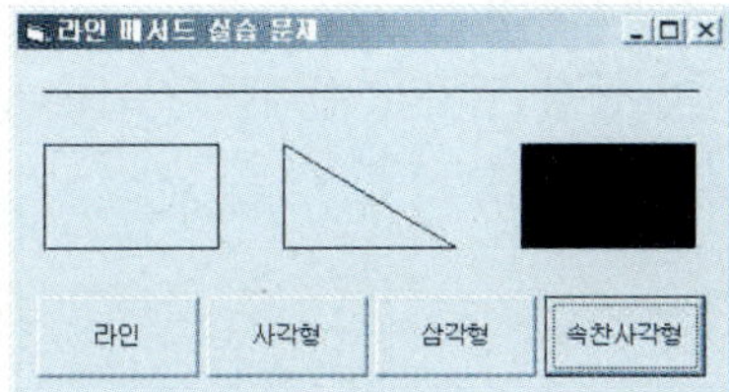

[그림9.7] 실행 결과 화면

[문제] 다음 조건에 만족하는 조건을 Line 메서드를 이용하여 프로그램을 완성하시오.

(저장 파일명 : 라인3.frm, 라인3.vbp)

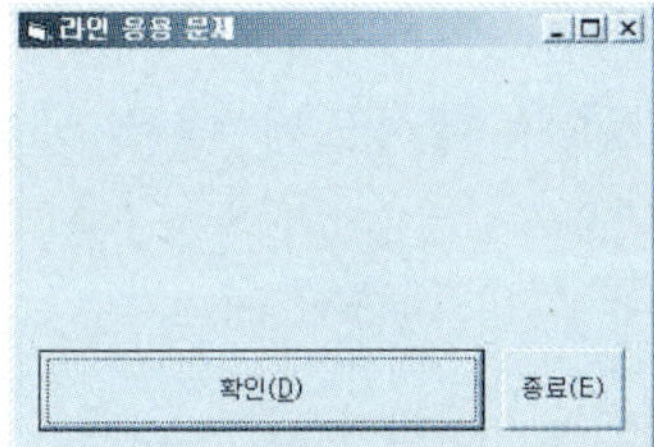

[그림9.8] 디자인 초기화면

처리 조건

❶ For-Next문을 이용하여 아래와 같은 프로그램을 작성하라.
❷ 직사각형이 그려질 때마다 난수의 QBcolor를 발생하여 그리도록 한다.

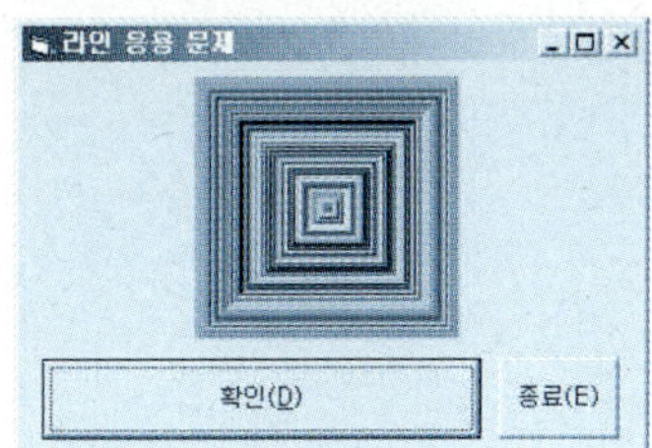

[그림9.9] 실행 결과 화면

 Circle() 메서드

Circle 메서드는 다양한 원형과 타원형 도형을 그립니다. 또한 Circle은 호와 파이 모양의 쐐기를 그립니다. Circle 메서드를 변화시키면서 다양한 종류의 곡선을 만들 수 있습니다. 원을 그리려면 비주얼 베이직은 원의 중심 위치와 반지름 길이를 알아야 합니다.

Circle 메서드의 형식

> Circle(X, Y), 반지름, Color

- (X, Y) : 원의 중심 좌표를 의미
- 반지름 : 원의 반지름 값을 의미
- Color : QBcolor 혹은 RGB 값을 이용하여 원의 색상을 지정

[실습] 다음 프로그램을 실습하면서 Circle() 메서드에 대한 사용방법을 이해하도록 하겠습니다.

(저장 파일명 : 원1.frm, 원1.vbp)

이번 프로그램은 폼 디자인 창에 Circle 메서드를 이용하여 원을 그리는 실습을 해 보도록 하겠습니다. 원을 그리는 방법은 우선 원을 그리고자하는 중심 좌표의 위치를 정확하게 알아야 사용하기 쉽습니다.

```
Private Sub Form_Click()
    Dim xx As Integer
    Dim yy As Integer
    '폼창 가로의 중심점
    xx = Val(Form1.Width / 2)
    '폼창 높이의 중심점
    yy = Val(Form1.Height / 2)
    '폼 정 가운데에 원을 그린다.
    Circle (xx, yy), 1000
End Sub
```

여기에서 원의 중심좌표는 폼의 가로와 세로 크기에서 2등분을 하여 중심점을 설정한 다음, 반지름의 값을 1000으로 한 원을 그리는 프로그램입니다. [그림9.12]는 프로그램을 코딩한 다음 실행한 결과 화면을 표시하고 있습니다.

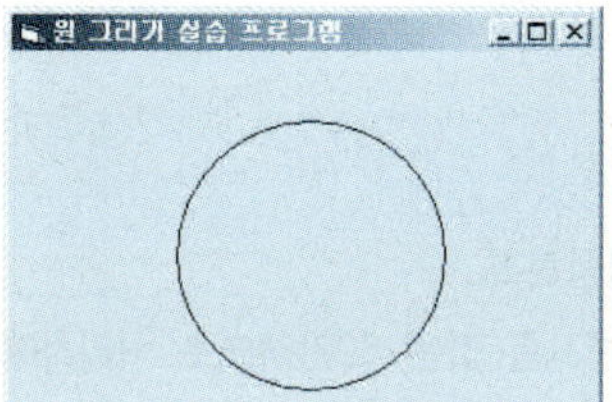

[그림9.12] 실행 결과 화면

[문제1] 다음 조건에 만족하는 조건을 Circle 메서드를 이용하여 프로그램을 완성하시오.

(저장 파일명 : 원2.frm, 원2.vbp)

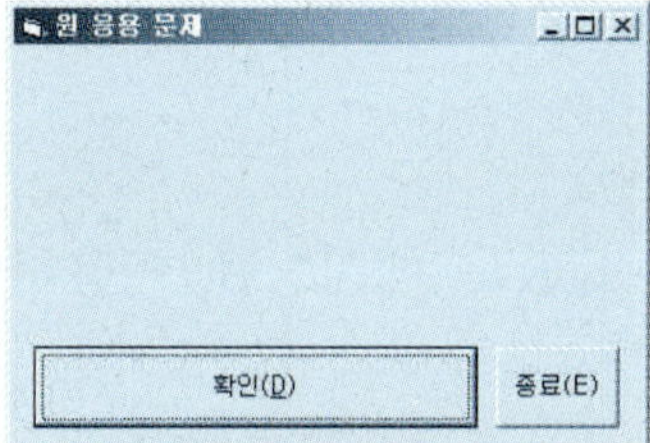

[그림9.13] 디자인 초기화면

처리 조건

❶ For-Next문을 이용하여 아래와 같은 프로그램을 작성하라.
❷ 원의 간격인 20 단위로 설정하고 원의 색상은 난수의 QBcolor를 발생하여 그리도록 한다.

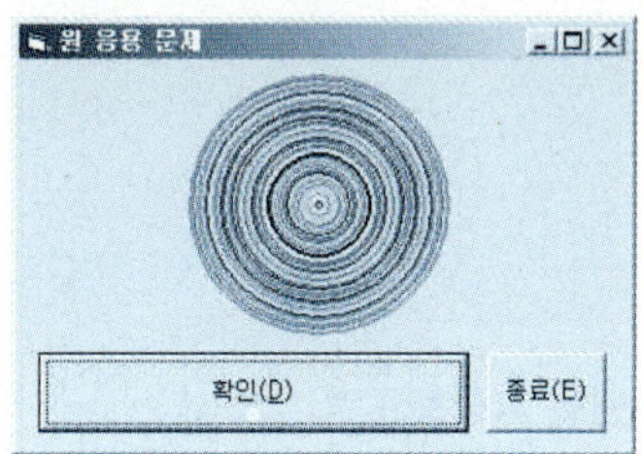

[그림9.14] 실행 결과 화면

[문제2] 다음 조건에 만족하는 조건을 Circle 메서드를 이용하여 프로그램을 완성하시오.

(저장 파일명 : 원3.frm, 원3.vbp)

❶ 다중 For 문을 이용하여 아래와 같은 프로그램을 작성하라.

❷ 원의 간격인 100 단위로 설정하고 원이 그려지는 반지름 값은 50간격으로 처리하여 100의 반지름에서 50만 채워지고 50은 비어있는 원을 표현하라.

❸ 실행 결과 화면은 [그림9.15]를 참고하여 작성한다.

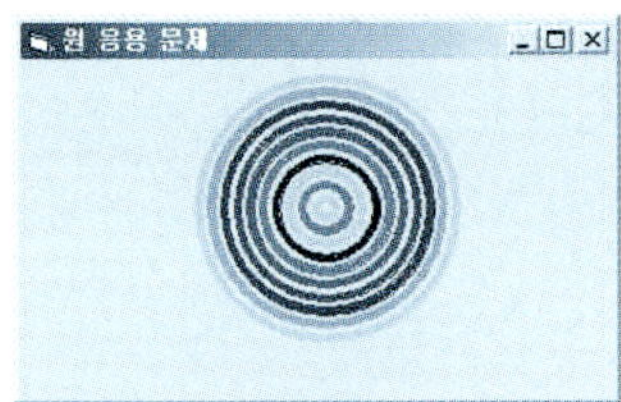

[그림9.15] 실행 결과 화면

[문제3] 다음 조건에 만족하는 조건을 Circle 메서드를 이용하여 프로그램을 완성하시오.

(저장 파일명 : 원4.frm, 원4.vbp)

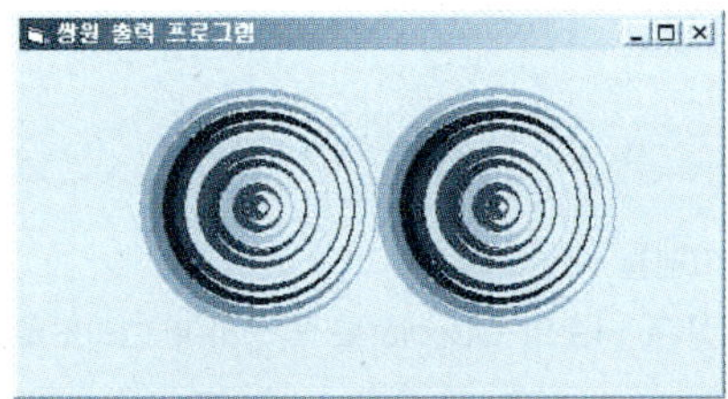

[그림9.16] 실행 결과 화면

❶ 다중 For 문을 이용하여 [그림9.16]과 같은 프로그램을 작성하라.

❷ 다중 For 문에서 중심 좌표 값의 위치를 잘 생각하면 쉽게 문제를 해결할 수 있다.

9.5 PSet() 메서드

PSet 메서드는 폼 창에 점을 출력하고자할 때 사용되는 메서드로 지정된 좌표에 지정된 색으로 점을 찍습니다.

PSet 메서드의 형식

```
Circle(X, Y), Color
```

- (X, Y) : 점을 찍기 위한 좌표를 의미
- Color : QBcolor 혹은 RGB 값을 이용하여 원의 색상을 지정

[실습1] 다음 프로그램을 실습하면서 PSet() 메서드에 대한 사용방법을 이해하도록 하겠습니다.

(저장 파일명 : 점1.frm, 점1.vbp)

이번 프로그램은 폼 디자인 창에 PSet 메서드를 이용하여 점을 찍는 실습을 해보도록 하겠습니다.

```vb
Private Sub Form_Click()
    '폼에 10000개의 점을 선언
    For i = 1 To 10000
    '폼에 크기 범위 중에서 점을 찍기위한 조건
    xx = Int(Rnd * Width)
    yy = Int(Rnd * Height)
    색상 = QBColor(Rnd * 15)
    '지정된 색상으로 점을 찍는다.
    PSet (xx, yy), 색상
    '지연시간
    For j = 1 To 10000
    Next j
    Next i
End Sub
```

프로그램을 실행하여 폼을 클릭하면 무작위 좌표에 무작위 색상으로 10000개의 점을 찍어주는 것을 확인할 수 있습니다. 시간 지연을 위한 For 문을 사용하였는데 사용자가 프로그램을 제작할 때 잘 활용하기 바랍니다.

[그림9.17] 실행 결과 화면

다음의 문제를 읽고 답을 설명하시오.

❶ Shape 컨트롤의 속성 중에서 Shape의 기능을 간단하게 설명하시오.

❷ Line() 메서드의 형식과 의미를 간단하게 설명하시오.

❸ Line() 메서드에서 속이 빨강색으로 채워진 직사각형을 표현하기 위한 형식을 표현하시오.

❹ Line() 메서드를 이용하여 일정한 좌표 점을 이용하여 오각형의 도형을 표현하기 위한 방식을 설명하시오.

❺ Circle() 메서드를 이용하여 반지름이 500인 원을 폼 창에 표현하는 프로그램을 작성하시오.

❻ PSet() 메서드를 이용하여 밤하늘에 별을 표현하듯이 1000개의 색이 다른 별을 표현하는 프로그램을 작성하시오.

종합문제 2 다음 조건에 맞는 프로그램을 완성하시오.

(저장 파일명 : 종합3-2.frm, 종합3-2.vbp)

다음과 [그림9.18]와 같이 처리 조건에 만족하는 도형을 그리는 프로그램을 완성하시오.

처리 조건

❶ 왼쪽 도형의 색은 빨강색으로 표현한다.

❷ 오른쪽 도형의 색상은 연두색을 표현한다.

❸ 폼을 더블클릭하였을 경우에 도형을 출력하도록 한다.

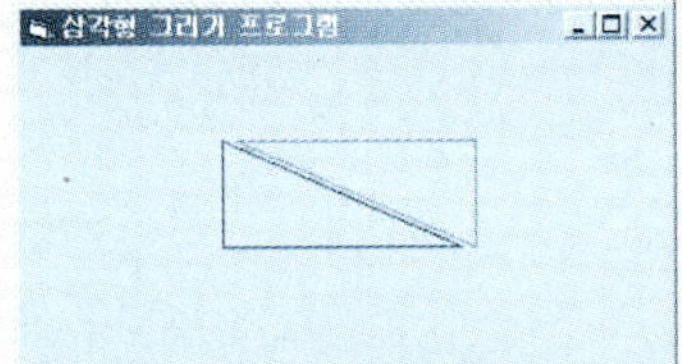

[그림9.18] 출력 결과 화면

종합문제 3 다음 Circle() 메서드를 이용하여 프로그램을 완성하시오.

(저장 파일명 : 종합3-3.frm, 종합3-3.vbp)

처리 조건

❶ 원의 반지름 값을 100부터 1000까지 100씩 증가시키면서 원을 그리는 프로그램을 작성하라.

❷ 원의 중심점은 (2500, 1500) 좌표를 기준으로 한다.

❸ For 문을 이용하여 프로그램을 작성한다.

❹ 폼을 클릭하였을 경우에 도형을 출력하도록 한다.

[그림9.19] 출력 결과 화면

문제3번의 프로그램을 수정하여 [그림9.20] 화면과 같은 결과가 출력되도록 프로그램을 완성하시오.

(저장 파일명 : 종합3-4.frm, 종합3-4.vbp)

처리 조건

❶ 폼을 클릭하였을 경우에 결과가 출력되도록 한다.
❷ 원의 중심점은 조정하면서 원을 표현하도록 한다.

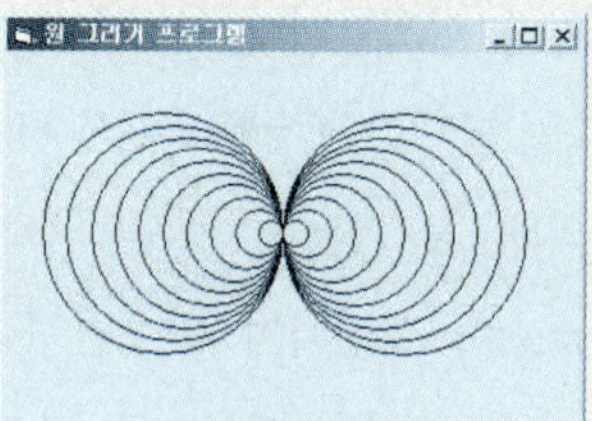

[그림9.20] 출력 결과 화면

Chapter 10 속성

10.1 AutoRedraw 속성

그래픽 메서드에서 지속적 그래픽으로 출력을 반환하거나 설정합니다. 이 속성은 다음의 그래픽 메서드로 작업하는데 있어서 중추적인 역할을 합니다. Circle, Cls, Line, Point, Print, 그리고 PSet. 예를 들어 다른 개체에 의해 숨겨진 후 개체의 크기를 다시 조정하거나 다시 표시할 때, AutoRedraw가 True로 설정되어 있으면 Form 개체나 PictureBox 컨트롤에 있는 이러한 메서드를 통해서 출력을 자동으로 다시 그리게 됩니다.

AutoRedraw 속성 형식

〈컨트롤〉.AutoRedraw = 〈boolean〉

- 〈컨트롤〉 : AutoRedraw 속성을 적용하고자 하는 컨트롤 개체
- 〈boolean〉 : True 혹은 False 값을 지정

AutoRedraw 속성의 구성 요소

구성요소	의미
True	Form 개체 또는 PictureBox 컨트롤을 자동으로 다시 색칠하도록 합니다. 그래픽과 문자열은 화면과 메모리에 저장되어 있는 이미지에 쓰여집니다.
False	(기본 값) 개체를 자동으로 다시 색칠하지 않으며 화면에만 그래픽이나 문자열을 씁니다.

[표10.1] AutoRedraw 구성요소와 의미

[실습] 다음 프로그램을 실습하면서 AutoRedraw 속성에 대한 사용 방법을 이해하도록 하겠습니다.

(저장 파일명 : 자동1.frm, 자동1.vbp)

이번 프로그램은 AutoRedraw 속성 값을 False로 설정하였을 경우와 True로 설정하였을 차이점을 설명하도록 하겠습니다.

```
Private Sub Form_Click()
    'AutoRedraw 속성을 False로 설정
    Form1.AutoRedraw = False
    '반지름 값을 설정한다.
    For i = 100 To 1000 Step 100
        '기준 좌표를 이용하여 주어진 원을 그린다.
        Circle (2300 - i, 1500), i
        Circle (2300 + i, 1500), i
    Next i
    MsgBox "AutoRedraw = False"
End Sub
```

이번 프로그램은 AutoRedraw 속성 값을 False로 설정하였을 경우 프로그램의 예제입니다. 프로그램을 실행한 다음 메시지 박스를 이동 시키면 그림10.1과 같이 이동된 위치에 있던 도형이 지워져 있음을 확인할 수 있습니다.

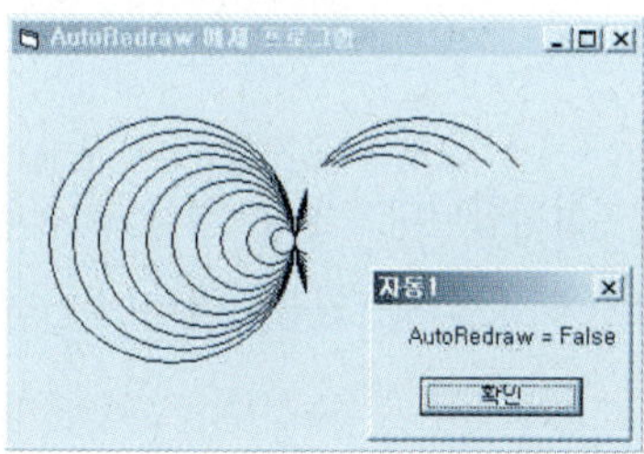

[그림10.1] AutoRedraw 속성을 False 설정

이번에는 AutoRedraw 속성 값을 True로 설정하고 프로그램을 실행한 다음 메시지 박스를 이동 시켜도 그림10.2와 같이 도형이 지워지지 않은 것을 확인할 수 있습니다. 사용자는 폼의 크기를 미리 설정하기 어려운 경우에는 AutoRedraw 속성 값

을 True로 설정하고 프로그램을 실행하면 좋습니다.

```
Private Sub Form_Click()
    'AutoRedraw 속성을 True로 설정
    Form1.AutoRedraw = True
    '반지름 값을 설정한다.
    For i = 100 To 1000 Step 100
        '기준 좌표를 이용하여 주어진 원을 그린다.
        Circle (2300 - i, 1500), i
        Circle (2300 + i, 1500), i
    Next i
    MsgBox "AutoRedraw = True"
End Sub
```

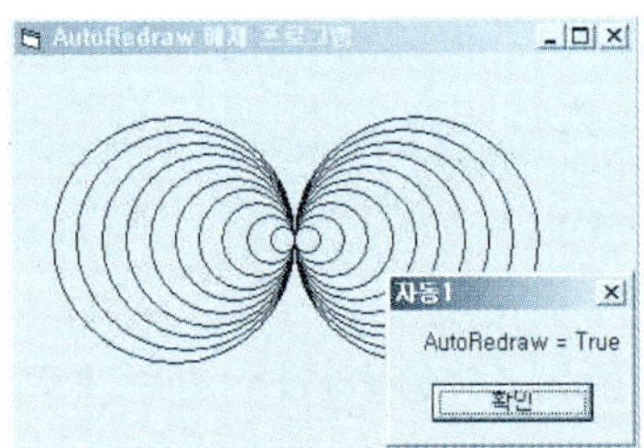

[그림10.2] AutoRedraw 속성을 True 설정

10.2 BackColor 속성

그리기에 사용될 폼이나 컨트롤의 배경색을 설정합니다. 속성 창을 이용하여 직접 배경색을 바꿀 수도 있고 프로그램에서 배경색을 지정할 수 있습니다.

BackColor 속성 형식

〈컨트롤〉.BackColor = 〈색상값〉

- 〈컨트롤〉 : BackColor 속성을 적용하고자 하는 컨트롤 개체
- 〈색상값〉 : 배경색으로 지정될 색상을 설정(주어진 상수 혹은 직접 색의 값을 입력할 수 있다.)

[실습] 다음 프로그램을 실습하면서 BackColor 속성에 대한 사용 방법을 이해하도록 하겠습니다.

(저장 파일명 : 배경색1.frm, 배경색1.vbp)

이번 프로그램은 BackColor 속성을 이용하여 폼에 배경색을 검은색으로 설정한 다음 각각 색상이 다른 점을 출력함으로서 밤하늘에 별이 떠 있는 것처럼 하는 프로그램 입니다.

```
Private Sub Form_Load()
    '폼의 배경색을 검은색으로 설정
    Form1.BackColor = vbBlack 'or &O0로 설정 가능
End Sub


Private Sub Form_Click()
    '폼에 1000개의 점을 선언
    For i = 1 To 1000
    '폼에 크기 범위 중에서 점을 찍기 위한 조건
    xx = Int(Rnd * Width)
    yy = Int(Rnd * Height)
    색상 = QBColor(Rnd * 15)
    '지정된 색상으로 점을 찍는다.
    PSet (xx, yy), 색상
    '지연시간
    For j = 1 To 10000
    Next j
    Next i
End Sub
```

프로그램을 실행하면 폼의 색상이 검정색으로 바뀌게 되며, 폼을 클릭하면 그림10.3과 같이 색상이 다른 점이 찍히면서 밤하늘에 별이 생기는 것처럼 만들어진 프로그램입니다.

[그림10.3] 배경색을 검정색으로 설정한 화면

10.3 ForeColor 속성

폼이나 컨트롤의 텍스트 또는 그래픽을 작성하기 위해 그래픽 메서드에 의해 사용된 색상을 설정합니다. 색상을 지정할 때에는 QBcolor() RGB() 함수를 사용하여 설정이 가능합니다.

ForeColor 속성 형식

〈컨트롤〉.ForeColor = 〈색상값〉

- 〈컨트롤〉 : 글자색을 변경하고자 하는 컨트롤 개체
- 〈색상값〉 : 글자색으로 지정될 색상을 설정

[실습] 다음 프로그램을 실습하면서 ForeColor 속성에 대한 사용 방법을 이해하도록 하겠습니다.

(저장 파일명 : 글자색1.frm, 글자색1.vbp)

이번 프로그램은 BackColor 속성을 이용하여 컨트롤의 배경색과 ForeColor 속성을 이용하여 컨트롤 글자색을 변경하는 프로그램입니다.

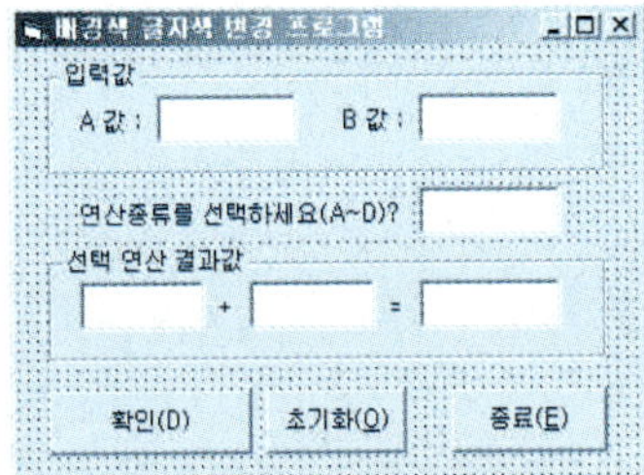

[그림10.4] **폼 디자인 초기화면**

폼 디자인과 속성 값을 변경한 화면을 표시하고 있으며, 프로그램 실행하면 컨트롤별 배경색과 글자색을 변경시키고 연산을 수행하는 프로그램입니다.

```
Private Sub Form_Load()
    '컨트롤 별 배경색과 글자색 지정
    Frame1.ForeColor = QBColor(1)
```

↓다음 페이지에 계속

```vb
        Frame2.ForeColor = QBColor(1)
        Label5.ForeColor = QBColor(3)
        Text1.BackColor = QBColor(14)
        Text2.BackColor = QBColor(14)
        Text3.BackColor = QBColor(14)
        Text4.BackColor = QBColor(11)
        Text5.BackColor = QBColor(11)
        Text6.BackColor = QBColor(11)
End Sub

Private Sub Command1_Click()
'입출력을 위한 변수형 선언
Dim a As Long
Dim b As Long
Dim 선택 As String
Dim 결과
'데이터 입력
    a = Val(Text1.Text)
    b = Val(Text2.Text)
    선택 = UCase(Text3.Text)
'선택 결과를 얻기 위한 제어문
    Select Case 선택
        Case "A"
            결과 = a + b
            Label3.Caption = "+"
        Case "B"
            결과 = a - b
            Label3.Caption = "-"
        Case "C"
            결과 = a * b
            Label3.Caption = "*"
        Case Else
            결과 = a / b
            Label3.Caption = "/"
```

↓다음 페이지에 계속

```vb
        End Select
'결과를 출력 창에 출력
        Text4.Text = a
        Text5.Text = b
        Text6.Text = 결과
End Sub


Private Sub Command2_Click()
        Text1.Text = ""
        Text2.Text = ""
        Text3.Text = ""
        Text4.Text = ""
        Text5.Text = ""
        Text6.Text = ""
End Sub


Private Sub Command3_Click()
        End
End Sub
```

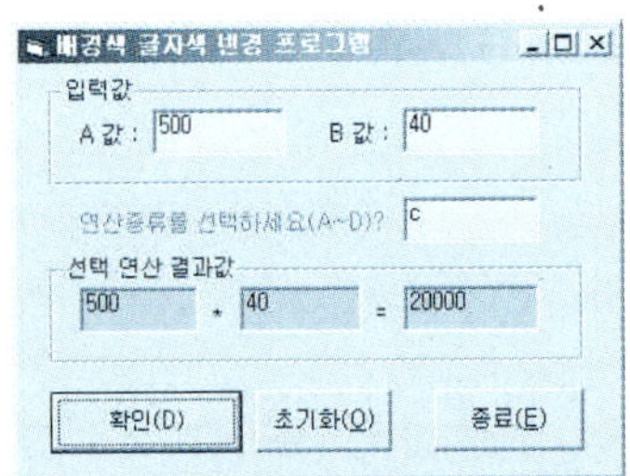

[그림10.5] 프로그램 실행 결과 화면

10.4 FillColor 속성

FillColor 속성은 여러 형태의 도형에 채워지는 색상을 반환하거나 설정합니다. 또
한 Circle과 Line 그래픽 메서드로 만들어진 여러 원형과 박스에 채워질 때 쓰이기도
합니다.

(저장 파일명 : 도형색1.frm, 도형색.vbp)

마우스를 눌렀을 때 임의로 선택한 FillColor 속성 설정 값을 가지고 폼 위에 원을
그리는 예제입니다. 이 예제를 실행하려면 폼의 선언 영역에 코드를 붙여 넣고 프로
그램을 실행시킵니다.

```
Private Sub Form_MouseDown(Button As Integer, Shift _
 As Integer, X As Single, Y As Single)
    '임의의 FillColor를 선택합니다.
    FillColor = QBColor(Int(Rnd * 15))
    'FillColor를 이용하여 원을 채웁니다.
    For i = 500 To 0 Step -1
    '반지름을 하나씩 감소시키면서 지정된 색으로 채웁니다.
    Circle (X, Y), i, FillColor
    Next i
End Sub
```

프로그램을 실행하고 폼 창에 마우스 버튼을 클릭하면, 클릭한 위치에 반지름이 500
이고 임의의 색상으로 지정된 원이 그려집니다.

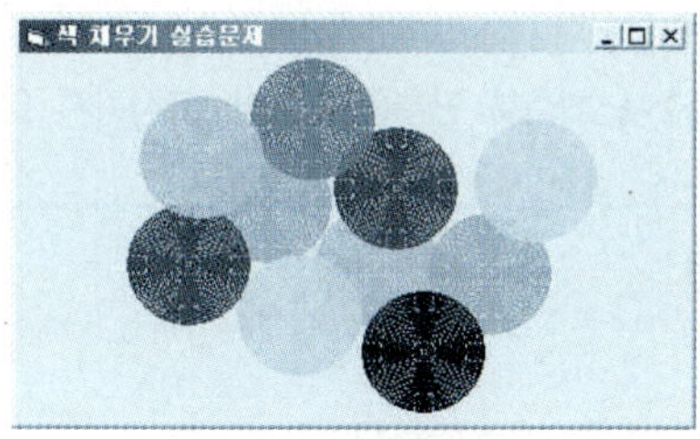

[그림10.6] 실행 결과 화면

 # BorderStyle 속성

한 개체에 괘선 종류를 반환하거나 설정합니다. Form 개체와 TextBox 컨트롤에 대해서는 실행 모드에서는 읽기 전용입니다.

BorderStyle 속성 형식

〈컨트롤〉.BorderStyle 〈값〉

- 〈컨트롤〉 : BorderStyle을 지정하고 자 하는 컨트롤
- 〈값〉 : 설정에 설명된 대로 괘선 종류를 결정하는 값이나 상수

폼에서 BorderStyle 속성

상 수	설정	의 미
vbBSNone	0	없음(괘선이나 괘선 관련 요소들이 없음).
VbFixedSingle	1	Fixed Single. 컨트롤 메뉴 상자, 제목 표시줄, 최대화 단추 그리고 최소화 단추를 포함할 수 있습니다.
VbSizable	2	(기본 값) Sizable. 설정 1에서 표시한 모든 괘선 요소들의 옵션을 사용하여 크기의 변경이 가능합니다.
VbFixedDouble	3	최대화 단추나 최소화 단추를 포함할 수는 없습니다. 크기 조정을 할 수 없습니다.
VbFixedToolWindow	4	최대화 단추나 최소화 단추를 화면에 표시할 수 없습니다. 크기 조정이 불가합니다.
VbSizableToolWindow	5	최대화 단추나 최소화 단추를 화면에 표시하지 않습니다. 크기 조정 가능.

[표10.2] 폼에서 BorderStyle 속성의 종류와 의미

Line과 Shape 컨트롤에 대한 BorderStyle 속성

상 수	설정	의 미
vbTransparent	0	투명
vbBSSolid	1	(기본 값) 고른색. 경계선은 형체의 가장자리에 중심을 두고 있습니다.

↓다음 페이지에 계속

상 수	설정	의 미
vbBSDash	2	Dash
vbBSDot	3	Dot
vbBSDashDot	4	Dash-dot
vbBSDashDotDot	5	Dash-dot-dot
vbBSInsideSolid	6	Inside solid. 괘선의 외부 가장자리는 그 도형의 외부 가장자리 입니다.

[표10.3] Line과 Shape 컨트롤에서 BorderStyle 속성의 종류와 의미

10.6 DrawMode 속성

그래픽 메서드에서 출력 모양 또는 Shape 또는 Line 컨트롤의 모양을 결정하는 값을 반환하거나 설정합니다.

DrawMode 속성 형식

〈컨트롤〉.DrawMode 〈번호〉

- 〈컨트롤〉 : DrawMode를 지정하고자 하는 컨트롤
- 〈번호〉 : 지정하고자 하는 DrawMode 값(16가지 선택 가능)

DrawMode 설정 상수 값

상 수	설정	의 미
VbBlackness	1	검정색으로 나타난다.
VbNotMergePen	2	병합하지 않는 펜 ― 설정 15의 역(병합 펜)
VbMaskNotPen	3	마스크 아닌 펜 ― 배경색으로 일반적이고 펜의 역인 색의 조합
VbNotCopyPen	4	복사 펜이 아님 ― 설정 13의 역(복사 펜)
VbMaskPenNot	5	마스크 펜이 없음 ― 펜의 역과 배경색에 일반적인 색의 조합
VbInvert	6	역상 ― 표시 색의 역

↓다음 페이지에 계속

상 수	설정	의 미
VbXorPen	7	펜 一펜에서와 표시 색에서의 색의 조합. 그러나 두개 모두에서는 아닙니다.
VbNotMaskPen	8	마스크 펜이 아님 一 설정 9의 역(마스크 펜)
VbMaskPen	9	마스크 펜 一펜과 표시 양쪽 모두에게 일반적인 색의 조합
VbNotXorPen	10	펜이 아님一 설정 7의 역(Xor 펜)
VbNop	11	작업 없음 一 변화하지 않은 출력. 실제로 이 설정은 그림을 끕니다.
VbMergeNotPen	12	병합 아닌 펜一 색과 펜 색의 역 표시의 조합
VbCopyPen	13	복사 펜(기본값) 一 ForeColor 속성에 의해 지정된 색
VbMergePenNot	14	병합 펜 없음 一 펜 색과 표시 색 역의 혼합
VbMergePen	15	병합 펜 一 펜 색과 표시 색의 혼합
VbWhiteness	16	흰색

[표10.4] DrawMode 상수 값 종류와 의미

10.7 Enabled 속성

폼이나 컨트롤이 사용자가 만든 이벤트에 응답할 수 있는 지를 결정하는 값을 반환하거나 설정합니다. Enabled 속성은 실행 모드에서 폼과 컨트롤을 사용 가능하게 하거나 사용할 수 없게 합니다. 예를 들어 응용프로그램의 현재 상태에 적용할 수 없는 개체를 사용할 수 없게 만들 수 있습니다. 읽기 전용임을 알리는 입력란처럼 보여 주는 목적만을 가진 컨트롤도 사용할 수 없게 할 수 있습니다.

Enabled 속성 형식

〈컨트롤〉.Enabled = 〈boolean〉

- 〈컨트롤〉 : Enabled를 적용하고자 하는 컨트롤
- 〈boolean〉 : 이벤트에 응답할 수 있는지를 결정하는 부울식

[실습1] 다음 프로그램을 실습하면서 Enabled 속성에 대한 사용방법을 이해하도록 하겠습니다.

(저장 파일명 : 사용제한1.frm, 사용제한1.vbp)

이번 프로그램은 텍스트 창에 입력 값이 없을 때에는 확인버튼을 비활성화 함으로서 프로그램 상에서 에러를 방지하기 위한 프로그램의 예제입니다.

```vb
Private Sub Form_Load()
    '초기 값 확인버튼 비활성화
    Command1.Enabled = False
End Sub


Private Sub Option1_Click()
    '옵션1 선택 시 확인버튼 활성화
    If Option1.Value = True Then
            Command1.Enabled = True
        Else
            Command1.Enabled = False
    End If
End Sub


Private Sub Option2_Click()
    '옵션2 선택 시 확인버튼 활성화
    If Option2.Value = True Then
            Command1.Enabled = True
        Else
            Command1.Enabled = False
    End If

End Sub


Private Sub Option3_Click()
    '옵션3 선택 시 확인 버튼 활성화
    If Option3.Value = True Then
```

↓다음 페이지에 계속

```vb
                    Command1.Enabled = True
        Else
        Command1.Enabled = False
        End If
End Sub


Private Sub Option4_Click()
        '옵션4 선택 시 확인버튼 활성화
        If Option4.Value = True Then
                Command1.Enabled = True
            Else
                Command1.Enabled = False
        End If
End Sub


Private Sub Command1_Click()
        '변수 데이터형 지정
        Dim 직업 As String

        '선택 여부를 결정하여 반환
        If Option1.Value = True Then
                직업 = "응용 프로그래머"
            ElseIf Option2.Value = True Then
                직업 = "웹 디자이너"
            ElseIf Option3.Value = True Then
                직업 = "웹 프로그래머"
            ElseIf Option4.Value = True Then
                직업 = "컴퓨터 A/S"
        Else
        End If
        '체크된 과목을 출력
        Text1.Text = "당신에 직업은 " & 직업 & "입니다."
End Sub
```

↓다음 페이지에 계속

```
Private Sub Command2_Click()
    End
End Sub
```

프로그램을 코딩한 다음 실행하게 되면 그림10.7과 같이 확인 버튼을 사용할 수 없도록 되어있습니다. 하나의 옵션 버튼이 선택 되어야 확인 버튼을 사용할 수 있도록 하는 프로그램입니다. 사용자는 이러한 기능을 잘 알아 두었다가 프로그램을 제작하고자 할 때 많이 활용하기 바랍니다.

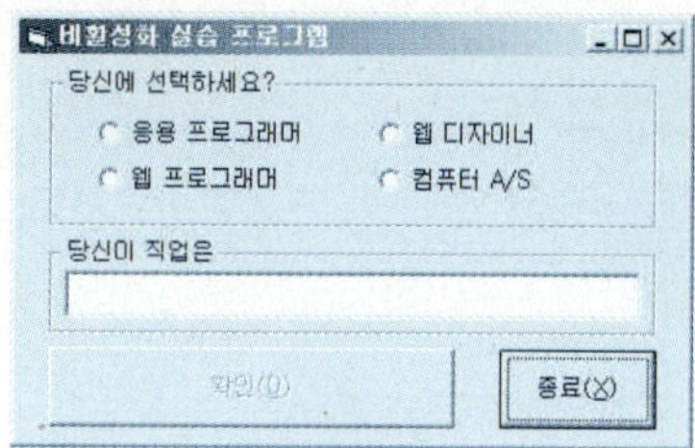

[그림10.7] 실행 초기 화면

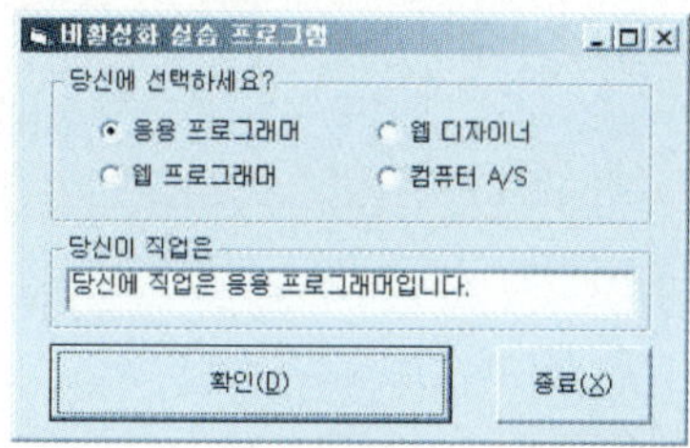

[그림10.8] 옵션 버튼을 선택한 결과 화면

[실습2] 다음 프로그램을 실습하면서 Enabled 속성에 대한 활용 방법을 계속하여 이해하도록 하겠습니다.

(저장 파일명 : 사용제한2.frm, 사용제한2.vbp)

```
Private Sub Check1_Click()
    '글자체 사용제한
    If Check1.Value = 1 Then
```

↓다음 페이지에서 계속

```vb
            Frame1.Enabled = False
            Option1.Enabled = False
            Option2.Enabled = False
            Option3.Enabled = False
        Else
            Frame1.Enabled = True
            Option1.Enabled = True
            Option2.Enabled = True
            Option3.Enabled = True
        End If
End Sub


Private Sub Check2_Click()
    '글자크기 사용제한
    If Check2.Value = 1 Then
        VScroll1.Enabled = False
    Else
        VScroll1.Enabled = True
    End If
End Sub


Private Sub Option1_Click()
    '궁서체를 적용한다.
    Text1.FontName = "궁서체"
End Sub


Private Sub Option2_Click()
    '굴림체를 적용한다.
    Text1.FontName = "굴림체"
End Sub


Private Sub Option3_Click()
    '바탕체를 적용한다.
    Text1.FontName = "바탕체"
```

|다음 페이지에 계속

```
        End Sub

        Private Sub VScroll1_Change()
            '글자크기 값을 읽기 위한 변수형
            Dim 글자크기 As Integer
            '글자 크기를 읽어 들인다.
            글자크기 = VScroll1.Value
            '글자크기에 맞추어 글자 출력
            Text1.FontSize = 글자크기
             '글자 크기값 출력
            Text2.Text = 글자크기
        End Sub
```

프로그램을 코딩한 다음 실행하게 되면 글자체와 글자크기를 지정하여 미리보기 창에 결과를 표현할 수 있지만, 만약 사용자가 사용 제한 키 중에서 글자체제한이나 크기제한을 체크하면 선택된 기능을 사용할 수 없도록 되어 있습니다. 그림10.9는 글자체제한을 체크하였을 때의 화면을 표시하고 있으며, 여기서는 글자체의 변경이 불가능하며, 글자크기만 지정할 수 있습니다.

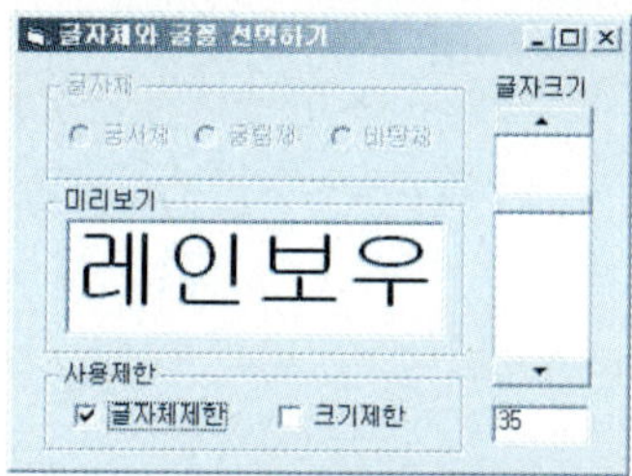

[그림10.9] 글자체제한 체크 화면

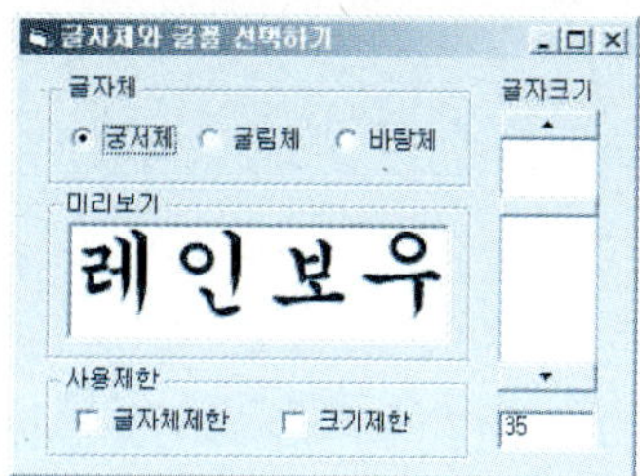

[그림10.10] 제한해제 결과 화면

개체를 직접 볼 수 있는지 숨어있는지를 표시하는 값을 반환하거나 설정합니다. 시작할 때 개체를 숨기려면 디자인모드에서는 Visible 속성을 False로 설정합니다. 코드 작성할 때 이 속성을 설정하면 실행 모드에서 컨트롤을 숨기고, 특정 이벤트의 요구에 따라 나중에 다시 화면에 표시할 수 있게 해줍니다.

Visible 속성 형식

〈컨트롤〉.Visible = 〈boolean〉

- 〈컨트롤〉 : Visible를 적용하고자 하는 컨트롤
- 〈boolean〉 : 이벤트에 응답할 수 있는지를 결정하는 부울식

[실습] 다음 프로그램을 실습하면서 Visible 속성에 대한 사용방법을 이해하도록 하겠습니다.

(저장 파일명 : 숨김속성1.frm, 숨김속성1.vbp)

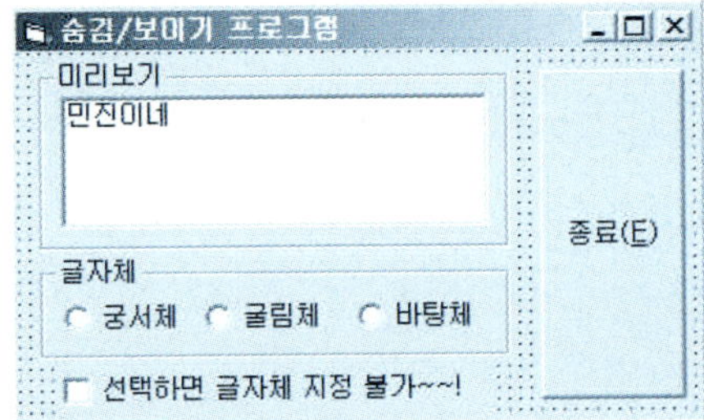

[그림10.11] 초기 디자인 화면

```
Private Sub Form_Load()
        '초기 값은 글자크기와 글자체 선택이 안 된 상태
        Text1.FontSize = 35
        Option1.Value = False
        Option2.Value = False

                                        ↓다음 페이지에 계속
```

```vb
            Option3.Value = False
        End Sub


    Private Sub Check1_Click()
        '글자체 숨김 제한
        If Check1.Value = 1 Then
            Frame1.Visible = False
        Else
        Frame1.Visible = True
        End If
    End Sub


    Private Sub Option1_Click()
        '궁서체를 적용한다.
        Text1.FontName = "궁서체"
    End Sub


    Private Sub Option2_Click()
        '굴림체를 적용한다.
        Text1.FontName = "굴림체"
    End Sub


    Private Sub Option3_Click()
        '바탕체를 적용한다.
        Text1.FontName = "바탕체"
    End Sub


    Private Sub Command1_Click()
        End
    End Sub
```

프로그램을 실행하면 초기상태는 글자체를 지정할 수 있지만, 그림10.11과 같이 하
단에 있는 상자를 체크하면 글자체 지정을 위한 상자가 모두 없어지면서 사용할 수
없도록 된다. 이 때 사용되는 속성이라는 것을 사용자는 알고, 필요할 경우 프로그램

제작할 때 활용하도록 하기 바랍니다.

그림10.12는 하단에 상자를 체크하였을 경우에 화면을 표시하고 있습니다. 만약 다시 사용하기 위해서는 체크를 해제하면 사용이 가능합니다.

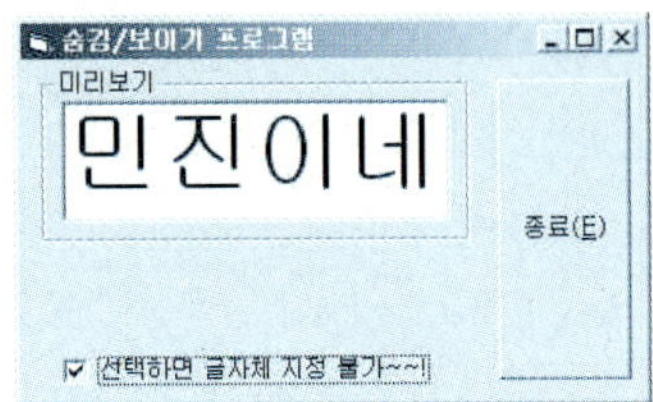

[그림10.12] 숨기기 상자 선택 화면

사용자는 다시 체크 상자를 해제하고 지정된 글자체를 선택하여 결과를 확인하기 바랍니다.

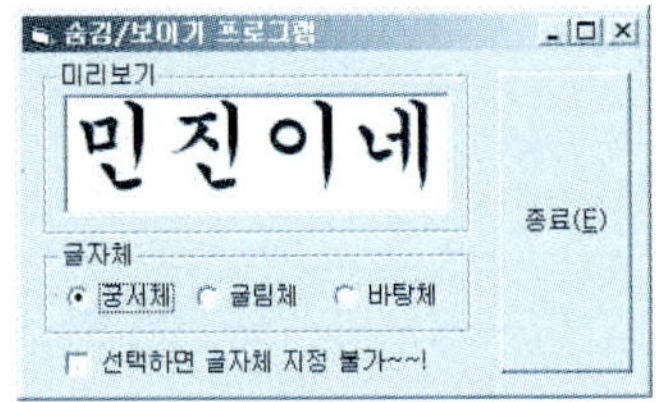

[그림10.13] 실행 결과 화면

다음의 문제를 읽고 답을 설명하시오.

❶ AutoRedraw 속성의 용도를 설명하고, 구성요소 별로 간단하게 설명하시오.

❷ BackColor 속성을 지정할 수 있는 컨트롤의 종류와 지정할 수 없는 컨트롤의 종류를 표현하시오.

❸ ForeColor 속성의 기능에 대하여 간단하게 설명하시오.

❹ FillColor 속성을 적용하여 사용할 수 있는 컨트롤의 종류와 간단한 예를 들어 설명하시오.

❺ DrawMode 속성은 어떤 용도로 사용되는지 간단하게 설명하시오.

❻ Enabled 속성과 Visible 속성의 차이점을 간단하게 설명하시오.

다음 조건에 맞는 프로그램을 완성하시오.

(저장 파일명 : 생일출력제한.frm, 생일출력제한.vbp)

그림10.14와 같이 폼 디자인 창에 폼을 완성한 다음, 아래 조건에 만족하는 프로그램을 작성하라.

[그림10.14] 폼 디자인 초기화면

처리 조건

❶ 프로그램을 실행하면 그림10.15와 같이 출력 버튼과 초기화 버튼을 비활성화 시킨다.

❷ 이름과 생년월일이 모두 입력되어야만 출력 버튼과 초기화 버튼을 활성화 시킨다.

❸ 출력 창에 지정된 이름과 생년, 생월, 생일을 차례로 출력하는 프로그램을 작성하라.

❹ 초기화 버튼을 선택하면 출력 버튼과 초기화 버튼을 비활성화 시켜서 사용하지 못하도록 한다.

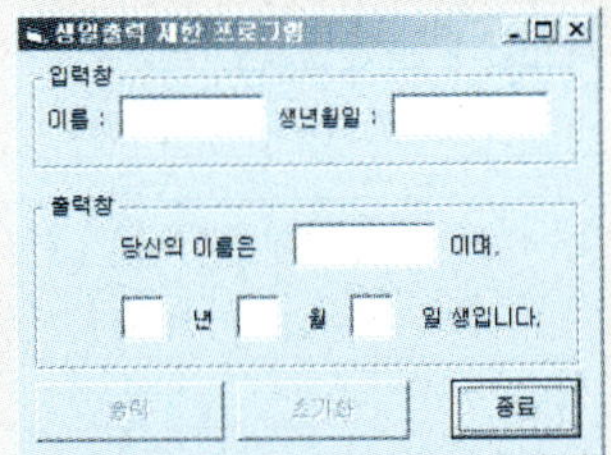

[그림10.15] 실행 초기화면

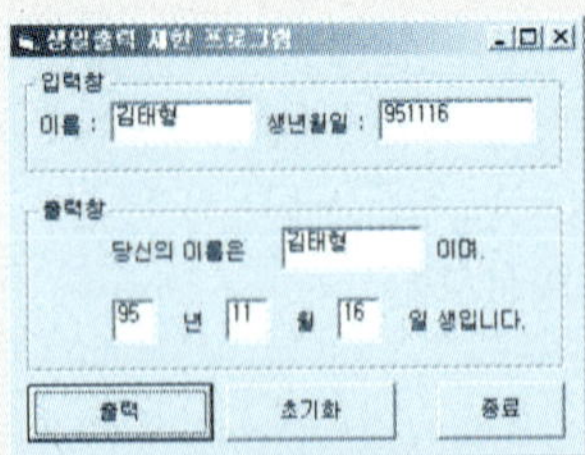

[그림10.16] 실행 결과 화면

 **종합문제 3**

다음 조건에 맞는 프로그램을 완성하시오.

(저장 파일명 : 연산제한.frm, 연산제한.vbp)

그림10.17과 같이 폼 디자인 창에 폼을 완성한 다음, 아래 조건에 만족하는 프로그램을 작성하라.

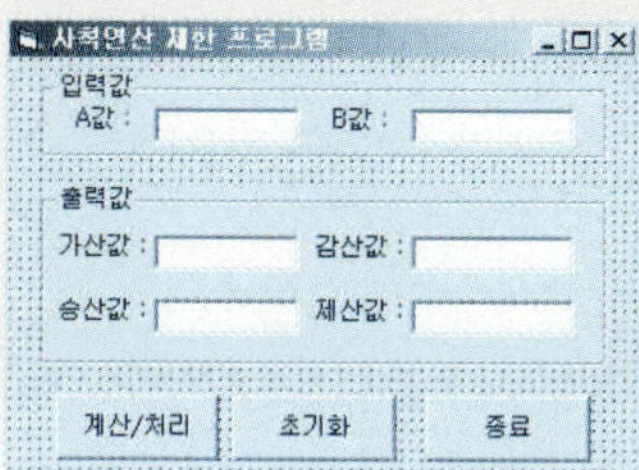

[그림10.17] 폼 디자인 초기화면

처리 조건

❶ 프로그램을 실행하면 그림10.18과 같이 출력 값 창을 나타나지 않도록 하며, 계산/처리 버튼과 초기화 버튼을 비활성화 시킨다.

❷ A값과 B값이 모두 입력되어야만 출력값 창을 화면에 나타내며, 계산/처리 버튼과 초기화 버튼을 활성화 시킨다.

❸ 출력 창에 A값과 B값을 이용하여 가감승제 연산 값을 계산하여 출력하는 프로그램을 작성한다.

❹ 초기화 버튼을 선택하면 출력 값 창을 나타나지 않도록 하며, 계산/처리 버튼과 초기화 버튼을 비활성화 시킨다.

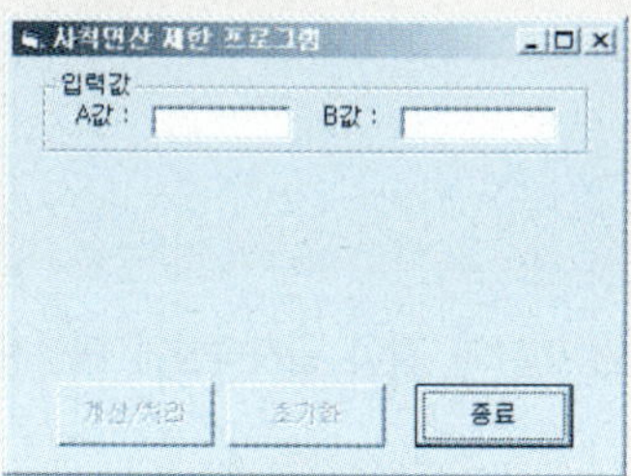

[그림10.18] 실행 초기화면

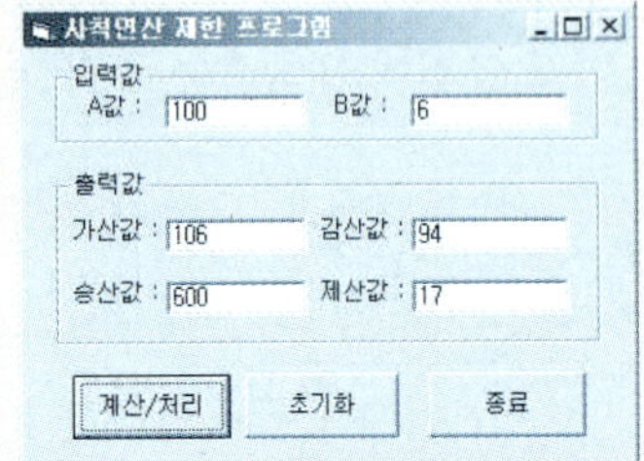

[그림10.19] 실행 결과 화면

다음 조건에 맞는 프로그램을 완성하시오.

(저장 파일명 : 종합속성.frm, 종합속성.vbp)

그림10.20과 같이 폼 디자인 창에 폼을 완성한 다음, 아래 조건에 만족하는 프로그램을 작성하라.

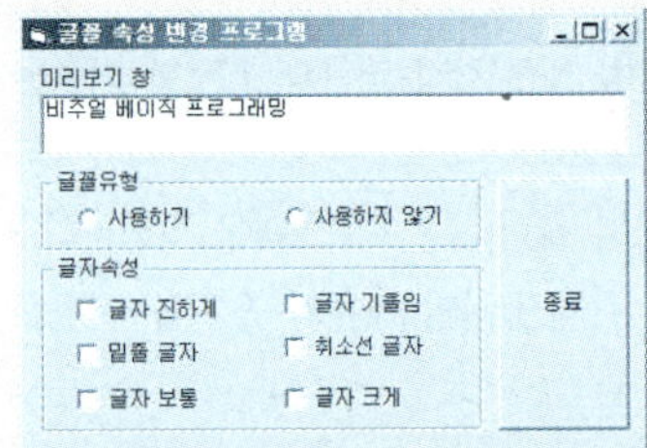

[그림10.20] 폼 디자인 초기화면

처리 조건

❶ 프로그램을 실행하고 [사용하지 않기] 옵션을 선택하면 그림10.21과 같이 글자속성에 해당하는 버튼을 비활성화 시킨다.

❷ [사용하기] 옵션을 선택하면 글자속성을 자유롭게 지정할 수 있어야 한다.

❸ 글자속성은 하나 혹은 여러 가지 지정이 가능하도록 한다.

❹ [글자 보통]과 [글자 크게]는 동시에 같이 선택될 수 없으며, 둘 중 하나를 선택하면 다른 하나는 해제되어야 한다.(동시에 글자 크기도 변경되도록 한다.)

❺ 글자 보통 : 10 포인트, 글자 크게 : 20 포인트로 처리한다.

다음 조건에 맞는 프로그램을 완성하시오.

(저장 파일명 : 종합속성.frm, 종합속성.vbp)

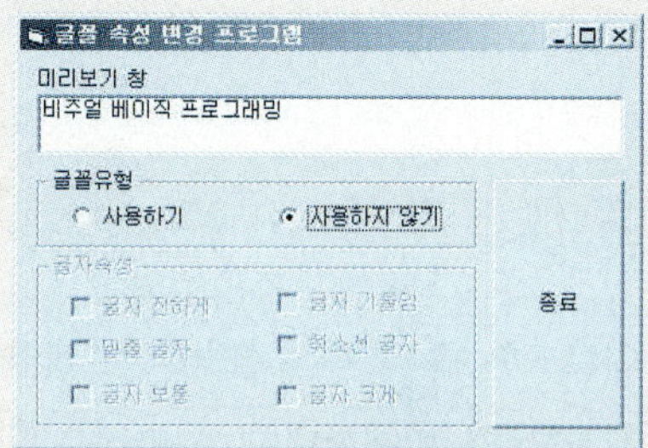

[그림10.21] [사용하지 않기] 선택 화면

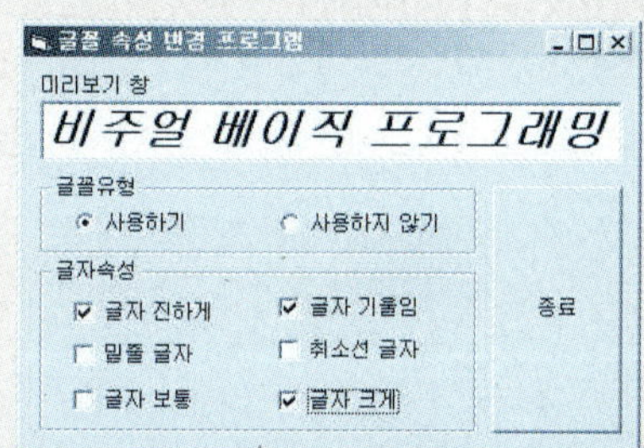

[그림10.22] 속성 지정 실행 결과 화면(1)

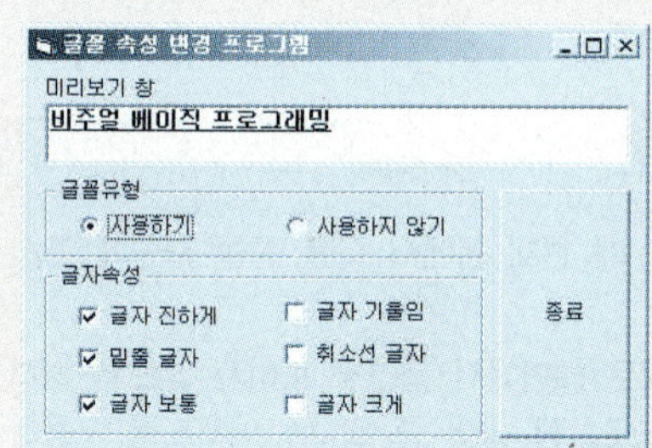

[그림10.23] 속성 지정 실행 결과 화면(2)

11.1 Form_Load() 프로시저

폼을 로드할 때 발생합니다. 시작 폼의 경우, 언로드한 폼의 속성 또는 컨트롤을 참조했을 때, 또는 Load 문으로 응용 프로그램을 시작할 때 발생합니다. 일반적으로, Load 이벤트 프로시저를 사용하여 폼의 초기화 코드를 작성할 수 있습니다. 예를 들어 컨트롤의 기본 설정을 지정하는 코드는 ComboBox나 ListBox 컨트롤로 로드하는 내용을 나타내고, 폼 수준 변수를 초기화합니다.

Form_Load() 형식

```
Private Sub Form_Load( )
```

- Form_Load() : 폼을 메모리로 읽어 들인 직후에 발생하는 이벤트 프로시저를 의미

Form 관련 메서드

메서드	의미	
Show	프로젝트 안에 여러 개의 폼을 만들었을 때 현재 폼에서 다를 폼을 화면에 표시한다.	
Hide	폼을 화면에서 보이지 않도록 한다. 특징은 화면에서 폼만을 보이지 않도록 하지만 메모리에는 기억된 상태를 말한다. 프로그램 실행 중 Show 메서드를 사용하여 다시 화면에 표시할 수 있다.	
Unload	폼을 화면에서 보이지 않도록 하며, 메모리에 기억된 정보를 제거한다. 프로그램 실행 중 Show 메서드를 사용하여 다시 화면에 표시할 수 없다.	

[표11.1] Form 관련 메서드 종류와 의미

Form 관련 메서드 사용 예

- 폼명 : 화면에 표시하고자하는 폼 이름
- 스타일

스타일	의미
vbModeless	폼이 화면에 표시된 상태에서 다른 폼을 사용하기 위해 선택하면 다른 폼으로 이동이 가능하다.(0-기본값)
vbModal	폼이 화면에 표시된 상태에서 다른 폼을 사용하기 위해서는 현재 폼을 닫아줘야 이동이 가능하다. 현재 열려진 폼의 지시나 처리를 하지 않으면 안된다.

[표11.2] 스타일 종류와 의미

- Unload Me : 자기 자신의 폼을 메모리에서 제거하고 폼 실행을 종료

[실습1] 다음 프로그램을 실습하면서 Form_Load() 프로시저 이용 기법을 이해하도록 하겠습니다.

(저장 파일명 : 폼열기1.frm, 폼열기1.vbp)

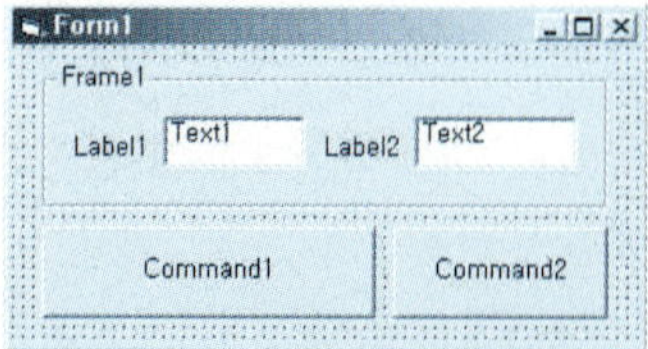

[그림11.1] 폼 디자인 초기화면

이번 프로그램은 특별한 목적 없이 Form을 Load 할 때 속성에서 지정하지 않고 코드 값을 이용하여 Form_Load() 시에 초깃값을 설정하는 방식에 대한 프로그램입니다. 사용자는 그림11.1과 같이 폼 창에 디자인을 한 다음 아래와 같은 프로그램을 코딩하고 결과를 실행하면 결과를 확인할 수 있습니다.

```vb
Private Sub Form_Load()
    '폼과 컨트롤에 초깃값을 설정
    Form1.Caption = "폼 초기 값 지정"
    Frame1.Caption = "입력창"
    Label1.Caption = "A 값 :"
    Label2.Caption = "B 값 :"
    Text1.Text = ""
    Text2.Text = ""
    Command1.Caption = "확인(&D)"
    Command2.Caption = "종료(&E)"
End Sub
```

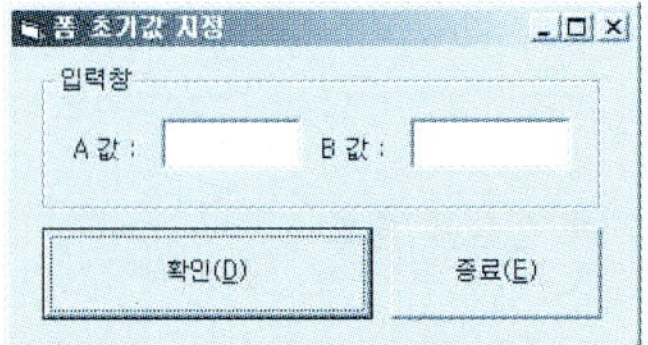

[그림11.2] 출력 결과 화면

[문제1] 다음 조건에 만족하는 값을 Form_Load()에 초깃값을 설정하는 프로그램을 완성하시오.

(저장 파일명 : 폼열기2.frm, 폼열기2.vbp)

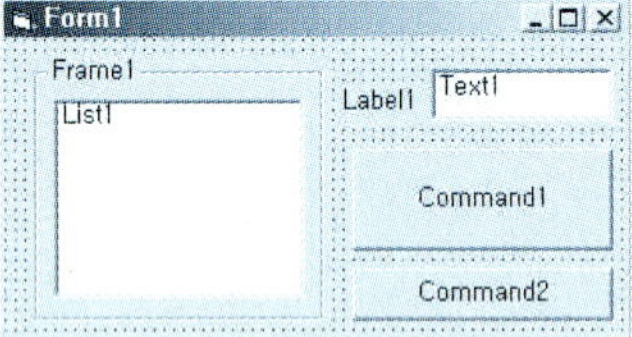

[그림11.3] 폼 디자인 초기화면

처리 조건

❶ 폼 창에 디자인을 한 다음, Form_Load()를 이용하여 초깃값을 지정한다.
❷ 입력 값 예시(ListBox)

- Index(0) : "초등학교 졸업"
- Index(1) : "중학교 졸업"
- Index(2) : "고등학교 졸업"
- Index(3) : "대학교 졸업"
- Index(4) : "대학원 졸업"

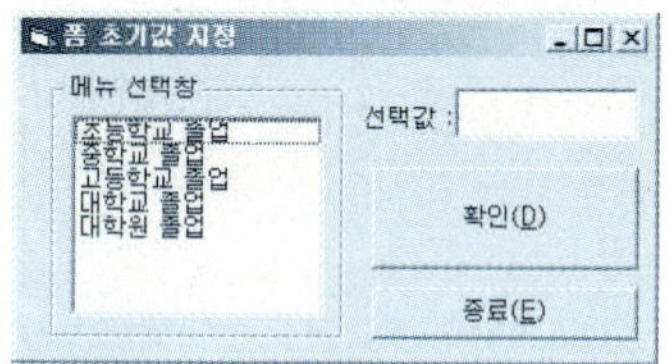

[그림11.4] 출력 결과 화면

[실습2] 다음 프로그램을 실습하면서 Form에서 사용하는 Show와 Unload 메서드 이용 기법을 이해하도록 하겠습니다.

(저장 파일명 : 폼열기3-1.frm, 폼열기3-2.frm, 폼열기3.vbp)

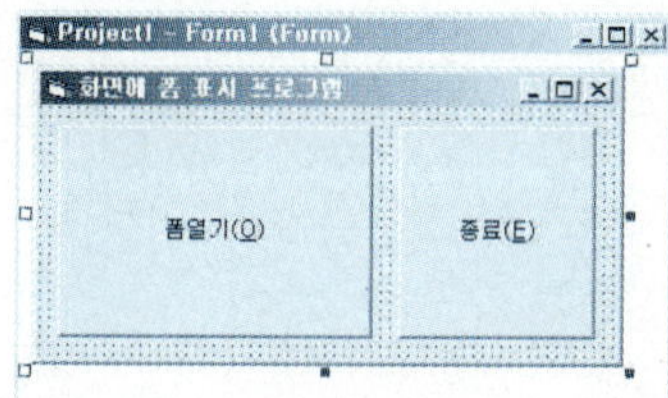

[그림11.5] Form1 디자인 초기화면

이번 프로그램은 Form1에서 새로운 Form2를 화면에 표시하는 방법과 Form2 에서 보이지 않게 하는 방법에 대한 프로그램을 실습하도록 하겠습니다. 우선 사용 자는 Form1을 디자인하고 속성 값을 지정한 다음, 메뉴의 프로젝트에서 폼 추가 버튼을 선택하고 사용자가 폼을 추가합니다. 또는 오른쪽 프로젝트 탐색기 창에서 오른쪽 버튼을 클릭하고 폼을 추가할 수 있습니다.

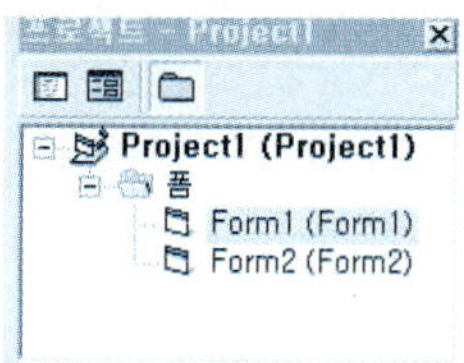

[그림11.6] Form2 추가 시 프로젝트 탐색기 창

앞에서 설명한 방식을 이용하여 Form2를 추가한 다음 폼의 크기를 적정하게 조정하여 그림11.7과 같이 디자인하고 속성 값을 지정합니다.

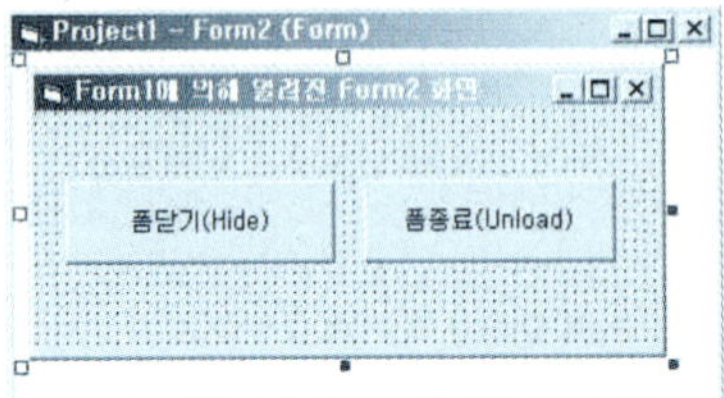

[그림11.7] Form2 디자인 초기화면

이번에는 Form1의 코드 값을 입력하기 위해 Form1을 선택한 다음, Form1에 있는 컨트롤에 해당하는 코드 값을 입력합니다.

```
Private Sub Command1_Click()
    'form2를 화면에 표시한다.
    Form2.Show
End Sub


Private Sub Command2_Click()
    End
End Sub
```

이번에는 Form2의 코드 값을 입력하기 위해 Form2를 선택한 다음, Form2에 있는 컨트롤에 해당하는 코드 값을 입력합니다.

```
Private Sub Command1_Click()
    '열려진 폼을 닫는다.
    Form2.Hide
End Sub


Private Sub Command2_Click()
    '열려진 폼을 닫으며, 메모리 값을 제거한다.
    Unload Form2 '또는 Unload Me로 설정해도 가능
End Sub
```

위와 같은 방법으로 각각 폼에 따른 코드 값을 입력하고 프로그램을 실행하면, F orm1이 실행되며 Form1에 [폼열기] 버튼을 선택하면 Form2가 화면에 표시됩니다. 또한 Form2에서 [폼닫기] 버튼이나 [폼종료] 버튼을 선택하면 Form2가 화면에서 사라지게 됩니다. 다시 Form1에서 [폼열기]를 누르면 똑같이 [폼닫기]나 [폼종료] 버튼의 차이점 없이 다시 Form2를 열 수 있습니다. 비주얼 베이직에서 Hide 메서드와 Unload의 차이점을 설명하고 있지만, Show 메서드의 특징은 메모리에 폼이 없으면 다시 자동으로 메모리로 읽어와 화면에 표시합니다.

파일을 저장하는 방법은 Form1과 Form2를 따로 저장해야 하며, 프로젝트 파일까지 총 3개의 파일로 상호 연결됨을 사용자는 알아두기 바랍니다.

[문제2] 다음 조건에 만족하는 값을 Show 메서드와 Hide 메서드를 이용한 프로그램을 완성하시오.

(저장 파일명 : 폼열기4-1.frm, 폼열기4-2.frm, 폼열기4.vbp)

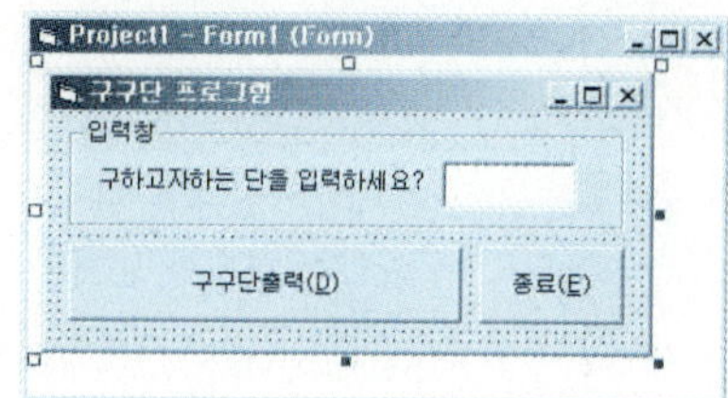

[그림11.8] Form1 디자인 초기화면

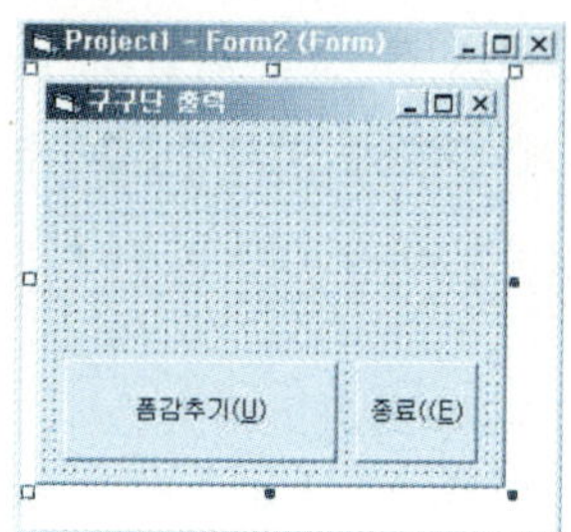

[그림11.9] Form2 디자인 초기화면

처리 조건

❶ Form1에서 원하는 단을 입력하면 Form2에 지정된 단에 해당하는 구구단을 출력하도록 한다.

❷ Form2 Caption 값을 항상 변하도록 프로그래밍 한다.

❸ Form2 중앙에 구구단 결과가 나오도록 한다.(Tab(⇥) 이용)

❹ Form2에는 [폼감추기] 버튼과 [종료]버튼을 추가한다.

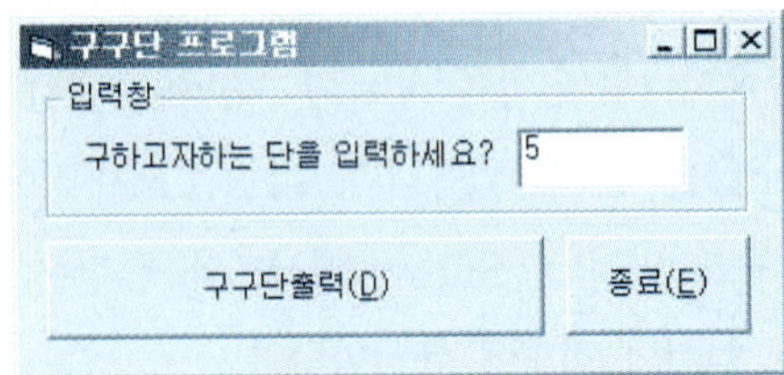

[그림11.10] 입력창에 8단을 입력한 화면

그림11.10은 입력창에 8단을 입력하고 구구단출력 버튼을 선택하기 전에 화면을 표시하고 있습니다. 구구단출력 버튼을 선택하면 그림11.11과 같은 결과 화면이 나옵니다.

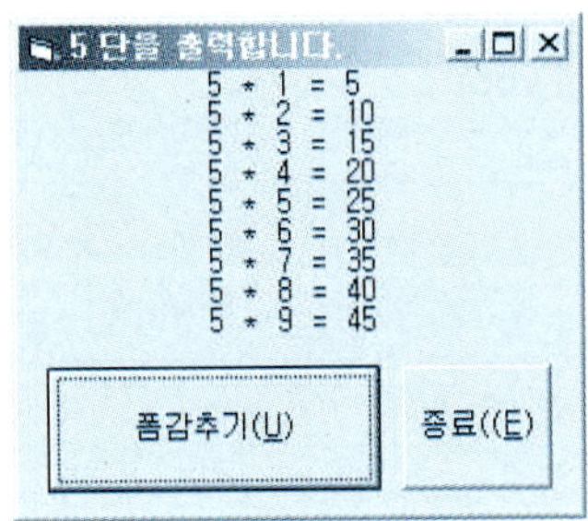

[그림11.11] 결과 출력 화면

그림 11.11을 살펴보면 Form2에 Caption의 값이 변한 것을 확인할 수 있고, 또한 구구단을 출력할 경우에 폼에 크기에 적당하게 중앙에 위치하도록 하였습니다. 이런 출력 방식을 사용자는 익숙하게 사용할 수 있기를 바랍니다.

11.2 개체명_Click() 프로시저

사용자가 개체에서 마우스 단추를 눌렀다 땔 때 발생하거나 컨트롤 값을 변경할 때 발생합니다. CheckBox, CommandButton, Listbox, OptionButton 컨트롤에 있어서는 사용자가 마우스 왼쪽 단추를 누를 때만 Click 이벤트가 발생합니다.

[실습] 다음 프로그램을 실습하면서 Click() 프로시저 이용 기법을 이해하도록 하겠습니다.

(저장 파일명 : 클릭1.frm, 클릭1.vbp)

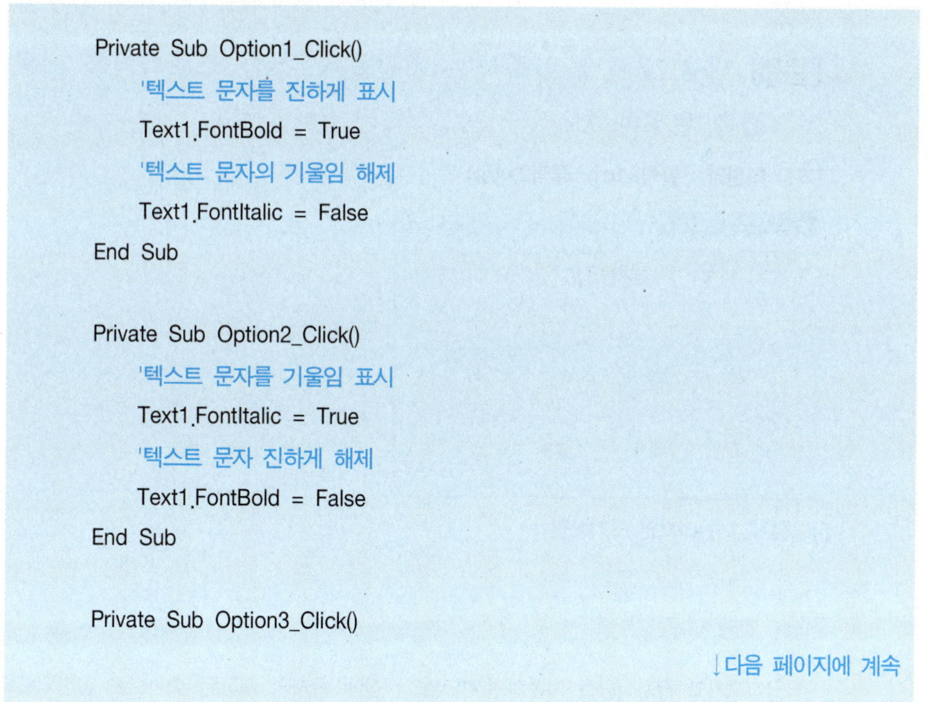

[그림11.12] 폼 디자인 초기화면

글자속성과 글자색상을 선택할 때마다 미리보기 창에 있는 문자열이 바로 바뀌게 하기 위한 프로그램입니다. 바로 적용시키기 위해서는 OptionButton을 클릭했을 때 이벤트를 설정하면 쉽게 사용할 수 있습니다.

```vb
Private Sub Option1_Click()
    '텍스트 문자를 진하게 표시
    Text1.FontBold = True
    '텍스트 문자의 기울임 해제
    Text1.FontItalic = False
End Sub


Private Sub Option2_Click()
    '텍스트 문자를 기울임 표시
    Text1.FontItalic = True
    '텍스트 문자 진하게 해제
    Text1.FontBold = False
End Sub


Private Sub Option3_Click()
```

↓다음 페이지에 계속

```vb
        '글자색을 빨간색으로 설정
        Text1.ForeColor = QBColor(4)
    End Sub


    Private Sub Option4_Click()
        '글자색을 파란색을 설정
        Text1.ForeColor = QBColor(1)
    End Sub
```

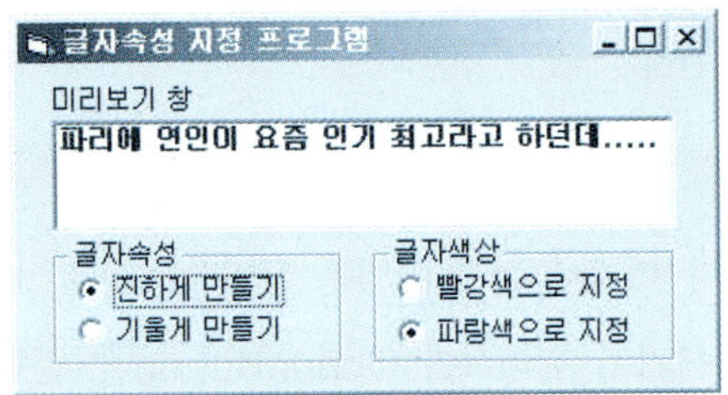

[그림11.13] **출력 결과 화면**

[문제] 다음 조건에 만족하는 조건을 Click() 프로시저를 이용하여 프로그램을 완성하시오.

(저장 파일명 : 클릭2.frm, 클릭2.vbp)

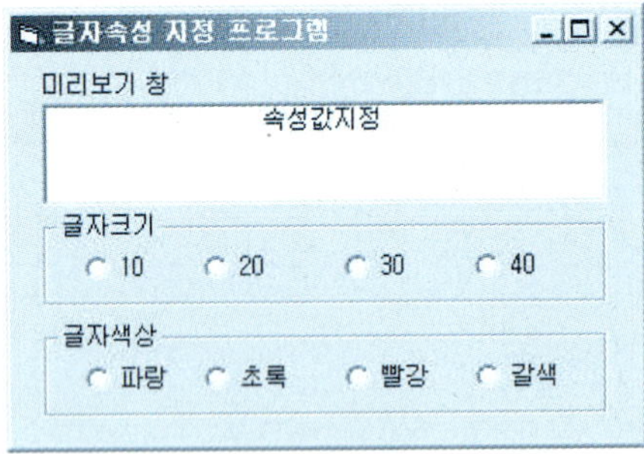

[그림11.14] **디자인 초기화면**

❶ 글자크기와 글자색상을 지정하면 미리보기 창에 글자가 지정된 속성으로 설정되도록 프로그램
   을 작성하라.

❷ 텍스트 창에 글자 정렬을 가운데로 설정하라.

❸ 각각 OptionButton을 클릭 하였을 경우에 지정되도록 한다.

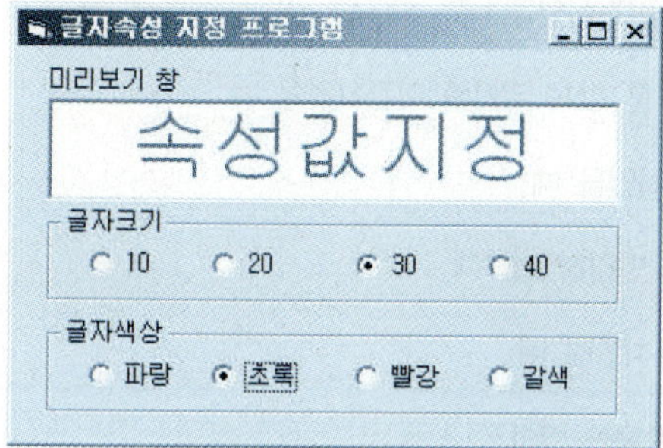

[그림11.15] 크기:40, 색상:초록 선택 화면

11.2 개체명_Change() 프로시저

컨트롤 내용이 변경되었음을 나타냅니다. 컨트롤에 따라서 이벤트가 발생되는 시기와 방법이 달라집니다. Change 이벤트 프로시저는 컨트롤 사이에서 표시되는 데이터를 동기화하거나 조화시킬 수 있습니다.

예를 들어 TextBox는 입력란 내용을 변경합니다. DDE 연결이 자료를 업데이트 하거나 사용자가 텍스트를 변경하거나 사용자가 코드를 사용해서 Text 속성 설정을 변경할 때만 발생합니다. 특히; 데이터베이스 자료를 관리하고자할 때 자료의 갱신, 추가, 삭제 시에 일정한 완료 버튼을 선택하지 않더라도 바로 처리가 되도록 할 때 매우 유용합니다.

Change() 프로시저 적용 컨트롤

컨트롤	의 미
ComboBox	컨트롤 입력란의 텍스트를 변경하였을 때
DirListBox	선택한 디렉터리를 변경하였을 때

↓ 다음 페이지에 계속

컨트롤	의　　　　　미
DriveListBox	선택한 드라이브를 변경하였을 때
ScrollBar	스크롤 막대의 스크롤 상자 위치를 이동시켰을 때
Label	Label 내용을 변경하였을 때
PictureBox	PictureBox 내용을 변경하였을 때
TextBox	입력란 내용을 변경하였을 때

[표11.3] Change() 프로시저 적용 컨트롤 종류와 의미

[실습] 다음 프로그램을 실습하면서 Change() 프로시저 이용 기법을 이해하도록 하겠습니다.

(저장 파일명 : 변환1.frm, 변환1.vbp)

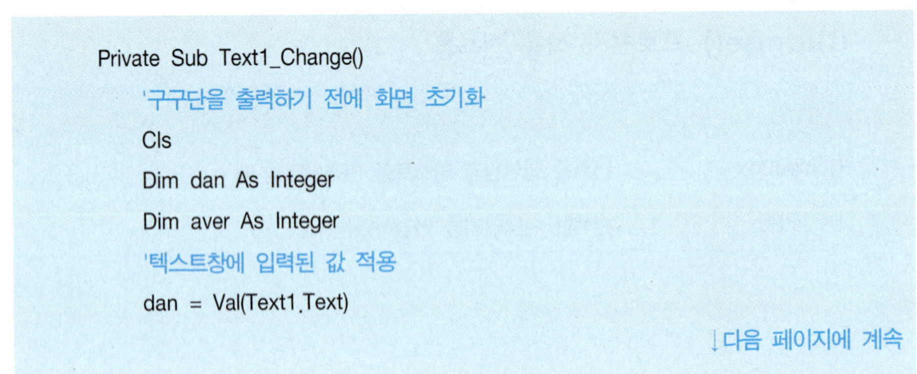

[그림11.16] 폼 디자인 초기화면

이번 프로그램은 지금까지 CommandButton 방식을 통하여 결과를 확인하던 방식을 떠나서 Change() 프로시저 방식을 이용한 프로그래밍 기법입니다. 사용자는 그림11.16과 같이 폼 디자인 창에 디자인을 한 다음, 각각 속성 값을 설정하여 아래와 같은 프로그램을 코딩합니다.

```vb
Private Sub Text1_Change()
    '구구단을 출력하기 전에 화면 초기화
    Cls
    Dim dan As Integer
    Dim aver As Integer
    '텍스트창에 입력된 값 적용
    dan = Val(Text1.Text)
```

↓다음 페이지에 계속

```
        '제목 표시줄
        Print Tab(5); "==="; dan; " 단 ==="
        '구구단 산출과 출력
        For i = 1 To 9
            aver = dan * i
            Print Tab(5); dan; " * "; i; " = "; aver
        Next i
    End Sub


Private Sub Command1_Click()
        End
End Sub
```

프로그램을 실행하는 방법은 텍스트 창에 원하는 단을 입력하고 나면 특별한 컨트롤
(CommandButton)을 선택하지 않아도 바로 결과를 확인할 수 있습니다.

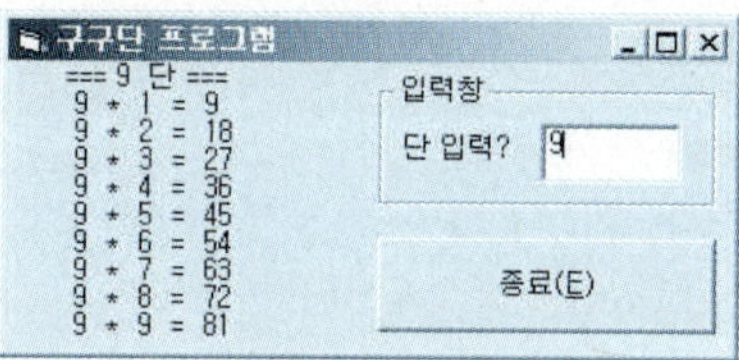

[그림11.17] **출력 결과 화면**

[문제] 다음 조건에 만족하는 조건을 Change() 프로시저를 이용하여
프로그램을 완성하시오.

(저장 파일명 : 변환2.frm, 변환2.vbp)

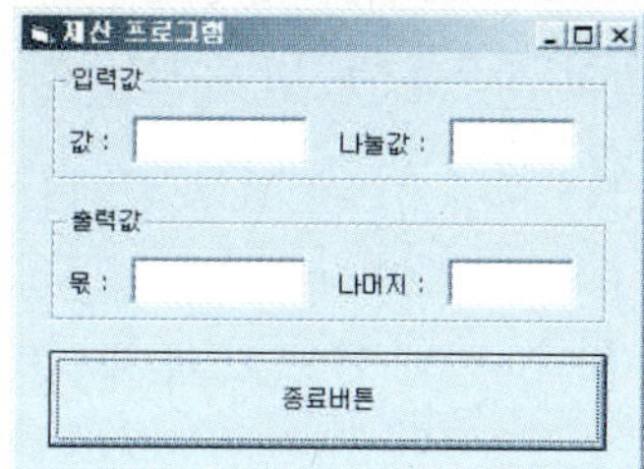

[그림11.18] **디자인 초기화면**

❶ 입력 값에 입력된 값을 이용하여 자동으로 출력값을 얻을 수 있는 프로그램을 완성하라.

❷ 만약, 입력 창에 값이나 나눌값 부분에 텍스트 창이 비어있거나 0이 입력되면 나누기 값을 구하는 부분에서 에러가 발생하는데, 에러가 발생하지 않도록 메시지 창을 띄어 사용자에게 알려주며 결과를 출력하지 않도록 한다.

[그림11.19] 잘못 입력된 메시지 창

[그림11.20] 결과 출력 화면

11.3 개체명_Dblclick() 프로시저

마우스 단추를 개체에서 누르고 놓은 후 다시 누르고 놓으면 발생합니다. 폼의 경우 DblClick 이벤트는 폼의 흐려진 컨트롤 또는 공백 영역을 두 번 누를 때 발생합니다.

Style 속성이 1(Simple)로 설정된 경우의 ComboBox 컨트롤의 항목이나 FileListBox, ListBox, DataCombo, DataList 컨트롤의 항목을 두 번 누르는 경우 이벤트가 동작합니다.

[실습] 다음 프로그램을 실습하면서 Dblclick() 프로시저 이용 기법을 이해하도록 하겠습니다.

(저장 파일명 : 더블클릭1.frm, 더블클릭1.vbp)

이번 프로그램은 폼 디자인 창의 왼쪽 작은 ImageBox 3개와 오른쪽에 ImageBox 한 개를 크게 배치한 다음, 속성에서 작은 ImageBox에 이미지를 받아들이고 프로그램을 코딩하여 더블클릭한 이미지를 오른쪽 ImageBox에 크게 확대하여 출력하는 프로그램입니다.

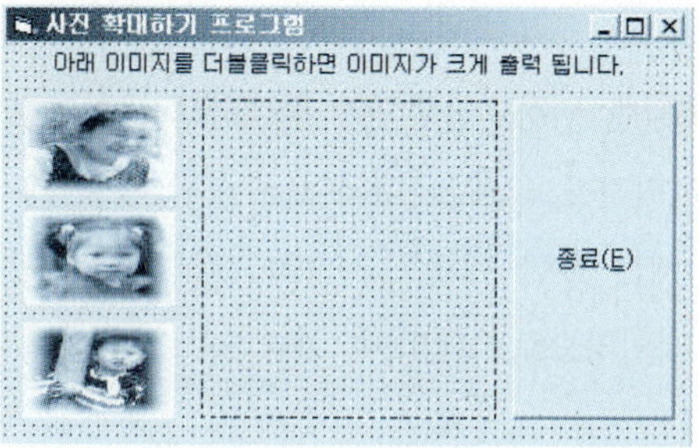

[그림11.21] 폼 디자인 초기화면

본 프로그램에서 가장 중요한 것은, ImageBox의 Stretch의 속성 값을 True로 모두 설정한 상태에서 속성에서 이미지를 받아들이도록 해야 합니다. 만약, 사용자의 실수로 이미지부터 받아들였다면 지우고 다시 디자인한 후에 Stretch의 속성 값을 True로 설정한 상태에서 이미지를 받아들이기 바랍니다.

```vb
Private Sub Command1_Click()
    End
End Sub


Private Sub Image1_DblClick()
    '이미지를 더블클릭하면 큰 이미지가 출력된다.
    Image4.Picture = LoadPicture("명희.jpg")
End Sub


Private Sub Image2_DblClick()
    '이미지를 더블클릭하면 큰 이미지가 출력된다.
    Image4.Picture = LoadPicture("태형.jpg")
End Sub
```

↓다음 페이지에 계속

```
Private Sub Image3_DblClick()
    '이미지를 더블클릭하면 큰 이미지가 출력된다.
    Image4.Picture = LoadPicture("민진.jpg")
End Sub
```

사용자는 위와 같이 프로그램을 코딩한 다음, 실행하여 확대하고자 이미지에서 더블
클릭하면 오른쪽 화면에 선택된 이미지가 크게 확대되어 출력됨을 알 수 있습니다.
만약, 똑같은 이미지 파일이 없을 때는 우선 예제로 사용하고자 하는 이미지를 미리
폴더에 저장한 다음, 해당 이미지 파일명으로 설정하여 실습하기 바랍니다.

[그림11.22] 세 번째 이미지를 더블클릭한 화면

11.4 개체명_MouseDown() 프로시저

MouseDown는 세 마우스 이벤트 중에서 가장 빈번히 사용됩니다. 예를 들어 실행
모드에서 폼에 있는 컨트롤 위치를 재조정할 때나 그래픽 효과를 낼 때 사용합니다.
마우스 단추를 누르면 MouseDown 이벤트가 시작됩니다. 마우스 이벤트는 왼쪽, 오
른쪽, 가운데 마우스 단추와 Shift 키, Ctrl 키, Alt 키 구별을 가능하게 하는 특징을
가지고 있습니다.

Move 메서드에 MouseDown 사용

명령 단추를 폼의 다른 위치로 이동시키는 경우 MouseDown 이벤트와 Move 메
서드를 결합하여 사용합니다. 마우스 포인터 위치가 새로운 위치로 결정됩니다. 사용자
가 컨트롤을 제외한 위치에서 폼을 누르면 컨트롤은 커서가 있는 위치로 이동합니다.

```
Private Sub Form_MouseDown (Button As Integer, _
  Shift As Integer, X As Single, Y As Single)
     Command1.Move X, Y
  End Sub
```

Line 메서드에 MouseDown 사용

마우스를 눌러 이전 그리기 위치에서 마우스 포인터의 새 위치로 선을 긋습니다. 이
응용프로그램은 MouseDown 이벤트와 Line 메서드를 사용합니다. Line 메서드는 다
음 구문을 사용하여 이전 지점부터 현재 지점(x2, y2)까지 선을 긋습니다.

```
Private Sub Form_MouseDown (Button As Integer, _
  Shift As Integer, X As Single, Y As Single)
     Line -(X, Y)
  End Sub
```

Button 인수의 상수

마우스의 어느 버튼을 눌렀는지를 확인하는 기능으로 Button 인수의 반환 값을 가
지고 판단할 수 있습니다.

상 수	값	의 미
vbLeftButton	1	마우스의 왼쪽 버튼을 눌렀을 경우
VbRightButton	2	마우스의 오른쪽 버튼을 눌렀을 경우
VbMiddleButton	4	마우스의 가운데 버튼을 눌렀을 경우

[표11.4] Button 인수의 상수와 의미

Shift 인수의 상수

마우스의 버튼과 동시에 키보드의 Shift 키, Ctrl 키, Alt 키를 동시에 눌렀는지를
확인하는 기능으로 Shift 인수의 반환 값을 가지고 판단할 수 있습니다.

상 수	값	의 미
vbShiftMask	1	Shift 키와 같이 마우스 버튼을 눌렀을 경우
VbCtrlMask	2	Ctrl 키와 같이 마우스 버튼을 눌렀을 경우
VbAltMask	4	Alt 키와 같이 마우스 버튼을 눌렀을 경우

[표11.5] Shift 인수의 상수와 의미

[실습1] 다음 프로그램을 실습하면서 MouseDown() 프로시저 이용 기법을 이해하도록 하겠습니다.

(저장 파일명 : 다운1.frm, 다운1.vbp)

이번 프로그램은 폼 디자인 창에 CommandButton을 하나 디자인하고 MouseDown() 프로시저를 이용하여 CommandButton에 위지를 바꿔주는 프로그램 입니다.

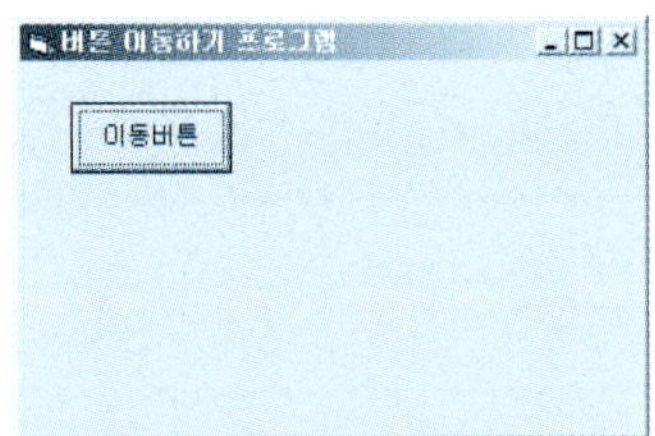

[그림11.23] 폼 디자인 초기화면

본 프로그램은 Move 메서드는 x와 y 인수로 표시되는 마우스 포인터 위치에 명령 단추 컨트롤의 왼쪽 상단 모서리를 맞춥니다. 마우스 위치에 컨트롤의 가운데부분이 놓이도록 프로시저를 수정할 수 있습니다.

```
Private Sub Command1_MouseDown(Button As Integer, _
  Shift As Integer, X As Single, Y As Single)
    'MouseDown()를 이용하여 컨트롤을 이동
    Command1.Move X, Y
End Sub
```

[그림11.24] 실행 후 버튼을 이동시킨 화면

[실습2] 다음 프로그램을 실습하면서 MouseDown() 프로시저 이용 기법을 이해하도록 하겠습니다.

(저장 파일명 : 다운2.frm, 다운2.vbp)

이번 프로그램은 폼 디자인 창에 MouseDown 이벤트가 발생된 위치에 라인을 그려주기 위한 프로그램입니다.

[그림11.25] 폼 디자인 초기화면

본 프로그램은 MouseDown 이벤트와 Line 메서드를 사용합니다. Line 메서드는 다음 구문을 사용하여 이전 지점부터 현재 지점(x2, y2)까지 선을 긋습니다. 첫째 선은 기본 값에 따라 왼쪽 상단 모서리에서 시작합니다. 그래서 마우스를 누를 때마다 응용프로그램은 이전 선에서 시작하여 마우스 포인터의 현재 위치까지 확장된 직선을 긋습니다.

```
Private Sub Form_MouseDown(Button As Integer, _
  Shift As Integer, X As Single, Y As Single)
    'MouseDown 위치에 0,0부터 선을 이어서 그린다.
    Line -(X, Y)
End Sub
```

그림11.26 화면은 프로그램을 실행한 다음, 폼 창 특정 위치에 마우스 버튼을 계속하여 여러 위치에 클릭하였을 때 화면을 표시하고 있습니다. 만약, 프로그램을 종료하기 위해서는 오른쪽 상단에 종료 버튼을 선택하면 종료할 수 있습니다.

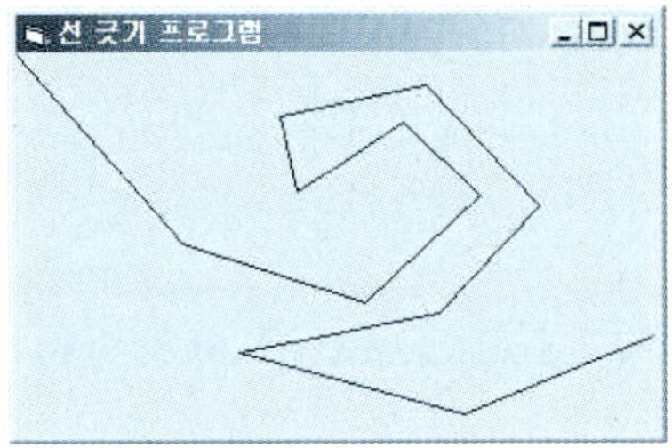

[그림11.26] 실행 결과 화면

[실습3] 다음 프로그램을 실습하면서 MouseDown() 프로시저에서 사용하는 다운 인수 이용 기법을 이해하도록 하겠습니다.

(저장 파일명 : 다운인수1.frm, 다운인수1.vbp)

이번 프로그램은 버튼의 Button(왼쪽, 오른쪽) 인수와 Shift(Shift, Ctrl, Alt)인수의 사용법을 실습하도록 하겠습니다.

[그림11.27] 폼 디자인 초기화면

그림 11.27과 같이 폼 디자인과 속성 값을 지정한 다음, 아래와 같은 프로그램을 코딩합니다.

```
Private Sub Command1_MouseDown(Button As Integer, _
    Shift As Integer, X As Single, Y As Single)
    '마우스 왼쪽 버튼과 오른쪽 버튼 확인
    Select Case Button
```

↓다음 페이지에 계속

```
            Case 1
                Text1.Text = "왼쪽 버튼 클릭~!"
            Case 2
                Text1.Text = "오른쪽 버튼 클릭~!"
        End Select
    End Sub


    Private Sub Command2_MouseDown(Button As Integer, _
     Shift As Integer, X As Single, Y As Single)
        '조합키의 확인
        Select Case Shift
            Case 1
                Text1.Text = "〈Shift〉키와 동시에 클릭~!"
            Case 2
                Text1.Text = "〈Ctrl〉키와 동시에 클릭~!"
            Case 4
                Text1.Text = "〈Alt〉키와 동시에 클릭~!"
            '잘못 눌려진 키를 확인
            Case Else
                Text1.Text = "키를 잘못 눌렀습니다.~!"
        End Select
    End Sub
```

그림11.28과 그림11.29 화면은 프로그램을 실행한 다음 Button 인수실습 키와 Shift 인수실습 키를 각각 클릭 하였을 때의 화면을 표시하고 있습니다.

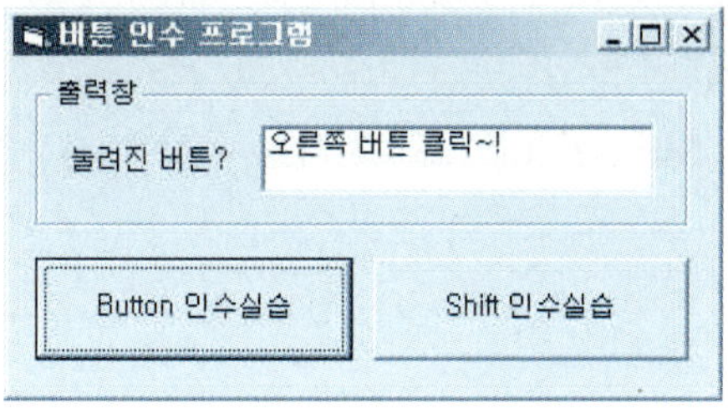

[그림11.28] **Button 인수실습 선택 결과 화면**

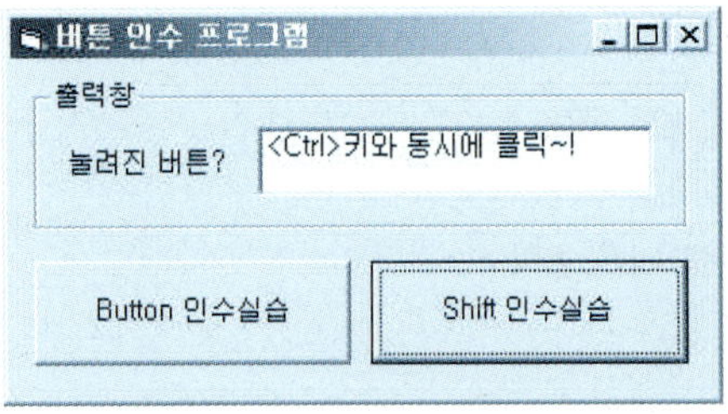

[그림11.29] **Shift 인수실습 선택 결과 화면**

11.6 개체명_MouseUp() 프로시저

MouseUp 이벤트는 마우스 단추를 눌렀다가 놓았을 경우에 발생합니다. MouseUp 은 MouseDown, MouseMove와 함께 유용하게 사용됩니다.

MouseUp 사용 예

MouseDown과 MouseUp은 응용 프로그램 그리기의 설정과 해제를 알려줍니다. 그리기 상태를 나타내는 폼 수준 변수를 만들어 이 이벤트를 지정합니다.

```
Private Sub Form_MouseDown (Button As Integer, _
  Shift As Integer, X As Single, Y As Single)
     Command1.Move X, Y
End Sub
```

[실습] 다음 프로그램을 실습하면서 MouseUp() 프로시저에 대한 이용 기법을 이해하도록 하겠습니다.

(저장 파일명 : 다운업1.frm, 다운업1.vbp)

이번 프로그램은 MouseDown()과 MouseUp() 프로시저를 동시에 사용하는 프로그램을 실습하도록 하겠습니다.

[그림11.30] 폼 디자인 초기화면

그림11.30과 같이 폼 디자인과 속성 값을 지정한 다음, 아래와 같은 프로그램을 코딩합니다.

```vb
'좌표점을 표시하기 위한 전역 변수 선언
Dim XX As Integer
Dim YY As Integer
Private Sub Form_MouseDown(Button As Integer, _
 Shift As Integer, X As Single, Y As Single)
    '마우스 다운 위치에 좌표점을 기억
    XX = X
    YY = Y
End Sub


Private Sub Form_MouseUp(Button As Integer, _
 Shift As Integer, X As Single, Y As Single)
    '원의 반지름을 위한 지역 변수 선언
    Dim R As Integer
    '반지름 값 산출(반지름 101-500사이의 수 발생)
    R = Int((500 - 100 + 1) * Rnd + 100)
    '마우스 다운 위치에 색상이 다른 임의의 반지름 원을 그린다.
    Circle (XX, YY), R, QBColor(Rnd * 15)
End Sub
```

그림11.31 화면은 프로그램을 실행한 다음 폼 창에서 마우스 버튼을 계속하여 다운 업 하였을 경우에 화면을 표시하고 있습니다.

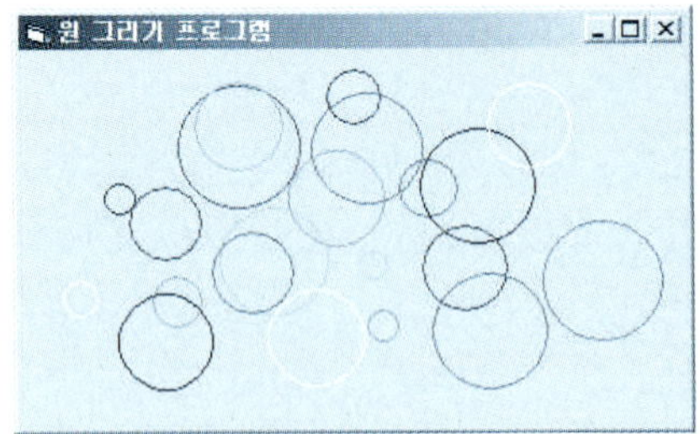

[그림11.31] 실행 결과 화면

11.7 개체명_MouseMove() 프로시저

MouseMove 이벤트는 마우스 포인터가 화면 위를 움직일 때 발생합니다. 마우스 포인터가 테두리선 내에 있는 경우 폼과 컨트롤 모두가 MouseMove 이벤트를 인식합니다.

Line 메서드에 MouseMove 사용

Graphics 메서드를 MouseDown 프로시저에서 사용하지 않고 MouseMove 프로시저에 사용하면 아주 다른 효과가 나타납니다. 예를 들어 MouseMove 프로시저를 이용한 사용방법은 다음과 같습니다.

```
Private Sub Form_MouseMove (Button As Integer, _
  Shift As Integer, X As Single, Y As Single)
      Line -(X, Y)
End Sub
```

[실습] 다음 프로그램을 실습하면서 MouseMove() 프로시저에 대한 이용 기법을 이해하도록 하겠습니다.

(저장 파일명 : 마우스이동1.frm, 마우스이동1.vbp)

이번 프로그램은 MouseMove() 프로시저를 동시에 사용하는 프로그램을 실습하도록 하겠습니다.

그림11.32와 같이 폼 디자인과 속성 값을 지정한 다음, 아래와 같은 프로그램을 코

딩합니다.

```
Private Sub Form_Mousemove(Button As Integer, _
   Shift As Integer, X As Single, Y As Single)
   '마우스를 이동시키는 위치에 계속하여 원을 그린다.
   Circle (X, Y), 100, QBColor(Rnd * 15)
End Sub
```

[그림11.32] 폼 디자인 초기화면

이번 프로그램의 단점은 MouseMove() 프로시저 이벤트 외에는 사용하지 않았기 때문에 사용자 임의로 폼 창에 원을 그리지 못하게 하거나 다른 기능을 사용할 수 없습니다.

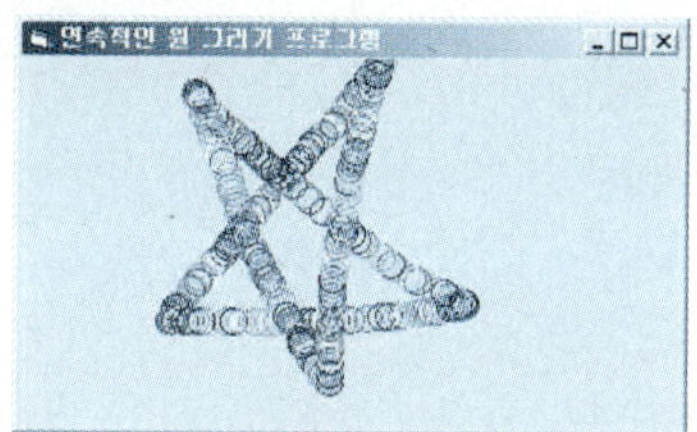

[그림11.33] 실행 결과 화면

11.8 개체명_Resize() 프로시저

개체가 처음으로 나타나거나 개체 창 상태가 변화될 때 발생됩니다. 예를 들어 폼이 최대화, 최소화 또는 복원될 때 사용되는 이벤트 입니다.

Resize 이벤트 프로시저를 사용하여 상위 폼의 크기가 변할 때 컨트롤을 이동하거

나 크기를 재조정할 수 있습니다. 이벤트 프로시저를 사용하여 폼 크기에 따르는 Scal
eHeight와 ScaleWidth 같은 변수나 속성을 다시 계산할 수 있습니다.

[실습] 다음 프로그램을 실습하면서 Resize() 프로시저에 대한 이용 기
법을 이해하도록 하겠습니다.

(저장 파일명 : 크기재설정1.frm, 크기재설정1.vbp)

이번 프로그램은 Resize() 프로시저를 동시에 사용하는 프로그램을 실습하도록 하겠
습니다. 폼의 크기가 변경될 때마다 폼을 채우기 위해 TextBox 컨트롤의 크기를
자동으로 변경시키는 예제입니다.

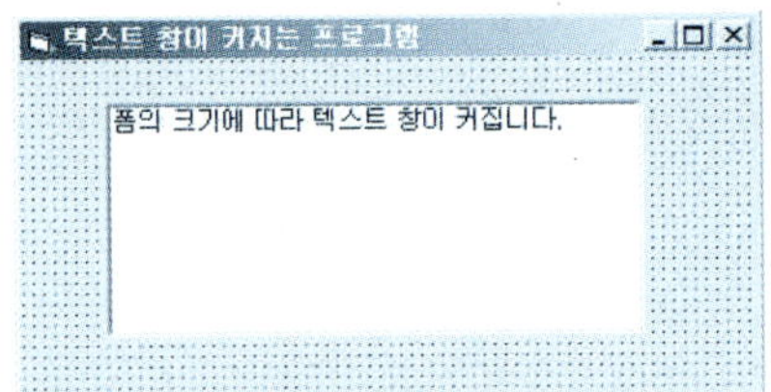

[그림11.34] 폼 디자인 초기화면

```
Private Sub Form_Resize()
    '폼에 크기에 따라 텍스트 창의 크기를 조절한다.
    Text1.Move 0, 0, ScaleWidth, ScaleHeight
End Sub
```

프로그램을 코딩하고 실행하면, 폼에 지정된 전체 크기로 텍스트 창의 크기가 변하
는 것을 확인할 수 있습니다. 또한 폼에 크기를 자유롭게 조정함에 따라서 텍스트창
의 크기도 변화는 것을 알 수 있지요.

[그림11.35] 실행 결과 화면

11.9 개체명_KeyPress() 프로시저

사용자가 ANSI(Ascii) 키를 눌렀다 놓을 때 발생합니다. ANSI(American National Standards Institute) 8비트 문자 집합은 키보드에서 사용하는 256 문자(0-255)를 나타내는데 사용합니다. 처음 128 문자(0-127)는 표준 U.S. 키보드의 문자와 기호에 일치합니다. 다음 128 문자(128-255)는 국제 영문자, 강조, 통화 기호, 분수의 문자와 같은 특수 문자를 나타냅니다.

기능키, 편집키, 키보드 입력 전환키, 키보드 수정자와 다른 키 조합과 같은 KeyPress가 인식하지 못하는 키 입력을 처리하려면 KeyDown과 KeyUp을 사용합니다. KeyDown과 KeyUp 이벤트와는 다르게 KeyPress는 키보드의 실제 상태를 표시하지 않고 문자를 보냅니다.

keyascii 인수를 문자로 변환

```
Chr(KeyAscii)
```

문자를 ANSI 숫자로 변환

```
KeyAscii = Asc(char)
```

[실습] 다음 프로그램을 실습하면서 KeyPress() 프로시저에 대한 이용 기법을 이해하도록 하겠습니다.

(저장 파일명 : 키눌림1.frm, 키눌림1.vbp)

이번 프로그램은 KeyPress() 프로시저를 사용하는 프로그램을 실습하도록 하겠습니다. 사용자는 주어진 조건에 맞추어 프로그램을 실습하기 바랍니다.

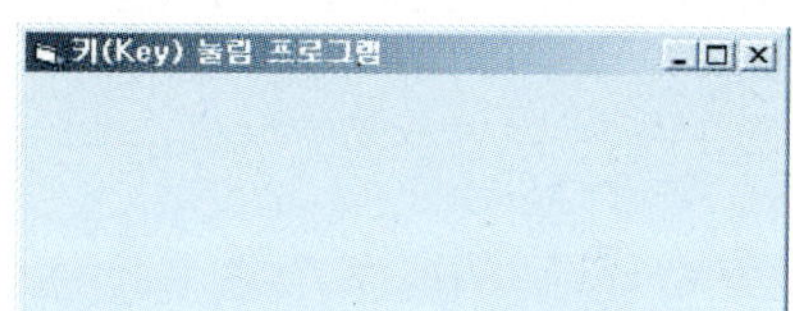

[그림11.36] 폼 디자인 초기화면

```
Private Sub Form_KeyPress(KeyAscii As Integer)
    '문자와 숫자에 대한 데이터형 선언
    Dim 문자 As String
    Dim 숫자 As Integer
    'ANSI 숫자을 문자로 변환
    문자 = Chr(KeyAscii)
    'ANSI 문자를 숫자로 변환
    숫자 = Asc(문자)
    'ANSI에 해당하는 문자와 숫자를 출력
    Print "입력한 키는 "; 문자;
    Print " 이며, ANSI 숫자값은 "; 숫자; " 입니다."
End Sub
```

사용자는 프로그램을 코딩하고 실행한 다음, 숫자, 영문 대문자, 영문 소문자, 한글을 차례대로 입력하면서 출력되는 내용을 확인하시기 바랍니다.

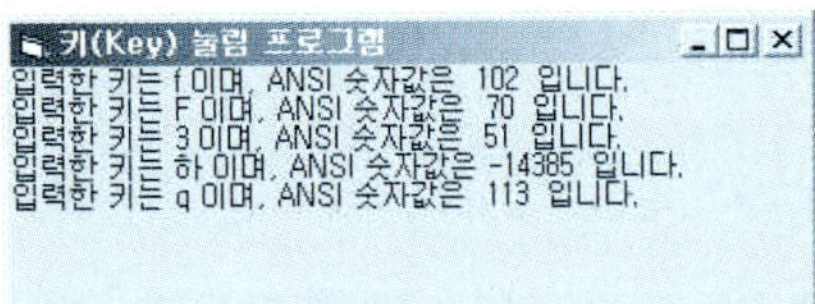

[그림11.37] 실행 결과 화면

11.10 개체명_GotFocus() 프로시저

개체를 누르기 하여 선택하거나 탭을 눌러 개체로 이동하는 것과 같은 사용자 행동에 의해 또는 SetFocus 메서드를 사용하는 코드의 포커스를 변경하여, 어떤 개체가 포커스를 받을 때 발생합니다. 폼은 모든 보이는 컨트롤이 흐리게 표시될 때만 포커스를 받습니다.

GotFocus() 프로시저 예

```
        Private Sub Text1_GotFocus()
            Text1.SelStart = 0
            Text1.SelLength = Len(Text1.Text)
        End Sub
```

- GotFocus() : 컨트롤에 포커스를 받으면(커서 위치) 이벤트 발생
- SelStart : 선택 시작 위치를 지정
- SelLength : 선택할 문자열의 길이(숫자 값)
- Len() : 문자열의 길이를 구하는 함수

[실습] 다음 프로그램을 실습하면서 GotFocus() 프로시저에 대한 이용 기법을 이해하도록 하겠습니다.

(저장 파일명 : 선택전1.frm, 선택전1.vbp)

이번 프로그램은 GotFocus() 프로시저를 사용하는 프로그램을 실습하도록 하겠습니다. 사용자는 주어진 조건에 맞추어 프로그램을 실습하기 바랍니다. 우선 폼 디자인 창에 디자인을 수행한 다음, 텍스트 창에 속성만을 변경하지 않은 상태에서 속성을 지정합니다.

[그림11.38] 폼 디자인 초기화면

```
        Private Sub Text1_GotFocus()
            '선택할 문자열의 초깃값
            Text1.SelStart = 0
            '지정된 길이만큼 문자열을 선택
            Text1.SelLength = Len(Text1.Text)
        End Sub


        Private Sub Text2_GotFocus()
```

↓다음 페이지에 계속

```
                '선택할 문자열의 초깃값
            Text2.SelStart = 0
                '지정된 길이만큼 문자열을 선택
            Text2.SelLength = Len(Text2.Text)
        End Sub
```

위와 같은 프로그램을 GotFocus() 프로시저 이벤트에 코딩한 다음, 프로그램을 실행합니다. 프로그램을 실행하면 첫 번째 텍스트 창에 Text1 이란 글자가 현재 들어 있으며 해당 문자를 선택한 화면이 표시되지요. 우리가 지금까지 사용한 방식은 텍스트 창을 비우고 커서를 위치시키기 위해 SetFocus 사용했지만 이번 문제는 선택된 Text1 문자에서 그냥 다른 문자를 입력하면 바로 전에 글자가 사라지고 현재 입력된 글자로 표시됩니다. 프로그래밍 기법에서 가끔 사용하는 기능이니 잘 기억해 두었다가 사용하기 바랍니다.

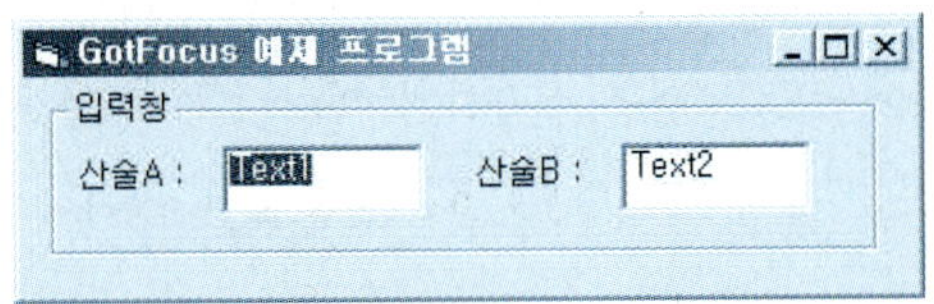

[그림11.39] 실행 결과 화면

일반적으로, GotFocus 이벤트 프로시저를 사용하여 컨트롤이나 폼이 포커스를 처음 받을 때 발생하는 기능 수행을 지정할 수 있습니다. 예를 들어 폼의 각 컨트롤에 GotFocus 이벤트 프로시저를 첨부하여 간단한 지침 사항 또는 상황선 메시지를 화면에 나타내어 사용자를 안내할 수 있습니다. 포커스가 맞추어진 컨트롤에 좌우되는 다른 컨트롤을 활성화, 비활성화하거나 화면에 표시하여 시각적인 도우미를 제공할 수도 있습니다.

11.11 개체명_LostFocus() 프로시저

탭 누름, 다른 개체 선택과 같은 사용자의 행위에 의해 또는 SetFocus 메서드를 사용하는 코드에서 포커스를 변경함으로써 어떤 개체가 포커스를 잃을 때 발생합니다.

LostFocus 이벤트 프로시저는 검증과 유효성 업데이트에 적합합니다. LostFocus 를 사용하면 사용자가 포커스를 한 컨트롤로부터 다른 곳으로 이동할 때 확인 절차가 일어납니다. 이러한 이벤트 프로시저의 또 다른 사용법은 GotFocus 이벤트 프로시저 에서와 같이 다른 개체를 활성화/비활성화/숨김/표시하는 것입니다.

[실습] 다음 프로그램을 실습하면서 LostFocus() 프로시저에 대한 이용 기법을 이해하도록 하겠습니다.

(저장 파일명 : 선택후1.frm, 선택후1.vbp)

이번 프로그램은 TextBox 컨트롤이 포커스(마우스나 ⇥(Tab)키로 선택)를 받거 나 잃었을 때 TextBox 컨트롤의 색을 변화시키고 Label 컨트롤에 적절한 텍스트 를 출력하는 예제입니다. 이 예제를 실행하기 위해서는 두 개의 TextBox 컨트롤과 한 개의 Label 컨트롤을 가진 폼의 선언 영역에 코드를 붙여 넣은 다음 F5 키를 누르고 포커스를 Text1과 Text2 사이로 이동시킵니다.

[그림11.40] **폼 디자인 초기화면**

```
Private Sub Text1_GotFocus()
    '빨간색으로 포커스 받음을 표시합니다.
    Text1.BackColor = RGB(255, 0, 0)
    Label1.Caption = "Text1 has the focus."
End Sub

Private Sub Text1_LostFocus()
    '파란색으로 포커스 잃음을 표시합니다.
    Text1.BackColor = RGB(0, 0, 255)
End Sub
```

↓다음페이지에 계속

```
Private Sub Text2_GotFocus()
    '빨간색으로 포커스 받음을 표시합니다.
    Text2.BackColor = RGB(255, 0, 0)
    Label1.Caption = "Text2 has the focus."
End Sub

Private Sub Text2_LostFocus()
    '파란색으로 포커스 잃음을 표시합니다.
    Text2.BackColor = RGB(0, 0, 255)
End Sub
```

프로그램을 처음 실행하면 GotFocus의 이벤트 설정 값을 통해 그림11.41과 같이 Text1 창이 빨간색으로 바뀌고, 또한 포커스를 Text2로 이동시키면 LostFocus의 이벤트 설정 값에 따라 그림11.42와 같이 text1의 색상은 파란색으로 Text2의 색상은 빨간색으로 교대로 바뀌는 것을 알 수 있습니다. 이렇게 포커스의 위치와 빠져 나갈 때 사용하는 이벤트 프로시저라고 할 수 있습니다.

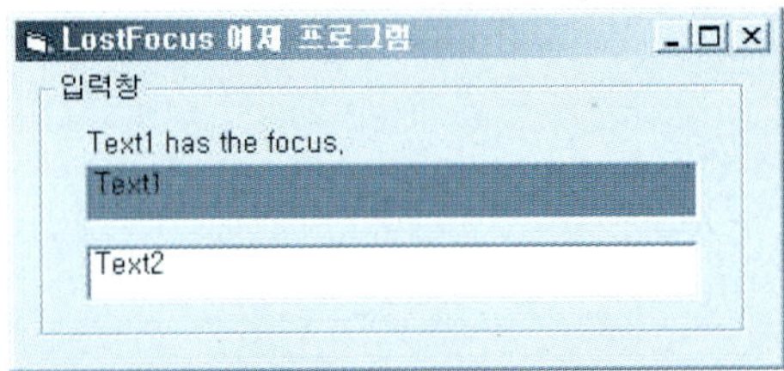

[그림11.41] 실행 후 초기 화면

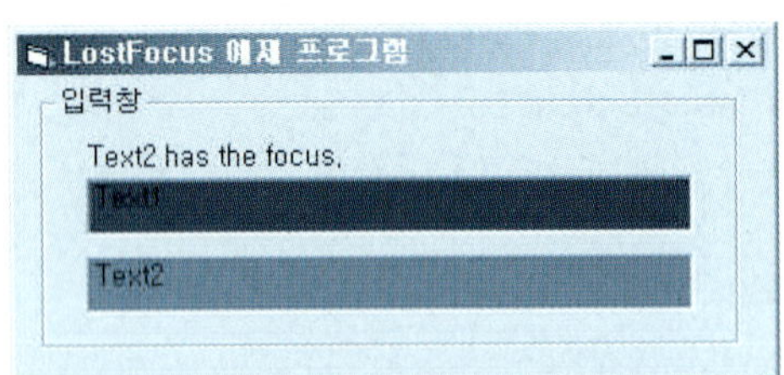

[그림11.42] 포커스를 이동시켰을 때 화면

328

다음의 문제를 읽고 답을 설명하시오.

❶ Form_Load() 프로시저에서 사용하는 메서드 종류 중 Show와 Hide의 차이점을 간단하게 설명하시오

❷ Unload Me의 의미에 대하여 간단하게 설명하시오.

❸ 새로운 Form을 추가할 때 어떻게 추가하는지 순서를 간단하게 설명하시오.

❹ Change() 프로시저에서 사용 가능한 컨트롤들을 나열하고 간단하게 설명하시오.

❺ 마우스 관련 이벤트에서 Button 인수와 Shift 인수에 대하여 사용하는 방법을 간간하게 설명하시오.

❻ KeyPress() 프로시저의 특징과 사용 방법을 간단하게 설명하시오.

❼ GotFocus() 프로시저와 LostFocus() 프로시저의 차이점을 간단하게 설명하시오

다음 조건에 맞는 프로그램을 완성하시오.

(저장 파일명 : 종합1-1.frm, 종합1-2.frm,   종합1.vbp)

그림11.45와 같이 폼 디자이너 창에 입·출력 디자인을 한 후에, 컨트롤 별 속성 값을 변경하고 조건에 맞는 프로그램을 완성하시오.

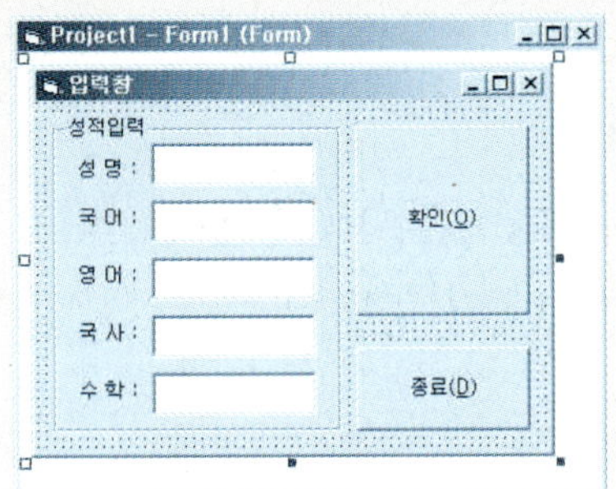

[그림11.43] 입력창 디자인 화면

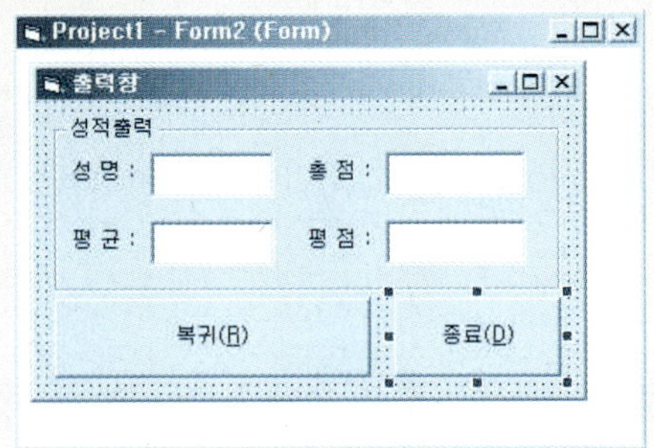

[그림11.44] 출력창 디자인 화면

처리 조건

❶ 입력 창에 각각 자료를 입력한 다음, 확인 버튼을 선택하면 출력 창에 결과를 출력하는 프로그램을 작성하라.

❷ 프로그램에 대한 조건은 결과 창을 확인하여 조건을 주도록 한다.

❸ 평균점수는 소수점이하 반올림하여 처리한다.

❹ 출력 창에서 폼을 사라지도록 하는 버튼과 종료버튼을 사용한다.

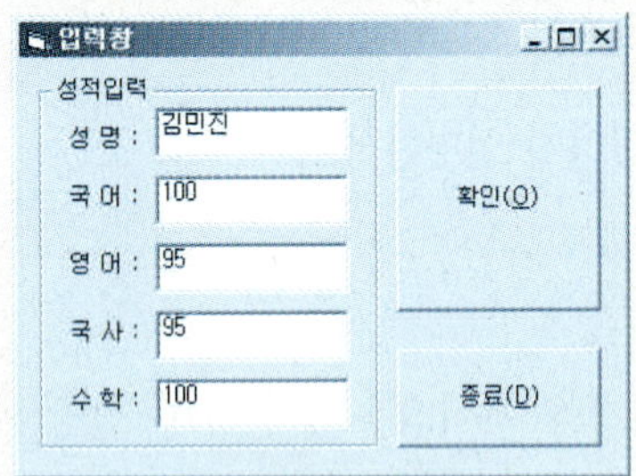

[그림11.45] 입력 값 예시 화면

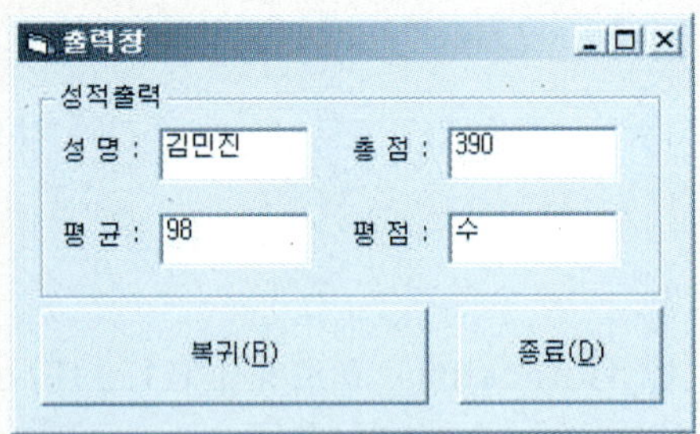

[그림11.46] 출력 결과 화면

종합문제 3 — 다음 MouseDown의 좌표 값을 이용하여 프로그램을 완성하시오.

(저장 파일명 : 종합2.frm, 종합2.vbp)

처리 조건(첫번째)

❶ 반지름 값은 난수를 이용하여 100-1000사이의 값으로 설정한다.

❷ 원의 칼라는 QBcolor를 이용하여 난수를 지정한다.

❸ 원의 반지름 값을 출력하도록 한다.

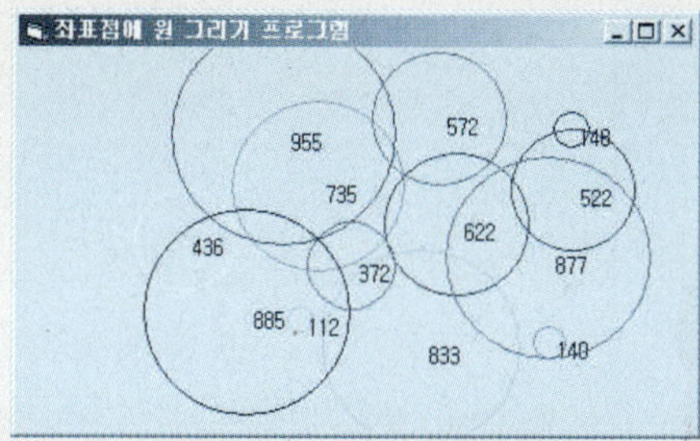

[그림11.47] 출력(1) 예시 결과 화면

처리 조건(두번째)

❶ 위에 프로그램을 수정하여 속이 찬 원을 그린다.

[그림11.48] 출력(2) 예시 결과 화면

다음 MouseDown, MouseUp, MouseMove를 다음과 같은 프로그램을 완성하시오.

(저장 파일명 : 종합3.frm, 종합3.vbp)

처리 조건

❶ 마우스 버튼을 누른 상태에서 이동하면 원이 출력되도록 한다.

❷ 마우스 버튼을 놓으면 원이 출력되지 않도록 한다.

❸ 출력예시처럼 프로그램을 완성하라.

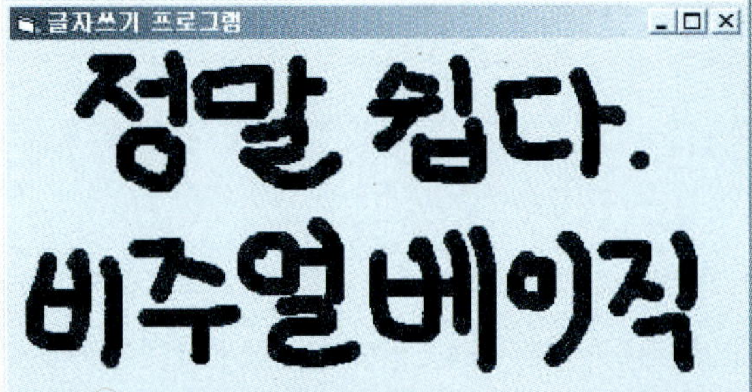

[그림11.49] 출력 결과 화면

프로그램을 완성하여 결과를 그림11.51처럼 글자를 표현해 보고 프로그램을 수정하여 본인이 특징을 가질 수 있도록 수정하여 실행해 보세요.

수정 예

❶ 원의 반지름의 크기를 조절한다.

❷ 원의 색상을 다른 색으로 설정한다.

❸ 원의 색상을 난수를 발생하여 마우스 이동시 색상이 틀리게 출력되도록 해본다.

12 메뉴 작성법

12.1 메뉴 항목의 이해

메뉴 편집기를 사용하여 새 메뉴와 메뉴 표시줄을 만들어 기존 메뉴에 새 명령을 추가하고 기존의 메뉴 명령을 사용자가 만든 명령으로 바꿀 수 있습니다. 또한 기존 메뉴와 메뉴 표시줄을 바꾸거나 삭제할 수 있습니다.

메뉴 편집기로 기존의 메뉴에 새로운 명령을 추가하거나 기존 메뉴 명령을 자신의 명령으로 바꾸거나 새로운 메뉴와 메뉴 표시줄을 만들거나 기존의 메뉴나 메뉴 표시줄을 변경하고 삭제할 수 있습니다. 메뉴 편집기의 가장 중요한 장점은 사용이 편리하다는 것입니다. 프로그래밍이 거의 필요 없이 완전히 상호 작용하는 방식으로 메뉴를 구성할 수 있습니다.

메뉴 편집기 실행하기

❶ [도구] 메뉴에서 [메뉴 편집기] 실행하기
❷ 도구 모음에서 [메뉴 편집기] 실행
❸ 단축키를 이용하여 [메뉴 편집기] 실행
  • Ctrl + E

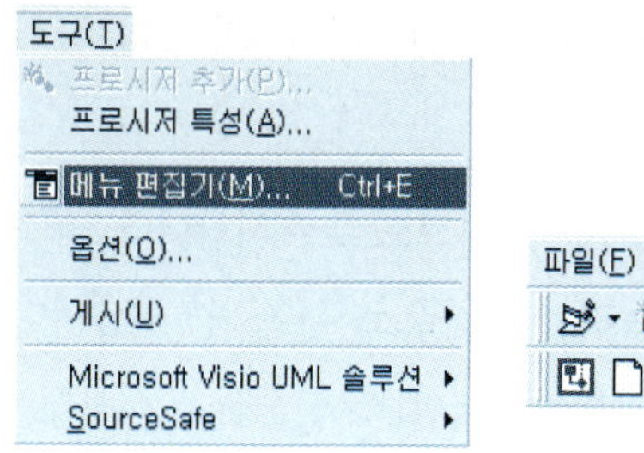

[그림12.1] 메뉴 편집기 실행 방법

메뉴 편집기를 실행하기 위해서는 그림12.1과 같이 도구에서 메뉴 편집기를 선택하거나 도구 모음에서 메뉴 편집기 아이콘을 선택하면 실행할 수 있습니다. 또한 단축키 Ctrl + E를 이용하여 실행이 가능하므로 사용자는 원하는 기능 한가지만을 이용하여 실행하면 됩니다.

메뉴 편집기를 실행하면 그림12.2와 같은 대화 상자가 화면에 나타나는데, 지금부터 메뉴 편집기를 쉽게 사용하는 방법에 대하여 설명하도록 하겠습니다.

메뉴 편집기 구조

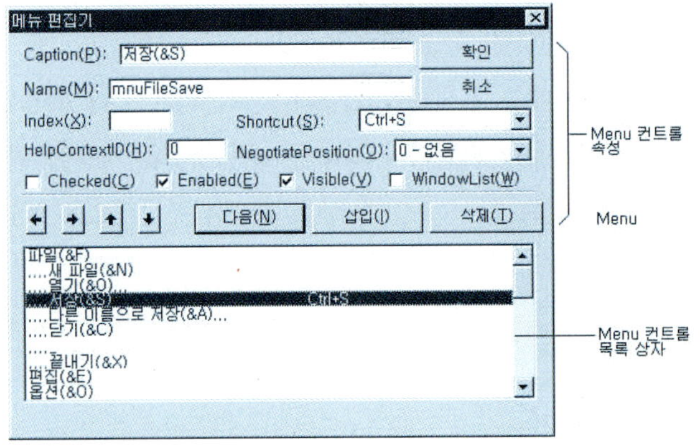

[그림12.2] 메뉴 편집기 구조

대부분의 Menu 컨트롤 속성은 메뉴 편집기를 사용하여 설정할 수 있지만 모든 메뉴 속성은 [속성] 창에서 사용할 수 있습니다.

메뉴 편집기에서 메뉴 항목 구분하기

메뉴 구분선은 메뉴에 있는 항목과 항목 사이를 수평선으로 표시합니다. 메뉴 구분선을 사용하여 항목이 많은 메뉴에서 항목을 논리적 그룹으로 나눌 수 있습니다. 예를 들어 비주얼 베이직에서 [파일] 메뉴는 그림12.3에서처럼 메뉴 구분선을 사용하여 메뉴 항목을 세 그룹으로 나눕니다.

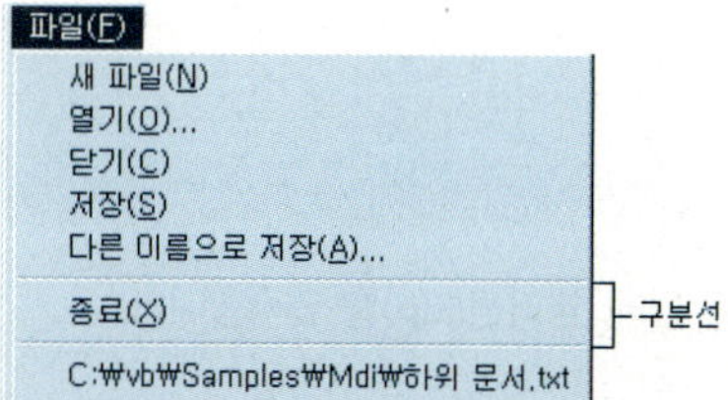

[그림12.3] 메뉴 편집기 항목 구분선

메뉴 구분선을 사용하기 위한 방법은 다음과 같습니다.

❶ 기존 메뉴에 메뉴 구분선을 추가하려면 [삽입] 단추를 선택하여 분할할 메뉴 항목 사이에 Menu 컨트롤을 삽입합니다.

❷ 필요할 경우 → 키를 눌러 구분할 메뉴 항목과 같은 수준으로 새 메뉴 항목을 들여 씁니다.

❸ [Caption] 입력란에 하이픈(-)을 입력합니다.

❹ [Name] 속성을 설정합니다.(예 : 분리바1)

❺ 메뉴 편집기를 닫으려면 [확인] 단추를 누릅니다.

메뉴 편집기에서 선택키 지정

선택키를 사용하면 Alt 키를 누른 상태에서 지정된 문자를 눌러 메뉴를 열 수 있습니다. 메뉴가 열리면 지정된 문자키(선택키)를 눌러 컨트롤을 선택할 수 있습니다. 예를 들어 Alt + E 키를 누르면 [편집] 메뉴가 열리고 P 키를 누르면 [붙여넣기] 메뉴 항목이 선택됩니다. 지정된 선택 키는 그림12.4처럼 Menu 컨트롤의 제목에 밑줄이 그어진 문자로 나타납니다.

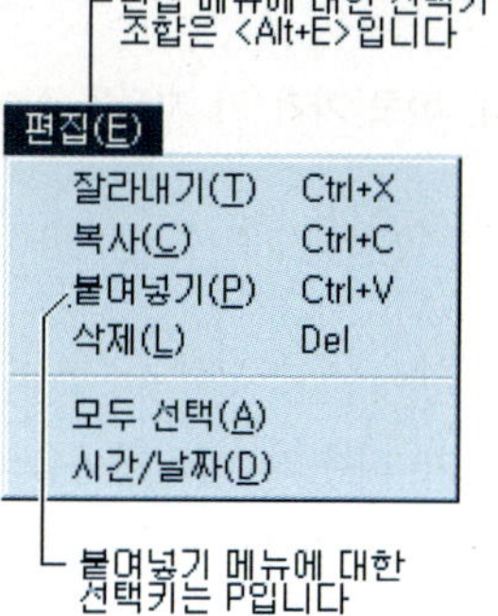

[그림12.4] 메뉴 편집기 선택키

선택키를 사용하기 위한 방법은 다음과 같습니다.

❶ 선택키를 지정할 메뉴 항목을 선택합니다.
❷ [Caption] 입력란에서 선택키로 사용할 문자 바로 앞에 앰퍼샌드(&)를 입력합니다.

메뉴 편집기에서 바로가기 키 지정

바로가기 키를 누르면 메뉴 항목이 즉시 실행됩니다. 자주 사용하는 메뉴 항목을 바로가기 키로 지정합니다. 그러면 Alt 키를 누르고 메뉴 제목 선택키를 누른 뒤에 메뉴 항목 선택키를 선택하는 세 단계를 거치지 않고 한 단계로 명령을 선택할 수 있습니다. 바로 가기 키 지정에는 Ctrl + F1 이나 Ctrl +A 등과 같이 기능키와 컨트롤키 조합이 포함됩니다. 바로 가기 키는 그림12.5처럼 메뉴에서 해당 메뉴 항목의 오른쪽에 나타납니다.

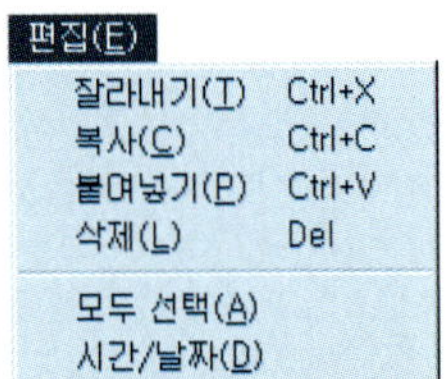

[그림12.5] 메뉴 편집기 바로가기 키

바로가기 키를 사용하기 위한 방법은 다음과 같습니다.

❶ [메뉴 편집기]를 엽니다.
❷ 메뉴 항목을 선택합니다.
❸ [바로가기 키] 콤보 상자에서 기능키 또는 조합키를 선택합니다. 바로 가기 키 지정을 삭제하려면 목록 위에서 "(없음)"을 선택합니다.

메뉴 편집기 구성 요소

메뉴 표시줄은 폼에서 제목 표시줄 바로 아래에 나타나고 다수의 메뉴제목을 갖습니다. 예를 들어 [파일] 제목을 선택하면 [새 파일]이나 [끝내기] 같은 메뉴 항목이 들어 있는 목록이 메뉴 아래로 펼쳐집니다. 메뉴 항목은 [새 파일]이나 [끝내기] 등과 같은 명령들과 구분선과 하위 메뉴 제목을 포함할 수 있습니다. 사용자가 보는 각 메뉴 항목은 이 장의 뒷부분에 설명하는 메뉴 편집기에서 정의한 메뉴 컨트롤과 같습니다.

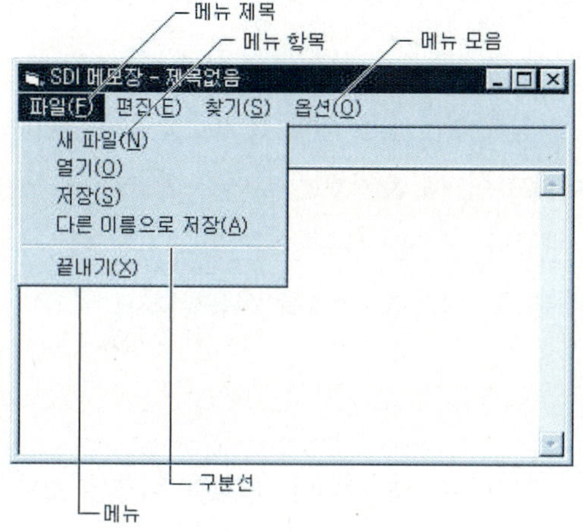

[그림12.6] 메뉴 편집기 구성 요소

12.2 메뉴 편집기 대화상자

사용자가 메뉴 편집기를 사용하기 위하여 메뉴 편집기를 실행하면 그림12.7과 같은 메뉴 편집기 대화상자가 화면에 표시됩니다. 지금부터 대화상자에서 지정할 수 있는 옵션을 설명하면서 이해를 하도록 하겠습니다.

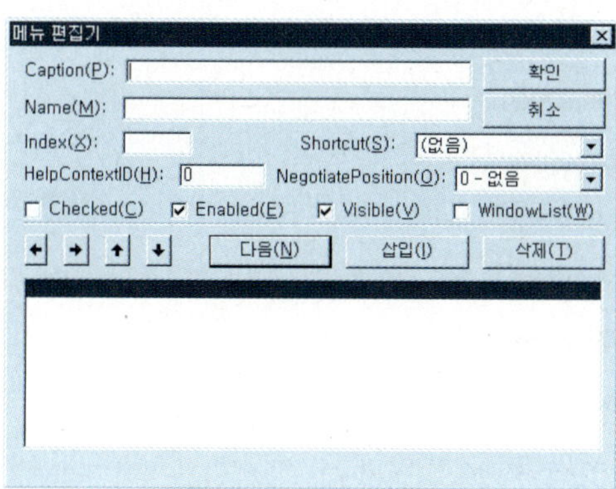

[그림12.7] 메뉴 편집기 대화상자

Caption 옵션

메뉴 표시줄이나 메뉴에 표시하고자 하는 메뉴나 명령 이름을 입력할 수 있도록 해 줍니다. 메뉴에 구분선을 만들려면 [캡션] 상자에 단일 하이픈(-) 기호를 입력합니다.

메뉴 항목에 사용자 키보드 입력을 위해서는 글자 앞에 &기호를 삽입합니다. 실행 모드에서는 이 문자에는 밑줄이 그어지고(이 때 &기호는 보이지 않습니다), 사용자는 Alt 키와 밑줄 있는 글자를 누르면 메뉴나 명령을 사용할 수 있습니다. 메뉴에 & 기호를 보일 필요가 있다면 캡션에 연속된 두 개의 & 기호를 사용합니다.

Name 옵션

메뉴 항목을 위한 컨트롤 이름을 입력하도록 해 줍니다. 컨트롤 이름은 코드 내 메뉴 항목을 사용하는 데만 사용되는 식별자입니다. 메뉴에는 나타나지 않습니다.

[실습1] 다음 프로그램을 실습하면서 메뉴 편집기에서의 Caption 속성과 Name 속성에 대한 간단한 사용 방법을 이해하도록 하겠습니다.

(저장 파일명 : 메뉴1.frm, 메뉴1.vbp)

Caption	Name
파일(&F)	MnuFile
....새파일(&N)	MnuNew
....열기(&O)	MnuOpen
....저장(&S)	MnuSave
....인쇄(&P)	MnuPrint
....-	MnuBar1
....환경설정(&U)	MnuConfig
....종료(&X)	MnuExit

[표12.1] 메뉴 옵션 설정값

표12.1과 같이 메뉴 옵션 설정을 하기 위하여 메뉴 편집기 대화상자를 불러들여 각 각 메뉴에 해당하는 Caption과 Name 값을 [다음] 버튼을 이용하거나 [삽입] 버튼

을 이용하여 메뉴 편집기에 추가합니다. 또한 부메뉴를 만들고자 할 때는 ➡(오른쪽 버튼), ⬅(왼쪽 버튼), ⬇(아래로 버튼), ⬆(위로 버튼)을 활용하여 완성하도록 합니다. 한 가지 사용자가 주의할 사항은 메뉴를 [다음] 버튼이나 [추가] 버튼을 이용하여 메뉴를 추가하고 Caption이나 Name 옵션을 입력하지 않고 [확인] 버튼을 눌러 빠져 나오고자 할 때 에러를 발생한다는 것을 미리 알아두기 바랍니다. 만약, 메뉴 편집기를 빠져 나오는데 에러가 발생하면 사용자는 바로 불필요한 메뉴를 삭제하고 빠져 나오면 됩니다.

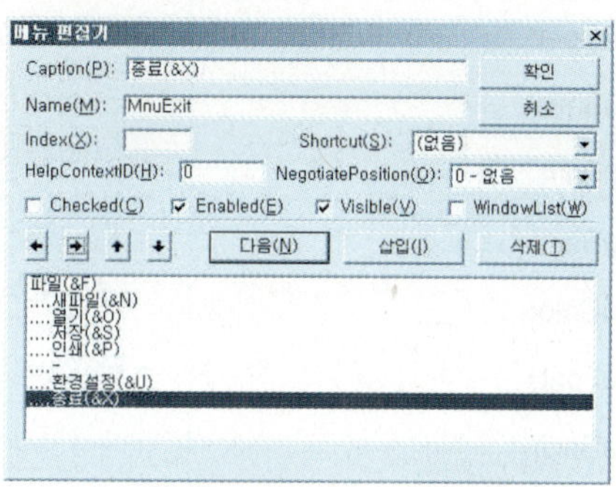

[그림12.8] 메뉴 편집기에 작업한 화면

이번 실습 문제는 메뉴에 대한 특별한 처리를 사용하지 않고, 메뉴를 편집하는 요령을 연습하기 위한 문제입니다. 여기서 주의할 부분은 분리바 넣을 때에는 Caption 값에 "- (마이너스)"를 표시하고 또한 주 메뉴에서는 분리바를 사용할 수 없다는 것을 알아두기 바랍니다.

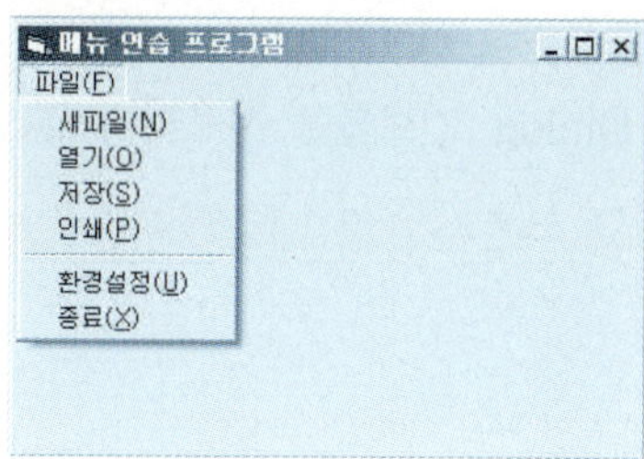

[그림12.9] 메뉴 작성 후 실행 화면

그림12.9 화면은 메뉴 편집기를 통하여 메뉴를 만든 다음, 메뉴 편집기에 [확인] 버튼을 이용하여 빠져나온 다음 실행한 결과 화면을 표시하고 있습니다.

(저장 파일명 : 메뉴2.frm, 메뉴2.vbp)

Caption	Name
파일(&F)	MnuFile
....새파일(&N)	MnuNew
....열기(&O)	MnuOpen
....저장(&S)	MnuSave
....인쇄(&P)	MnuPrint
....-	MnuBar1
....색상표(&C)	MnuColor
....글꼴(&F)	MnuFont
....-	MnuBar2
....종료(&X)	MnuExit

[표12.2] 메뉴 옵션 설정 값

표12.2와 같이 메뉴 옵션 설정을 위하여 메뉴 편집기 대화상자를 불러들여 각각 메
뉴에 해당하는 Caption과 Name 값을 [다음] 버튼을 이용하거나 [삽입] 버튼을 이
용하여 메뉴 편집기에 추가합니다. 이곳에서 Command Dialog 컨트롤을 사용하기
위해 [구성요소]에서 Command Dialog 컨트롤을 추가한 다음, 화면에 컨트롤을
디자인 합니다. 본 프로그램은 Command Dialog 컨트롤을 사용하지 않으면 실행
할 수 없습니다.

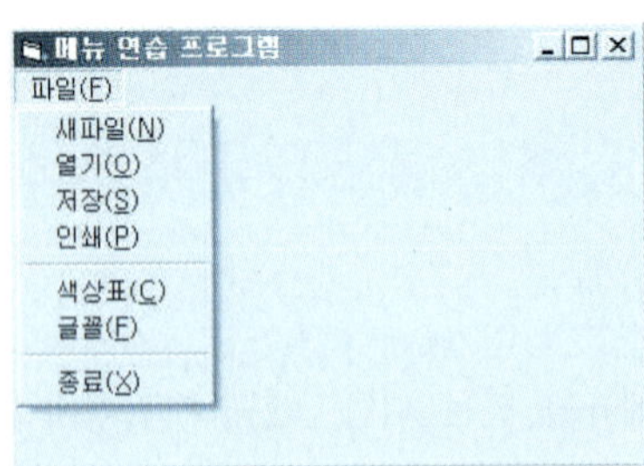

[그림12.10] 메뉴 작성 후 초기 화면

340

그림12.10 화면은 메뉴 편집기를 통하여 메뉴를 만든 다음, 메뉴 편집기에 [확인] 버튼을 이용하여 빠져나온 다음 실행한 초기 화면을 표시하고 있습니다. 이렇게 해서 메뉴의 작업은 완성하였고, 각각 메뉴에 맞는 이벤트를 설정하기 위해 다음과 같은 프로그램을 코딩합니다.

프로그램을 입력하는 방법은 프로그램을 실행하기 전에 메뉴를 선택하면 바로 메뉴에 맞는 코드 입력창이 나옵니다. 코드 입력 창에서 프로그램을 입력하면 모든 이벤트에 해당하는 메뉴의 기능을 사용할 수 있습니다.

```
Private Sub MnuNew_Click()
    '화면을 지운다.
    Form1.Cls
End Sub


Private Sub MnuOpen_Click()
    ' CancelError가 True입니다.
    On Error GoTo ErrHandler
    ' 필터를 설정합니다.
    CommonDialog1.Filter = "All Files (*.*)|*.*|Text Files _
        (*.txt)|*.txt|Batch Files (*.bat)|*.bat"
    ' 기본 필터를 지정합니다.
    CommonDialog1.FilterIndex = 1
    ' 열기 대화 상자를 표시합니다.
    CommonDialog1.ShowOpen ' or CommonDialog1.Action = 1
    ' 파일 열기 프로시저를 호출합니다.
    OpenFile = (CommonDialog1.FileName)
    Exit Sub
ErrHandler:
' 사용자가 취소 단추를 눌렀습니다.
    Exit Sub
End Sub


Private Sub MnuSave_Click()
```

↓다음 페이지에 계속

```vb
    ' CancelError가 True입니다.
    On Error GoTo ErrHandler
    ' 필터를 설정합니다.
    CommonDialog1.Filter = "All Files (*.*)|*.*|Text Files _
        (*.txt)|*.txt|Batch Files (*.bat)|*.bat"
    ' 기본 필터를 지정합니다.
    CommonDialog1.FilterIndex = 1
    ' 다른 이름으로 저장 대화 상자를 표시합니다.
    CommonDialog1.ShowSave ' or CommonDialog1.Action = 2
    ' 다른 이름으로 저장 프로시저를 호출합니다.
    Open CommonDialog1.FileName For Output As #1
    Exit Sub
ErrHandler:
' 사용자가 취소 단추를 눌렀습니다.
    Exit Sub
End Sub


Private Sub MnuPrint_Click()
    ' 열기 대화 상자를 표시합니다.
    CommonDialog1.ShowPrinter 'or CommonDialog1.Action = 5
End Sub


Private Sub MnuColor_Click()
    ' Flags 속성을 설정합니다.
    CommonDialog1.Flags = cdlCCRGBInit
    ' 색 대화 상자를 표시합니다.
    CommonDialog1.ShowColor 'CommonDialog1.Action = 3
    ' 폼의 배경색을 선택한 색으로 설정합니다.
End Sub


Private Sub MnuFont_Click()
    ' 취소를 True로 설정합니다.
    CommonDialog1.Flags = cdlCFBoth Or cdlCFEffects
```

↓다음 페이지에 계속

```
      ' 글꼴 대화 상자를 표시합니다.
          CommonDialog1.ShowFont ' or CommonDialog1.Action = 4
      End Sub


      Private Sub MnuExit_Click()
          End
      End Sub
```

위와 같은 프로그램을 코딩한 다음 프로그램을 실행하여 각각 메뉴를 선택하면 메뉴
에 해당하는 프로그램이 실행되어 공통 대화상자를 화면에 표시합니다. 본 프로그램
은 공통 대화상자를 화면에 호출하는 방식만을 표현했기 때문에 다른 특별한 기능은
없다는 것을 알아두기 바랍니다.

그림12.11은 메뉴에서 글꼴 대화상자를 호출 하였을 경우에 화면을 표시하고 있습니
다.

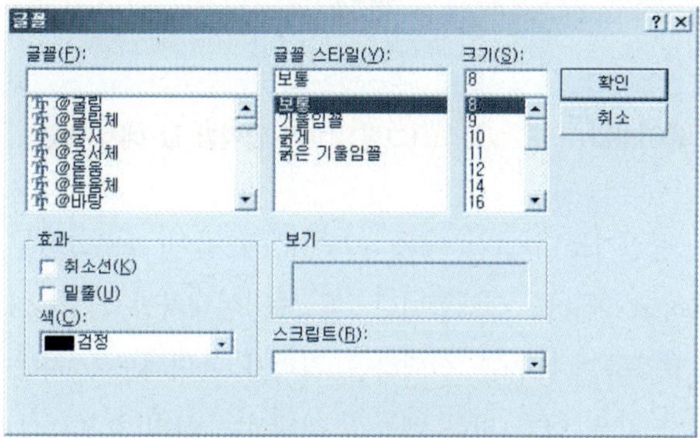

[그림12.11] 글꼴 대화상자 호출 화면

[문제] 다음 조건에 맞는 프로그램을 완성하시오.
(저장 파일명 : 메뉴연습1.frm, 메뉴연습1.vbp)

[그림12.13]과 같이 메뉴 편집기를 이용하여 메뉴를 완성하고 조건에 맞는 프로그램
을 완성하시오.

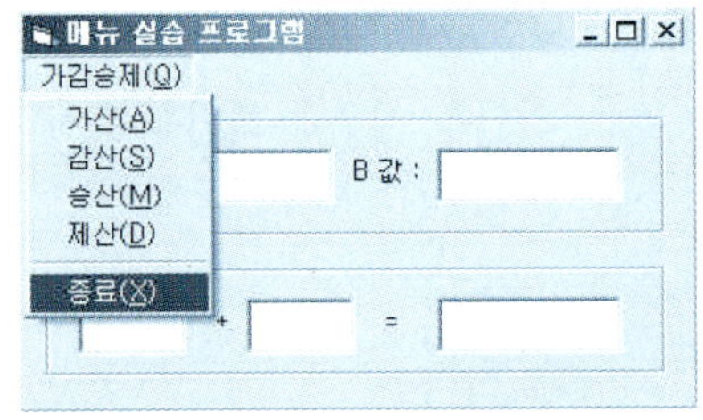

[그림12.12] 디자인 초기 화면

❶ A 값과 B 값을 입력받아 메뉴에서 가감승제를 처리할 수 있는 프로그램을 작성하라.

❷ 각각 메뉴는 연산별로 따로 따로 존재하도록 한다.

❸ Label3의 Caption의 값은 연산에 맞는 기호를 출력하도록 한다.

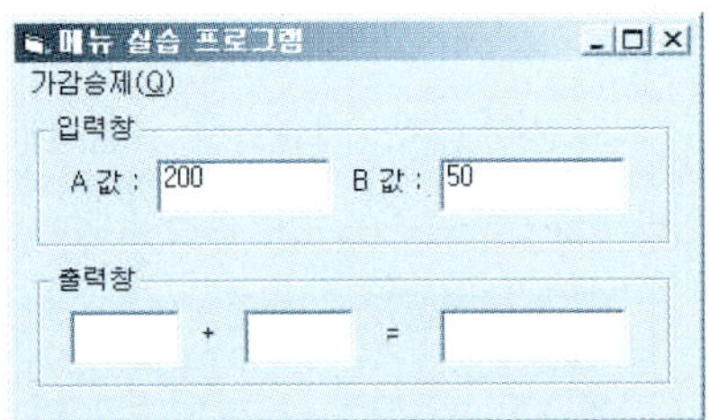

[그림12.13] 메뉴 디자인 초기화면

[그림12.14] 입력창 값 예시 화면

그림12.13과 같이 메뉴 편집기를 완성한 다음, 그림12.14 같이 프로그램을 실행하여 입력창 값을 각각 입력하고 메뉴를 선택합니다. 메뉴를 선택하면 그림12.15와 같은 화면에서 연산 값을 얻고자하는 메뉴를 선택하면 결과가 출력되도록 하는 프로그램 입니다. 그림12.15는 승산 값을 얻기 위한 메뉴를 선택하는 화면입니다.

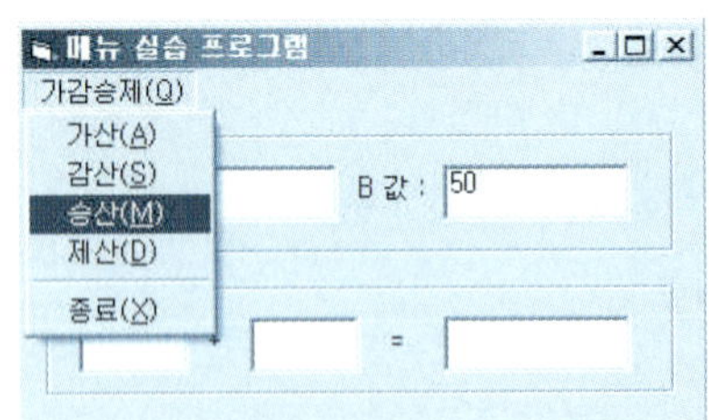

[그림12.15] 승산 값을 얻기 위한 메뉴 선택

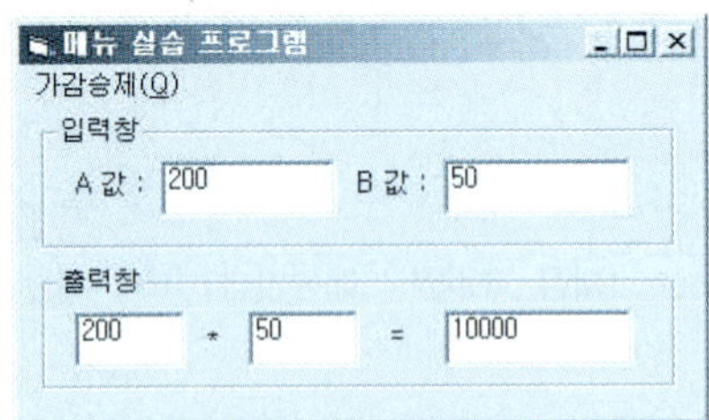

[그림12.16] 연산 수행 후 결과 화면

Index 옵션

컨트롤 배열 내에 컨트롤 위치를 결정하는 수치를 할당할 수 있도록 해줍니다. 이 위치는 화면상의 위치와는 관련이 없습니다.

Shortcut 옵션

각 명령을 선택할 수 있는 바로가기 키를 선택할 수 있도록 해 줍니다. 최상위 메뉴에는 바로가기 키를 적용할 수 없습니다.

바로 가기 키 종류

- Ctrl + A ~ Ctrl + Z
- F1 ~ F12
- Shift + F1 ~ Shift + F12
- Shift + Ctrl + F1 ~ Shift + Ctrl + F12
- Ctrl + Ins
- Shift + Ins
- Del
- Shift + Del
- Alt + Back Space

HelpContextID 옵션

항목 ID에 대한 고유 수치를 할당할 수 있도록 해줍니다. 이 값은 HelpFile 속성으로 식별되는 도움말 파일의 적당한 도움말 항목을 찾는데 사용됩니다.

NegotiatePosition 옵션

메뉴의 NegotiatePosition 속성을 선택할 수 있도록 해 줍니다. 이 속성은 컨테이너 폼에 메뉴 표시 여부와 표시 방법을 결정합니다.

속성 값	의 미
0	메뉴 표시 기능을 지정하지 않음
1	메뉴 표시를 왼쪽에 배치
2	메뉴 표시를 중앙에 배치
3	메뉴 표시를 오른쪽에 배치

[표12.3] NegotiatePosition 옵션의 속성값과 의미

[실습] 다음 프로그램을 실습하면서 메뉴 편집기에서의 여러 가지 속성을 이용한 간단한 사용 방법을 이해하도록 하겠습니다.

(저장 파일명 : 메뉴3.frm, 메뉴3.vbp)

Caption	Name	바로 가는 키
편집(&E)	MnuEdit	
....복사하기(&C)	MnuCopy	Ctrl + C
....오려두기(&T)	MnuTip	Ctrl + X
....붙여넣기(&P)	MnuPaste	Ctrl + V
....지우기(&D)	MnuDelete	Del
....-	MnuBar2	
....나가기(&X)	MnuExit	Ctrl + F1

[표12.4] 메뉴 옵션 설정값

Text1 속성 값

- MultiLine : True로 설정

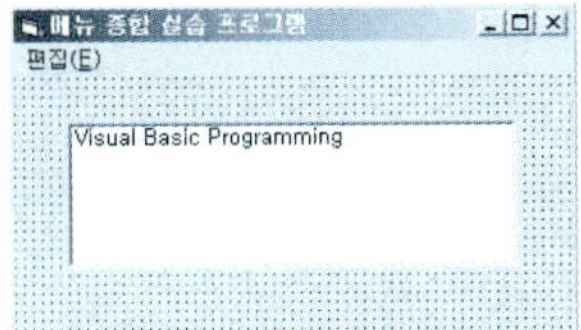

[그림12.17] 폼 디자인 초기화면

그림12.18과 같이 메뉴 옵션 설정을 하기 위하여 메뉴 편집기 대화상자를 불러들여 각각 메뉴에 해당하는 Caption과 Name ,바로 가는 키 값을 각각 [다음] 버튼을 이용하거나 [삽입] 버튼을 이용하여 메뉴 편집기에 추가합니다.

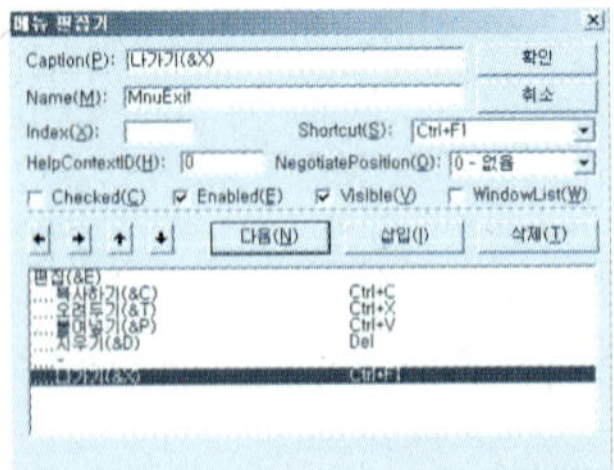

[그림12.18] 메뉴 편집기를 이용한 메뉴 화면

```vb
Private Sub Form_Resize()
    '실행시 텍스트 창을 폼에 크기로 설정
    Text1.Move 0, 0, Width, Height
End Sub

Private Sub MnuCopy_Click()
    '선택된 텍스트 값을 클립보드에 저장
    Clipboard.SetText Text1.SelText
End Sub

Private Sub MnuTip_Click()
    '선택된 텍스트 값을 클립보드에 저장
    Clipboard.SetText Text1.SelText
    '선택된 텍스트 값을 지운다.
    Text1.SelText = ""
End Sub

Private Sub MnuPaste_Click()
    '클립보드에 저장된 내용을 추가
    Text1.SelText = Clipboard.GetText
End Sub

Private Sub MnuDelete_Click()
    '선택된 텍스트 내용을 지움
    Text1.SelText = ""
End Sub

Private Sub MnuExit_Click()
    End
End Sub
```

위와 같은 프로그램을 코딩한 다음, 프로그램을 실행하여 텍스트 창에 있는 텍스트
값을 이용하여 영역 지정 후 각각 해당되는 메뉴를 이용하여 편집에 관계된 메뉴를
사용해보기 바랍니다.

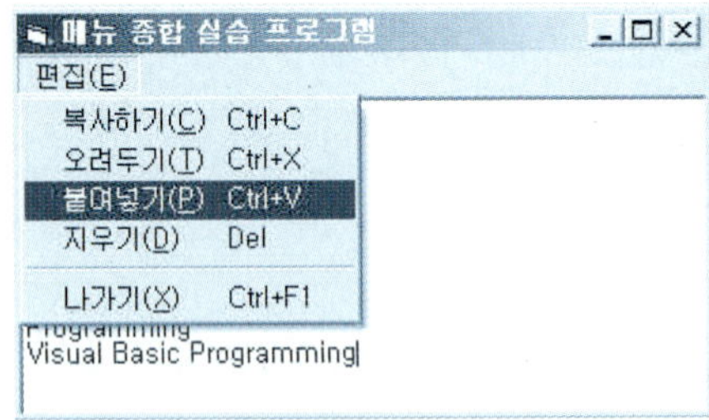

[그림12.19] 프로그램 실행 결과 화면

Checked 옵션

확인 표시를 처음에 메뉴 항목 왼쪽에 표시되도록 해줍니다. 일반적으로 설정/해제 옵션은 사용할 것인가 사용하지 않을 것인지를 가리키는데 사용됩니다.

Enabled 옵션

메뉴 항목을 이벤트에 반응하게 할지를 선택하거나 항목을 사용하지 못하게 하고 흐리게 표시되도록 하려면 해제시켜 줍니다.

Visible 옵션

메뉴 상에 표시할 메뉴 항목을 두도록 해줍니다.

WindowList 옵션

메뉴 컨트롤에 MDI 응용 프로그램에 열려진 MDI 하위 폼의 목록을 포함시킬 것인지를 결정합니다.

옵 션	의 미
→	누를 때마다 선택된 메뉴를 한 단계씩 아래로 이동(4단계 가능)
←	누를 때마다 선택된 메뉴를 한 단계씩 위로 이동(4단계 가능)
↑	누를 때마다 같은 메뉴 단계의 선택된 메뉴 항목을 한 자리씩 위로 이동
↓	누를 때마다 같은 메뉴 단계의 선택된 메뉴 항목을 한 자리씩 아래로 이동

↓다음 페이지에 계속

옵 션	의　　　　　　　　　　　　　　　　　　　미
메뉴 목록	메뉴 항목의 계층 목록을 표시하는 목록 상자. 하위 메뉴는 계층 위치나 단계를 지시하는데 사용
다음	다음 줄로 이동
삽입	현재 선택된 줄 위의 목록 상자에 한 줄을 삽입
삭제	현재 선택된 줄을 삭제
확인	메뉴 편집기를 닫고 마지막으로 선택한 폼에 모든 변경 사항을 적용합니다. 메뉴는 디자인 모드에서 사용할 수 있지만 디자인 모드에 메뉴를 선택하면 이벤트 코드를 실행하기 보다는 그 메뉴의 Click 이벤트에 대한 코드 창이 열림
취소	메뉴 편집기를 닫고 모든 변경 사항을 취소

[표12.5] 대화상자 옵션 종류와 의미

[실습1] 다음 프로그램을 실습하면서 메뉴 편집기에서의 여러 가지 속성을 이용한 간단한 사용 방법을 이해하도록 하겠습니다.

(저장 파일명 : 메뉴4.frm, 메뉴4.vbp)

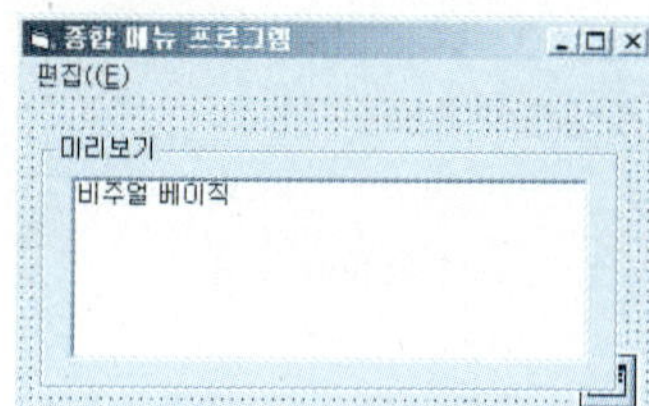

[그림12.20] 폼 디자인 초기화면

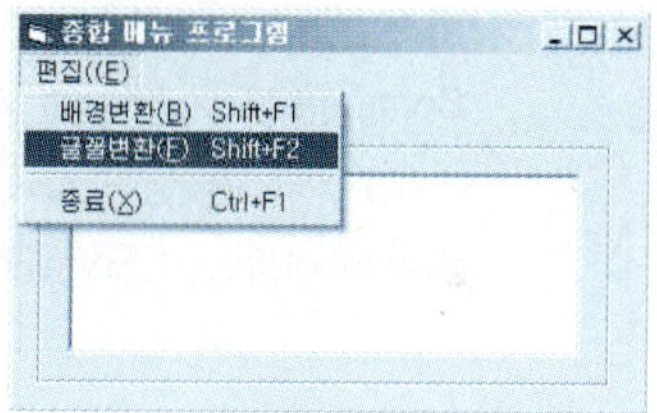

[그림12.21] 메뉴 디자인 초기화면

그림12.20과 그림12.21과 같이 폼 디자인과 메뉴 디자인을 완성한 다음, 다음과 같은 프로그램을 코딩하도록 합니다. 본 프로그램은 공통 대화상자를 메뉴를 활용하여 프로그램에 적용하는 방식을 설명하고 있습니다.

```
Private Sub MnuBack_Click()
    ' 취소를 True로 설정합니다.
    CommonDialog1.CancelError = True
    On Error GoTo ErrHandler
```

↓다음 페이지에서 계속

```vb
    ' Flags 속성을 설정합니다.
    CommonDialog1.Flags = cdlCCRGBInit
    ' 색 대화 상자를 표시합니다.
    CommonDialog1.ShowColor 'CommonDialog1.Action = 3
    ' 폼의 배경색을 선택한 색으로 설정합니다.
    Form1.BackColor = CommonDialog1.Color
    Exit Sub


ErrHandler:
    ' 사용자가 취소 단추를 눌렀습니다.
    Exit Sub
End Sub


Private Sub MnuFont_Click()
    ' 취소를 True로 설정합니다.
    CommonDialog1.CancelError = True
    On Error GoTo ErrHandler
    ' Flags 속성을 설정합니다.
    CommonDialog1.Flags = cdlCFBoth Or cdlCFEffects
    ' 글꼴 대화 상자를 표시합니다.
    CommonDialog1.ShowFont ' or CommonDialog1.Action = 4
    ' 사용자가 선택한 내용에 따라 텍스트 속성을 설정합니다.
    Text1.Font.Name = CommonDialog1.FontName
    Text1.Font.Size = CommonDialog1.FontSize
    Text1.Font.Bold = CommonDialog1.FontBold
    Text1.Font.Italic = CommonDialog1.FontItalic
    Text1.Font.Underline = CommonDialog1.FontUnderline
    Text1.FontStrikethru = CommonDialog1.FontStrikethru
    Text1.ForeColor = CommonDialog1.Color
    Exit Sub
ErrHandler:
    ' 사용자가 취소 단추를 눌렀습니다.
    Exit Sub
```

↓다음 페이지에서 계속

```
        End  Sub


    Private  Sub  MnuExit_Click()
            End
    End  Sub
```

위와 같은 프로그램을 사용자는 코딩한 다음, 프로그램을 실행하여, 폼의 배경색과 글꼴에 대한 속성을 공통 대화상자를 통하여 적용하여 실습을 하도록 합니다.

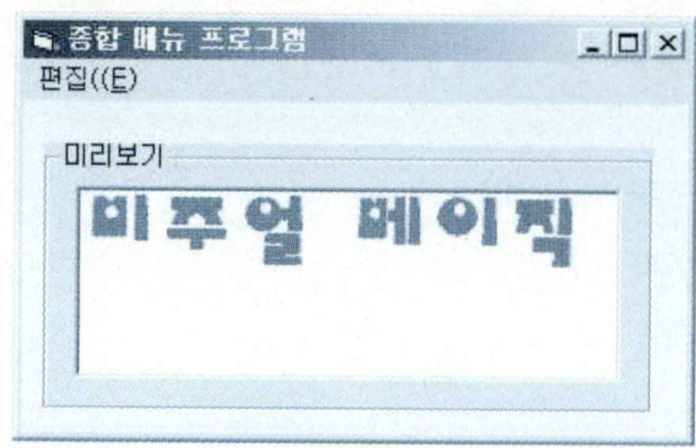

[그림12.22] 메뉴 속성 적용 후 결과화면

[실습2] 다음 실습4번을 활용하여 메뉴 편집기에서의 Enable 속성을 이용한 간단한 프로그래밍 기법을 이해하도록 하겠습니다.

(저장 파일명 : 메뉴5.frm, 메뉴5.vbp)

사용자는 실습4번을 완성하여 실습을 진행한 다음, 그림12.23과 같이 메뉴를 하나 더 추가하여 속성 기능의 사용 여부를 확인하기 위한 메뉴를 하나 더 추가합니다. 잠김 기능은 선택할 때마다 토글(반대로 바뀌는 기능) 기능을 적용하여 체크 되어있을 때와 체크되지 않았을 때의 조건을 확인하여 판단하도록 하는 프로그램입니다.

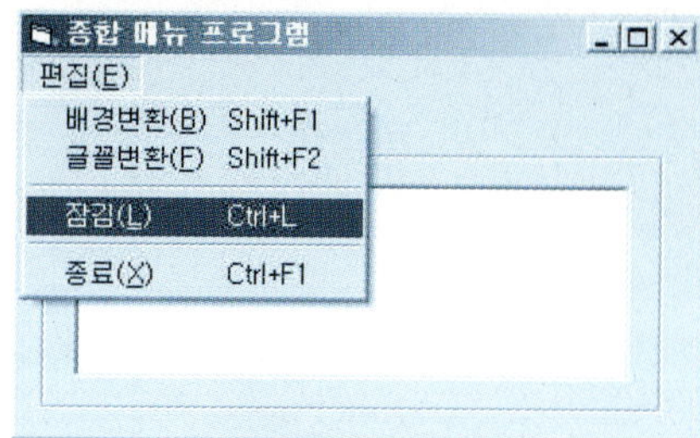

[그림12.23] 메뉴를 추가한 화면

그림12.23과 같이 사용자는 메뉴 편집기를 이용하여 메뉴를 추가한 다음, 다음과 같은 프로그램을 실습4번 안에 추가하도록 합니다.

```vb
Private Sub MnuLock_Click()
    '잠김 기능 토글 기능
    MnuLock.Checked = Not MnuLock.Checked
    '만약 체크되어 있으면,
    If MnuLock.Checked Then
        '잠김에 체크가 되면 속성 지정 불가
        MnuBack.Enabled = False
        MnuFont.Enabled = False
    Else
        '잠김에 체크가 없으면 속정 지정 가능
        MnuBack.Enabled = True
        MnuFont.Enabled = True
    End If
End Sub
```

위와 같은 프로그램을 코딩하고 프로그램을 실행하여 메뉴 버튼의 잠김 기능을 계속하여 선택해 보기 바랍니다. 만약 체크가 되어 있을 때에는 속성 기능을 사용할 수 없으며, 체크가 되어있지 않으면 속성을 지정할 수 있는 기능을 제공하는 것을 눈으로 확인할 수 있습니다.

그림12.24는 잠김 메뉴에 속성이 체크되어 있는 화면을 나타내고 있습니다. 이곳에서는 배경 변환 속성이나 글꼴 변환을 사용할 수 없는 상태입니다. 물론 사용자는 체크 상태의 방식을 반대로 설정할 수도 있습니다. 아래 프로그램을 수정하고 다시 한 번 실행해보기 바랍니다.

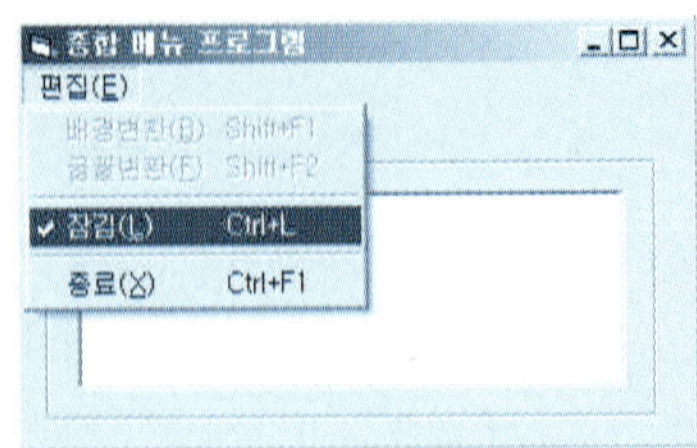

[그림12.24] 잠김 메뉴 체크 시 결과화면

```
    If  MnuLock.Checked  Then
        '잠김에  체크가  없으면  속정  지정  가능
        MnuBack.Enabled  =  True
        MnuFont.Enabled  =  True
    Else
        '잠김에  체크가  되면  속성  지정  불가
        MnuBack.Enabled  =  False
        MnuFont.Enabled  =  False
    End  If
```

이렇게 프로그램을 변경하면 체크 상태와 체크 되지 않은 상태가 반대로 바뀐 것을 확인할 수 있습니다.

12.3 팝업 메뉴 만들기

팝업메뉴는 메뉴 표시줄과는 독립적으로 폼 위에 떠다니는 메뉴입니다. 팝업 메뉴에 표시되는 항목들은 마우스 오른쪽 단추가 눌러졌을 때 포인터의 위치에 따라 다릅니다. 그러므로 팝업 메뉴를 상황에 따른 메뉴라고도 합니다. 팝업 메뉴를 사용하여 일반 상황에 적합한 명령에 액세스하기 위한 효과적인 메서드를 제공해야 합니다. 마우스 오른쪽 단추로 입력란을 선택하면 그림12.25와 같은 상황에 따른 메뉴가 나타납니다.

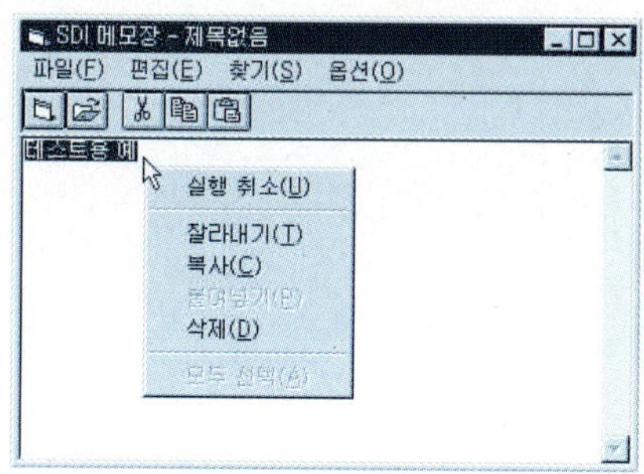

[그림12.25] 팝업 메뉴 실행 화면

[실습] 다음 프로그램을 실습하면서 팝업메뉴 사용 방법을 실습해 보도록 하겠습니다.

(저장 파일명 : 팝업1.frm, 팝업.vbp)

사용자는 그림12.26과 같이 메뉴 편집기를 이용하여 메뉴 각각 옵션 값을 추가하여 메뉴 디자인을 완성합니다. 메뉴 디자인이 완성되면 다음과 같은 프로그램을 코딩하여 결과를 확인하도록 합니다.

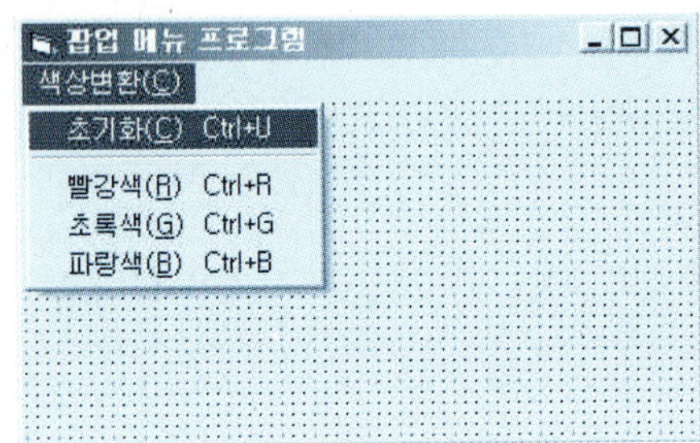

[그림12.26] 메뉴 디자인 결과 화면

```vb
Private Sub Form_MouseDown(Button As Integer, Shift As Integer, _
    X As Single, Y As Single)
    '마우스 오른쪽 버튼이 눌렸을 때,
    If Button = vbRightButton Then
        '오른쪽 버튼을 누르면 또는 button=2
        '팝업(주메뉴)를 표시한다.
        Form1.PopupMenu MnuColor
    End If
End Sub


Private Sub MnuNew_Click()
    '배경색을 원래 배경색으로 변환
    '윈도우 버전과 그래픽 카드의 해상도 및 지원 컬러 수에
    '따라 다를 수 있습니다.
    Form1.BackColor = RGB(212, 208, 200)
End Sub
```

↓ 다음 페이지에 계속

```vb
Private  Sub  MnuRed_Click()
   '배경색을  빨간색을  변환
    Form1.BackColor  =  RGB(255,  0,  0)
End  Sub


Private  Sub  MnuGreen_Click()
   '배경색을  초록색으로  변환
    Form1.BackColor  =  RGB(0,  255,  0)
End  Sub


Private  Sub  MnuBlue_Click()
   '배경색을  파란색으로  변환
    Form1.BackColor  =  RGB(0,  255,  0)
End  Sub
```

위와 같은 프로그램을 코딩하고 프로그램을 실행하여 각각 메뉴에 따른 배경색이 변하는 것을 확인할 수 있습니다. 배경색을 변환하고 초기화 메뉴를 선택하여 원래 배경 색상으로 변화는 것을 확인하도록 하며, 본 프로그램에서는 팝업 메뉴를 위한 실습 문제이기 때문에 팝업메뉴를 호출하기 위해 마우스의 오른쪽 버튼을 눌러 팝업 메뉴의 호출 여부를 확인하기 바랍니다.

그림12.27은 폼의 배경색을 초록색으로 변환하였을 때의 화면이며, 그림12.28은 마우스의 오른쪽 버튼을 눌러, 팝업 메뉴를 화면에 호출한 화면입니다.

[그림12.27] 폼 배경색을 초록색으로 변환

팝업 메뉴를 화면에 표시하기 위해서는 폼 창 안에 마우스를 위치시키고 오른쪽 버튼을 클릭 하였을 경우에 팝업 메뉴를 화면에 표시합니다. 팝업 메뉴의 위치는 마우스 오른쪽 버튼의 눌린 위치에 팝업 메뉴의 왼쪽 상단이 기준이 되어 화면에 표시됩니다.

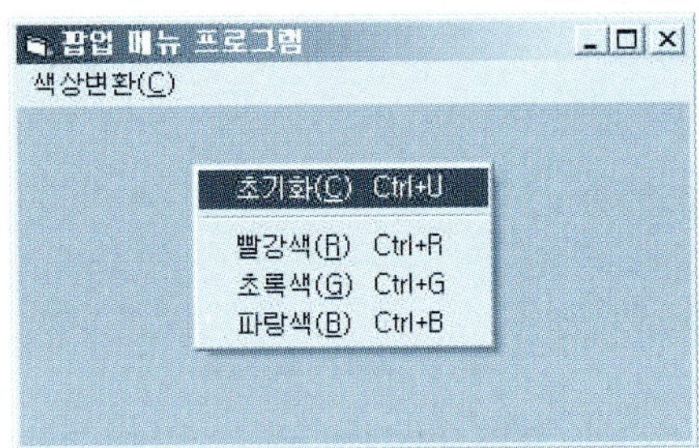

[그림12.28] 팝업 메뉴 호출 화면

12.4 추가 메뉴 만들기

메뉴 항목 Index 값을 배열 형식으로 지정하여 메뉴를 늘리거나 메뉴를 줄일 수 있게 사용하는 기능으로 새로운 메뉴를 추가하거나 추가된 메뉴를 삭제할 때 사용합니다.

[실습] 다음 프로그램을 실습하면서 메뉴 추가/삭제 사용 방법을 실습해 보도록 하겠습니다.

(저장 파일명 : 추가삭제1.frm, 추가삭제1.vbp)

Caption	Name	Index
추가/삭제	MnuItem	
....메뉴추가(&I)	MnuInsert	
....메뉴삭제(&D)	MnuDelete	
....-	MnuBar	0(분리바를 배열로 선언)

[표12.6] 메뉴 작성을 위한 옵션 값

사용자는 표12.6과 같은 자료를 이용하여 메뉴 편집기를 이용하여 메뉴를 작성하도

록 합니다. 여기서 주의할 사항은 메뉴 바를 이용하여 배열을 사용할 것이므로 Inde
x 값을 0으로 설정합니다.

[그림12.29] 메뉴 디자인 결과 화면

```
        '색상 값을 적용하기 위한 전역 변수형 지정
        Dim 색상 As Integer
        '배열에 색상을 입력하기 위한 배열 선언
        Dim 인덱스(1 To 6) As String

Private Sub Form_Load()
        '프로그램 실행시 초기 값(색상명) 설정
        색상 = 0
        MnuDelete.Enabled = False
        인덱스(1) = "파랑색"
        인덱스(2) = "초록색"
        인덱스(3) = "청록색"
        인덱스(4) = "빨강색"
        인덱스(5) = "자홍색"
        인덱스(6) = "갈  색"
End Sub


Private Sub Form_MouseDown(Button As Integer, Shift As Integer, _
        X As Single, Y As Single)
        '마우스 오른쪽 버튼이 눌렸을 때,
        If Button = vbRightButton Then
            '오른쪽 버튼을 누르면 또는 button=2
```

↓다음 페이지에 계속

```vb
        '팝업(주메뉴)를 표시한다.
        Form1.PopupMenu MnuItem
    End If
End Sub


Private Sub MnuBar_Click(Index As Integer)
    '색상의 값에 따라 배경색이 설정
    Select Case Index
        Case 1: BackColor = QBColor(1)
        Case 2: BackColor = QBColor(2)
        Case 3: BackColor = QBColor(3)
        Case 4: BackColor = QBColor(4)
        Case 5: BackColor = QBColor(5)
        Case 6: BackColor = QBColor(6)
    End Select
End Sub


Private Sub MnuInsert_Click()
    '색상 값 증가
    색상 = 색상 + 1
    '색상을 분리바에 적용
    Load MnuBar(색상)
    '분리바에 인덱스에 색상 적용
    MnuBar(색상).Caption = 인덱스(색상)
    If 색상 = 6 Then
        '최대 색상 6개가 추가되면 메뉴추가 메뉴 비활성화
        MnuInsert.Enabled = False
        MnuDelete.Enabled = True
    Else
        MnuDelete.Enabled = True
        MnuInsert.Enabled = True
    End If
End Sub
```

↓다음 페이지에 계속

```
Private Sub MnuDelete_Click()
    '색상 삭제
    Unload MnuBar(색상)
    '색상 인덱스 값 감소
    색상 = 색상 - 1
    '모든 색상을 지웠을 때 조건
    If 색상 = 0 Then
        MnuDelete.Enabled = False
        MnuInsert.Enabled = True
    Else
        MnuDelete.Enabled = True
        MnuInsert.Enabled = True
    End If
End Sub
```

위와 같은 프로그램을 코딩하고 프로그램을 실행하여 메뉴추가 메뉴와 메뉴 삭제 메뉴를 이용하여 최대 6개까지 색상 메뉴를 추가할 수 있습니다. 또한 추가된 메뉴의 색상을 선택하면 지정된 색상으로 폼의 배경색을 바꿀 수도 있습니다. 사용자는 프로그램을 실행하여 메뉴추가 메뉴와 메뉴삭제 메뉴의 활용방법을 익숙하게 사용하면서 결과를 확인하기 바랍니다.

그림12.30은 프로그램을 실행하여 메뉴추가 메뉴를 6번 선택하고 배경색을 갈색으로 선택하였을 때의 화면을 표시하고 있으며, 그림12.31은 메뉴삭제 메뉴를 3번 선택하였을 때의 화면을 표시하고 있습니다.

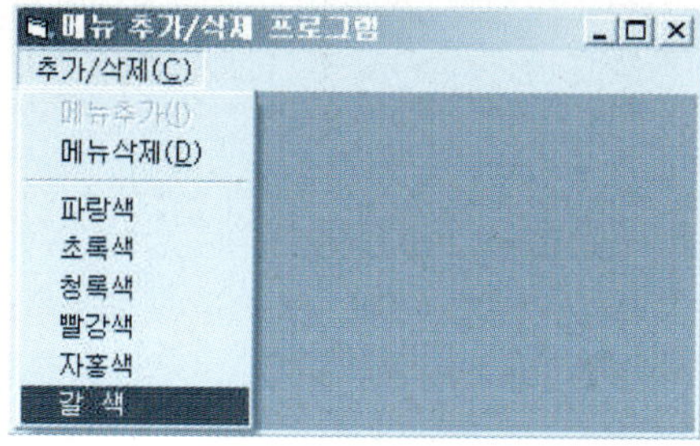

[그림12.30] 메뉴 추가 후 갈색으로 지정 화면

메뉴추가 메뉴를 이용하여 6개의 메뉴를 모두 추가하면 메뉴추가 메뉴는 비활성화 되면서 메뉴를 추가할 수 없도록 변환되어 사용자가 무의식중에 메뉴추가 메뉴를 선택하여 사용하였을 경우에 에러를 발생하지 않도록 하고 있습니다.

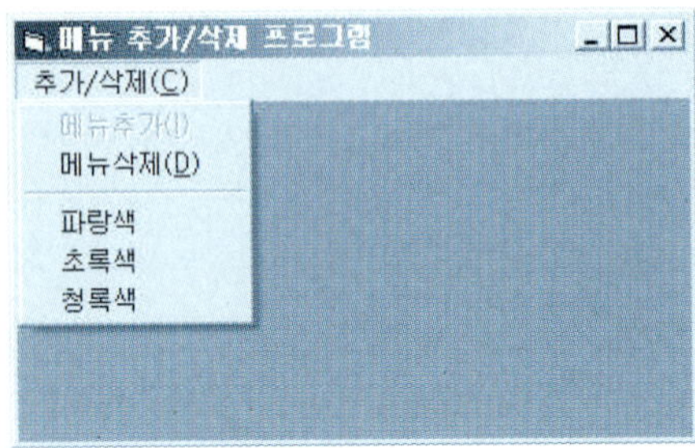

[그림12.31] 메뉴삭제 메뉴를 3번 선택 결과 화면

또한, 본 프로그램에서는 팝업 메뉴를 사용할 수 있도록 하여, 꼭 메뉴에서 사용하는 단점을 해결하도록 하였습니다. 그림12.32는 팝업 메뉴를 호출하였을 경우에 화면을 표시하고 있습니다. 이렇게 해서 메뉴 작업에 필요한 설명을 마치도록 하겠습니다. 사용자의 많은 활용을 바랍니다.

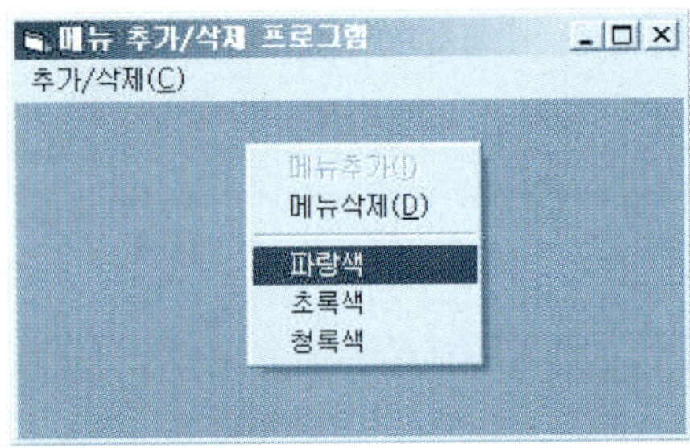

[그림12.32] 팝업 메뉴 호출 결과 화면

다음의 문제를 읽고 답을 설명하시오.

❶ 메뉴를 만들기 위한 방식에 대한 예를 들어 설명하시오.

❷ 메뉴 편집기에서 항목을 구분하는 구분선 사용방법을 설명하시오.

❸ 메뉴 편집기에서 바로가기 키를 지정하는 방식에 대하여 설명하시오.

❹ 메뉴 편집기에서 Index 옵션에 대한 사용 용도를 설명하시오.

❺ 메뉴 편집기에서 NegotiatePosition 옵션에 대한 의미와 속성 값에 대한 종류를 간단하게 설명하시오.

❻ WindowList 옵션의 기능에 대하여 간단하게 설명하시오.

❼ 팝업 메뉴의 용도는 무엇이며, 팝업 메뉴를 만드는 방식에 대하여 간단하게 설명하시오.

❽ 프로그램에서 메뉴를 추가하거나 삭제하기 위한 방식을 예를 들어 간단하게 설명하시오.

다음 조건에 맞는 메뉴를 완성하시오.

(저장 파일명 : 종합메뉴2.frm, 종합메뉴2.vbp)

단, 메뉴에 맞는 이벤트는 없고, 순수한 메뉴만을 만들어 보도록 한다.

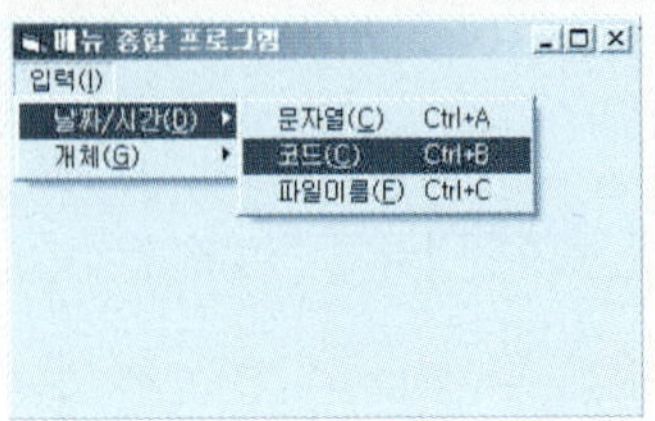

[그림12.33] 날짜/시간 메뉴 화면

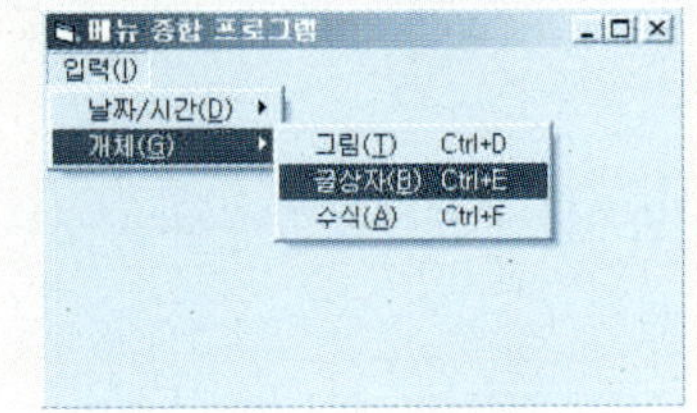

[그림12.34] 개체 메뉴 화면

처리 조건

❶ 입력 주 메뉴에 날짜/시간 메뉴와 개체 메뉴를 추가하여 그림12.33과 그림12.34와 같은 메뉴를
   완성하도록 한다.
❷ 각 메뉴에는 단축키를 모두 넣도록 한다.
❸ 각각 서브 메뉴에는 바로가기 키를 입력하여 화면의 결과처럼 표시되도록 한다.

다음 조건에 맞는 메뉴를 만들어 프로그램을 완성하시오.

(저장 파일명 : 종합메뉴3.frm, 종합메뉴3.vbp)

그림12.35와 같이 폼 디자인 창에 메뉴를 추가하고, 조건에 맞는 프로그램을 완성하
도록 한다. 또한, 도형이 그려질 때는 화면을 초기화 시키고 그려지도록 한다.

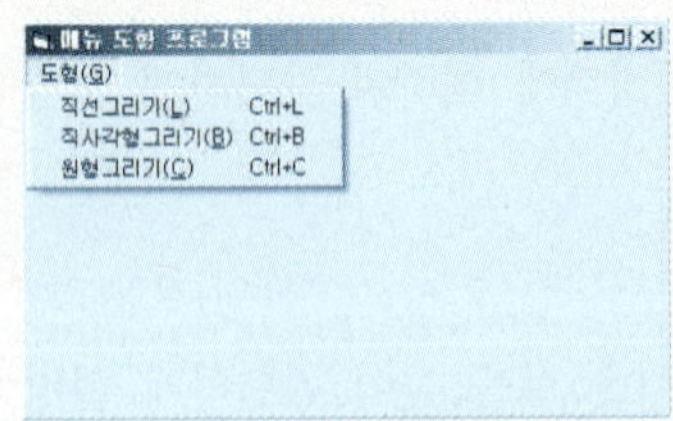

[그림12.35] 메뉴 디자인 초기화면

❶ [직선그리기] 메뉴를 선택하면 다음과 같은 조건을 만족하는 직선이 그려지도록 한다.

- Line (2000, 100)-(4000, 2000)

❷ [직사각형그리기] 메뉴를 선택하면 다음과 같은 조건을 만족하는 안이 채워진 직사각형이 그려질 수 있도록 한다.

- Line (2000, 100)-(4000, 2000), ,BF

❸ [원형그리기] 메뉴를 선택하면 다음과 같은 조건을 만족하는 반지름이 1000인 원이 그려질 수 있도록 한다.

- Circle (3000, 1000), 1000

[그림12.36] [직사각형그리기] 메뉴 선택 결과화면

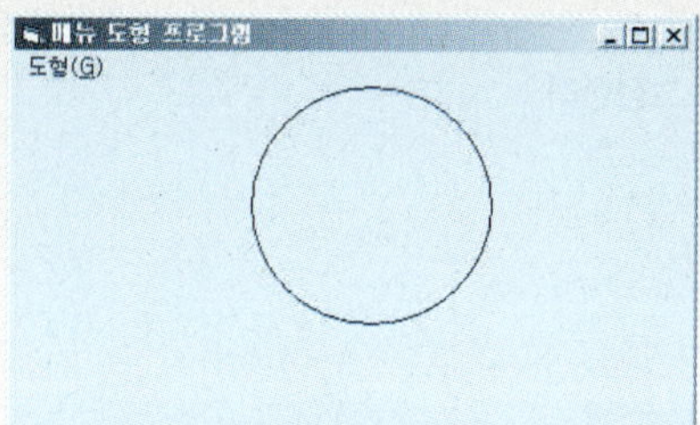

[그림12.37] [원형그리기] 메뉴 선택 결과화면

다음 조건에 맞는 메뉴를 만들어 프로그램을 완성하시오.

(저장 파일명 : 종합메뉴4.frm, 종합메뉴4.vbp)

그림12.38과 같이 폼 디자인 완성하고, 그림12.39과 그림12.40과 같은 메뉴를 추가하고, 조건에 맞는 프로그램을 완성하도록 한다. 단, 메뉴편집기를 사용할 경우에 Name 속성은 프로그램 작성자 임의로 지정하도록 한다.

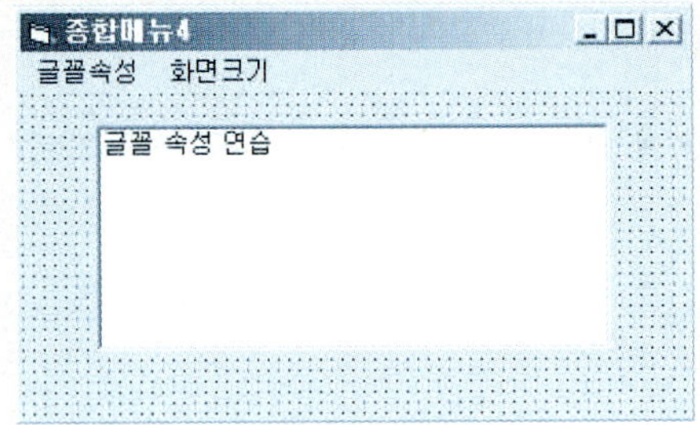

[그림12.38] 폼 디자인 초기화면

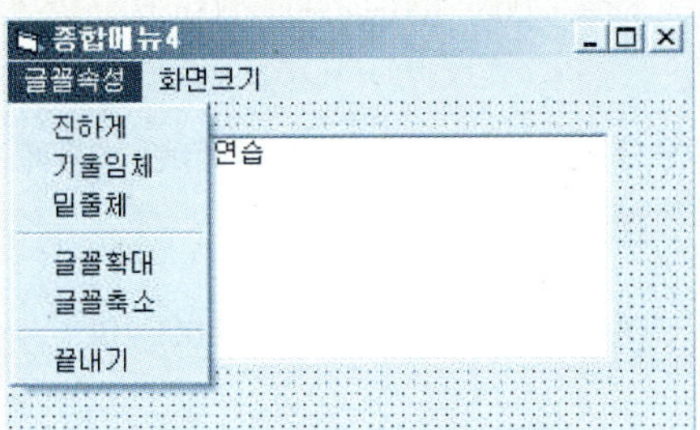

[그림12.39] 글꼴 속성메뉴 초기화면

[그림12.40] 화면크기 속성메뉴 초기화면

처리 조건

❶ 프로그램을 실행과 동시에 텍스트 박스를 폼에 크기로 고정한다.

[힌트]

```
'텍스트 창의 크기를 폼 크기로 고정
Text1.Move 0, 0, Width, Height
```

❷ 메뉴에서 진하게, 기울임, 밑줄체 메뉴는 선택과 취소(토글) 기능을 수행하도록 한다.

[힌트]

```
        '진하게 표시 여부 설정(토글 기능)
        Bold.Checked = Not Bold.Checked
        If Bold.Checked Then
            Text1.FontBold = True
        Else
            Text1.FontBold = False
```

❸ 글꼴확대에서 최대 크기는 40으로 정하고, 글꼴확대 메뉴를 선택하면 2씩 증가하면서 글자를 표현하도록 한다. 만약, 40 이상이 되었을 경우에는 글꼴확대 메뉴를 비활성화 시킨다.

[힌트]

```
            '글꼴크기 지정(클릭시 2 증가) 최대 40까지
        If Text1.FontSize >= 40 Then
            FontS1.Enabled = False
            FontS2.Enabled = True
        Else
            Text1.FontSize = Text1.FontSize + 2
            FontS1.Enabled = True
            FontS2.Enabled = True
        End If
```

❹ 글꼴축소에서 최저 크기는 6으로 정하고, 글꼴축소 메뉴를 선택하면 2씩 감소하면서 글자를 표현하도록 한다. 만약, 6 이상이 되었을 경우에는 글꼴축소 메뉴를 비활성화 시킨다.

[힌트]

```
        '글꼴크기 지정(클릭시 2 감소) 최저 6까지
        If Text1.FontSize <= 6 Then
            FontS2.Enabled = False
            FontS1.Enabled = True
```

↓다음 페이지에 계속

```
            Else
                    Text1.FontSize = Text1.FontSize - 2
                    FontS2.Enabled = True
                    FontS1.Enabled = True
            End  If
```

❺ 화면확대 메뉴는 폼 화면을 화면 크기로 설정하도록 하며, 텍스트 박스도 함께 변하도록 한다.

[힌트]

```
        '폼 크기를 화면 전체크기로 변환
            WindowState = 2
```

❻ 화면축소 메뉴는 폼 화면을 원래 크기로 설정하도록 한다.

[힌트]

```
        '폼 크기를 화면 전체크기로 변환
            WindowState = 0
```

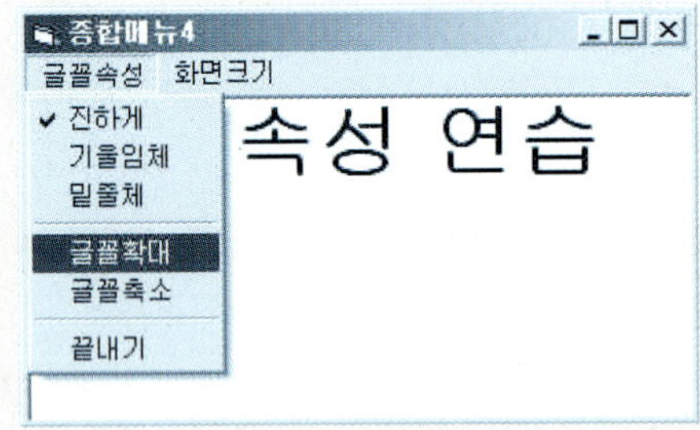

[그림12.41] [진하기], [글꼴확대] 선택 결과화면

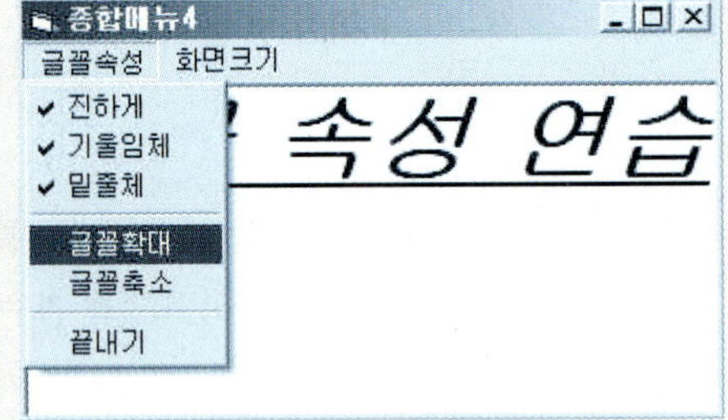

[그림12.42] 모든 속성을 지정한 결과화면

13.1 공통 대화상자의 개요

공통 대화상자는 윈도우에 등록되어있는 대화상자를 비주얼 베이직 프로그램 내에 호출하여 사용할 수 있도록 하는 도구입니다. 윈도우에서 등록되어 있는 대화 상자는 열기, 파일 저장, 색상, 글꼴 인쇄 대화 상자가 있습니다. 특히, 공통 대화상자를 사용하기 위해서는 프로그램 상에서 사용할 수 있습니다.

공통 대화상자의 사용 형식

〈컨트롤〉.Action = 〈값〉
〈컨트롤〉.메서드

- 〈컨트롤〉: 공통 대화상자 이름을 의미
- Action : 공통 대화상자 불러들이는 방식
- 〈값〉: 화면에 표시할 공통 대화상자의 형식을 지정하는 수식
- 메서드 : 직접 읽어 들일 공통 대화상자의 종류

Action 값	메서드	의　　　미
1	ShowOpen	[열기] 대화상자를 표시
2	ShowSave	[다른 이름으로 저장] 대화상자를 표시
3	ShowColor	[색] 대화상자를 표시
4	ShowFont	[글꼴] 대화상자를 표시
5	ShowPrinter	[프린터] 대화상자를 표시
6	ShowHelp	WINHLP32.EXE를 실행

[표13.1] 공통 대화상자의 값과 메서드의 의미

공통 대화상자 추가하기

왼쪽 도구 상자에는 공통 대화상자를 사용하기 위한 컨트롤이 존재하지 않기 때문에 사용자는 공통 대화상자를 사용하기 위하여 메뉴에 [프로젝트]에서 [구성요소]를 선택합니다. 그림13.1은 공통 대화상자를 추가하기 위해 구성요소를 선택한 초기화면을 표시하고 있습니다.

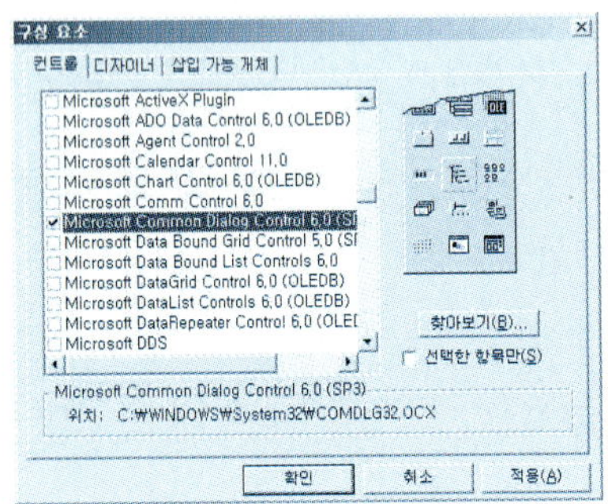

[그림13.1] 구성 요소 대화상자

구성요소 대화상자의 [컨트롤]에서 스크롤바를 아래로 내리면 "Microsoft Command Dialog Control 6.0(SP3)" 메뉴가 있습니다. 이 메뉴를 체크하고 [확인] 버튼을 선택하면 왼쪽 도구 상자에 공통 대화상자 컨트롤이 추가됩니다. 이렇게 공통 대화상자를 사용하기 위한 컨트롤을 추가하였습니다. 앞에 체크 버튼이 클릭되어 있지 않으면 추가되지 않는다는 것을 사용자는 알아두기 바랍니다.

13.2 [열기] 대화상자

열기 대화상자를 사용하여 드라이브, 디렉터리, 파일 이름 확장명, 파일 이름을 지정할 수 있습니다. 다른 이름으로 저장 대화상자는 대화상자의 제목이 다르고 파일 이름이 흐리게 나타난다는 점을 제외하고는 열기 대화상자와 같습니다. 실행 모드에서 파일을 선택하고 대화상자를 닫은 후 FileName 속성을 사용하여 선택한 파일 이름을 읽습니다.

속　성	의　　　　미
Filter	열기 대화상자 하단에 있는 [파일 형식]의 콤보 박스에 나타낼 문자열을 입력할 때 사용(문자열과 문자열을 구분하는 방법은 파이프 라인(|)을 사용)
FileName	열기 대화상자의 하단에 있는 [파일 이름] 입력란에 나타날 문자열을 입력할 때 사용
InitDir	열기 대화상자의 [그룹 상자]에 나타날 폴더 지정

[표13.2] [열기] 대화상자의 속성과 의미

[실습] 다음 프로그램을 실습하면서 [열기] 대화상자에 대한 사용 방법을 이해하도록 하겠습니다.

(저장 파일명 : 열기1.frm, 열기1.vbp)

사용자는 폼 디자이너 창에 그림13.2와 같이 Command Button 2개와 Command Dialog 컨트롤을 폼을 디자인 한 다음 코드 값을 입력하도록 합니다.

[그림13.2] 폼 디자인 초기화면

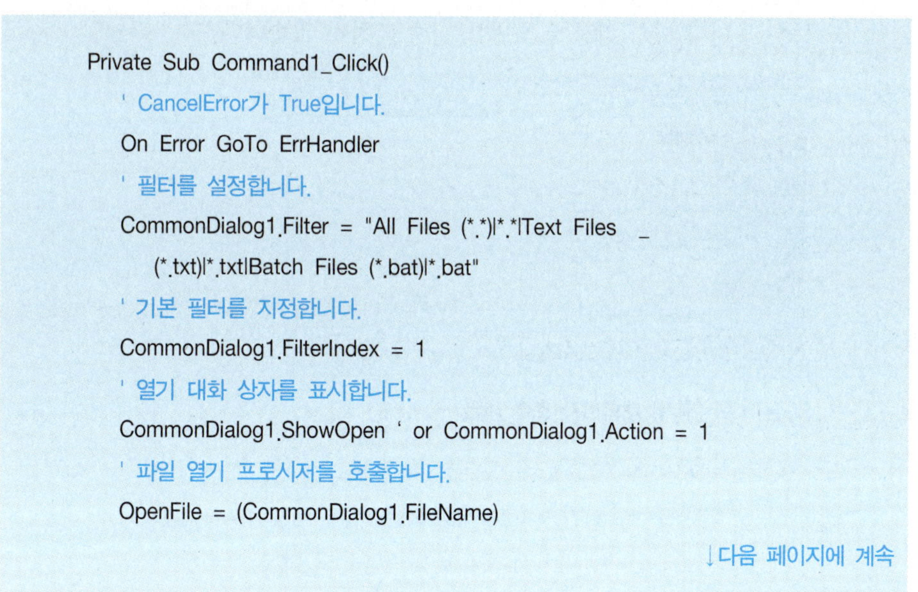

```
Private Sub Command1_Click()
    ' CancelError가 True입니다.
    On Error GoTo ErrHandler
    ' 필터를 설정합니다.
    CommonDialog1.Filter = "All Files (*.*)|*.*|Text Files _
        (*.txt)|*.txt|Batch Files (*.bat)|*.bat"
    ' 기본 필터를 지정합니다.
    CommonDialog1.FilterIndex = 1
    ' 열기 대화 상자를 표시합니다.
    CommonDialog1.ShowOpen ' or CommonDialog1.Action = 1
    ' 파일 열기 프로시저를 호출합니다.
    OpenFile = (CommonDialog1.FileName)
```

↓다음 페이지에 계속

```
        Exit  Sub


    ErrHandler:
        ' 사용자가 취소 단추를 눌렀습니다.
        Exit  Sub
    End  Sub
```

위와 같은 코드 값을 입력하고 프로그램을 실행하면 Command Dialog 컨트롤은
화면에 표시되지 않으며, 열기 Command Button을 선택하면 [열기] 대화상자를
호출하기 위한 환경이 제공됩니다. [그림13.3]은 코드 값을 입력하고 프로그램을 실
행한 초기화면을 표시하고 있습니다.

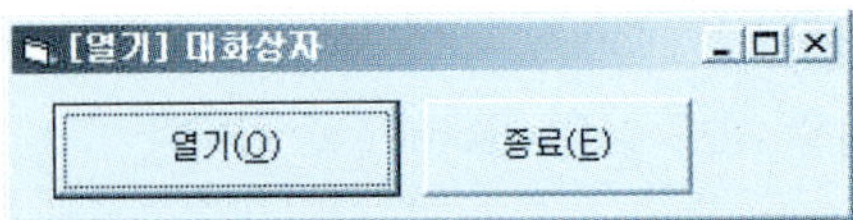

[그림13.3] 실행 초기화면

프로그램을 실행하고 [열기] 버튼을 선택하면 그림13.4와 같은 [열기] 대화상자를 호
출합니다. 본 프로그램은 [열기] 대화상자를 호출하는 방법만 사용되었을 뿐 다른 기
능을 주지 않았기 때문에 특별한 실행을 하지 않습니다.

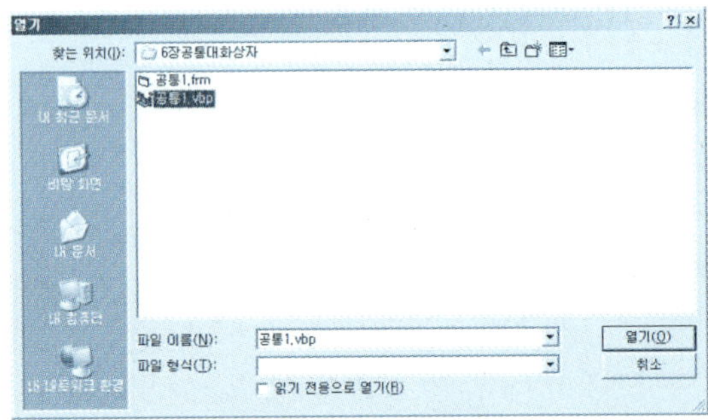

[그림13.4] [열기] 대화상자 호출 화면

 [다른 이름으로 저장] 대화상자

다른 이름으로 저장 대화상자를 사용하여 드라이브, 디렉터리, 파일 이름 확장명, 파일 이름을 지정하여 저장할 수 있습니다.

속 성	의 미
Filter	다른 이름으로 저장 대화상자 하단에 있는 [파일 형식]의 콤보 박스에 나타낼 문자열을 입력할 때 사용(문자열과 문자열을 구분하는 방법은 파이프 라인(|)을 사용)
FileName	다른 이름으로 저장 대화상자의 하단에 있는 [파일 이름] 입력란에 나타날 문자열을 입력할 때 사용
InitDir	다른 이름으로 저장 대화상자의 [그룹 상자]에 나타날 폴더 지정

[표13.3] [다른 이름으로 저장] 대화상자의 속성과 의미

[실습] 다음 프로그램을 실습하면서 [다른 이름으로 저장] 대화상자에 대한 사용 방법을 이해하도록 하겠습니다.

(저장 파일명 : 저장1.frm, 저장1.vbp)

사용자는 폼 디자이너 창에 그림13.5와 같이 Command Button 2개와 Command Dialog 컨트롤을 폼을 디자인 한 다음 코드값을 입력하도록 합니다.

[그림13.5] 폼 디자인 초기화면

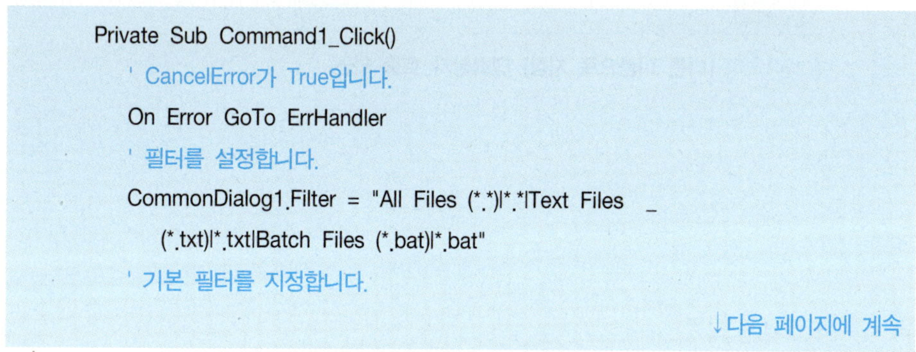

```vb
Private Sub Command1_Click()
    ' CancelError가 True입니다.
    On Error GoTo ErrHandler
    ' 필터를 설정합니다.
    CommonDialog1.Filter = "All Files (*.*)|*.*|Text Files _
        (*.txt)|*.txt|Batch Files (*.bat)|*.bat"
    ' 기본 필터를 지정합니다.
```

↓다음 페이지에 계속

```vb
        CommonDialog1.FilterIndex = 1

        ' 다른 이름으로 저장 대화 상자를 표시합니다.

        CommonDialog1.ShowSave ' or CommonDialog1.Action = 2

        ' 다른 이름으로 저장 프로시저를 호출합니다.

        Open CommonDialog1.FileName For Output As #1

        Exit Sub

    ErrHandler:

    ' 사용자가 취소 단추를 눌렀습니다.

        Exit Sub

    End Sub


    Private Sub Command2_Click()
            End
    End Sub
```

위와 같은 코드ㅠ값을 입력하고 프로그램을 실행하여 저장 Command Button을
선택하면 [다른 이름으로 저장] 대화상자를 호출하기 위한 환경이 제공됩니다. 그림1
3.6은 [저장] 버튼을 선택하였을 경우에 화면을 표시하고 있습니다.

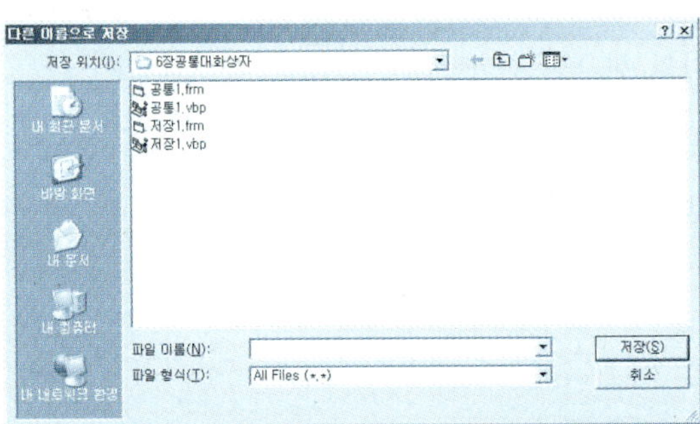

[그림13.6] [다른 이름으로 저장] 대화상자 호출 화면

색 대화 상자를 사용하여 색상표에서 색을 선택하거나 사용자 정의 색을 만들어 선택할 수 있습니다. 실행 모드에서 사용자가 색을 선택하고 대화상자를 닫은 후 Color 속성을 사용하여 선택한 색을 읽어옵니다.

[실습] 다음 프로그램을 실습하면서 [색] 대화상자에 대한 사용 방법을 이해하도록 하겠습니다.

(저장 파일명 : 색상1.frm, 색상1.vbp)

사용자는 폼 디자이너 창에 그림13.7과 같이 Command Button 2개와 Command Dialog 컨트롤을 폼을 디자인 한 다음 코드 값을 입력하도록 합니다.

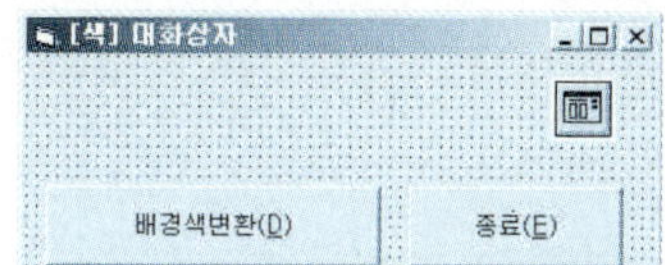

[그림13.7] 폼 디자인 초기화면

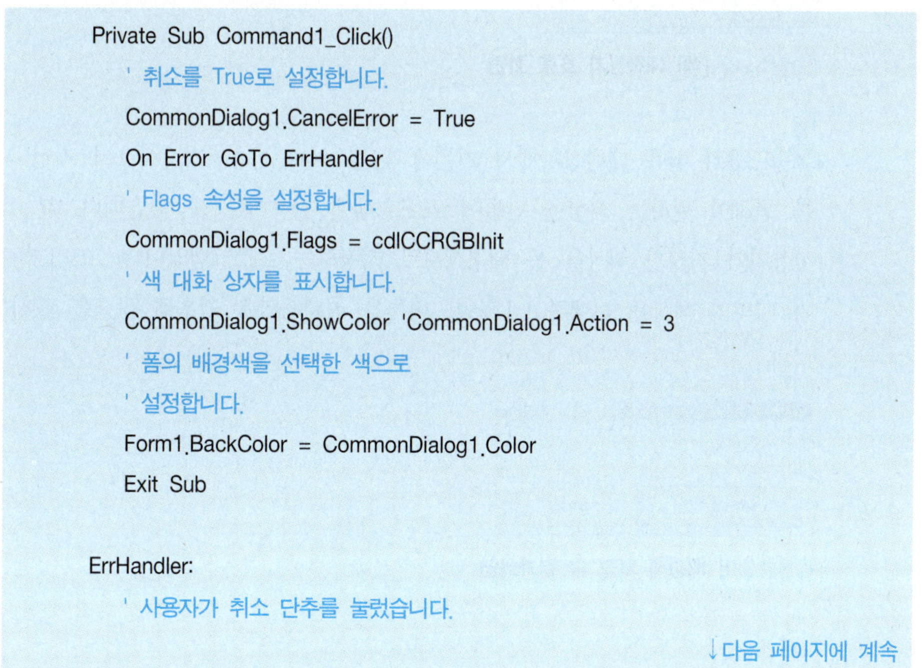

```
Private Sub Command1_Click()
    ' 취소를 True로 설정합니다.
    CommonDialog1.CancelError = True
    On Error GoTo ErrHandler
    ' Flags 속성을 설정합니다.
    CommonDialog1.Flags = cdlCCRGBInit
    ' 색 대화 상자를 표시합니다.
    CommonDialog1.ShowColor 'CommonDialog1.Action = 3
    ' 폼의 배경색을 선택한 색으로
    ' 설정합니다.
    Form1.BackColor = CommonDialog1.Color
    Exit Sub

ErrHandler:
    ' 사용자가 취소 단추를 눌렀습니다.
```

↓다음 페이지에 계속

```
        Exit Sub
    End Sub


    Private Sub Command2_Click()
        End
    End Sub
```

위와 같은 코드 값을 입력하고 프로그램을 실행하여 저장 Command Button을 선택하면 [색] 대화상자를 호출하기 위한 환경이 제공됩니다. 그림13.8은 [배경색변환] 버튼을 선택하였을 경우에 화면을 표시하고 있습니다.

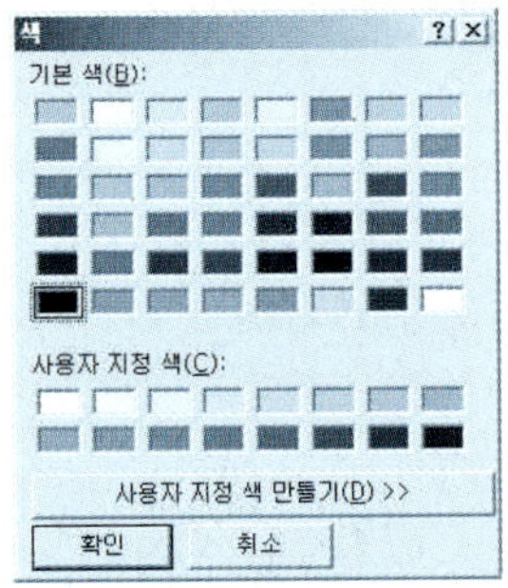

[그림13.8] [색] 대화상자 호출 화면

그림13.8과 같은 대화상자에서 기본색 48색 외에 사용자가 [사용자 지정 색 만들기]를 통하여 원하는 색상을 만들어 프로그램에 적용시킬 수 있습니다. 본 프로그램은 사용자가 지정한 색상을 폼 배경색으로 지정하는 프로그램입니다. 그림13.9는 사용자가 임의의 색상을 선택하고 [확인] 버튼을 선택하였을 경우에 화면을 표시하고 있습니다.

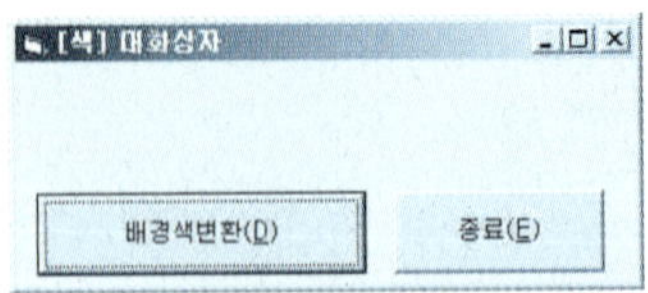

[그림13.9] 배경색 지정 후 결과화면

374

 [글꼴] 대화상자

글꼴 대화 상자를 사용하여 글꼴 크기, 색, 유형을 선택할 수 있습니다. 일단 글꼴 대화 상자에서 선택하면 다음 속성에 사용자가 선택한 내용에 대한 정보가 포함됩니다.

속 성	의 미
Color	선택한 색. 이 속성을 사용하려면 먼저 Flags 속성을 cdlCFEffects로 설정해야 합니다.
FontBold	굵은 글자의 선택 여부
FontItalic	기울임꼴의 선택 여부
FontStrikethru	취소선의 선택 여부
FontUnderline	밑줄의 선택 여부
FontName	선택한 글꼴 이름
FontSize	선택한 글꼴 크기

[표13.4] **[글꼴] 대화상자의 속성과 의미**

[실습] 다음 프로그램을 실습하면서 [글꼴] 대화상자에 대한 사용 방법을 이해하도록 하겠습니다.

(저장 파일명 : 글꼴1.frm, 글꼴1.vbp)

사용자는 폼 디자이너 창에 그림13.10과 같이 Command Button 2개와 Text Box 1개와 Command Dialog 컨트롤을 폼을 디자인 한 다음 코드값을 입력하도록 합니다.

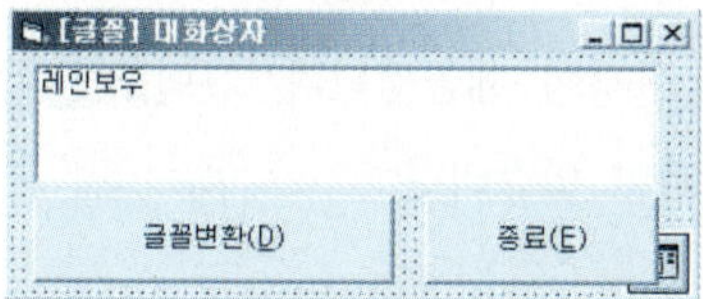

[그림13.10] **폼 디자인 초기화면**

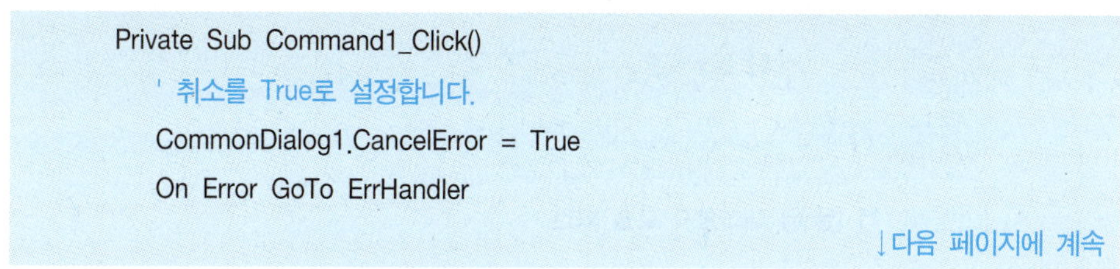
```
Private Sub Command1_Click()
    ' 취소를 True로 설정합니다.
    CommonDialog1.CancelError = True
    On Error GoTo ErrHandler
```

↓다음 페이지에 계속

```vb
        ' Flags 속성을 설정합니다.
        CommonDialog1.Flags = cdlCFBoth Or cdlCFEffects
        ' 글꼴 대화 상자를 표시합니다.
        CommonDialog1.ShowFont ' or CommonDialog1.Action = 4
        ' 사용자가 선택한 내용에 따라 텍스트 속성을
        ' 설정합니다.
        Text1.Font.Name = CommonDialog1.FontName
        Text1.Font.Size = CommonDialog1.FontSize
        Text1.Font.Bold = CommonDialog1.FontBold
        Text1.Font.Italic = CommonDialog1.FontItalic
        Text1.Font.Underline = CommonDialog1.FontUnderline
        Text1.FontStrikethru = CommonDialog1.FontStrikethru
        Text1.ForeColor = CommonDialog1.Color
        Exit Sub
ErrHandler:
        ' 사용자가 취소 단추를 눌렀습니다.
        Exit Sub
End Sub


Private Sub Command2_Click()
        End
End Sub
```

위와 같은 코드 값을 입력하고 프로그램을 실행하여 저장 Command Button을 선택하면 [글꼴] 대화상자를 호출하기 위한 환경이 제공됩니다. 그림13.11은 [글꼴변환] 버튼을 선택하였을 경우에 화면을 표시하고 있습니다.

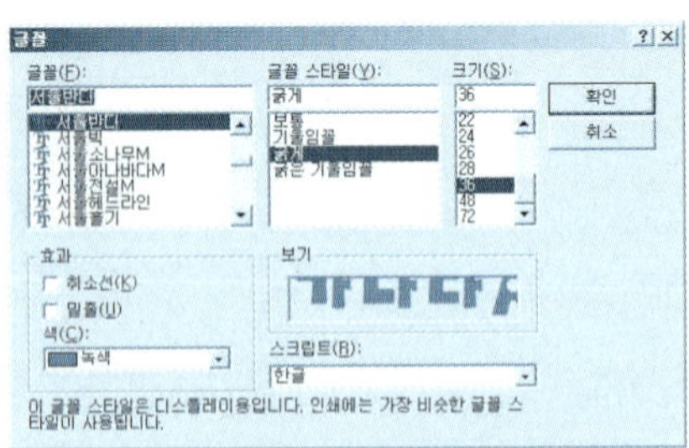

[그림13.11] [글꼴] 대화상자 호출 화면

그림13.11과 같은 대화상자에서 글꼴, 글꼴 스타일, 글꼴 크기, 효과와 같은 많은 기능을 설정하여 프로그램에 적용시킬 수 있습니다. 본 프로그램은 사용자가 지정한 글꼴을 텍스트 창에 문자에 지정하는 프로그램입니다. 그림13.12는 사용자가 임의의 글꼴을 지정하고 [확인] 버튼을 선택하였을 경우에 화면을 표시하고 있습니다.

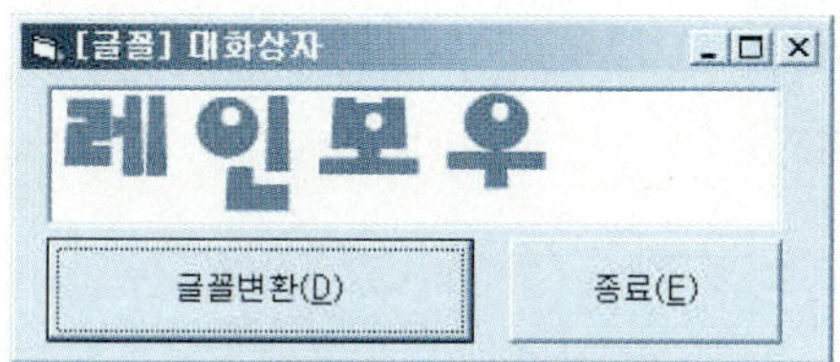

[그림13.12] 글꼴 지정 후 결과화면

13.6 [프린터] 대화상자

프린터 대화상자를 현재 컴퓨터에 연결되어 있는 프린터를 통하여 지정된 결과를 인쇄하고자 할 때 사용하는 기능을 가지고 있습니다.

속 성	의 미
프린트	인쇄할 프린터의 종류를 선택
인쇄 범위	프린터로 인쇄할 범위를 지정
인쇄 매수	프린터로 인쇄할 매수를 지정

[표13.5] [프린트] 대화상자의 속성과 의미

[실습] 다음 프로그램을 실습하면서 [프린트] 대화상자에 대한 사용 방법을 이해하도록 하겠습니다.

(저장 파일명 : 프린트1.frm, 프린트1.vbp)

사용자는 폼 디자이너 창에 그림13.13과 같이 Command Button 2개와 Text Box 1개와 Command Dialog 컨트롤을 폼을 디자인 한 다음, 코드값을 입력하도록 합니다.

[그림13.13] **폼 디자인 초기화면**

```
Private Sub Form_Load()
    ' 폰트에 속성을 지정한다.
    Text1.FontSize = 45
    Text1.FontName = "궁서체"
    Text1.FontBold = True
End Sub


Private Sub Command1_Click()
    ' 열기 대화 상자를 표시합니다.
    CommonDialog1.ShowPrinter 'or CommonDialog1.Action = 5
    ' 파일 열기 프로시저를 호출합니다.
    PrintForm '현재 폼을 프린트 한다.
End Sub


Private Sub Command2_Click()
    End
End Sub
```

위와 같은 코드 값을 입력하고 프로그램을 실행하여 저장 Command Button을 선택하면 [프린트] 대화상자를 호출하기 위한 환경이 제공됩니다. 그림13.14는 프로그램을 실행하였을 때의 화면을 표시하고 있습니다.

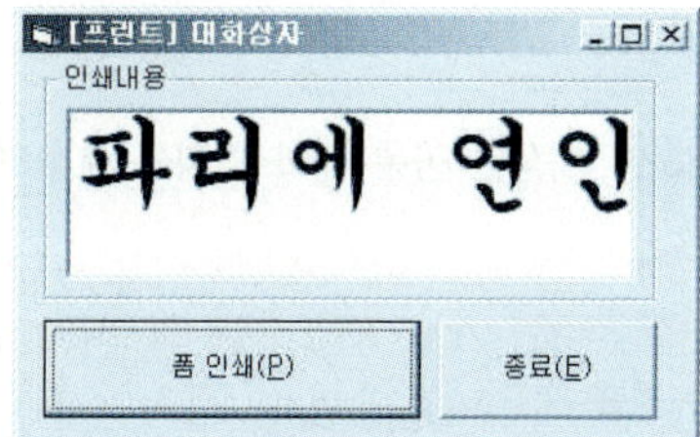

[그림13.14] 실행 초기화면

그림13.14에서 [폼 인쇄] 버튼을 선택하면 그림13.15와 같은 [프린트] 대화상자가
나타납니다. 사용자는 우선 본인의 컴퓨터에 프린터가 설치되어 있으면 프린트를 위
해 프린터의 전원을 켜고 [폼 인쇄] 버튼을 선택합니다. 본 프로그램은 현재 화면에
표시된 폼을 출력하는 프로그램의 예입니다.

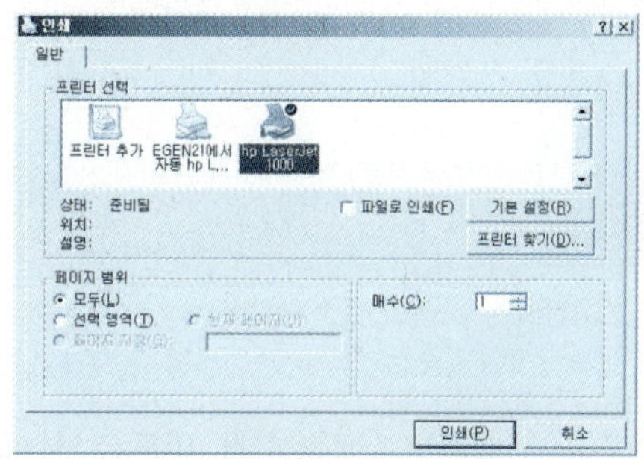

[그림13.15] [프린터] 대화상자 화면

[문제] 다음 조건에 맞는 프로그램을 완성하시오.

(저장 파일명 : 조합1.frm, 조합1.vbp)

그림13.16과 같이 Command Button 2개와 Option Button 6개와 Frame 1개
와 Command Dialog 컨트롤을 폼을 디자인하고 프로그래밍하도록 한다.

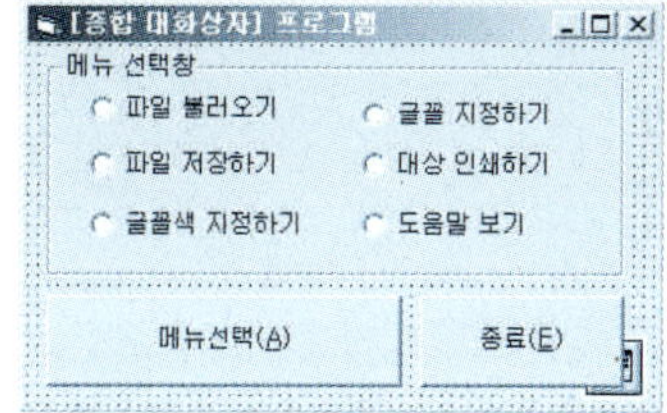

[그림13.16] 폼 디자인 초기화면

❶ 메뉴 선택 창 메뉴 중에서 하나의 메뉴를 선택하면 지정된 공통 대화 상자를 호출하는 프로그램을 작성하라.

- 파일 불러오기 : [열기] 대화상자 호출
- 파일 저장하기 : [다른 이름으로 저장] 대화상자 호출
- 글꼴색 지정하기: [색] 대화상자 호출
- 글꼴 지정하기 : [글꼴] 대화상자 호출
- 대상 인쇄하기 : [프린터] 대화상자 호출
- 도움말 보기 : [도움말] 대화상자 호출

❷ 대화상자를 호출하고 다른 지정은 하지 않는다.

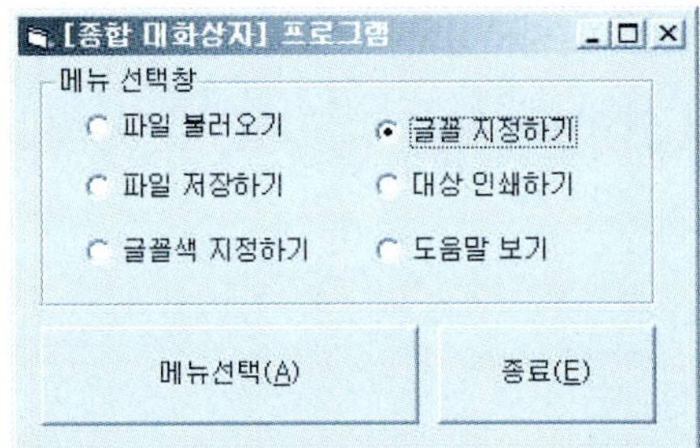

[그림13.17] 실행 초기화면

그림13.17에서 글꼴 지정하기 옵션버튼을 선택하고 [메뉴선택] 버튼을 선택하면 [그림13.18]과 같은 화면이 화면에 호출되도록 프로그래밍한다.

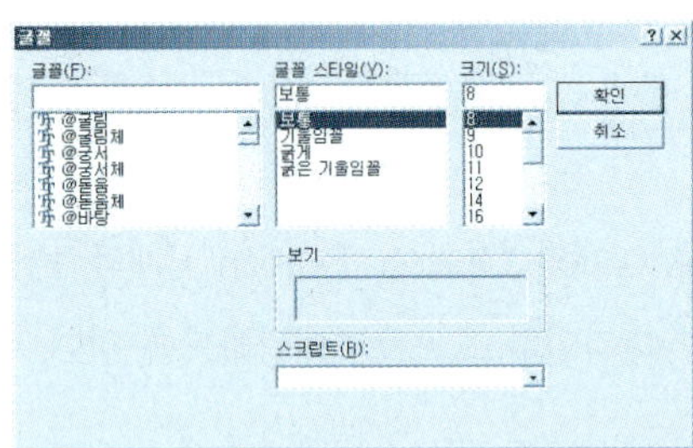

[그림13.18] [글꼴 지정하기] 옵션을 선택한 결과 화면

다음의 문제를 읽고 답을 설명하시오.

❶ 공통 대화상자의 사용 용도를 간단하게 설명하시오

❷ 공통 대화상자에서 Action 값 대신에 사용할 수 있는 메서드는 어떤 종류가 있는지 설명하시오.

❸ 공통 대화상자를 사용하기 위한 컨트롤을 추가해야 하는데, 추가하는 방법에 대하여 간단하게 설명하시오.

❹ [다른 이름으로 저장] 대화상자에서 사용하는 Filter 속성, FileName 속성, InitDir 속성을 각각 설명하시오.

❺ [글꼴] 대화상자에서 사용하는 옵션의 종류는 무엇이 있으며, 각각의 의미는 무엇인가 설명하시오

❻ [프린트] 대화상자에 대한 용도를 간단하게 설명하시오

다음 조건에 맞는 프로그램을 완성하시오.

(저장 파일명 : 공통종합2.frm, 공통종합2.vbp)

그림13.19와 같이 폼 디자인 창에 폼을 완성한 다음, 아래 조건에 만족하는 프로그램을 작성하라.

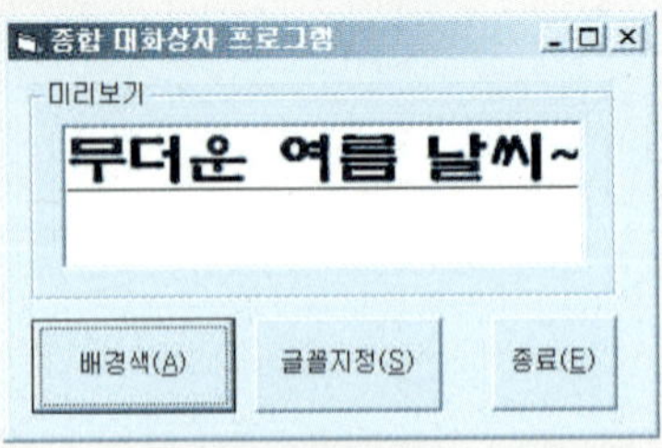

[그림13.19] 폼 디자인 초기화면

처리 조건

❶ 배경색 버튼과 글꼴지정 버튼에 각각 지정된 기능을 사용하여 결과를 출력하도록 한다.

❷ 배경색 처리조건

- 폼 배경색 : 회색으로 설정

❸ 글꼴지정 처리조건

- 글자체 : 휴먼옛체로 설정
- 글꼴 스타일 : 굵은 글자로 설정
- 글자 크기 : 30 포인트로 설정
- 글자 효과 : 밑줄 글자 설정
- 글자 색깔 : 파랑색으로 설정

❹ 위에 조건에 만족하는 프로그램을 작성하되 모든 기능은 공통 대화상자를 통하여 처리하도록 한다.

[그림13.20] 출력 결과 화면

다음 조건에 맞는 프로그램을 완성하시오.

(저장 파일명 : 공통종합3.frm, 공통종합3.vbp)

그림13.21과 같이 폼 디자인 창에 폼을 완성한 다음, 아래 조건에 만족하는 프로그램을 작성하라.

[그림13.21] 폼 디자인 초기화면

처리 조건

❶ 바탕색 버튼과 글꼴 버튼, 인쇄 버튼에 각각 지정된 기능을 사용하여 결과를 출력하도록 한다.

❷ 바탕색 처리조건
- 텍스트 배경색 : 하늘색을 설정

❸ 글꼴지정 처리조건
- 글자체 : 서울 흘기체로 설정
- 글꼴 스타일 : 기울임 글자로 설정
- 글자 크기 : 48 포인트로 설정
- 글자 색깔 : 자주색으로 설정

❹ 인쇄 처리조건
- 인쇄 : 미리보기 결과 폼을 출력

❺ 위에 조건에 만족하는 프로그램을 작성하되 모든 기능은 공통 대화상자를 통해 처리한다.

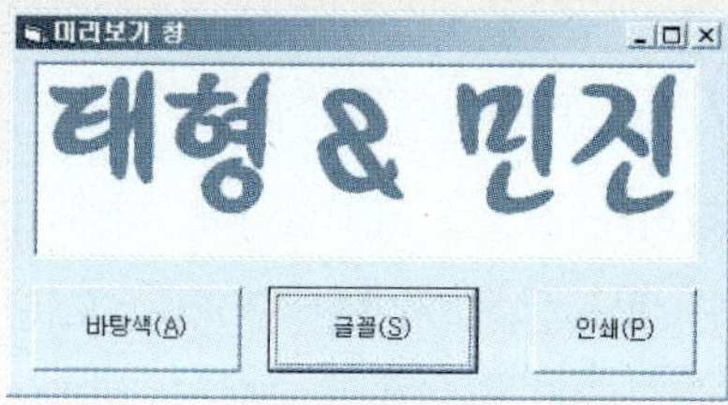

[그림13.22] 출력 결과 화면

Chapter 14 드라이브와 파일 메서드

14.1 드라이브 리스트 박스(DriveListBox)

DriveListBox 컨트롤은 사용자에게 코드 실행모드에서 유효한 디스크 드라이브를 선택할 수 있도록 해줍니다. 사용자 시스템의 모든 유효 드라이브의 목록을 표시할 때 이 컨트롤을 사용합니다. 사용할 수 있는 드라이브의 디스크에 저장된 파일 목록에서 사용자가 파일을 열 수 있는 대화 상자를 작성할 수 있습니다.

사용자가 목록의 항목에 액세스할 수 있도록 지정하려면 List, ListCount, ListIndex 속성을 설정합니다. DirListBox와 FileListBox 컨트롤을 폼 위에 나타내는 경우 DriveListBox 컨트롤과 각 컨트롤을 동기화하도록 코드를 작성할 수 있습니다.

DriveListBox 속성과 의미

속성	의미
Enabled	사용 가능하도록 할지의 여부를 설정
Visible	드라이브 리스트 박스를 보이도록 할지의 여부를 설정
Apperance	평면이나 3차원 모양으로 설정
Name	드라이브 리스트 박스 개체의 이름 설정

[표14.1] DriveListBox 속성과 의미

14.2 폴더 리스트 박스(DirListBox)

DirListBox 컨트롤은 실행모드에서 디렉터리와 경로를 표시합니다. 디렉터리의 계층 목록을 표시할 때 이 컨트롤을 사용합니다. 예를 들어, 사용할 수 있는 모든 디렉터리의 파일 목록에서 사용자가 파일을 열 수 있는 대화 상자를 작성할 수 있습니다.

List, ListCount, ListIndex 속성을 설정하여, 목록의 항목에 액세스할 수 있습니다. DriveListBox와 FileListBox 컨트롤을 폼 위에 나타내는 경우 DirListBox 컨트롤과 각 컨트롤을 동기화하도록 코드를 작성할 수 있습니다.

DirListBox 속성과 의미

속성	의미
Enabled	사용 가능하도록 할지의 여부를 설정
Visible	폴더 리스트 박스를 보이도록 할지의 여부를 설정
Apperance	평면이나 3차원 모양으로 설정
Name	폴더 리스트 박스 개체의 이름 설정

[표14.2] DirListBox 속성과 의미

14.3 파일 리스트 박스(FileListBox)

FileListBox 컨트롤은 실행 모드에서 Path 속성에 의해 지정된 디렉터리에서 파일을 찾고 목록을 나열합니다. 파일 유형에 의해 선택된 파일의 목록을 표시할 때 이 컨트롤을 사용하십시오. 예를 들어, 파일 또는 파일 그룹을 선택할 수 있는 대화상자를 사용자의 응용프로그램에서 작성할 수 있습니다.

List, ListCount, ListIndex 속성을 설정하여 목록의 항목에 액세스할 수 있습니다. DirListBox와 DriveListBox 컨트롤을 폼 위에 나타내는 경우 FileListBox 컨트롤과 각 컨트롤을 동기화하도록 코드를 작성할 수 있습니다.

FileListBox 속성과 의미

속 성	의 미
Enabled	사용 가능하도록 할지의 여부를 설정
Visible	파일 리스트 박스를 보이도록 할지의 여부를 설정
Apperance	평면이나 3차원 모양으로 설정
Name	폴더 리스트 박스 개체의 이름 설정
Archive	기록가능 속성을 가진 파일을 나타낼지의 여부를 설정
Hidden	숨기기 속성을 가진 파일을 나타낼지의 여부를 설정
Normal	표준 속성을 가진 파일을 나타낼지의 여부를 설정
ReadOnly	읽기 전용 속성을 가진 파일을 나타낼지의 여부를 설정
System	시스템 속성을 가진 파일을 나타낼지의 여부를 설정
MultiSelect	여러 파일을 동시에 선택할 수 있는지의 여부를 설정
Pattern	파일 리스트박스에 나타낼 파일명을 설정

[표14.3] FileListBox 속성과 의미

[실습] 다음 프로그램을 실습하면서 드라이브 관련 속성과 사용 방법을 이해하도록 하겠습니다.

(저장 파일명 : 드라이브1.frm, 드라이브1.vbp)

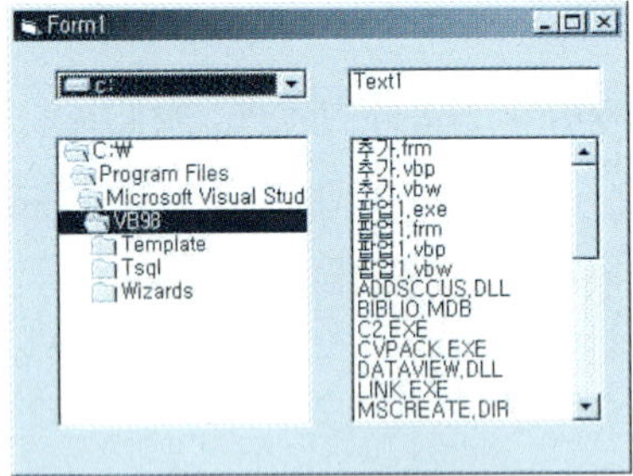

[그림14.1] 폼 디자인 초기화면

드라이브 관련 메서드를 그림14.1과 같이 폼 디자인 창에 배치하고 아래의 프로그램을 이벤트 별로 코딩합니다.

```vb
Private Sub Drive1_Change()
    '드라이브의 Path를 폴더의 Path로 받는다.
    Dir1.Path = Drive1.Drive
End Sub


Private Sub Dir1_Change()
    '폴더의 Path를 파일의 Path로 받는다.
    File1.Path = Dir1.Path
End Sub


Private Sub File1_Click()
    '파일 리스트 박스를 클릭했을 때 텍스트 박스에 리스트되게 한다.
    Text1.Text = File1.FileName
End Sub


Private Sub File1_DblClick()
    '파일 리스트 박스에서 파일을 더블클릭했을 때 메시지 박스 실행
    MsgBox File1.FileName
End Sub


Private Sub Text1_KeyPress(KeyAscii As Integer)
    ' 텍스트 박스에 파일명을 입력하고 〈엔터〉 키를 누르면 관련 파일 목록이 표시되
    게 한다.
    If KeyAscii = 13 Then
       KeyAscii = 0
       File1.Pattern = Text1.Text
    End If
End Sub
```

파일 리스트 박스를 더블 클릭하면 메시지 창이 뜹니다. 이것을 드라이브 경로가 나
타나도록 프로그램 하여 봅시다.

```
Private Sub File1_DblClick()
            '경로의 끝이 root(₩)인지 확인
    If Right(File1.Path, 1) = "₩" Then
            '파일 경로의 파일명을 결합
        MsgBox File1.Path & File1.FileName
            'root(₩) 아닌 경우
    Else
            '파일 경로의 파일명을 ₩로 연결
        MsgBox File1.Path & "₩" & File1.FileName
    End If
End Sub
```

프로그램을 실행하면 메시지 창에 root 경로부터 현재 드라이브 위치와 파일명까지 나타나게 하는 프로그램입니다.

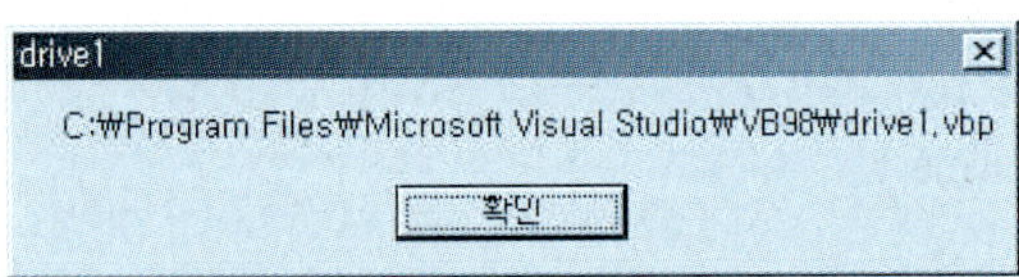

[그림14.2] 경로 실습 결과 화면

14.4 드라이브 관련 함수

DriveListBox, DirListBox, FileListBox등을 이용하여 폴더를 만들거나 삭제하거나 변경하고자 할 때 드라이브 관련 함수를 사용합니다.

드라이브 관련 함수

❶ ChDirve 또는 ChDir : 드라이브나 폴더의 경로를 변경
❷ MkDir : 폴더를 생성할 수 있으며, 경로에서 드라이브 경로가 생략될 경우 현재 드라이브에 폴더를 생성
❸ Rmdir : 폴더를 삭제, 경로에서 드라이브 지정이 생략될 경우 현재 드라이브에 포함되어 있는 폴더를 삭제.

[실습] 다음 프로그램을 실습하면서 드라이브 관련 함수에 대한 사용방법을 이해하도록 하겠습니다.

(저장 파일명 : 드라이브2.frm, 드라이브2.vbp)

그림14.3과 DriveListBox, DirListBox, FileListBox를 각각 폼에 디자인하고, Command Button을 추가하여 속성을 변경하고 프로그램을 코딩하도록 합니다.

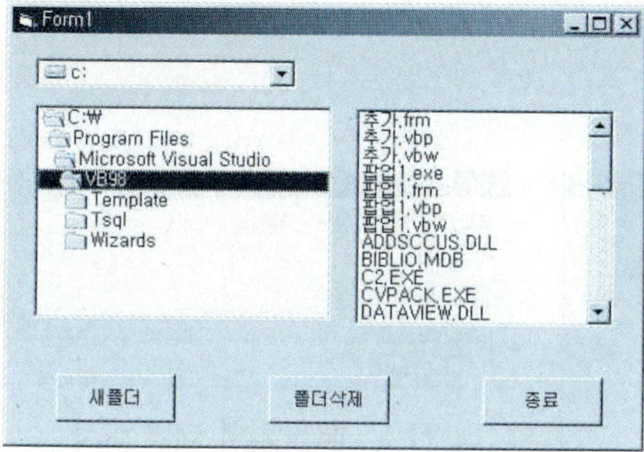

[그림14.3] 폼 디자인 초기화면

그림14.3과 같이 드라이브 박스를 배치하고 새폴더(Command1)를 더블클릭하여 다음과 같이 프로그램을 작성하도록 하겠습니다.

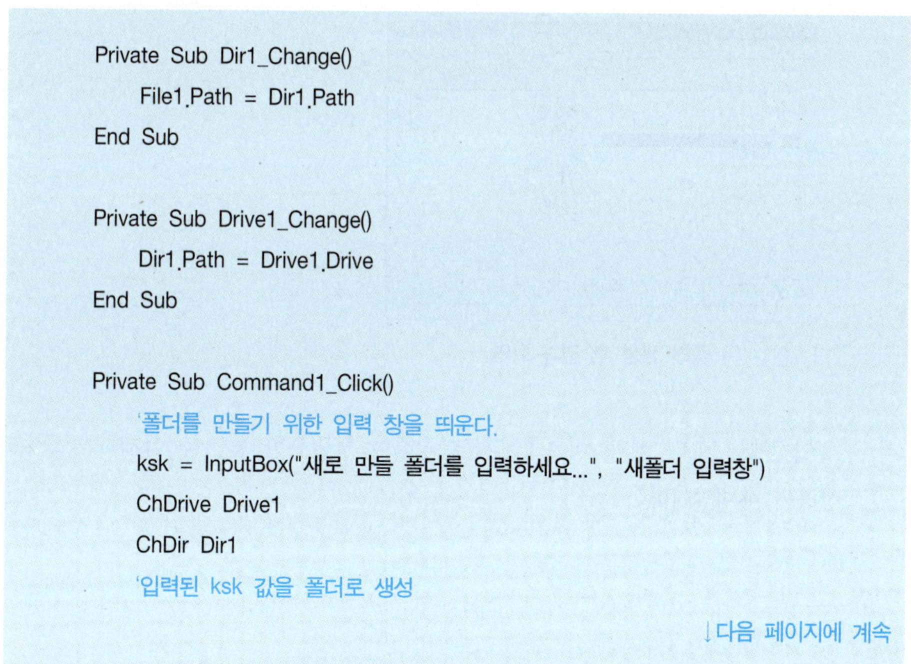

```
Private Sub Dir1_Change()
    File1.Path = Dir1.Path
End Sub


Private Sub Drive1_Change()
    Dir1.Path = Drive1.Drive
End Sub


Private Sub Command1_Click()
    '폴더를 만들기 위한 입력 창을 띄운다.
    ksk = InputBox("새로 만들 폴더를 입력하세요...", "새폴더 입력창")
    ChDrive Drive1
    ChDir Dir1
    '입력된 ksk 값을 폴더로 생성
```

↓다음 페이지에 계속

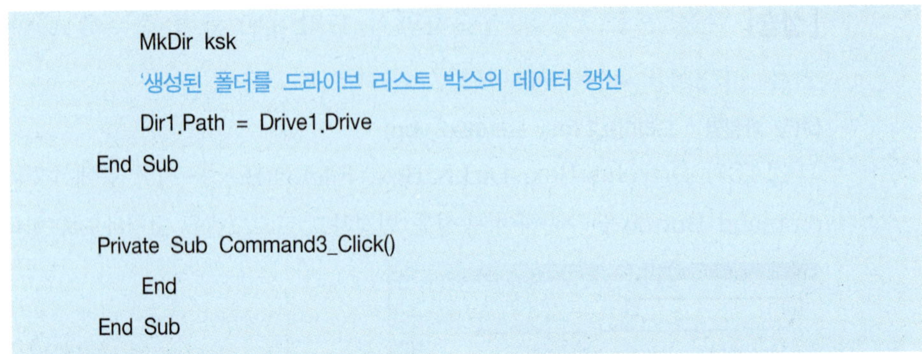

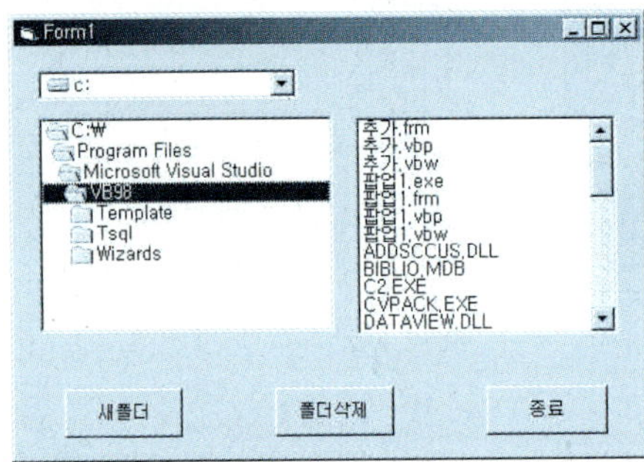

[그림14.4] 폴더 생성 전 화면

[그림14.5] 폴더 입력 대화 상자

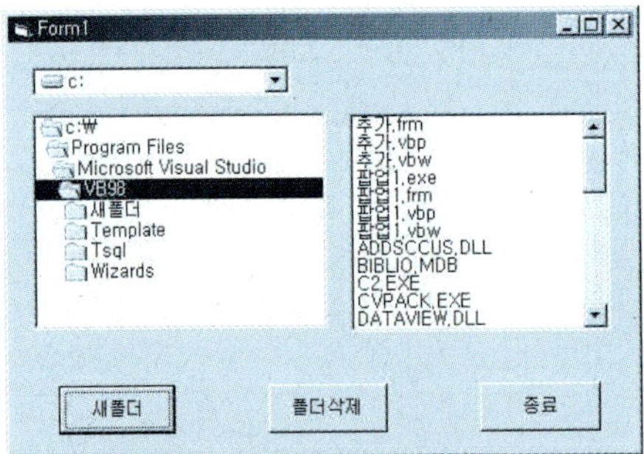

[그림14.6] 폴더 생성 후 결과 화면

이번에는 폴더 삭제 버튼을 더블클릭하여 불필요한 폴더를 삭제하는 프로그램을 작성하는 예제입니다.

```vb
Private Sub Command2_Click()
    '폴더를 삭제하기 위한 입력 창을 띄운다.
    ksk = InputBox("삭제할 폴더를 입력하시오....", "폴더 삭제창")
    ChDrive Drive1
    ChDir Dir1
    '입력된 ksk 값에 해당하는 폴더를 삭제
    RmDir ksk
    '삭제된 폴더를 드라이브 리스트 박스의 데이터 갱신
    Dir1.Path = Drive1.Drive
End Sub

Private Sub Dir1_Change()
    File1.Path = Dir1.Path
End Sub

Private Sub Drive1_Change()
    Dir1.Path = Drive1.Drive
End Sub

Private Sub Command1_Click()
    '폴더를 만들기 위한 입력 창을 띄운다.
    ksk = InputBox("새로 만들 폴더를 입력하세요...", "새폴더 입력창")
    ChDrive Drive1
    ChDir Dir1
    '입력된 ksk 값을 폴더로 생성
    MkDir ksk
    '생성된 폴더를 드라이브 리스트 박스의 데이터 갱신
    Dir1.Path = Drive1.Drive
End Sub

Private Sub Command3_Click()
    End
End Sub
```

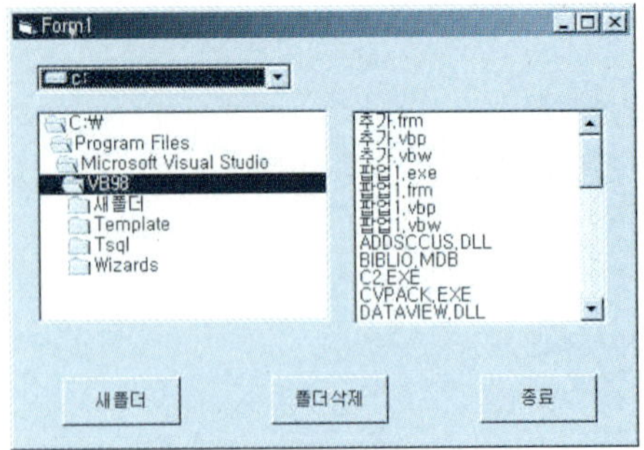

[그림14.7] 폴더 삭제 전 화면

[그림14.8] 폴더 삭제 대화 상자

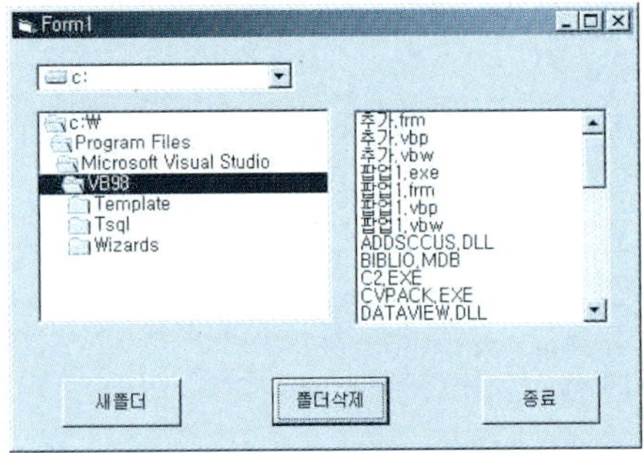

[그림14.9] 폴더 삭제 후 결과 화면

14.5 파일 관련 함수

파일 리스트 박스에서 파일을 복사하거나 삭제하거나 이름을 변경하고자 할 때 파일 관련 함수를 사용합니다.

파일 관련 함수

❶ FileCopy : 파일 리스트박스 상의 파일을 복사할 때 사용하는 메서드로 InputBox와 함께 사용할 수 있습니다.

❷ Kill : 파일 리스트박스 상의 파일을 삭제할 때 사용하는 메서드로 InputBox와 함께 사용할 수 있습니다.

❸ Name : 파일 리스트박스 상의 파일이름을 변경할 때 사용하는 메서드로 InputBox와 함께 사용할 수 있습니다.

[실습1] 다음 프로그램을 실습하면서 파일 관련 메소드 중 파일 복사에 대한 사용방법을 이해하도록 하겠습니다.

(저장 파일명 : 드라이브3.frm, 드라이브3.vbp)

그림14.10과 같이 드라이브 박스를 배치를 하고 복사 버튼을 더블 클릭하여 아래와 같이 파일 복사 프로그램을 작성하도록 하겠습니다.

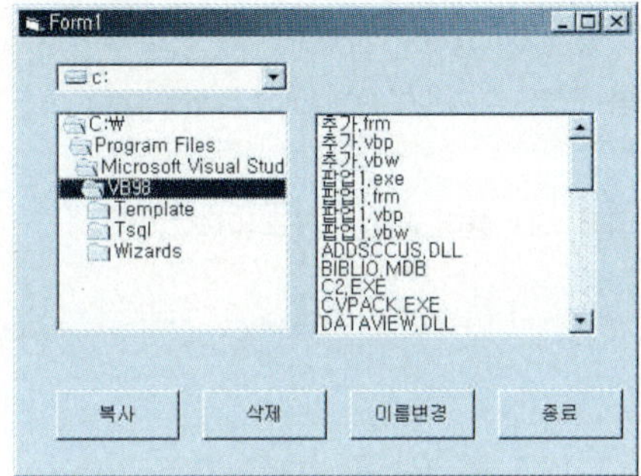

[그림14.10] 폼 디자인 초기화면

```
Private Sub Command1_Click()
    ksk = InputBox("복사할 파일을 입력하시오....", "파일 복사")
    Beep
  ss = InputBox("대상 드라이브 입력 OR 폴더 지정", "드라이브 입력")
    ChDrive Drive1
    ChDir Dir1
    FileCopy ksk, ss
End Sub


Private Sub Command4_Click()
    End
End Sub


Private Sub Dir1_Change()
    File1.Path = Dir1.Path
End Sub
```

↓다음 페이지에 계속

```vb
Private Sub Drive1_Change()
    Dir1.Path = Drive1.Drive
End Sub


Private Sub File1_DblClick()


    ' 파일리스트박스의 선택 파일이름 InputBox에 등록
    ksk = InputBox("복사할 파일이름 입력", "파일복사", File1.FileName)
        Beep
    ss = InputBox("대상 드라이브 입력 OR 폴더 지정", "드라이브 입력")
        ChDrive Drive1
        ChDir Dir1
        FileCopy ksk, ss
    End Sub
```

복사할 파일 입력 후 대상 드라이브 입력 OR 폴더 지정에서 복사하고자 하는 대상
위치를 전부 입력시켜 주어야만 원하는 폴더에 파일 복사 가능합니다. 먼저 복사 버
튼을 클릭하여 실행한 결과입니다.

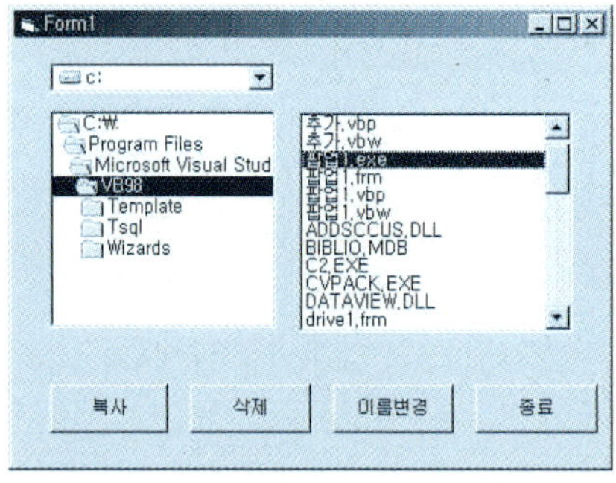

[그림14.11] 복사 메뉴 창 화면

[그림14.12] 복사 파일명 입력창

[그림14.13] 대상 파일명 입력창

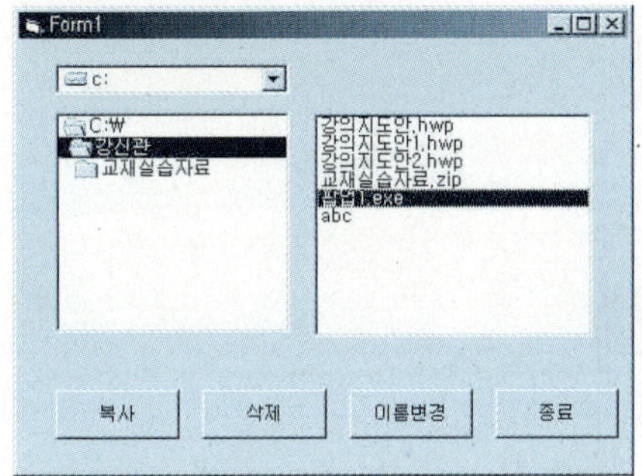

[그림14.14] 복사 후 결과 창

[실습2] 다음 프로그램을 실습하면서 파일 관련 메서드 중에서 파일 삭제에 대한 사용방법을 이해하도록 하겠습니다.

(저장 파일명 : 드라이브4.frm, 드라이브4.vbp)

그림14.9의 드라이브 박스 배치 중에서 삭제 버튼을 더블 클릭하여 아래와 같이 파일 삭제 프로그램을 작성하도록 하겠습니다.

```
'파일삭제 버튼 기능 입력
Private Sub Command2_Click()
    ' 삭제할 파일 입력이나 선택된 FileListBox의 파일명 등록
    ksk=InputBox("삭제할 파일을 입력...", "파일 삭제", File1.FileName)
    ChDrive Drive1
    ChDir Dir1
    '입력된 파일 삭제
    Kill  ksk
    '변경된 드라이브 데이터 갱신
    Dir1.Path = Drive1.Drive
End Sub
```

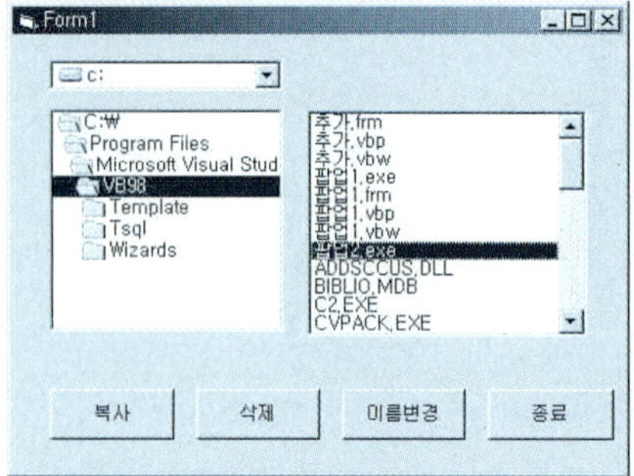

[그림14.15] 파일 삭제 실습 창

[그림7.16] 삭제 파일명 입력창

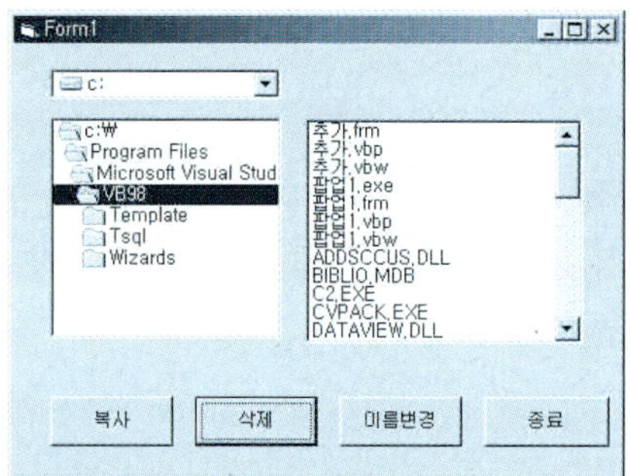

[그림14.17] 파일 삭제 후 결과 화면

[실습3] 다음 프로그램을 실습하면서 파일 관련 메서드 중에서 파일
이름 변경에 대한 사용방법을 이해하도록 하겠습니다.

(저장 파일명 : 드라이브5.frm, 드라이브5.vbp)

그림14.17에 드라이브 박스 배치 중에서 이름변경 버튼을 더블 클릭하여 아래와 같
이 파일명 변경 프로그램을 작성하도록 하겠습니다.

```vb
                    '파일명 변경 기능입력
            Private Sub Command3_Click()
                'FileListBox의 선택된 이름이나, 입력할 이름을 지정하는 입력 창
            ksk=InputBox("이름을 변경할 파일 입력", "파일명 변경", File1.FileName)
                Beep
            ss = InputBox("바뀌어질 파일명 입력", "이름 변경", File1.FileName)
                ChDrive  Drive1
                ChDir  Dir1
                '입력된 ksk 이름을 ss 이름으로 변경
                Name  ksk  As  ss
                '변경된 드라이브 데이터 갱신
                Dir1.Path = Drive1.Drive
            End  Sub
```

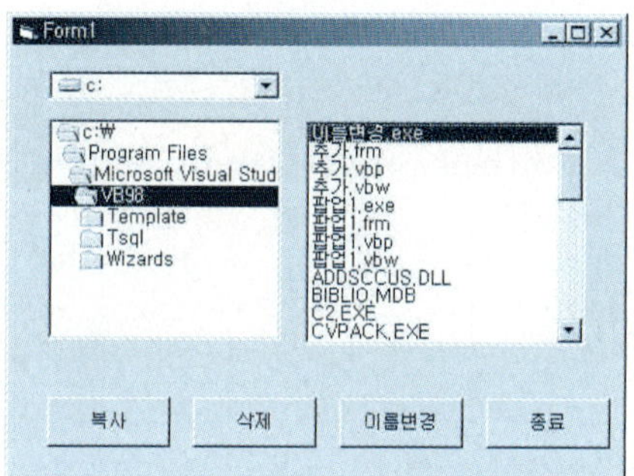

[그림14.18] 이름 변경 전 화면

[그림14.19] 변경할 이름 입력 창

[그림14.20] 변경될 이름 입력 창

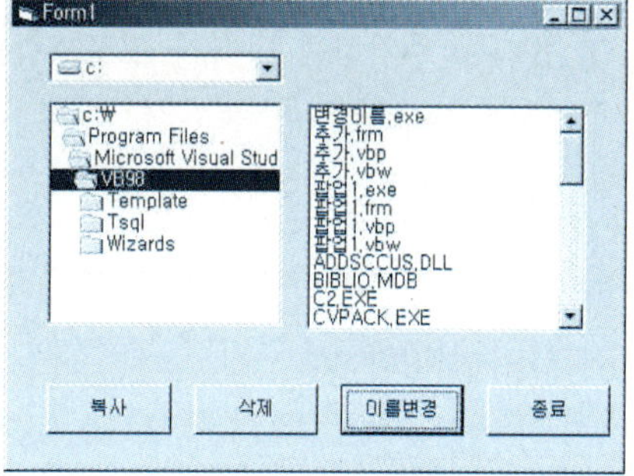

[그림14.21] 이름 변경 후 결과 화면

다음의 문제를 읽고 답을 설명하시오.

❶ 드라이브 리스트 박스(DriveListBox)에서 사용하는 속성의 종류와 의미를 간단하게 설명하시오.

❷ 폴더 리스트 박스(DirListBox)의 속성과 의미를 간단하게 설명하시오.

❸ 폴더 리스트 박스 컨트롤에서 드라이브 리스트 박스 컨트롤을 연결하여 사용하는 방식을 설명하시오.

❹ 드라이브 관련 함수의 종류는 어떤 것들이 있으며, 의미는 무엇인지 간단하게 설명하시오.

❺ 파일 관련 함수의 종류와 의미를 간단하게 설명하시오.

❻ 폴더를 추가하는 방식의 프로그램을 예를 들어 설명하시오.

❼ 파일을 삭제하는 방식은 어떠한 방식으로 삭제할 수 있는지 삭제하는 과정을 예를 들어 설명하시오.

다음 조건에 맞는 드라이브 관련 프로그램을 완성하시오.

(저장 파일명 : 종합드라이브2.frm, 종합드라이브2.vbp)

그림14.22와 같은 드라이브 관련 컨트롤을 디자인하고 아래 조건에 맞는 프로그램을 완성하시오

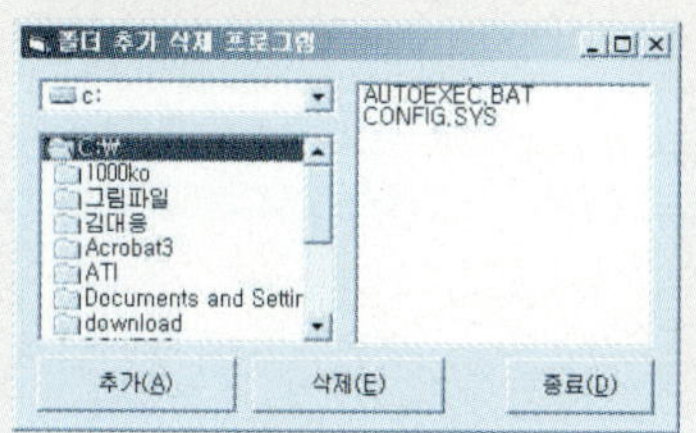

[그림14.22] 폼 디자인 초기화면

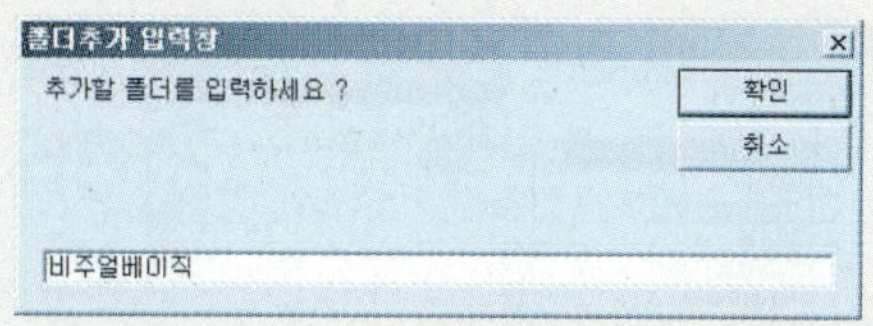

[그림14.23] C:\비주얼베이직 폴더 추가

처리 조건

❶ [추가] 버튼을 클릭하고 InputBox에 추가할 폴더명을 입력하면, C:\에 추가하도록 한다.

❷ [삭제] 버튼을 클릭하고 InputBox에 삭제할 폴더명을 입력하면, C:\에서 삭제하도록 한다.

❸ 단, 추가와 삭제가 이루어졌을 때는 다른 폴더를 이동하였다가 다시 해당 폴더를 찾아가야 확인할 수 있다.

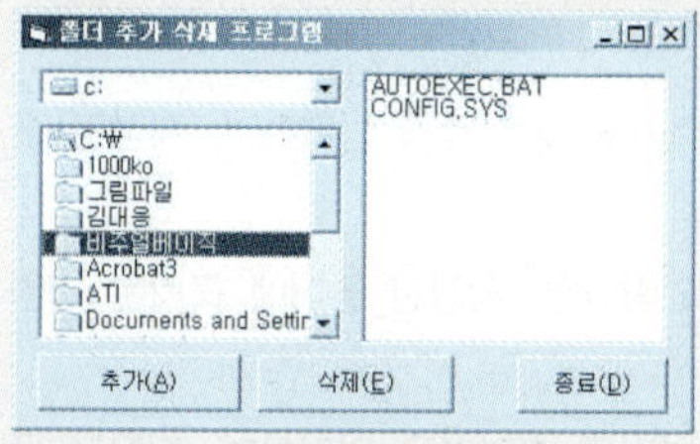

[그림14.24] 폴더 추가 결과 화면

[그림14.25] C:\비주얼베이직 폴더 삭제

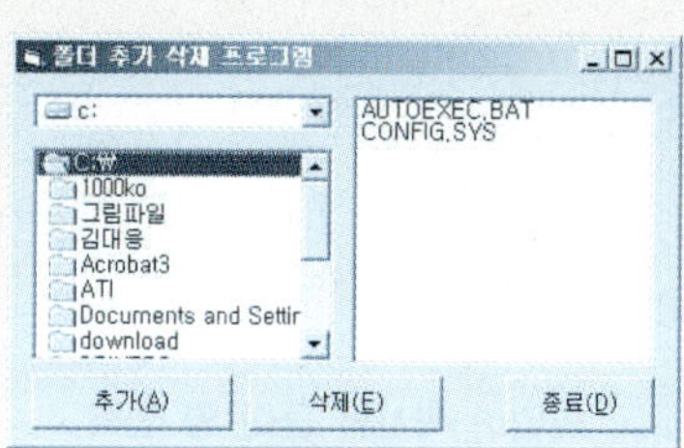

[그림14.26] 폴더 삭제 결과 화면

다음 조건에 맞는 드라이브 관련 프로그램을 완성하시오.

(저장 파일명 : 종합드라이브3.frm, 종합드라이브3.vbp)

그림14.27와 같은 드라이브 관련 컨트롤을 디자인하고 아래 조건에 맞는 프로그램을 완성하시오.

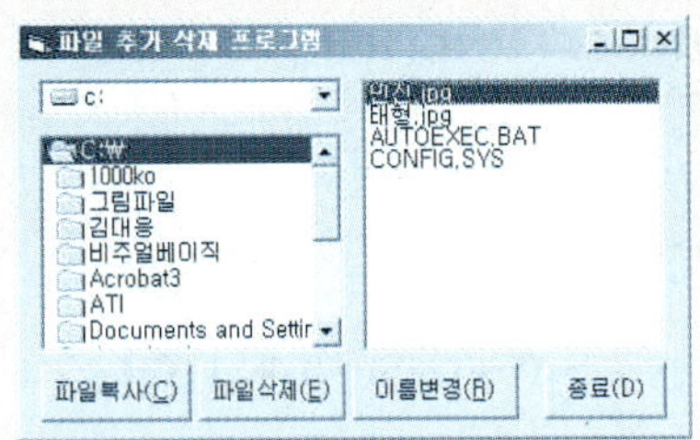

[그림14.27] 폼 디자인 초기화면

본 프로그램에서는 C:\폴더에 복사되어질 원본 그래픽 파일(민진.jpg와 태형.jpg) 파일이 있으며, C:\비주얼베이직 폴더가 존재하는 것을 가정하고 프로그램을 구현 하였습니다.

처리 조건

① [파일복사] 버튼을 클릭하고 InputBox에 복사할 파일명과 복사될 폴더명을 입력하면, 지정된 폴더에 파일이 복사되도록 한다.

② [파일삭제] 버튼을 클릭하고 InputBox에 삭제할 파일명을 입력하면, 지정된 폴더에 복사된 파일을 삭제하도록 한다.

③ [이름변경] 버튼을 클릭하고 InputBox에 변경할 파일명과 변경될 파일명을 입력하면, 지정된 폴더에 파일이름이 변경되도록 한다.

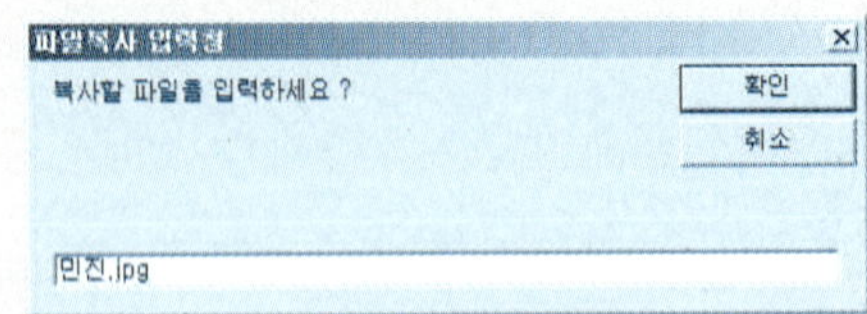

[그림14.28] 복사할 파일명 입력

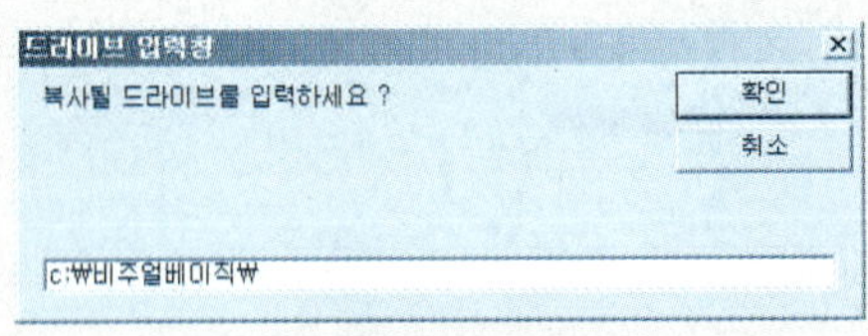

[그림14.29] 파일이 복사될 폴더 명 입력

    본 프로그램에서 사용자가 특히 주의할 사항은 복사될 드라이브를 입력할 때 [C:\비주얼베이직\] 형식으로 입력해야만 원하는 작업이 이루어집니다. 만약, 사용자가 [비주얼베이직]만을 입력하게 되면 같은 폴더에 [민진.jpg] 파일을 다른 이름으로 변경되어 [비주얼베이직민진.jpg] 복사되는 것을 확인할 수 있습니다. 이러한 작업은 잘못 수행된 결과이므로 사용자는 다시 확인하고 지정된 형식으로 입력하여 작업을 다시 수행하도록 합니다. 그림14.30은 복사될 정확한 폴더명을 입력하여 얻어진 결과 화면을 표시하고 있습니다.

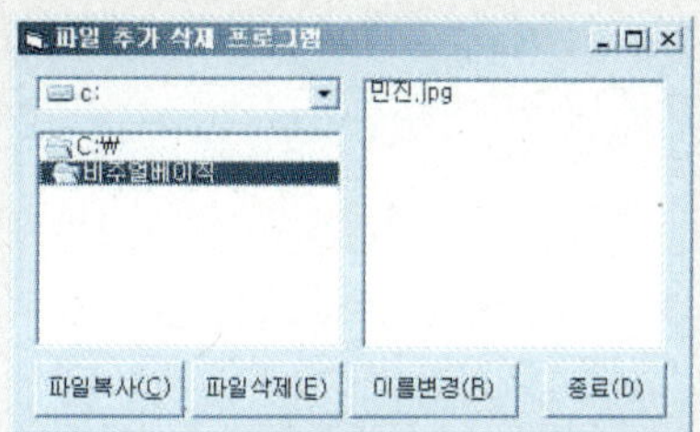

[그림14.30] 지정된 폴더에 복사된 결과 화면

    그림14.31 화면은 이름변경을 위하여 [C:\비주얼베이직\민진.jpg] 파일을 [이쁜딸.jpg]로 변경하는 실습을 진행한 결과 화면을 표시하고 있습니다. 사용자는 지정된 위치에 파일명을 변경하기 위하여 [이름변경] 버튼을 선택하고 변경할 파일명과 변경될 파일명을 InputBox에 차례대로 입력하고 프로그램을 진행하면 됩니다.

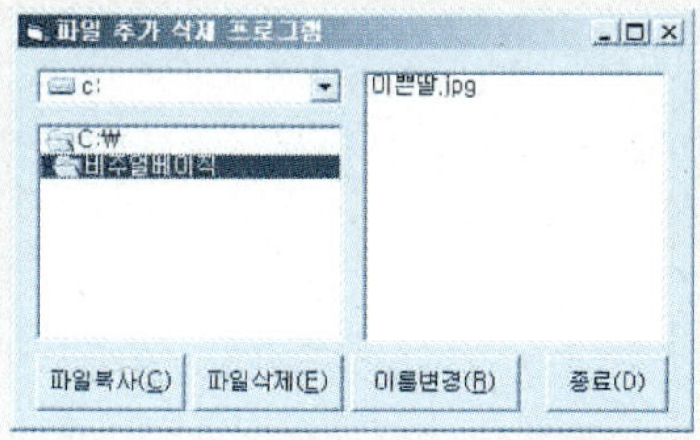

[그림14.31] 지정된 폴더에 파일명이 변경된 결과 화면

그림14.32 화면은 [C:\비주얼베이직\이쁜딸.jpg] 파일을 삭제하기 위하여 진행한 결과 화면을 표시하고 있습니다. 사용자는 지정된 위치에 파일을 삭제하기 위하여 [파일삭제] 버튼을 선택하고 삭제할 파일명을 InputBox에 입력하고 프로그램을 진행하면 됩니다.

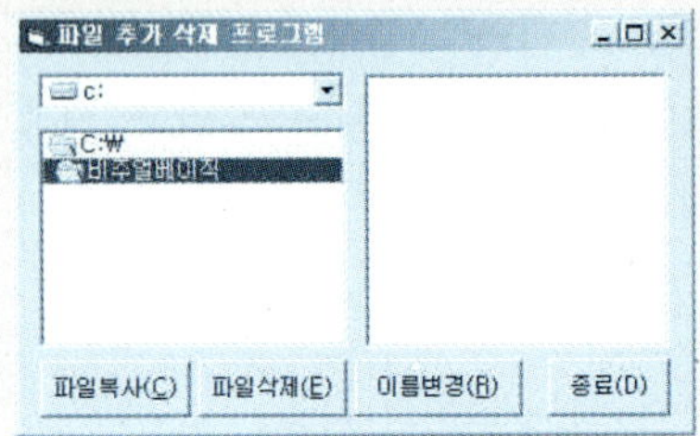

[그림14.32] 지정된 폴더에 파일이 삭제된 결과 화면

Chapter 15 활용예제

15.1 합계와 평균 및 건수 프로그램

활용예제에서는 실무에서 활용될 수 있는 프로그래밍 기법과 정보처리 관련 실기시험에서 사용되는 기법을 프로그램 예제와 실습 문제를 활용하여 설명하도록 하겠습니다.

배열을 선언하지 않았을 경우

프로그래밍 기법에서 배열을 사용하지 않았을 경우에 입력된 데이터를 바로 출력하면서 계산 결과를 얻을 수 있지만, 그 외에 다른 용도로 사용하기 매우 어렵습니다. 이러한 단점을 해결하기 위하여 배열을 사용하면 사용자는 보다 편리한 프로그램을 제작할 수 있습니다.

[실습1] 다음 프로그램을 실습하면서 배열을 선언하지 않았을 경우에 프로그래밍 기법을 이해하도록 하겠습니다.

(저장 파일명 : 활용실습1.frm, 활용실습1.vbp)

[그림15.1] 폼 디자인 초기화면

그림15.1과 같이 폼을 디자인 한 다음, 다음과 같은 프로그램을 코딩하도록 합니다.

```vb
Private Sub Form_Click()
'폼을 클릭하고 인원수를 입력한 다음, 개인점수를 입력한다.

'변수형 선언
Dim 인원수 As Integer
Dim 개인점수 As Integer
Dim 합계 As Long
Dim 평균 As Long
'임의의 인원수를 입력 받는다.
인원수 = Val(InputBox("입력하고자 하는 인원수를 입력하세요?", _
"인원수 입력창"))
    '인원수에 해당하는 개인점수를 입력받는다.
    For i = 1 To 인원수
        개인점수 = Val(InputBox(i & "번째 점수를 입력하세요?", _
"개인점수 입력창"))
        '폼에 입력된 개인점수를 출력한다.
        Print i & " 번째 입력값 = "; 개인점수
        '합계를 구한다.
        합계 = 합계 + 개인점수
    Next i
'입력 완료후에 평균을 구한다.
평균 = 합계 / 인원수
'메시지창에 각각 결과를 출력한다.
MsgBox "합계 = " & 합계 & "     평균 = " & 평균

End Sub
```

프로그램을 코딩한 다음, 실행하고 폼을 클릭하면 그림15.2와 같은 인원수 입력 창이 나타납니다. 사용자는 개인점수를 입력하고자하는 인원수를 입력하고 확인 버튼을 누르면, 인원수에 해당하는 개인점수 입력 창이 나타나며 사용자는 해당되는 개인점수를 각각 입력하면 됩니다. 여기서 주의할 점은 각각 개인 점수를 출력하기 위해서는 점수 입력과 동시에 폼에 개인점수를 출력해야만 화면으로 데이터를 확인할 수 있다는 것을 알아두기 바랍니다. 특히, 정보처리 관련 실기 시험에서 합계, 평균, 건수를 구하는 프로그램은 가장 기본적으로 활용된다는 것을 사용자는 알고 필요한 공식을 활용

하기 바랍니다.

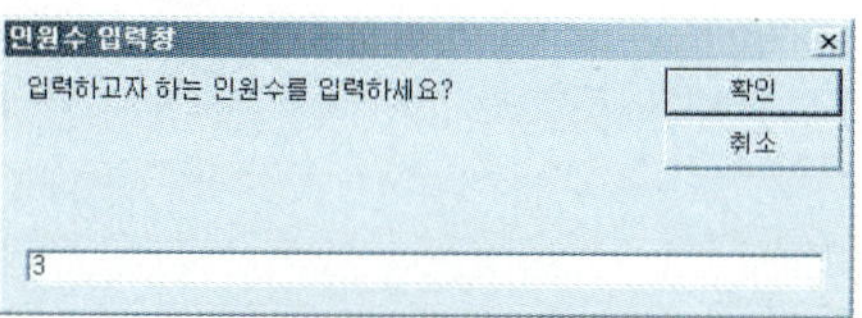

[그림15.2] 인원수 입력 화면

[그림15.3] 개인점수 입력 화면

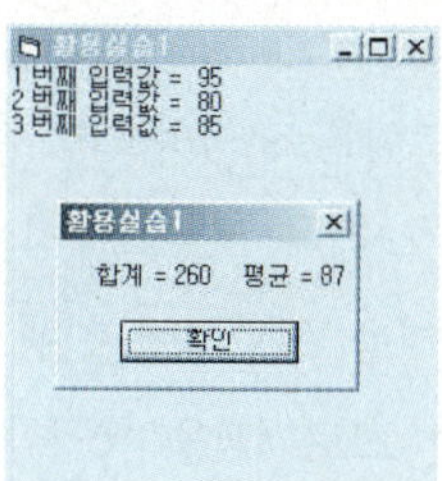

[그림15.4] 실행 결과 화면

그림15.4는 인원수를 3명으로 설정하고 각각 개인점수를 입력하고 난 후에 결과 화면을 표시하고 있습니다.

배열을 선언 하였을 경우

배열을 선언하고 프로그램을 작업하면 우선 입력된 데이터를 배열에 저장하였다가 프로그램 진행 과정에서 언제든지 활용할 수 있는 특징이 있다는 것을 알아두기 바랍니다.

[실습2] 다음 프로그램을 실습하면서 배열을 선언 하였을 경우 프로그래밍 기법을 이해하도록 하겠습니다.

(저장 파일명 : 활용실습2.frm, 활용실습2.vbp)

[그림15.5] 폼 디자인 초기화면

실습1번과 같이 폼 디자인 한 다음, 다음과 같은 프로그램을 코딩하도록 합니다. 그림15.6은 실습1번과 똑같은 결과를 얻을 수 있습니다. 그러나 프로그래밍 기법에서 배열을 선언하여 입력된 데이터를 배열에 저장한 뒤에 다음 프로그램 진행 과정에서 합계와 평균 그리고 입력된 데이터를 각각 따로 출력한 프로그램을 확인할 수 있습니다.

```
Private Sub Form_Click()
    '변수형 선언
    Dim 인원수 As Integer
    Dim 개인점수(100) As Integer
    Dim 합계 As Long
    Dim 평균 As Long
    '임의의 인원수를 입력 받는다.
    인원수 = Val(InputBox("입력하고자 하는 인원수를 입력하세요?", _
"인원수 입력창"))
    '인원수에 해당하는 개인점수를 입력 받아 배열에 저장한다.
    For I = 1 To 인원수
        개인점수(I) = Val(InputBox(I & "번째 점수를 입력하세요?", _
"개인점수 입력창"))
    Next I
    '배열에 저장된 데이터를 이용하여 합계와 평균을 구한다.
    For I = 1 To 인원수
        합계 = 합계 + 개인점수(I)
    Next I
```

↓다음 페이지에 계속

```
        '합계를 구한후에 평균을 구한다.
        평균 = 합계 / 인원수


        For I = 1 To 인원수
            '폼에 배열에 저장된 개인점수를 출력한다.
            Print I & " 번째 입력값 = "; 개인점수(I)
        Next I


        '메시지창에 각각 결과를 출력한다.
        MsgBox "합계 = " & 합계 & "    평균 = " & 평균


    End Sub
```

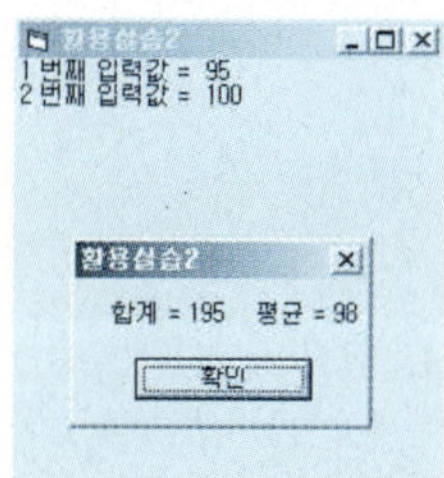

[그림15.6] 실행 결과 화면

[문제1] 다음 조건에 만족하는 프로그램을 완성하시오.(단, 배열을 선언하는 프로그래밍 방식으로 작업한다.)

(저장 파일명 : 활용예제1.frm, 활용예제1.vbp)

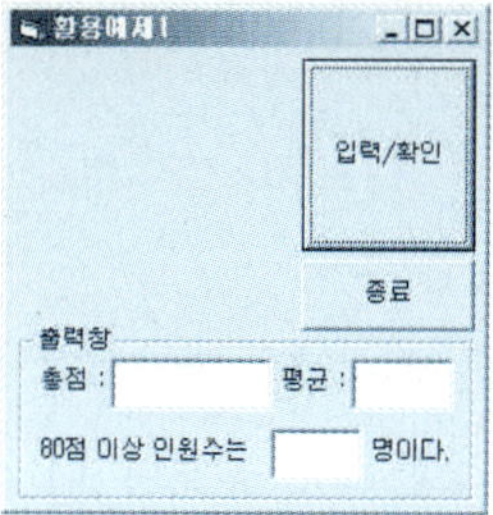

[그림15.7] 디자인 초기화면

❶ 개인점수는 10명을 기준으로 하여 작성한다.

❷ [입력/확인]버튼을 클릭하면 임의 10명에 개인 점수를 입력받아 배열에 저장시킨다.

❸ 임의의 값은 InputBox()를 이용하여 자료를 받아들인다.

❹ 총점과, 평균, 80점 이상의 인원수를 각각 계산하여 텍스트 박스에 출력시킨다.

❺ 각각 입력된 데이터는 폼에 결과를 출력한다.

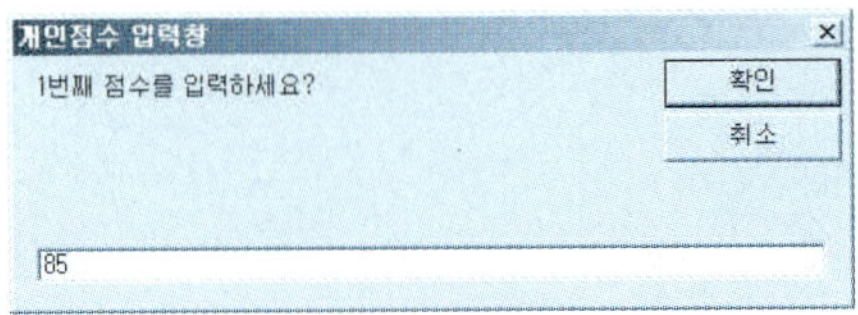

[그림15.8] 개인점수 입력화면

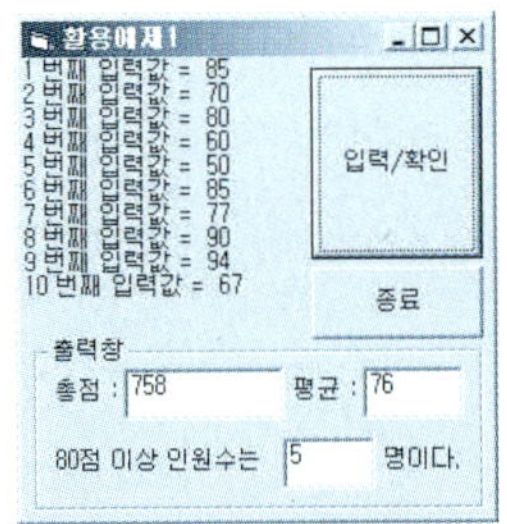

[그림15.9] 출력 결과화면

15.2 최댓값 및 최솟값 프로그램

최댓값과 최솟값은 주어진 데이터 중에서 가장 큰 수나 가장 작은 수를 찾아내기 위한 프로그램으로 정보처리 관련 실기 시험에서 필수적으로 사용되는 공식이라는 것을 사용자는 알아두고 잘 활용하면 되겠습니다.

최댓값 구하는 프로그램

주어진 데이터 중에서 최댓값을 구하기 위해서는 우선 최댓값을 저장하기 위한 변수가 선언되고, 변수의 초깃값은 입력된 데이터 중에서 가장 작은 값보다 더 작은 값을 초깃값으로 선언하는 것이 바람직합니다.

[실습1] 다음 프로그램을 실습하면서 최댓값을 구하는 프로그램을 이해
하도록 하겠습니다.

(저장 파일명 : 활용실습3.frm, 활용실습3.vbp)

[그림15.10] 폼 디자인 초기화면

본 프로그램은 인원수를 사용자가 정의하고, 해당되는 인원수만큼의 데이터를 입력받
아 배열에 저장한 다음, 그 데이터 중에서 최댓값을 구하는 프로그램이다. 아래의
프로그램을 코딩하도록 합니다.

```vb
Private Sub Form_Click()
    '변수형 선언
    Dim 인원수 As Integer
    Dim 개인점수(100) As Integer
    Dim 최댓값 As Long
    '임의의 인원수를 입력 받는다.
    인원수 = Val(InputBox("입력하고자 하는 인원수를 입력하세요?", _
"인원수 입력창"))
    '인원수에 해당하는 개인점수를 입력 받아 배열에 저장한다.
    For i = 1 To 인원수
        개인점수(i) = Val(InputBox(i & " 번째 점수를 입력하세요?", _
"개인점수 입력창"))
    Next i
    '배열에 저장된 데이터 중 최댓값을 구한다.
    최댓값 = 0 '최댓값을 구할 때는 초깃값을 보통 0 으로 선언한다.
    For i = 1 To 인원수
        '최댓값을 구한다.
        If 최댓값 < 개인점수(i) Then
```

↓다음 페이지에 계속

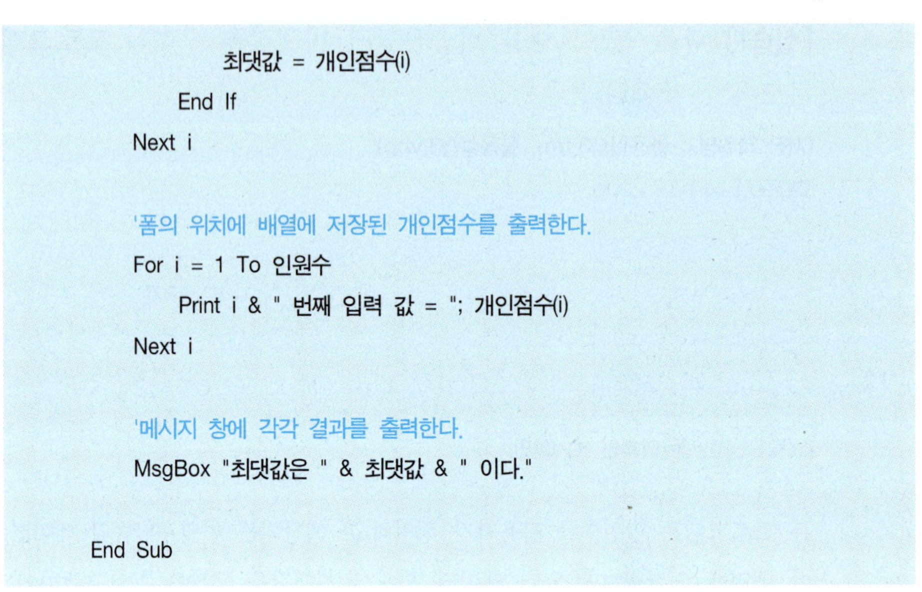

프로그램의 코딩 작업이 끝나면 사용자는 프로그램을 실행한 다음, 폼을 클릭하여 입력하고자하는 인원수와 인원수에 해당하는 점수를 입력합니다.

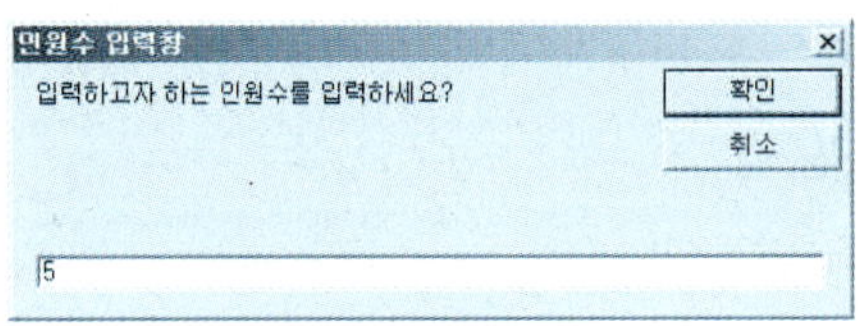

[그림15.11] 인원수 입력 화면

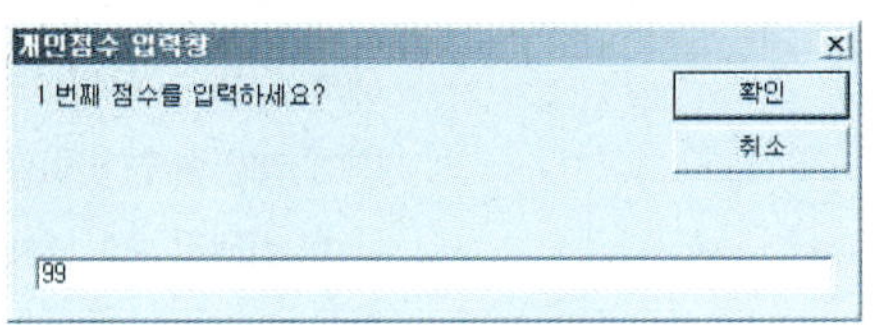

[그림15.12] 개인점수 입력 화면

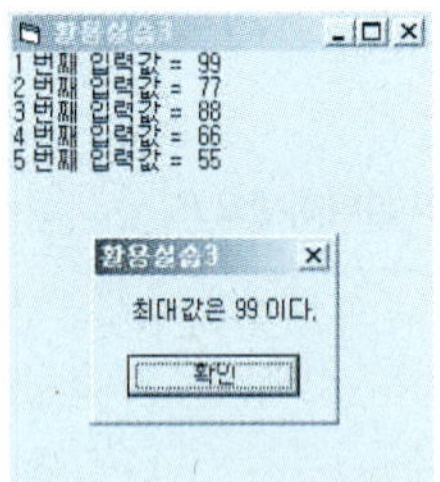

[그림15.13] 실행 결과 화면

최솟값 구하는 프로그램

최솟값을 구하기 위해서는 우선 최솟값을 저장하기 위한 변수가 선언되고, 변수의

초기값은 입력된 데이터 중에서 가장 큰 값보다 더 큰 값을 초기값으로 선언하는 것이
바람직합니다.

[실습2] 다음 프로그램을 실습하면서 최솟값을 구하는 프로그램을 이해하도록 하겠습니다.

(저장 파일명 : 활용실습4.frm, 활용실습5.vbp)

[그림15.14] 폼 디자인 초기화면

본 프로그램은 위에 [실습3]과 같이 인원수를 사용자가 정의하고, 해당되는 인원수만
큼의 데이터를 입력받아 배열에 저장한 다음, 그 데이터 중에서 최솟값을 구하는 프
로그램 입이다. 아래의 프로그램을 코딩하도록 합니다.

```vb
Private Sub Form_Click()
    '변수형 선언
    Dim 인원수 As Integer
    Dim 개인점수(100) As Integer
    Dim 최솟값 As Long
    '임의의 인원수를 입력 받는다.
    인원수 = Val(InputBox("입력하고자 하는 인원수를 입력하세요?", _
"인원수 입력창"))
    '인원수에 해당하는 개인점수를 입력 받아 배열에 저장한다.
    For i = 1 To 인원수
        개인점수(i) = Val(InputBox(i & " 번째 점수를 입력하세요?", _
"개인점수 입력창"))
    Next i
    '배열에 저장된 데이터 중 최솟값을 구한다.
```

↓다음 페이지에 계속

```
        최솟값 = 999  '최솟값을 구할때는 초기값을 보통 999로 선언한다.
        For i = 1 To 인원수

            '최솟값을 구한다.
            If 최솟값 〉 개인점수(i) Then
                최솟값 = 개인점수(i)
            End If
        Next i


        '폼의 위치에 배열에 저장된 개인점수를 출력한다.
        For i = 1 To 인원수
            Print i & " 번째 입력값 = "; 개인점수(i)
        Next i


        '텍스트 박스에 최솟값을 출력한다.
        Text1.Text = 최솟값


    End Sub


    Private Sub Command1_Click()
        End
    End Sub
```

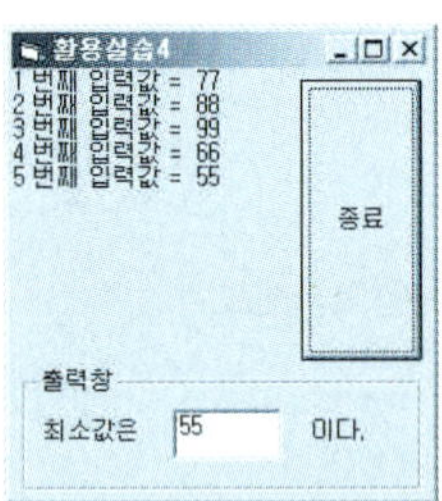

[그림15.15] 출력 결과화면

[문제2] 다음 조건에 만족하는 프로그램을 완성하시오.

(저장 파일명 : 활용예제2.frm, 활용예제2.vbp)

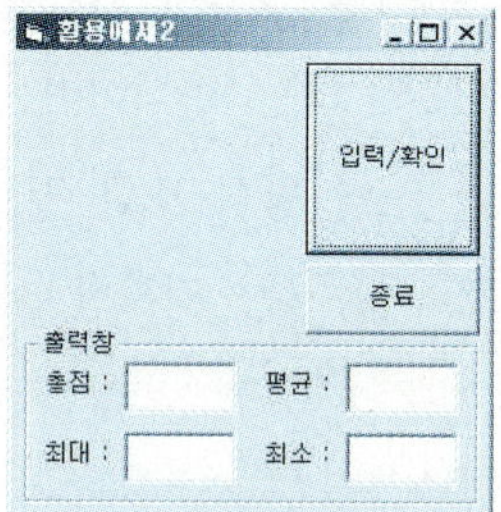

[그림15.16] 디자인 초기화면

처리 조건

❶ 개인점수는 10명을 기준으로 하여 작성한다.

❷ [입력/확인]버튼을 클릭하면 임의 10명에 개인 점수를 입력받아 배열에 저장시킨다.

❸ 임의의 값은 InputBox()를 이용하여 자료를 받아들인다.

❹ 총점과, 평균, 최댓값, 최솟값을 각각 계산하여 텍스트 박스에 출력시킨다.

❺ 각각 입력된 데이터는 폼에 결과를 출력한다.

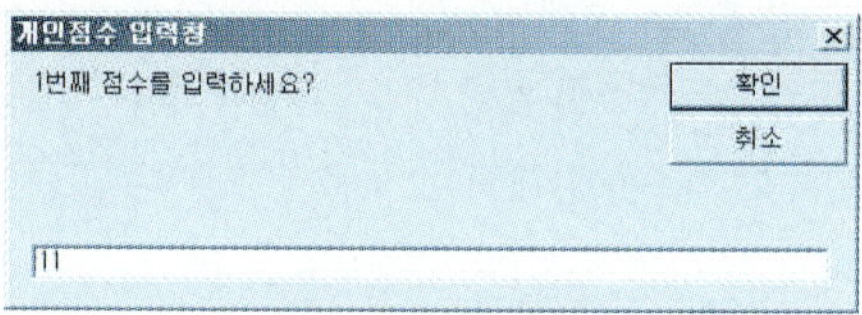

[그림15.17] 개인점수 입력화면

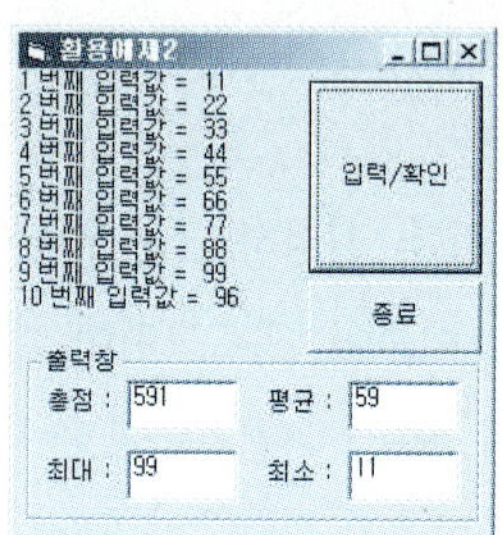

[그림15.18] 출력 결과화면

  정렬 프로그램

정렬 방식에는 크게 오름차순 방식과 내림차순 방식의 정렬 방식이 있습니다. 오름차순 방법이란 데이터 중에서 가장 작은 값이 앞에 오도록 하는 방식이며, 내림차순 방법은 가장 큰 값이 앞에 오도록 하는 방식입니다. 또한 정렬 방식 또한 정보처리 관련 실기 시험에서 가장 중요하게 다루어지는 공식이므로 사용자는 정확한 사용방법을 숙지하기 바랍니다.

오름차순 정렬 프로그램

오름차순 정렬방식을 사용하기 위해서는 우선 다음과 같은 프로그램 구조를 가지고 있어야만 정렬이 가능합니다.

오름차순 정렬방식

```
'오름차순 정렬방식 구조
For i = 1 To 인원수-1 '비교할 기준 데이터 지정
    For j = I+1 To 인원수 '비교될 대상 데이터 지정
        If 점수(i) > 점수(j) Then '오름차순 정렬 방법
            임시 = 점수(i) '점수(i)값을 임시에 저장
            점수(i) = 점수(j) '점수(j)를 점수(i)에 저장
            점수(j) = 임시 '점수(j)에 임시를 저장
        End If
    next j
Next i
```

정렬방식의 구조를 살펴보면 비교할 기준 데이터 자리를 지정하는 For문과 비교될 대상이 되는 데이터 자리를 지정하는 For문이 한 쌍을 이루어 프로그램이 이루어집니다. 또한 If 문을 이용하여 오름차순으로 정렬할 것인지 혹은 내림차순으로 정렬할 것인지에 대한 제어문이 사용되며, 만약 제어문에 조건에 만족할 경우 각 데이터의 자리를 바꿔주기 위한 임시라는 변수가 사용되어짐을 알 수 있습니다.

[실습1] 다음 프로그램을 실습하면서 오름차순 정렬방식 프로그램 기법을 이해하도록 하겠습니다.

(저장 파일명 : 활용실습5.frm, 활용실습5.vbp)

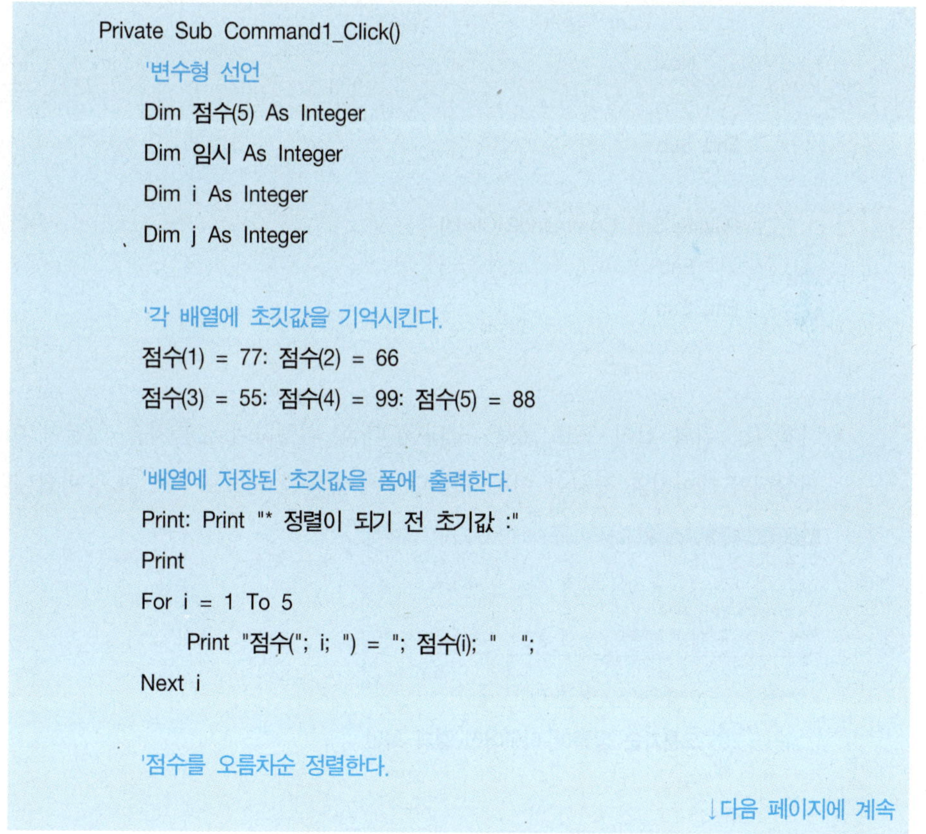

[그림15.19] 폼 디자인 초기화면

본 프로그램에서는 5개의 데이터를 배열에 저장시킨 뒤에 오름차순으로 정렬하기 위한 방법을 표현하고 있습니다. 무작위로 입력시킨 데이터는 프로그램 상에 정의되어 있습니다. 사용자는 오름차순 정렬 방식의 공식을 필히 숙지하기 바랍니다.

```vb
Private Sub Command1_Click()
    '변수형 선언
    Dim 점수(5) As Integer
    Dim 임시 As Integer
    Dim i As Integer
    Dim j As Integer


    '각 배열에 초깃값을 기억시킨다.
    점수(1) = 77: 점수(2) = 66
    점수(3) = 55: 점수(4) = 99: 점수(5) = 88


    '배열에 저장된 초깃값을 폼에 출력한다.
    Print: Print "* 정렬이 되기 전 초기값 :"
    Print
    For i = 1 To 5
        Print "점수("; i; ") = "; 점수(i); "   ";
    Next i


    '점수를 오름차순 정렬한다.
```

↓다음 페이지에 계속

```
            For i = 1 To (5 - 1)
                For j = (i + 1) To 5
                    If 점수(i) 〉 점수(j) Then
                        임시 = 점수(i)
                        점수(i) = 점수(j)
                        점수(j) = 임시
                    End If
                Next j
            Next i


            '정렬된 결과를 폼에 출력한다.
            Print: Print: Print "* 오름차순으로 정렬된 결과값 :"
            Print
            For i = 1 To 5
                Print "점수("; i; ") = "; 점수(i); "   ";
            Next i


        End Sub


        Private Sub Command2_Click()
            End
        End Sub
```

사용자는 위와 같이 프로그램을 코딩한 다음, 실행하여 오름차순 정렬이 이우어지기
전상태의 데이터와 정렬이 이루어진 다음에 결과를 눈으로 확인하기 바랍니다.

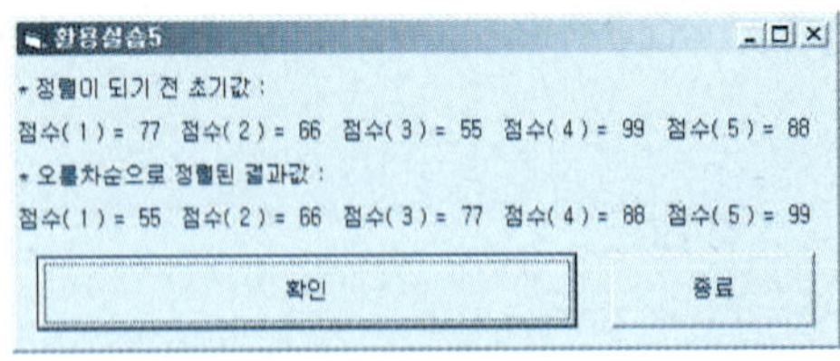

[그림15.20] **오름차순 정렬이 이루어진 결과 화면**

[문제1] 다음 조건에 만족하는 프로그램을 완성하시오.

(저장 파일명 : 활용예제3.frm, 활용예제3.vbp)

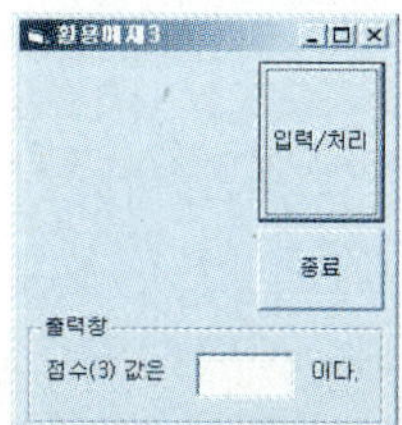

[그림15.21] 디자인 초기화면

① 점수는 최대 10명을 초과할 수 없다.
② [입력/처리]버튼을 클릭하면 임의 인원수와 인원수에 해당하는 점수를 입력받아 배열에 저장시킨다.
③ 임의의 값은 InputBox()를 이용하여 자료를 받아들인다.
④ 배열에 저장된 데이터를 폼에 차례로 출력한다(정렬 전 상태 값).
⑤ 배열에 저장된 데이터를 오름차순으로 정렬한다.
⑥ 오름차순으로 정렬된 값 중에서 점수(3)번지 값을 텍스트 박스에 출력한다.

사용자는 프로그램을 실행한 다음, 출력 결과 화면에서 무작위로 입력된 값은 폼에 출력되어 있으며, 오름차순 정렬이 이루어진 데이터 중에서 점수(3)번째 데이터가 텍스트 박스에 출력되어 있음을 필히 확인하기 바랍니다.

[그림15.22] 인원수 입력화면

[그림15.23] 인원수 입력화면

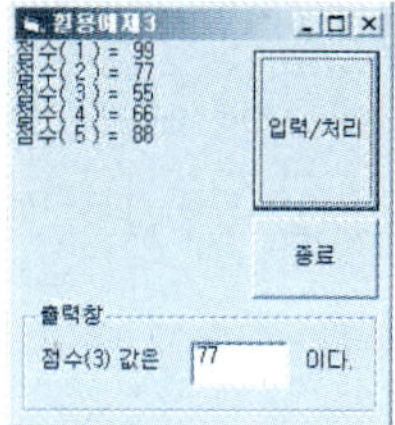

[그림15.24] 출력 결과화면

내림차순 정렬 프로그램

내림차순 정렬방식을 사용하기 위해서는 오름차순 정렬방식에서 사용되는 If 문의 제어구조를 반대로 처리하면 쉽게 구할 수 있습니다.

내림차순 정렬방식

```
'내림차순 정렬방식 구조
For i = 1 To 인원수-1  '비교할 기준 데이터 지정
    For j = I+1 To 인원수  '비교될 대상 데이터 지정
        If 점수(i) 〈 점수(j) Then  '내림차순 정렬 방법
            임시 = 점수(i)  '점수(i)값을 임시에 저장
            점수(i) = 점수(j)  '점수(j)를 점수(i)에 저장
            점수(j) = 임시  '점수(j)에 임시를 저장
        End If
    next j
Next i
```

[실습2] 다음 프로그램을 실습하면서 내림차순 정렬방식 프로그램 기법을 이해하도록 하겠습니다.

(저장 파일명 : 활용실습6.frm, 활용실습6.vbp)

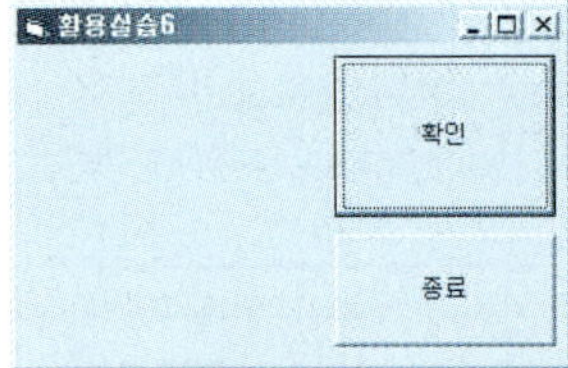

[그림15.25] 폼 디자인 초기화면

본 프로그램에서는 5개의 데이터를 배열에 저장시킨 뒤에 내림차순으로 정렬하기 위한 방법을 표현하고 있습니다. 사용자는 아래의 프로그램을 코딩하고 프로그램을 실행하여 결과를 확인하기 바랍니다.

```vb
Private Sub Command1_Click()
    '변수형 선언
    Dim 점수(5) As Integer
    Dim 임시 As Integer
    Dim i As Integer
    Dim j As Integer

    '각 배열에 초깃값을 기억시킨다.
    점수(1) = 77: 점수(2) = 66
    점수(3) = 55: 점수(4) = 99: 점수(5) = 88

    '배열에 저장된 초깃값을 폼에 출력한다.
    For i = 1 To 5
        Print "점수("; i; ") = "; 점수(i)
    Next i

    '점수를 내림차순 정렬한다.
    For i = 1 To (5 - 1)
        For j = (i + 1) To 5
            If 점수(i) 〈 점수(j) Then
                임시 = 점수(i)
                점수(i) = 점수(j)
                점수(j) = 임시
            End If
        Next j
    Next i

    '정렬된 값 중에서 메시지 창에 점수(4)번지의 값을 출력한다.
    MsgBox "내림차순 정렬된 자료 중 점수(4) 값은 " & 점수(4) & _
" 이다."

End Sub
```

↓다음 페이지에 계속

```
        Private Sub Command2_Click()
              End
        End Sub
```

사용자는 프로그램을 실행하여 내림차순으로 정렬되어 출력된 메시지에 결과 값과 폼 창에 정렬이 이루어지기 전상태의 값을 비교하면서 실행 결과를 확인하기 바랍니다.

[그림15.26] **메시지 창 결과 화면**

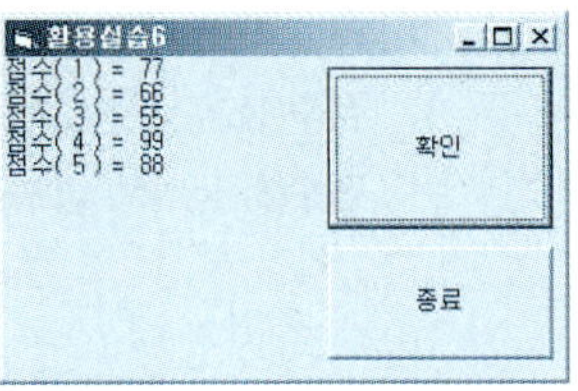

[그림15.27] **폼 창 결과 화면**

[문제2] 다음 조건에 만족하는 프로그램을 완성하시오.

(저장 파일명 : 활용예제4.frm, 활용예제4.vbp)

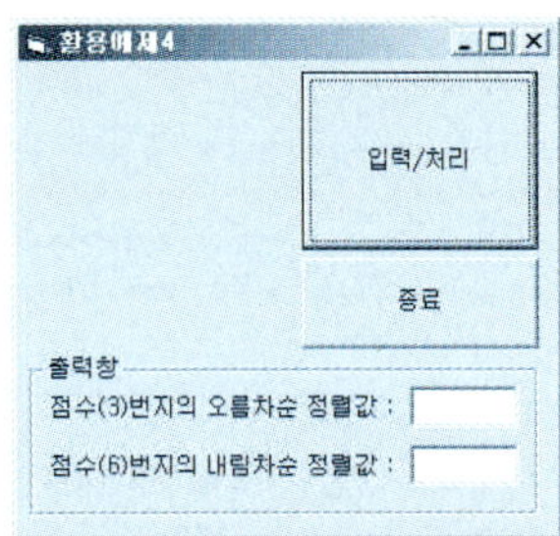

[그림15.28] **디자인 초기화면**

처리 조건

❶ 점수입력은 10명으로 처리한다.

❷ [입력/처리]버튼을 클릭하면 10명에 해당하는 점수를 입력받아 배열에 저장시킨다.

❸ 각각 점수는 InputBox()를 이용하여 자료를 받아들인다.

❹ 배열에 저장된 데이터를 폼에 차례로 출력한다.(정렬 전 상태 값)

❺ 배열에 저장된 데이터를 오름차순으로 정렬한다.

❻ 오름차순 정렬된 데이터에서 점수(3)번지 값을 출력한다.

❼ 배열에 저장된 데이터를 내림차순으로 정렬한다.

⑧ 내림차순 정렬된 데이터에서 점수(6)번지 값을 출력한다.

사용자는 프로그램을 실행한 다음, 출력 결과 화면에서 무작위로 입력된 값은 폼에 출력되어 있으며, 오름차순 정렬이 이루어진 데이터 중에서 점수(3)번째 데이터가 텍스트 박스에 출력되어 있음을 필히 확인하기 바랍니다.

[그림15.29] 인원수 입력화면

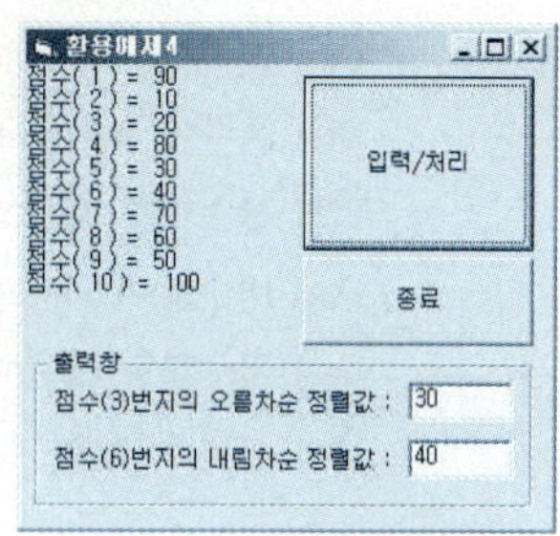

[그림15.30] 출력 결과화면

15.4 배수처리 프로그램

배수 처리 프로그램은 정보처리 관련 시험에서 홀수나 짝수를 구분하여 연산 처리 결과를 얻고자 할 때 많이 활용되고 있으며, 월별 혹은 분기별에 해당하는 자료를 검색하여 원하는 자료를 얻고자 할 때 사용되기도 합니다.

[실습1] 다음 프로그램을 실습하면서 배수처리 프로그래밍 기법을 이해하도록 하겠습니다.

(저장 파일명 : 활용실습7.frm, 활용실습7.vbp)

우선 [그림15.31]과 같이 폼을 디자인 한 다음, 프로그램을 코딩하여 결과를 확인하도록 하겠습니다.

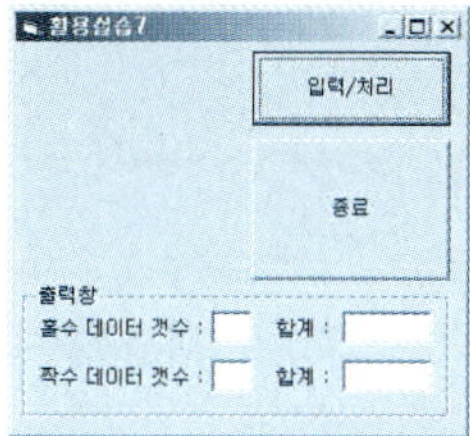

[그림15.31] 폼 디자인 초기화면

본 프로그램은 10개의 점수를 입력받아 배열에 저장시킨 다음, 입력된 점수에서 홀수 값과 짝수 값을 구분하여 해당되는 개수와 합계를 구하는 프로그램입니다. 사용자는 아래의 프로그램을 코딩하기 바랍니다.

```vb
Private Sub Command1_Click()
    '변수형 선언
    Dim 점수(10) As Integer
    Dim 홀수합 As Integer
    Dim 홀수개수 As Integer
    Dim 짝수합 As Integer
    Dim 짝수개수 As Integer
    Dim i As Integer


    '인원수에 해당하는 개인점수를 입력 받아 배열에 저장한다.
    For i = 1 To 10
        점수(i) = Val(InputBox(i & " 번째 점수를 입력하세요?", _
"점수 입력창"))
    Next i


    '배열에 저장된 초깃값을 폼에 출력한다.
    For i = 1 To 10
        Print "점수("; i; ") = "; 점수(i)
    Next i


    '홀수 점수와 짝수 점수에 대한 각각 합과 개수를 구한다.
    For i = 1 To 10
        '점수가 홀수이거나 짝수를 판단한다.
        If 점수(i) Mod 2 = 1 Then
            '점수가 홀수일 때, 합과 개수를 구한다.
            홀수합 = 홀수합 + 점수(i)
            홀수갯수 = 홀수개수 + 1
        Else
            '점수가 짝수일 때, 합과 개수를 구한다.
            짝수합 = 짝수합 + 점수(i)
```

↓다음페이지에 계속

```
                    짝수개수 = 짝수개수 + 1
            End If
        Next i


        '홀수 점수에 해당하는 개수와 합계를 출력한다.
        Text1.Text = 홀수개수: Text2.Text = 홀수합


        '짝수 점수에 해당하는 개수와 합계를 출력한다.
        Text3.Text = 짝수개수: Text4.Text = 짝수합


    End Sub


    Private Sub Command2_Click()
        End
    End Sub
```

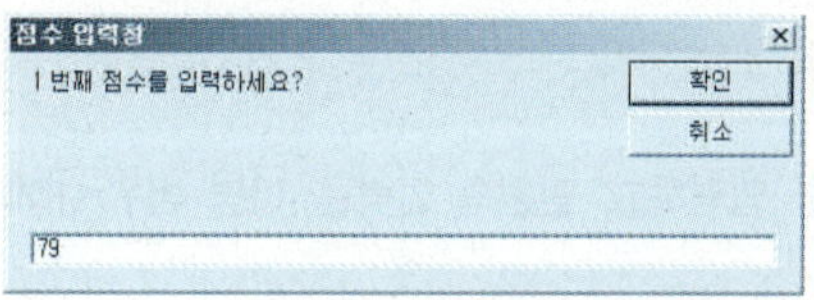

[그림15.32] **임의의 점수를 입력시키는 화면**

점수 입력창을 통하여 10개의 점수를 입력하여 배열에 저장하고, 입력이 완료되면
폼에 소스 데이터를 출력합니다. 다음은 점수에서 홀수점수와 짝수점수를 판단하여
각각 합과 개수를 산출하여 출력하는 프로그램입니다. 이번 실습문제에서 홀수와 짝
수를 판단하기 위해 가장 많이 사용되는 연산자는 Mod(나머지) 연산자입니다.

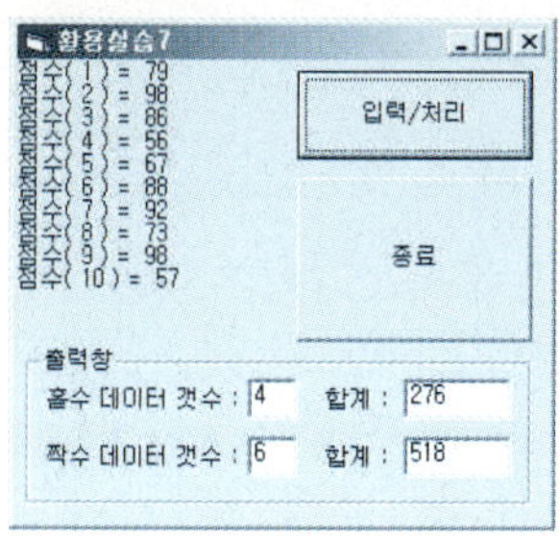

[그림15.33] **처리 결과 출력 화면**

[문제2] 다음 조건에 만족하는 프로그램을 완성하시오.

(저장 파일명 : 활용예제5.frm, 활용예제5.vbp)

이번 문제는 임의의 인원수에 해당하는 점수를 받아들여 배열에 저장한 다음, 3에 배수에 해당되는 점수를 검색하여 점수에 대한 합과 개수를 구하는 프로그램입니다. 이곳에서 사용자가 주의할 것은 3에 배수를 검색하기 위한 방식과 각각 점수 입력 창에서의 표현기법(현재인원수/전체인원수)을 잘 활용하기 바랍니다.

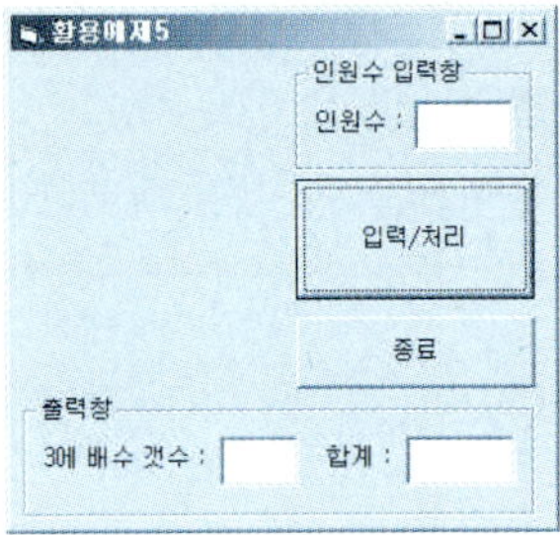

[그림15.34] 디자인 초기화면

처리 조건

❶ 인원수 입력창에 처리하고자하는 인원수를 입력하고, 인원수 입력은 10명 범위 내에서 입력 처리한다.

❷ [입력/처리] 버튼을 클릭하면 인원수에 해당하는 점수를 입력받아 배열에 저장시킨다.

❸ 인원수에 해당하는 점수는 InputBox()를 이용하여 자료를 받아들인다.

❹ InputBox()의 메시지 형식을 [현재인원수/전체인원수] 형식으로 표시한다.

❺ 폼에 원본 데이터를 출력한다.

❻ 점수 중에서 3에 배수에 해당하는 개수와 합을 구한다.

❼ 처리된 결과를 각각 텍스트 박스에 출력한다.

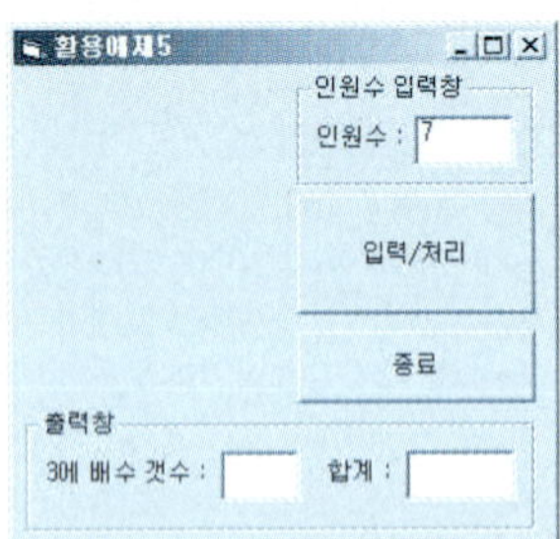

[그림15.35] 인원수를 7명으로 정의한 화면

인원수를 입력하고 [입력/처리] 버튼을 선택하면 그림15.36과 같은 점수 입력 대화 상자가 나오는데, 입력 대화상자의 제목에서 [현재인원수/전체인원쉬를 표현 가능하 도록 합니다.

[그림15.36] 첫 번째 점수를 입력한 화면

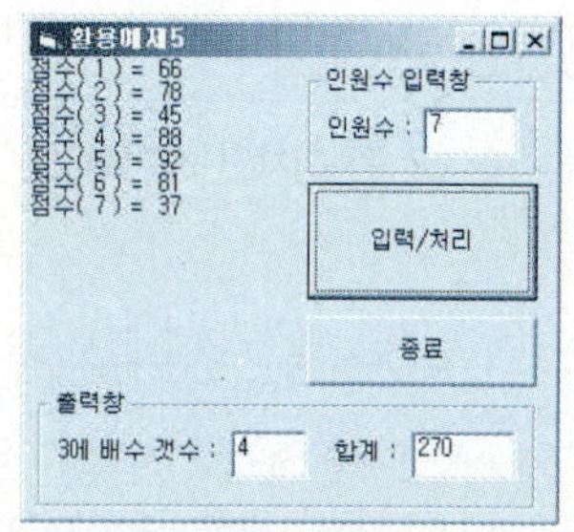

[그림15.37] 처리 결과 실행 화면

15.5 내장 함수

비주얼 베이직에서 사용하는 내장 함수의 종류는 많은 종류가 있으며, 본 교재에서 는 정보처리 관련 실기 시험에 접근하기 위하여 필요한 내장 함수만을 몇 가지 사용하 면서 기능을 이해하도록 하겠습니다.

Left(), Right(), Mid() 함수

Left() 함수는 문자열을 입력받아 문자열 왼쪽부터 지정한 문자 수 만큼의 문자열을 반환하며, Right() 함수는 문자열을 입력받아 문자열 오른쪽부터 지정한 문자 수 만큼 의 문자열을 반환하며, Mid() 함수는 문자열의 지정된 위치부터 지정한 문자 수 만큼 의 문자열을 반환합니다.

[실습1] 다음 프로그램을 실습하면서 Left(), Right(), Mid() 함수를 이 용한 프로그램 기법을 이해하도록 하겠습니다.

(저장 파일명 : 활용실습8.frm, 활용실습8.vbp)

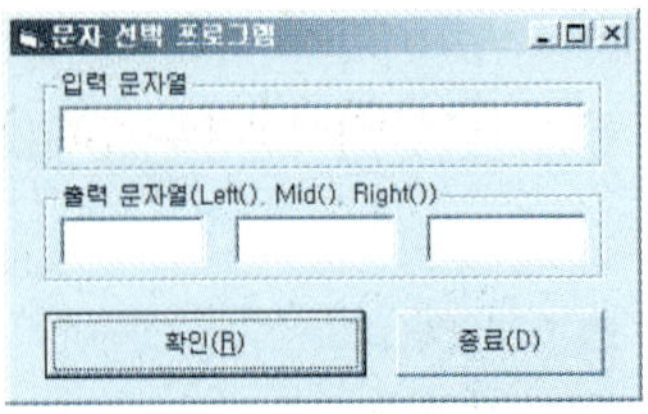

[그림15.38] 폼 디자인 초기화면

```vb
Private Sub Command1_Click()
    '입력 값에 데이터형을 지정
    Dim 입력 As String
    Dim 왼쪽 As String
    Dim 가운데 As String
    Dim 오른쪽 As String
    '문자열을 변수에 대입
    입력 = Text1.Text
    '원래 문자열에서 원하는 문자열을 취한다.
    왼쪽 = Left(입력, 6)
    가운데 = Mid(입력, 8, 5)
    오른쪽 = Right(입력, 11)
    '선택된 문자열 결과를 출력 창에 출력
    Text2.Text = 왼쪽
    Text3.Text = 가운데
    Text4.Text = 오른쪽
End Sub

Private Sub Command2_Click()
    End
End Sub
```

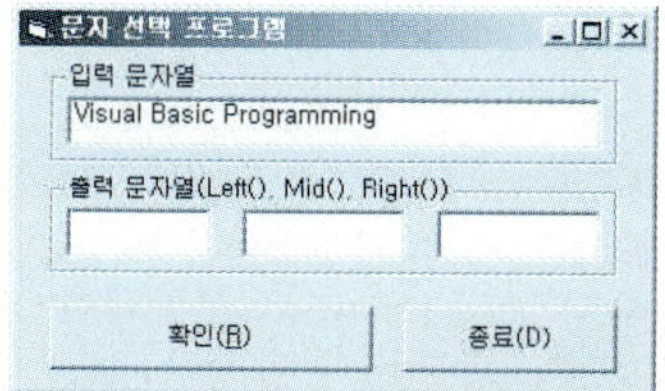

[그림15.39] **입력 문자열 입력 화면**

프로그램을 실행한 다음, 입력 문자열에 Visual Basic Programming이란 문자열을 입력하고 확인 버튼을 누르면 결과를 확인할 수 있습니다. 문자열의 위치를 선택하고자 할 때에는 공백문자도 하나의 문자로 취급된다는 것을 알고 원하는 위치를 정확하게 확인하고 넣어주기 바랍니다.

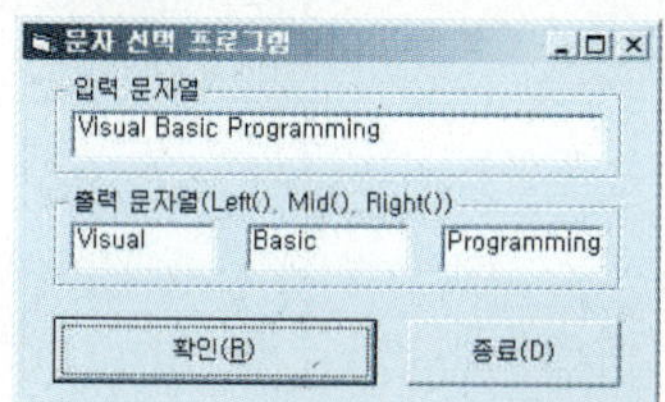

[그림15.40] **확인버튼 클릭 결과 화면**

Int() 함수

입력된 수치에 소수점이 포함되어 있을 경우 소수점을 잘라내고 정수값 만을 출력하고자할 때 사용하는 함수입니다. 만약, 사용자가 반올림 값을 필요로 하는 경우에는 입력된 수치에 0.5를 더해줘야만 사용할 수 있습니다.

[실습2] 다음 성적관리 프로그램을 실습하면서 Int() 함수를 이용한 프로그램 기법을 이해하도록 하겠습니다.

(저장 파일명 : 활용실습9.frm, 활용실습9.vbp)

그림15.41과 같이 폼 디자이너 창에 디자인 한 뒤에 Command button을 더블 클릭하여 코드 값을 입력합니다.

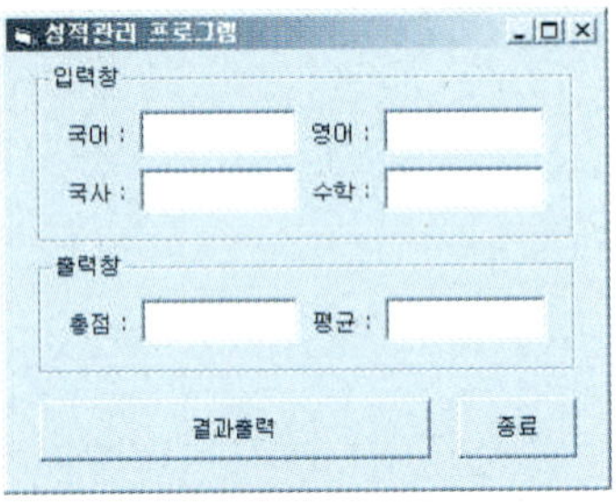

[그림15.41] 폼 디자인 초기화면

```vb
Private Sub Command1_Click()
    '입출력 변수형 지정
    Dim 국어 As Integer
    Dim 영어 As Integer
    Dim 국사 As Integer
    Dim 수학 As Integer
    Dim 총점 As Integer
    Dim 평균
    '변수에 입력된 값을 대입
    국어 = Val(Text1.Text)
    영어 = Val(Text2.Text)
    국사 = Val(Text3.Text)
    수학 = Val(Text4.Text)
    '입력된 값을 이용하여 총점과 평균 구하기
    총점 = 국어 + 영어 + 국사 + 수학
    '소수점이하 3째자리에서 반올림 2째자리 표현하기
    평균 = Int((총점 / 4 + 0.005) * 100) / 100
    '총점과 평균값을 출력
    Text5.Text = 총점
    Text6.Text = 평균
End Sub

Private Sub Command2_Click()
    End
End Sub
```

프로그램에서 주의할 점은 평균값을 산출할 때 소수점 이하의 값을 구하는 공식을 미리 공부하여 많이 활용하면 되겠습니다.

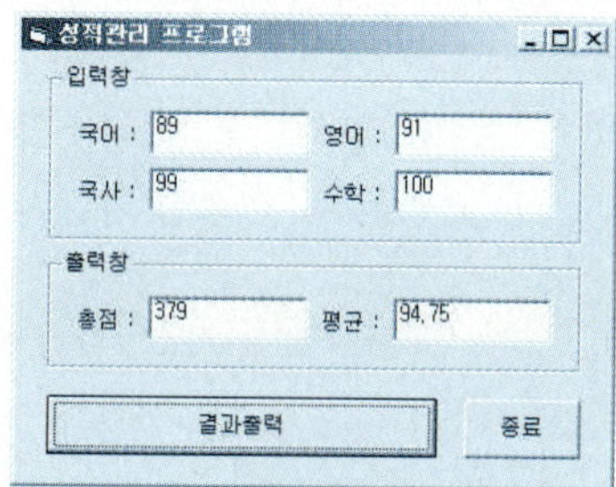

[그림15.42] 출력 결과 화면

Ucase(), Lcase() 함수

Ucase() 함수는 입력되는 영문자의 대·소문자에 관계없이 대문자로 변환하여 반환하고, Lcase() 함수는 입력되는 영문자의 대·소문자에 관계없이 소문자로 변환하여 반환하는 함수로 이용됩니다. 특히, 해당 함수는 영문자를 이용하여 조건문을 만들고자 할 때 매우 유용하게 쓰이고 있습니다.

[실습3] 다음 프로그램을 실습하면서 Ucase()와 Lcase() 함수를 이용한 프로그램 기법을 이해하도록 하겠습니다.

(저장 파일명 : 활용실습10.frm, 활용실습10.vbp)

그림15.43과 같이 폼 디자이너 창에 디자인 한 뒤에 Command button을 더블클릭하여 코드 값을 입력합니다.

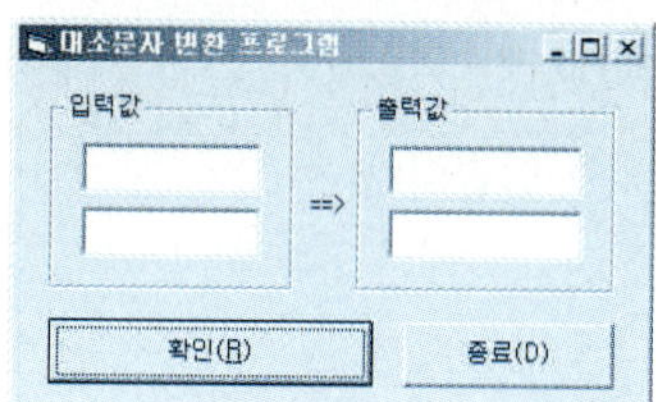

[그림15.43] 폼 디자인 초기화면

```
Private Sub Command1_Click()
    '대소문자 입력을 위한 변수형 지정
    Dim 대문자 As String
    Dim 소문자 As String
    '대소문자 변환
    대문자 = UCase(Text1.Text)
    소문자 = LCase(Text2.Text)
    '출력 창에 자료 출력
    Text3.Text = 대문자
    Text4.Text = 소문자
End Sub


Private Sub Command3_Click()
    End
End Sub
```

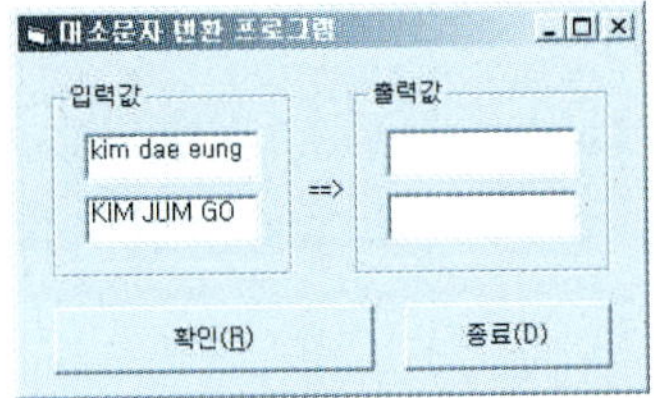

[그림15.44] **입력 후 확인버튼 선택 전 화면**

프로그램을 입력하고 실행하여 입력창에 위와 같은 문자열을 입력하고 확인 버튼을
클릭하면 그림15.45와 같은 결과 화면이 나타납니다. 사용자가 결과를 확인하면 지
정된 형태로 대·소문자가 변환된 것을 확인할 수 있습니다.

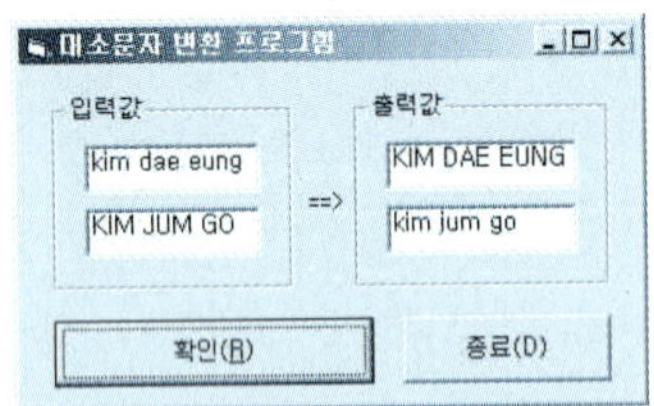

[그림15.45] **출력 결과 화면**

[문제1] 다음 프로그램을 완성하시오.

(저장 파일명 : 활용예제6.frm, 활용예제6.vbp)

그림15.46과 같이 폼 디자이너 창에 입출력 디자인을 한 후에, 컨트롤 별 속성 값을
변경하고 조건에 맞는 프로그램을 완성하시오.

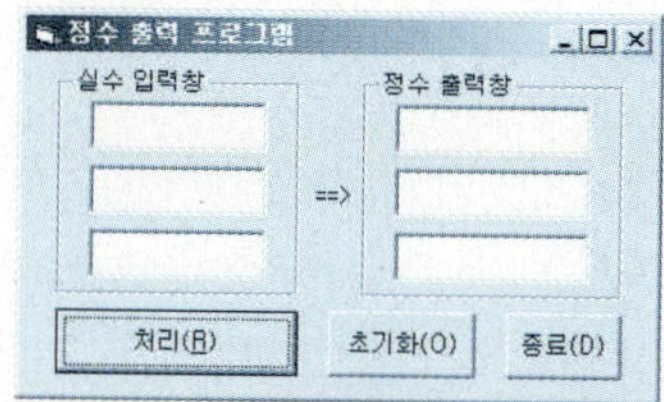

[그림15.46] **입출력 디자인화면**

처리 조건

❶ 프로그램을 실행하고 왼쪽 실수 입력창에 실수 값을 입력한 다음 처리 버튼을 선택하면 오른쪽
   정수 출력 창에 정수 값을 출력하는 프로그램을 작성하라.

❷ 실수 입력창에는 실수 값 입력을 원칙으로 한다.

❸ 초기화 버튼을 선택하면 모든 텍스트 박스의 값을 초기화한다.

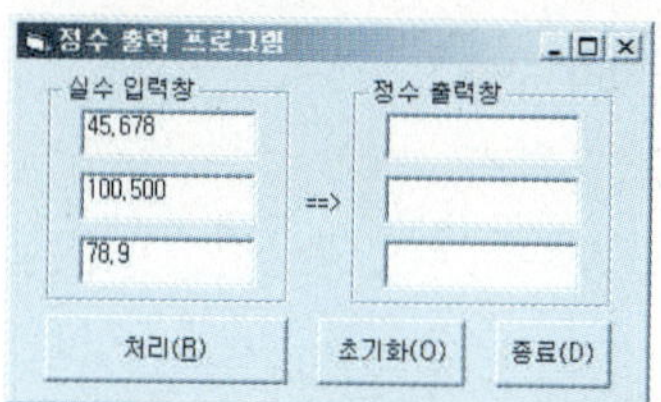

[그림15.47] **실수 입력 값 예시 화면**

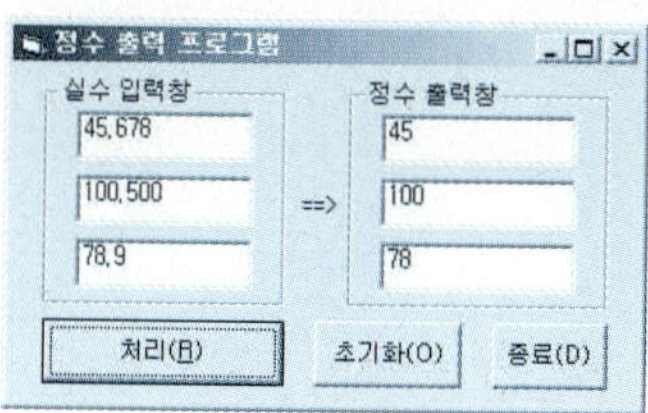

[그림15.48] **확인 버튼 선택 결과 화면**

[문제2] 다음 프로그램을 완성하시오.

(저장 파일명 : 활용예제7.frm, 활용예제7.vbp)

그림15.49와 같이 폼 디자이너 창에 입출력 디자인을 한 후에, 컨트롤 별 속성 값을 변경하고 조건에 맞는 프로그램을 완성하시오.

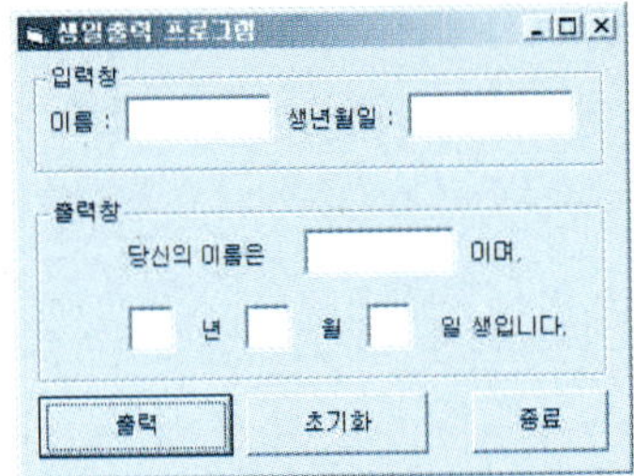

[그림15.49] 입출력 디자인화면

❶ 프로그램을 실행하고 입력창에 이름과 생년월일을 입력받아 출력 창에 이름과 생년, 생월, 생일을 따로 분리하여 출력하도록 한다.

❷ 생년월일은 2자리씩 6자리를 입력하도록 한다.

❸ Left(), Mid(), Right() 함수를 이용하여 생년월일을 각각 구한다.

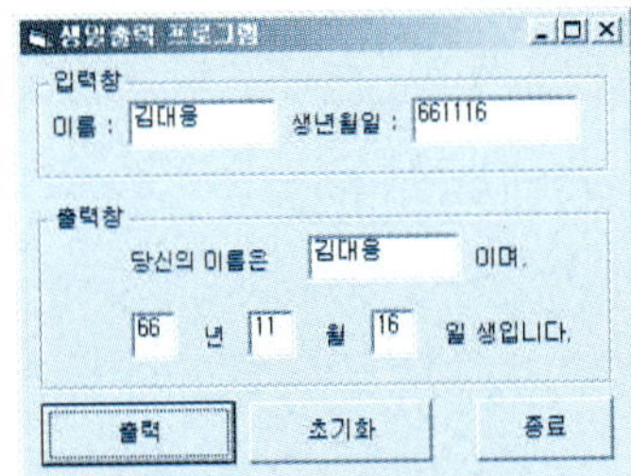

[그림15.50] 출력 결과 화면

[문제3] 다음 프로그램을 완성하시오.

(저장 파일명 : 활용예제8.frm, 활용예제8.vbp)

그림15.51과 같이 폼 디자이너 창에 입출력 디자인을 한 후에, 컨트롤 별 속성 값을 변경하고 조건에 맞는 프로그램을 완성하시오.

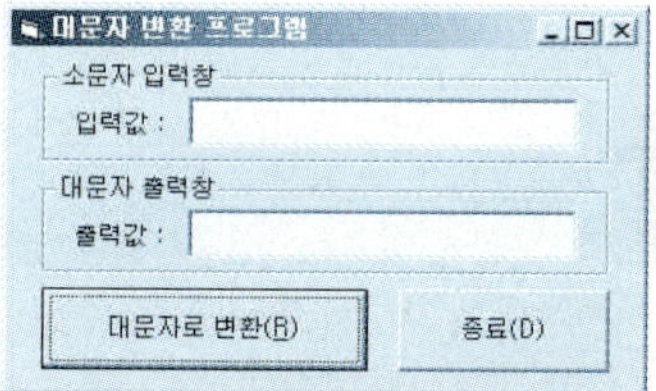

[그림15.51] 입·출력 디자인화면

❶ 프로그램을 실행하고 입력 값에 소문자로 문자열을 입력받아 대문자로 변환 버튼을 선택하면 소문자로 입력된 문자열이 대문자로 변환되도록 한다.

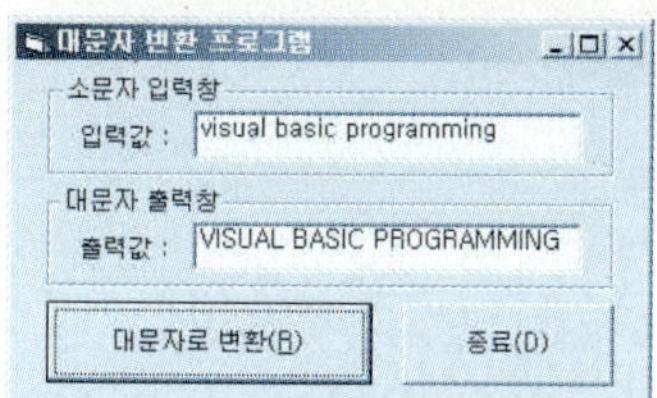

[그림15.52] 출력 결과 화면

부록 문제 정답

Chapter 2 프로그램 기초

종합문제

[문제2] 다음 프로그램을 완성하시오.

(저장 파일명 : 이력출력.frm, 이력출력.vbp, 이력출력.exe)

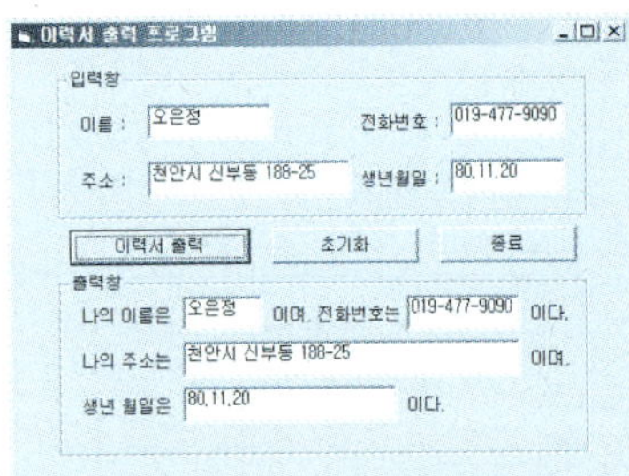

[그림] 이력서 출력 버튼 클릭시 결과 화면

```
Private Sub Command1_Click()
    '변수선언
    Dim na As String
    Dim tel As String
    Dim add As String
    Dim san As String
    '변수에 자료 입력을 받는다.
    na = Text1.Text
    tel = Text3.Text
    add = Text2.Text
    san = Text4.Text
    '변수에 입력된 값을 출력한다.
```

↓다음 페이지에 계속

```
                    Text5.Text = na

                    Text6.Text = tel

                    Text7.Text = add

                    Text8.Text = san

              End Sub


        Private Sub Command2_Click()

              '개체값 모두 초기화

                    Text1.Text = ""

                    Text2.Text = ""

                    Text3.Text = ""

                    Text4.Text = ""

                    Text5.Text = ""

                    Text6.Text = ""

                    Text7.Text = ""

                    Text8.Text = ""

              End Sub


        Private Sub Command3_Click()

              '종료버튼의 값 지정

                    End

              End Sub
```

Chapter 3 데이터 형식과 연산자

종합문제

[문제2] 다음 프로그램을 완성하시오.

(저장 파일명 : 선택연산.frm, 선택연산.vbp, 선택연산.exe)

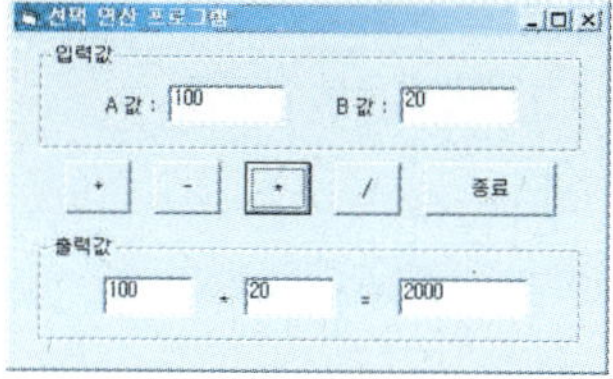

[그림] * 버튼 클릭시 결과 화면

```vb
Private Sub Command1_Click()
    Dim a As Integer
    Dim b As Integer
    Dim total
    a = Val(Text1.Text)
    b = Val(Text2.Text)
    total = a + b

    Text3.Text = a
    Label3.Caption = "+"
    Text4.Text = b
    Text5.Text = total
End Sub

Private Sub Command2_Click()
    Dim a As Integer
    Dim b As Integer
    Dim total
    a = Val(Text1.Text)
    b = Val(Text2.Text)
    total = a - b
    Text3.Text = a
    Label3.Caption = "-"
    Text4.Text = b
    Text5.Text = total
End Sub

Private Sub Command3_Click()
    Dim a As Integer
    Dim b As Integer
    Dim total
    a = Val(Text1.Text)
    b = Val(Text2.Text)
    total = a * b
```

다음페이지에 계속

```vb
        Text3.Text = a
        Label3.Caption = "*"
        Text4.Text = b
        Text5.Text = total
    End Sub


    Private Sub Command4_Click()
        Dim a As Integer
        Dim b As Integer
        Dim total
        a = Val(Text1.Text)
        b = Val(Text2.Text)
        total = a / b
        Text3.Text = a
        Label3.Caption = "/"
        Text4.Text = b
        Text5.Text = total
    End Sub


    Private Sub Command5_Click()
        End
    End Sub
```

[문제3] 다음 프로그램을 완성하시오.

(저장 파일명 : 성적.frm, 성적.vbp, 성적.exe)

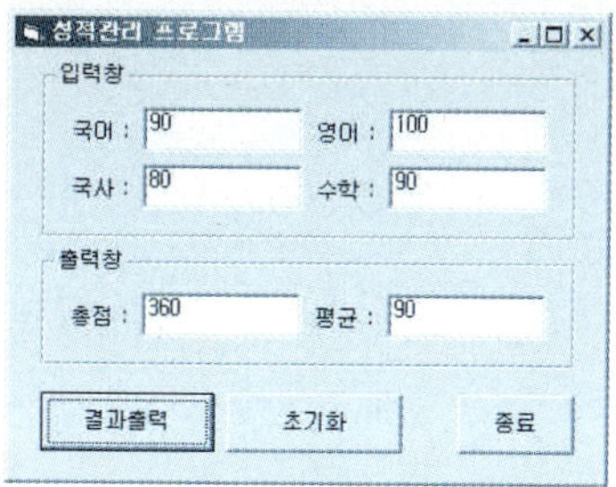

[그림] 결과출력 버튼 클릭시 결과 화면

```vb
Private Sub Command1_Click()
    '입출력 변수형 지정
    Dim 국어 As Integer
    Dim 영어 As Integer
    Dim 국사 As Integer
    Dim 수학 As Integer
    Dim 총점 As Integer
    Dim 평균 As Integer
    '변수에 입력된 값을 대입
    국어 = Val(Text1.Text)
    영어 = Val(Text2.Text)
    국사 = Val(Text3.Text)
    수학 = Val(Text4.Text)
    '입력된 값을 이용하여 총점과 평균 구하기
    총점 = 국어 + 영어 + 국사 + 수학
    평균 = 총점 / 4
    '총점과 평균값을 출력
    Text5.Text = 총점
    Text6.Text = 평균
End Sub


Private Sub Command2_Click()
    '텍스트 박스를 초기화
    Text1.Text = ""
    Text2.Text = ""
    Text3.Text = ""
    Text4.Text = ""
    Text5.Text = ""
    Text6.Text = ""
End Sub

Private Sub Command3_Click()
    End
End Sub
```

(저장 파일명 : 나눗셈.frm, 나눗셈.vbp, 나눗셈.exe)

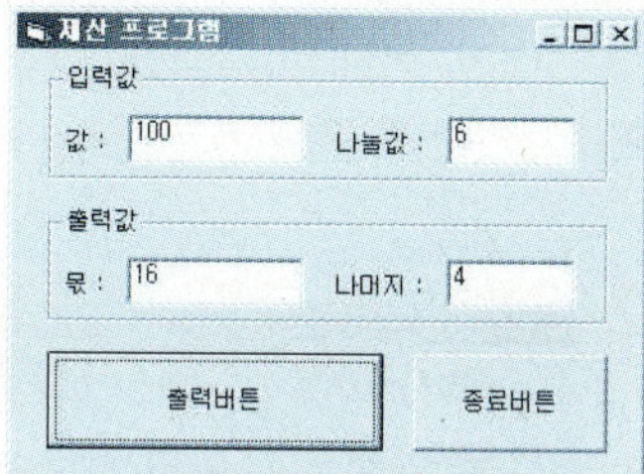

[그림] 출력버튼 클릭시 결과 화면

```vb
Private Sub Command1_Click()
    '입출력 변수형 지정
    Dim 값 As Integer
    Dim 나눌값 As Integer
    Dim 몫 As Integer
    Dim 나머지 As Integer
    '입력값을 숫자화 시켜서 대입
    값 = Val(Text1.Text)
    나눌값 = Val(Text2.Text)
    '몫과 나머지를 구하여 대입
    몫 = 값 ₩ 나눌값
    나머지 = 값 Mod 나눌값
    '결과 출력
    Text3.Text = 몫
    Text4.Text = 나머지
End Sub


Private Sub Command2_Click()
    End
End Sub
```

종합문제

[문제2] 다음 프로그램을 완성하시오.

(저장 파일명 : 입력이름.frm, 입력이름.vbp)

[그림] InputBox 대화상자 화면

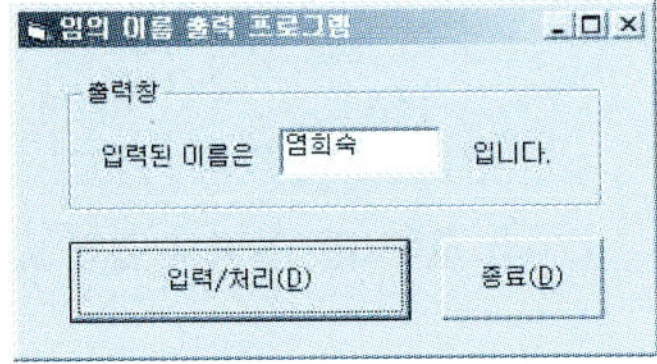

[그림] 확인 버튼 선택 결과 화면

```
Private Sub Command1_Click()
    Dim 이름 As String
    Dim 판단 As Integer
    이름 = InputBox("이름을 입력하세요?", "이름 입력창", "홍길동")
    판단 = MsgBox("입력한 이름이 맞습니까?", 4 + 32 + 0, _
        "입력 판단!")
    If 판단 = 6 Then
        Text1.Text = 이름
        Else
    End If
End Sub


Private Sub Command2_Click()
    Text1.Text = ""
End Sub


Private Sub Command3_Click()
    End
End Sub
```

(저장 파일명 : 입력성적.frm, 입력성적.vbp)

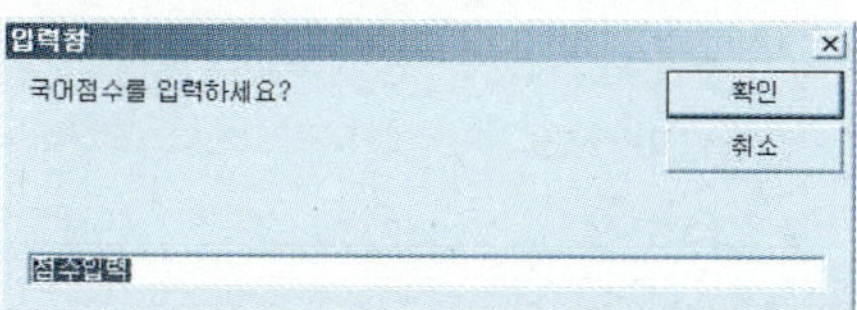

[그림] InputBox 대화상자 화면

[그림] 확인 버튼 클릭시 결과 화면

```vb
Private Sub Command1_Click()
    '입출력 변수형 지정
    Dim 국어 As Integer
    Dim 영어 As Integer
    Dim 총점 As Integer
    Dim 평균 As Integer
    '변수에 입력된 값을 대입
    국어 = Val(InputBox("국어점수를 입력하세요?", "입력창", _
        "점수입력"))
    수학 = Val(InputBox("수학점수를 입력하세요?", "입력창", _
        "점수입력"))
    '입력된 값을 이용하여 총점과 평균 구하기
    총점 = 국어 + 수학
    평균 = 총점 / 2
    '총점과 평균값을 출력
    Text1.Text = 총점
    Text2.Text = 평균
End Sub


Private Sub Command2_Click()
    '텍스트 박스를 초기화
    Text1.Text = ""
    Text2.Text = ""
End Sub
```

↓다음 페이지에 계속

```
Private Sub Command3_Click()
    End
End Sub
```

[문제4] 다음 프로그램을 완성하시오.

(저장 파일명 : 입력확인.frm, 입력확인.vbp)

[그림] InputBox 대화상자 화면

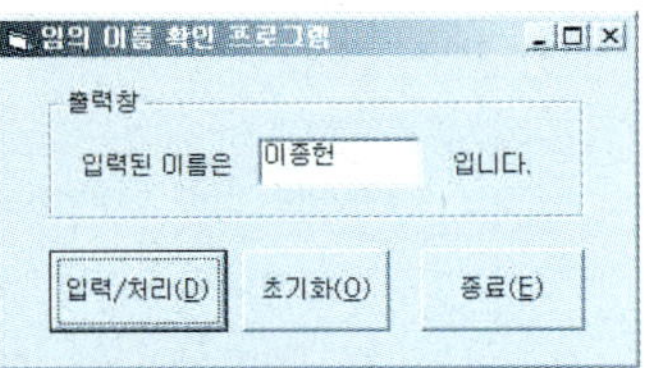

[그림] 예 버튼 선택 결과 화면

```
Private Sub Command1_Click()
    Dim 이름 As String
    Dim 판단 As Integer
    이름 = InputBox("이름을 입력하세요?", "이름 입력창", "홍길동")
    판단 = MsgBox("입력한 이름이 맞습니까?", 4 + 32 + 0,  _
            "입력 판단!")
    If 판단 = 6 Then
        Text1.Text = 이름
        Else
    End If
End Sub


Private Sub Command2_Click()
    Text1.Text = ""
End Sub


Private Sub Command3_Click()
    End
End Sub
```

(저장 파일명 : 입력사칙연산.frm, 입력사칙연산.vbp)

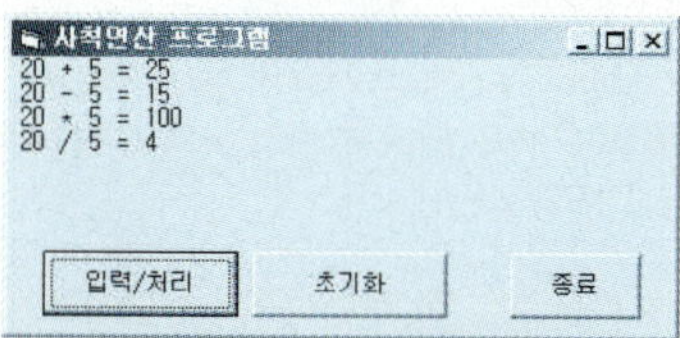

[그림] 확인 버튼 선택 결과 화면

```vb
Private Sub Command1_Click()
    '입출력 변수형 지정
    Dim A As Integer
    Dim B As Integer
    Dim 가산 As Integer
    Dim 감산 As Integer
    Dim 승산 As Integer
    Dim 제산 As Integer
    '변수에 입력된 값을 대입
    A = Val(InputBox("A 값을 입력하세요?", "입력창", _
        "정수값 입력"))
    B = Val(InputBox("B 값을 입력하세요?", "입력창", _
        "정수값 입력"))
    '입력된 값을 이용하여 가감승제 구하기
    가산 = A + B
    감산 = A - B
    승산 = A * B
    제산 = A / B
    '가감승제 결과값을 출력
    Print A; " + "; B; " = "; 가산
    Print A; " - "; B; " = "; 감산
    Print A; " * "; B; " = "; 승산
    Print A; " / "; B; " = "; 제산
End Sub
```

↓다음 페이지에 계속

```
        Private Sub Command2_Click()
            Cls
        End Sub


        Private Sub Command3_Click()
            End
        End Sub
```

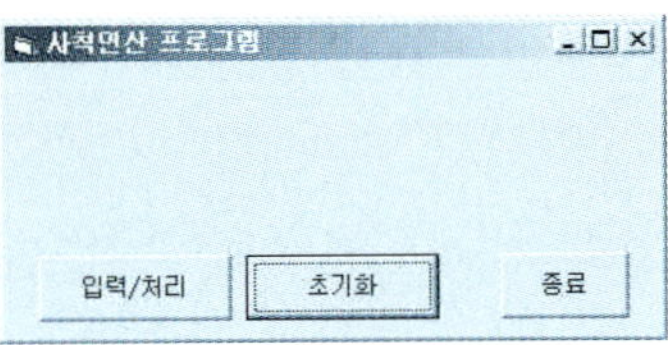

[그림] 초기화 버튼 선택 결과 화면

Chapter 5 　함수

종합문제

[문제2] 다음 프로그램을 완성하시오.

(저장 파일명 : 정수종합.frm, 정수종합.vbp)

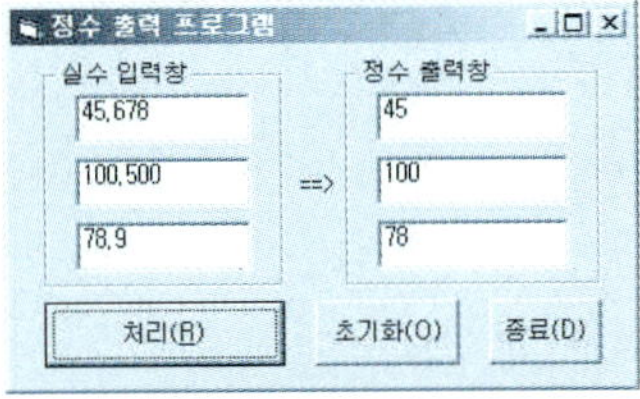

[그림] 확인 버튼 선택 결과 화면

```
        Private Sub Command1_Click()


            '실수 데이터 변수형 선언
            Dim 실수1 As Single
```

↓다음 페이지에 계속

```vb
    Dim 실수2 As Single
    Dim 실수3 As Single
    '정수 데이터 변수형 지정
    Dim 정수1 As Long
    Dim 정수2 As Long
    Dim 정수3 As Long

    '텍스트 창에 실수값을 입력 받는다.
    실수1 = Val(Text1.Text)
    실수2 = Val(Text2.Text)
    실수3 = Val(Text3.Text)

    '실수형 값을 정수형으로 변환한다.
    정수1 = Int(실수1)
    정수2 = Int(실수2)
    정수3 = Int(실수3)

    '정수형 값을 출력한다.
    Text4.Text = 정수1
    Text5.Text = 정수2
    Text6.Text = 정수3

End Sub

Private Sub Command2_Click()

    '텍스트 창 초기화
    Text1.Text = ""
    Text2.Text = ""
    Text3.Text = ""
    Text4.Text = ""
    Text5.Text = ""
    Text6.Text = ""
```

↓다음 페이지에 계속

```
    End Sub


    Private Sub Command3_Click()


        '종료
        End


    End Sub
```

[문제3] 다음 프로그램을 완성하시오.

(저장 파일명 : 난수종합.frm, 난수종합.vbp)

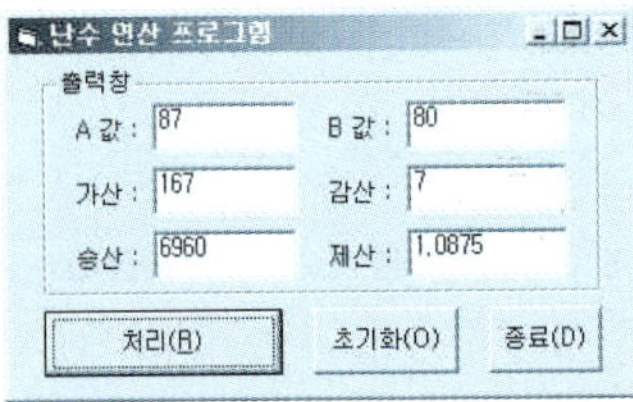

[그림] 처리 버튼 선택 결과 화면

```
    Private Sub Command1_Click()
        '입력과 출력을 위한 변수형 지정
        Dim 난수1 As Integer, 난수2 As Integer
        Dim 가산 As Long, 감산 As Long, 승산 As Long, 제산
        '1-100사이의 난수 2개를 발생한다.
        난수1 = Int((100 - 1 + 1) * Rnd + 1)
        난수2 = Int((100 - 1 + 1) * Rnd + 1)
        '실수형 값을 정수형 값으로 변환한다.
        가산 = 난수1 + 난수2: 감산 = 난수1 - 난수2
        승산 = 난수1 * 난수2: 제산 = 난수1 / 난수2
        '출력창에 결과값을 출력한다.
        Text1.Text = 난수1: Text2.Text = 난수2
        Text3.Text = 가산: Text4.Text = 감산
```

↓다음 페이지에 계속

```vb
        Text5.Text = 승산: Text6.Text = 제산
    End Sub


Private Sub Command2_Click()
    '텍스트 창에 입출력된 수치를 지운다.
    Text1.Text = "": Text2.Text = "": Text3.Text = ""
    Text4.Text = "": Text5.Text = "": Text6.Text = ""
End Sub


Private Sub Command3_Click()
        End
End Sub
```

[문제4] 다음 프로그램을 완성하시오.

(저장 파일명 : 생일출력.frm, 생일출력.vbp)

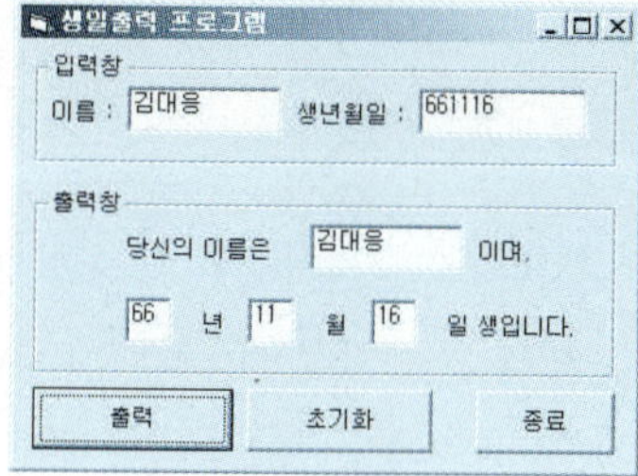

[그림] 출력 결과 화면

```vb
Private Sub Command1_Click()
    '입력창에 값을 받아들일 변수를 선언
    Dim name1 As String
    Dim sang As String
    '생년월일을 잘라서 저장할 변수를 지정
    Dim sa As String
    Dim yun As String
    Dim waul As String
    '입력창에 데이터 입력
```

│다음 페이지에 계속

```
        name1 = Text1.Text
        sang = Text2.Text
        '잘라서 저장할 변수값을 지정
        sa = Left(sang, 2)
        yun = Mid(sang, 3, 2)
        waul = Right(sang, 2)
        '저장된 각각의 변수값을 출력
        Text3.Text = name1
        Text4.Text = sa
        Text5.Text = yun
        Text6.Text = waul
    End Sub


Private Sub Command2_Click()
        Text1.Text = ""
        Text2.Text = ""
        Text3.Text = ""
        Text4.Text = ""
        Text5.Text = ""
        Text6.Text = ""
    End Sub


Private Sub Command3_Click()
        End
    End Sub
```

[문제5] 다음 프로그램을 완성하시오.

(저장 파일명 : 문자종합.frm, 문자종합.vbp)

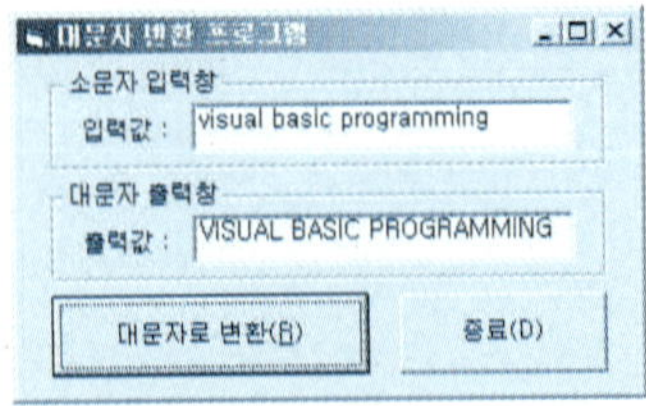

[그림] 출력 결과 화면

```
Private Sub Command1_Click()
    '입력을 위한 변수형 지정
    Dim 소문자 As String
    Dim 대문자 As String
    '소문자 입력
    소문자 = Text1.Text
    '소문자를 대문자로 변환
    대문자 = UCase(소문자)
    '출력창에 대문자 출력
    Text2.Text = 대문자
End Sub


Private Sub Command2_Click()
    End
End Sub
```

Chapter 6 제어문과 반복문

본문 예제문제

[문제1] 다음 조건에 만족하는 If 문을 완성하시오.

(저장 파일명 : 제어3.frm, 제어3.vbp)

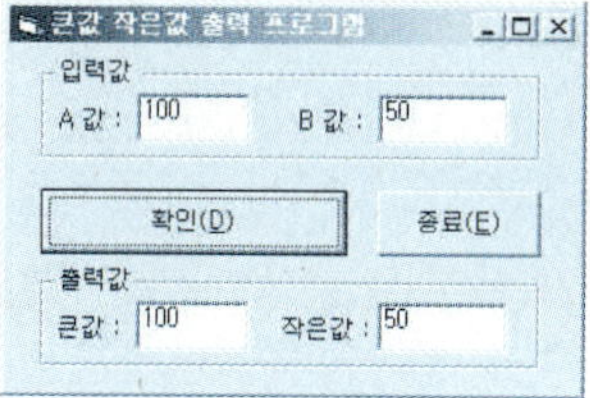

[그림] 입력 예 결과 화면

```
Private Sub Command1_Click()
    '입력을 받기위한 변수형 선언
    Dim A As Integer
```

↓다음 페이지에 계속

```
        Dim B As Integer
        A = Val(Text1.Text)
        B = Val(Text2.Text)
        '큰수와 작은수를 판단하기 위한 조건
        If A > B Then
            Text3.Text = A
            Text4.Text = B
        Else
            Text3.Text = B
            Text4.Text = A
        End If
    End Sub


    Private Sub Command2_Click()
        End
    End Sub
```

[문제2] 다음 조건에 만족하는 If 문을 완성하시오.

(저장 파일명 : 제어성적.frm, 제어성적.vbp)

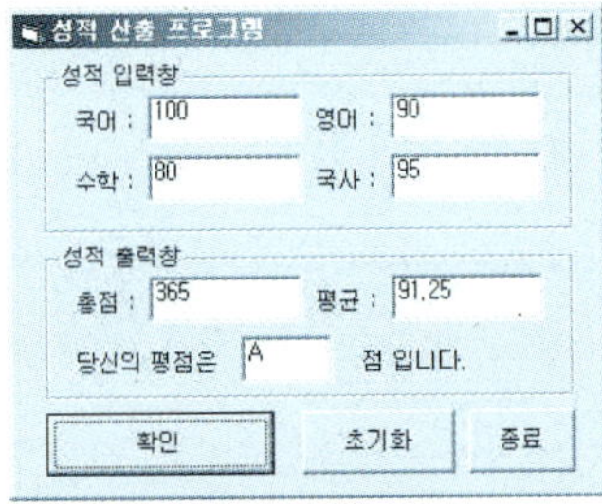

[그림] 성적 처리 결과 화면

```
    Private Sub Command1_Click()
        '변수 선언
        Dim 국어 As Integer
        Dim 영어 As Integer
```

↓다음 페이지에 계속

```vb
        Dim 수학 As Integer
        Dim 국사 As Integer
        '총점과 평균, 평점을 위한 변수 선언
        Dim 총점 As Integer
        Dim 평균 As Single
        Dim 평점 As String
        '텍스트 박스에 입력된 각각의 점수를 변수에 입력
        국어 = Val(Text1.Text)
        영어 = Val(Text2.Text)
        수학 = Val(Text3.Text)
        국사 = Val(Text4.Text)
        '총점과 평균을 구한다.
        총점 = 국어 + 영어 + 수학 + 국사 '각 과목을 더한다.
        평균 = 총점 / 4 '총점/과목수
        '평균을 가지고 평점을 구한다.
        If 평균 >= 90 Then
            평점 = "A"
        ElseIf 평균 >= 80 Then
            평점 = "B"
        ElseIf 평균 >= 70 Then
            평점 = "C"
        ElseIf 평균 >= 60 Then
            평점 = "D"
        Else
            평점 = "F"
        End If
        '처리 결과를 출력하기 위한 메시지 박스를 나타낸다.
        MsgBox "총점과 평균과 평점을 각각 출력합니다."
        '처리 공식을 통해 변수에 기억된 값을 출력한다.
        Text5.Text = 총점
        Text6.Text = 평균
        Text7.Text = 평점
End Sub
```

↓다음 페이지에 계속

```vb
    Private Sub Command2_Click()
        '텍스트 박스에 기억된 값을 초기화합니다.
        Text1.Text = ""
        Text2.Text = ""
        Text3.Text = ""
        Text4.Text = ""
        Text5.Text = ""
        Text6.Text = ""
        Text7.Text = ""
    End Sub


    Private Sub Command3_Click()
        End
    End Sub
```

[문제3] 다음 조건에 만족하는 Select Case 문을 완성하시오.

(저장 파일명 : 제어성적(Sel).frm, 제어성적(Sel).vbp)

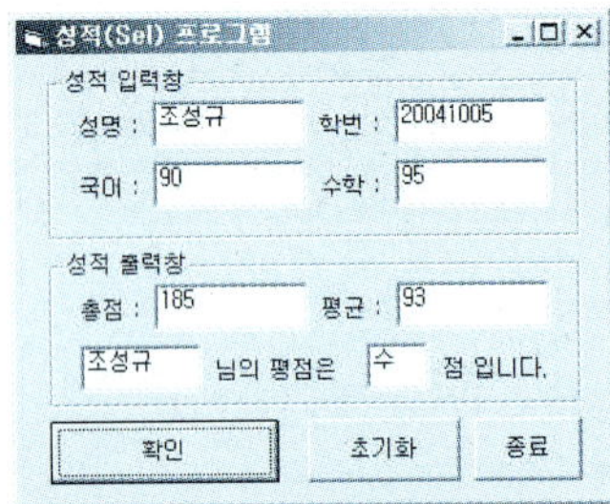

[그림] 성적 처리 결과 화면

```vb
    Private Sub Command1_Click()
        '변수 선언
        Dim 성명 As String
        Dim 학번 As String
        Dim 국어 As Integer
        Dim 수학 As Integer
```

↓다음페이지에 계속

```vb
    '총점과 평균, 평점을 위한 변수 선언
    Dim 총점 As Integer
    Dim 평균 As Integer
    Dim 평점 As String
    '텍스트 박스에 입력된 각각의 점수를 변수에 입력
    성명 = Text1.Text
    학번 = Text2.Text
    국어 = Val(Text3.Text)
    수학 = Val(Text4.Text)
    '총점과 평균을 구한다.
    총점 = 국어 + 수학 '각 과목을 더한다.
    평균 = Int(총점 / 2 + 0.5) '총점/과목수
    '평균을 가지고 평점을 구한다.
    Select Case 평균
        Case Is >= 90: 평점 = "수"
        Case Is >= 80: 평점 = "우"
        Case Is >= 70: 평점 = "미"
        Case Is >= 60: 평점 = "양"
        Case Else
            평점 = "가"
    End Select
    '처리 공식을 통해 변수에 기억된 값을 출력한다.
    Text5.Text = 총점
    Text6.Text = 평균
    Text7.Text = 성명
    Text8.Text = 평점
End Sub

Private Sub Command2_Click()
    '텍스트 박스에 기억된 값을 초기화 합니다.
    Text1.Text = ""
    Text2.Text = ""
    Text3.Text = ""
```

↓다음페이지에 계속

```
                Text4.Text = ""
                Text5.Text = ""
                Text6.Text = ""
                Text7.Text = ""
                Text8.Text = ""
        End Sub


        Private Sub Command3_Click()
                End
        End Sub
```

[문제4] 다음 조건에 만족하는 GoTo 문을 완성하시오.

(저장 파일명 : 무조건3.frm, 무조건3.vbp)

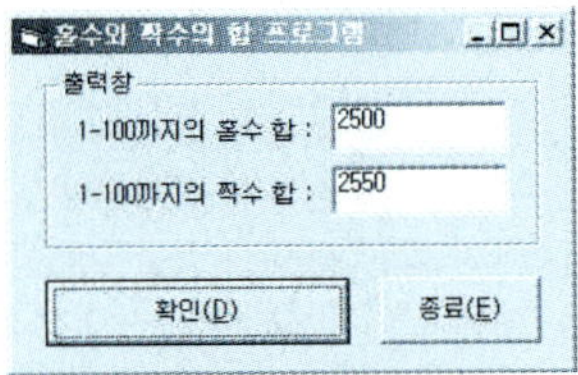

[그림] 실행 결과 화면

```
        Private Sub Command1_Click()
                '입출력을 위한 데이터형 선언
                Dim A As Integer
                Dim Total1 As Long
                Dim Total2 As Long
                'A값을 초기화
                A = 1
                'If문에서 조건 만족시 반복 수행될 범위
        kim1:
                Total1 = Total1 + A '누적값
                Total2 = Total2 + (A + 1)
```

↓다음 페이지에 계속

```
            A = A + 2 '카운트
            If A < 100 Then GoTo kim1 '조건 만족시 반복수행
            '조건을 만족하지 않을 때 결과 출력
            Text1.Text = Total1
            Text2.Text = Total2
    End Sub


    Private Sub Command2_Click()
            End
    End Sub
```

[문제5] 다음 조건에 만족하는 For 문을 완성하시오.

(저장 파일명 : 자동반복4.frm, 자동반복4.vbp)

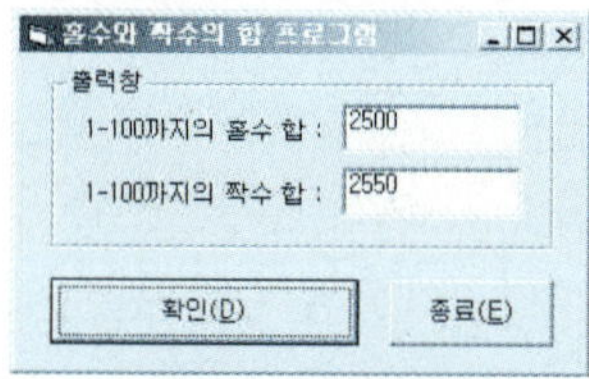

[그림] 실행 결과 화면

```
    Private Sub Command1_Click()
        '입출력을 위한 데이터형 선언
        Dim i As Integer
        Dim Total1 As Long
        Dim Total2 As Long
        '자동 반복 수행문을 이용한 누적값 계산
        For i = 1 To 100 Step 2
        Total1 = Total1 + i '누적값
        Total2 = Total2 + (i + 1)
        Next i
        Text1.Text = Total1
        Text2.Text = Total2
```

↓ 다음 페이지에 계속

```
        End  Sub


        Private  Sub  Command2_Click()
                End
        End  Sub
```

[문제6] 다음 조건에 만족하는 Do While … Loop 문을 완성하시오.

(저장 파일명 : 두우루프2.frm, 두우루프2.vbp)

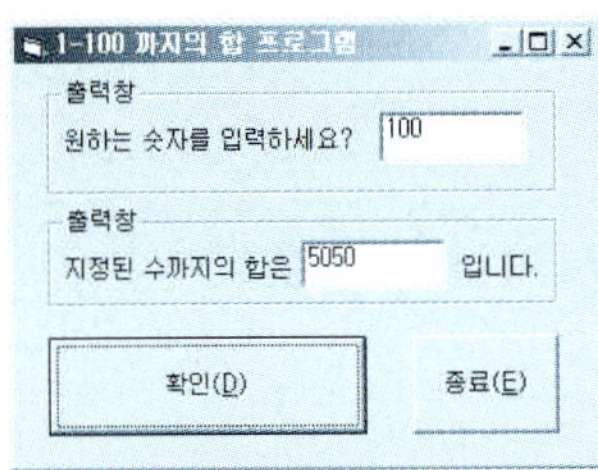

[그림] 실행 결과 화면

```
        Private  Sub  Command1_Click()
                '입력값을 위한 변수형 선언
                Dim  i  As  Integer
                Dim  조건값  As  Integer
                Dim  total  As  Integer
                '초기값 설정
                i = 1: total = 0
                조건값 = Val(Text1.Text)
                '조건 만족 동안 반복 수행될 조건
                Do  While  i  <= 조건값
                        total = total + i
                        i = i + 1
                Loop
                '조건을 만족하지 않을 때 결과 출력
                Form1.Caption = "1-" & 조건값 & " 까지의 합 프로그램"
                Text2.Text = total
```

↓ 다음 페이지에 계속

```
        Text2.Text = total
    End  Sub


    Private  Sub  Command2_Click()
        End
    End  Sub
```

종합문제

[문제2] 다음 프로그램을 완성하시오.

(저장 파일명 : 임의총점평균.frm, 임의총점평균.vbp)

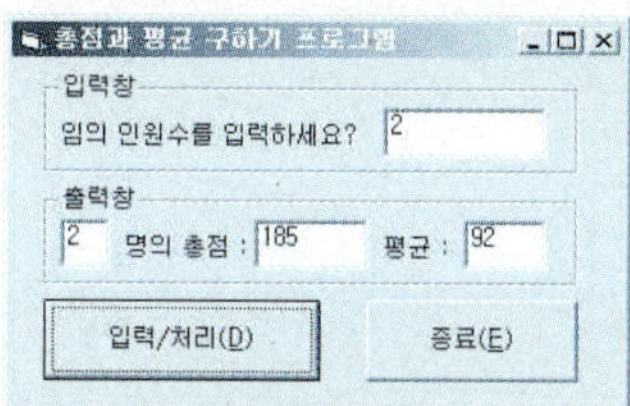

[그림] 출력 결과 화면

```
    Private  Sub  Command1_Click()
        Dim  i  As  Integer
        Dim  jum  As  Integer
        Dim  tot  As  Integer
        Dim  n  As  Integer
        Dim  ave  As  Integer
        n = Val(Text1.Text)
        MsgBox n & " 명의 인원에 해당하는 점수를 입력 입력합니다."
        For  i = 1 To n
            jum = InputBox(i & " 번째 점수를 입력하세요?",  _
                "점수입력창")
            tot = tot + Val(jum)
        Next  i
        ave = tot / n
```

↓다음 페이지에 계속

```
        MsgBox n & _
        " 인원에 해당하는 점수를 이용하여 총점과 평균을 출력합니다."
        Text2.Text = n
        Text3.Text = tot
        Text4.Text = ave
End Sub

Private Sub Command2_Click()
        End
End Sub
```

[문제3] 다음 프로그램을 완성하시오.

(저장 파일명 : 구구단.frm, 구구단.vbp)

```
** 구구단 프로그램 **
=====================

=== 2단 ===     === 3단 ===     === 4단 ===     === 5단 ===

2 * 1 = 2       3 * 1 = 3       4 * 1 = 4       5 * 1 = 5
2 * 2 = 4       3 * 2 = 6       4 * 2 = 8       5 * 2 = 10
2 * 3 = 6       3 * 3 = 9       4 * 3 = 12      5 * 3 = 15
2 * 4 = 8       3 * 4 = 12      4 * 4 = 16      5 * 4 = 20
2 * 5 = 10      3 * 5 = 15      4 * 5 = 20      5 * 5 = 25
2 * 6 = 12      3 * 6 = 18      4 * 6 = 24      5 * 6 = 30
2 * 7 = 14      3 * 7 = 21      4 * 7 = 28      5 * 7 = 35
2 * 8 = 16      3 * 8 = 24      4 * 8 = 32      5 * 8 = 40
2 * 9 = 18      3 * 9 = 27      4 * 9 = 36      5 * 9 = 45

=== 6단 ===     === 7단 ===     === 8단 ===     === 9단 ===

6 * 1 = 6       7 * 1 = 7       8 * 1 = 8       9 * 1 = 9
6 * 2 = 12      7 * 2 = 14      8 * 2 = 16      9 * 2 = 18
6 * 3 = 18      7 * 3 = 21      8 * 3 = 24      9 * 3 = 27
6 * 4 = 24      7 * 4 = 28      8 * 4 = 32      9 * 4 = 36
6 * 5 = 30      7 * 5 = 35      8 * 5 = 40      9 * 5 = 45
6 * 6 = 36      7 * 6 = 42      8 * 6 = 48      9 * 6 = 54
6 * 7 = 42      7 * 7 = 49      8 * 7 = 56      9 * 7 = 63
6 * 8 = 48      7 * 8 = 56      8 * 8 = 64      9 * 8 = 72
6 * 9 = 54      7 * 9 = 63      8 * 9 = 72      9 * 9 = 81
```

[그림] 폼 창 클릭 결과 화면

```vb
Private Sub Form_Click()
    Dim i As Integer
    Dim j As Integer
    '제목을 넣기위해 프린트 메소드를 사용한다.
    Print Tab(20); "** 구구단 프로그램 **"
    Print Tab(20); "====================="

    For i = 2 To 9 Step 4   '좌측에 2단과 6단을 표현하기 위한 조건
        Print
        Print " === "; i; "단 === ",        '2단과 6단 표현
        Print " === "; i + 1; "단 === ";     '3단과 7단 표현
        Print "  === "; i + 2; "단 === ";     '4단과 8단 표현
        Print "   === "; i + 3; "단 === "      '5단과 9단 표현
        Print
    For j = 1 To 9   '뒤에 값이 1부터 9까지 표현
        Print i; " * "; j; " = "; i * j,        '각각의 단에 해당하는 연산
        Print i + 1; " * "; j; " = "; (i + 1) * j,
        Print i + 2; " * "; j; " = "; (i + 2) * j,
        Print i + 3; " * "; j; " = "; (i + 3) * j
```

↓ 다음 페이지에 계속

```
        Next j
            Print '한단을 출력한 다음, 줄바꿈을 행한다.
        Next i
    End Sub
```

[문제4] 다음 프로그램을 완성하시오.

(저장 파일명 : 판매(sel).frm, 판매(sel).vbp)

제품코드	제품명	제품단가
A	에쿠스	800
B	다이너스티	500
C	뉴 그랜져	450
D	엑센트	250

[표] 제품 코드에 따른 제품명과 단가

[그림] 입력오류! 재입력 메시지 화면

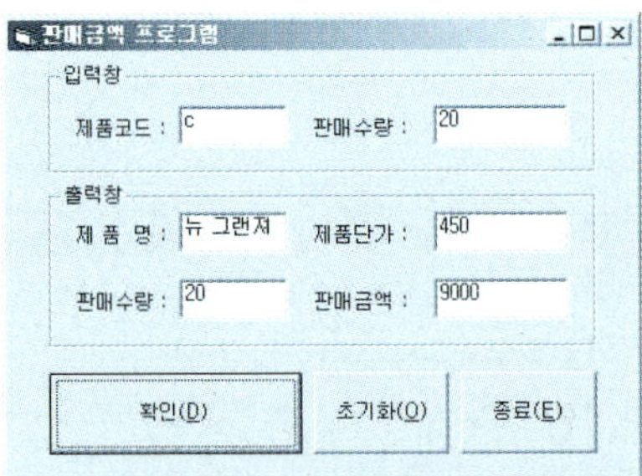

[그림] 제품 코드를 c로 입력 결과 화면

```
    Private Sub Command1_Click()
    '각 변수형을 지정한다.
    Dim 제품코드 As String
```

↓다음 페이지에 계속

```vb
Dim 판매수량 As Long
Dim 제품명 As String
Dim 제품단가 As Long
Dim 판매금액 As Long
'지정된 변수에 자료를 입력 받는다.
제품코드 = UCase(Text1.Text)  '모든 문자를 대문자로 인식시킨다.
판매수량 = Val(Text2.Text)
'제품 코드표를 이용하여 원하는 제품명과 제품단가를 구한다.
'select case 문을 이용하여 결가를 산출한다.
Select Case 제품코드
    Case "A"  '조건값을 표현할 때에는 무조건 대문자로 비교시킨다.
        제품명 = "에쿠스"
        제품단가 = 800
    Case "B"
        제품명 = "다이너스티"
        제품단가 = 500
    Case "C"
        제품명 = "뉴 그랜져"
        제품단가 = 450
    Case "D"
        제품명 = "엑센트"
        제품단가 = 250
    Case Else
        '잘못 입력된 코드값이 있을 경우에 처리 기법
        MsgBox "제품 코드가 잘못 입력되었습니다. 재입력!(A-D)"
        Text1.Text = ""  '제품코드창의 자료를 지운다.
        Text1.SetFocus  '커서를 잘못 입력된 위치에 이동시킨다.
        '기존에 계산이 이루어졌던 자료를 지운다.
        Text3.Text = ""
        Text4.Text = ""
        Text5.Text = ""
        Text6.Text = ""
        GoTo kim  '잘못 입력된 자료가 있을 경우에 종료한다.
```

↓다음 페이지에 계속

```
End  Select
'제품코드표를 이용하여 산출된 자료를 가지고 판매금액을 구한다.
        판매금액 = 판매수량 * 제품단가
        '변수에 기억된 각각의 값을 출력한다.
        Text3.Text = 제품명
        Text4.Text = 제품단가
        Text5.Text = 판매수량
        Text6.Text = 판매금액
'잘못 입력된 코드값이 있을 경우에는 프로그램을 실행하지 않고 종료
kim: '잘못 입력된 자료가 있을 경우에 종료위치
End  Sub
Private  Sub  Command2_Click()
        Text1.Text = ""
        Text2.Text = ""
        Text3.Text = ""
        Text4.Text = ""
        Text5.Text = ""
        Text6.Text = ""
End  Sub


Private  Sub  Command3_Click()
        End
End  Sub
```

[문제5] 다음 프로그램을 완성하시오.

(저장 파일명 : 종합성적.frm, 종합성적.vbp)

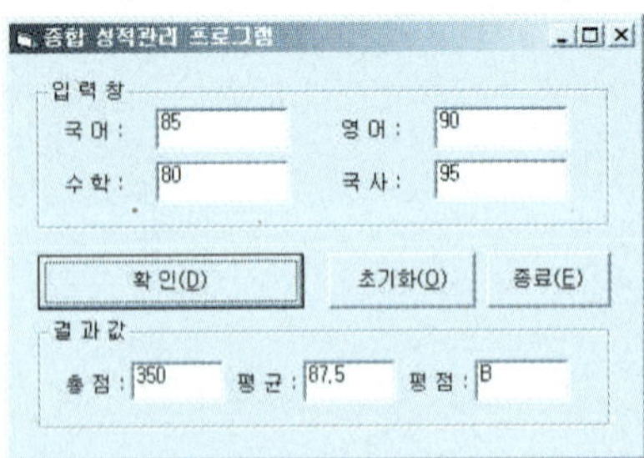

[그림] 성적 처리 결과 화면

↓다음 페이지에 계속

```vb
Private Sub Command1_Click()
    Dim kor As Integer
    Dim eng As Integer
    Dim mat As Integer
    Dim his As Integer
    Dim tot As Integer
    Dim avg As Single
    Dim avgs As String
    kor = Val(Text1.Text)
    eng = Val(Text2.Text)
    mat = Val(Text3.Text)
    his = Val(Text4.Text)
    tot = kor + eng + mat + his
    avg = tot / 4
    If kor 〉 100 Or kor 〈 0 Then
            MsgBox "국어 점수를 다시 입력하시오"
            Text1.Text = "": Text1.SetFocus: GoTo aa
        ElseIf eng 〉 100 Or eng 〈 0 Then
            MsgBox "영어 점수를 다시 입력하시오"
            Text2.Text = "": Text2.SetFocus: GoTo aa
    ElseIf mat 〉 100 Or mat 〈 0 Then
            MsgBox "수학 점수를 다시 입력하시오"
            Text3.Text = "": Text3.SetFocus: GoTo aa
    ElseIf his 〉 100 Or his 〈 0 Then
            MsgBox "점수를 다시 입력하시오"
            Text4.Text = "": Text4.SetFocus: GoTo aa
    End If
    Select Case avg
        Case 90 To 100
            avgs = "A"
        Case 80 To 89
            avgs = "B"
        Case 70 To 79
            avgs = "C"
```

```vb
            Case 60 To 69
                avgs = "D"
            Case 0 To 59
                avgs = "F"
        End Select
        Text5.Text = tot
        Text6.Text = avg
        Text7.Text = avgs
aa:
End Sub


Private Sub Command2_Click()
        Text1.Text = ""
        Text2.Text = ""
        Text3.Text = ""
        Text4.Text = ""
        Text5.Text = ""
        Text6.Text = ""
        Text7.Text = ""
End Sub


Private Sub Command3_Click()
        End
End Sub
```

본문 예제문제

[문제1] 다음 조건에 만족하는 1차원 배열을 이용하여 프로그램을 완성하시오.

(저장 파일명 : 배열실습1.frm, 배열실습1.vbp)

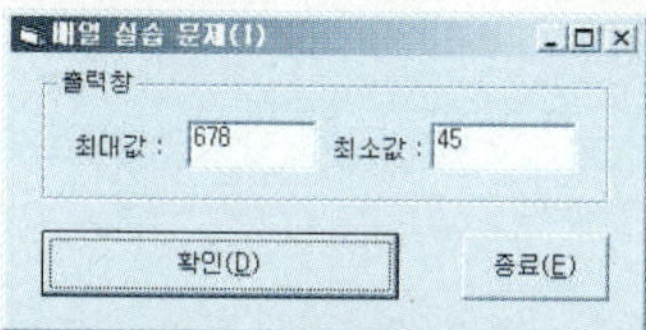

[그림] 성적 처리 결과 화면

```
Private Sub Command1_Click()
    '배열과 변수형 지정
    Dim 값(5) As Integer
    Dim 최대값 As Integer
    Dim 최소값 As Integer
    '최고점과 최하점을 산출하기 위한 초기화
    최대값 = 0: 최소값 = 999
    '각각 성적을 배열에 저장
    값(1) = 245: 값(2) = 678: 값(3) = 45
    값(4) = 473: 값(5) = 567
    '최고점 산출
    For i = 1 To 5
        If 최대값 < 값(i) Then
            최대값 = 값(i)
        End If
    Next i
    '최하점 산출
    For i = 1 To 5
        If 최소값 > 값(i) Then
            최소값 = 값(i)
```

↓다음 페이지에 계속

```
            End If
        Next i
        '산출된 결과 출력
        Text1.Text = 최대값: Text2.Text = 최소값
    End Sub


    Private Sub Command3_Click()
        End
    End Sub
```

종합문제

[문제2] 다음 2차원 배열을 이용하여 프로그램을 완성하시오.

(저장 파일명 : 구구단배열.frm, 구구단배열.vbp)

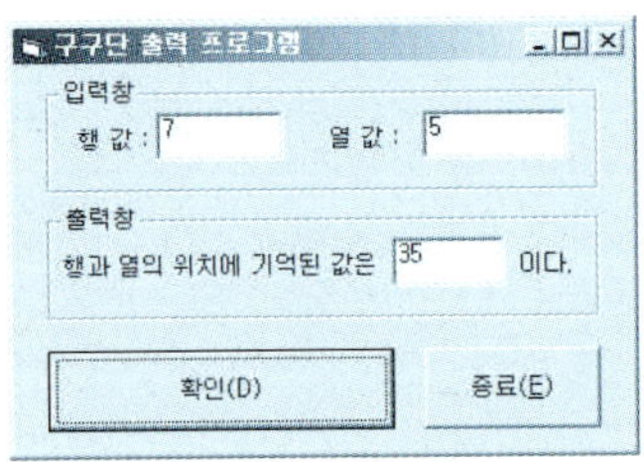

[그림] 구구단(7,5)값을 출력한 화면

```
Private Sub Command1_Click()
    '구구단 값을 기억하기 위한 배열 선언
    Dim 구구단(2 To 9, 1 To 9) As Integer
    '행과 열을 입력받기 위한 변수 선언
    Dim 행 As Integer
    Dim 열 As Integer
    '배열에 구구단 값을 기억
    For i = 2 To 9
        For j = 1 To 9
            구구단(i, j) = i * j
        Next j
```

⌎다음 페이지에 계속

```
        Next i
        '변수에 행과 열의 값을 대입
        행 = Val(Text1.Text)
        열 = Val(Text2.Text)
        '지정된 행과열의 위치에 기억된 값을 출력
        Text3.Text = 구구단(행, 열)
End Sub


Private Sub Command2_Click()
        End
End Sub
```

[문제3] 다음 2차원 배열을 이용하여 프로그램을 완성하시오.

(저장 파일명 : 구구단배열출력.frm, 구구단배열출력.vbp)

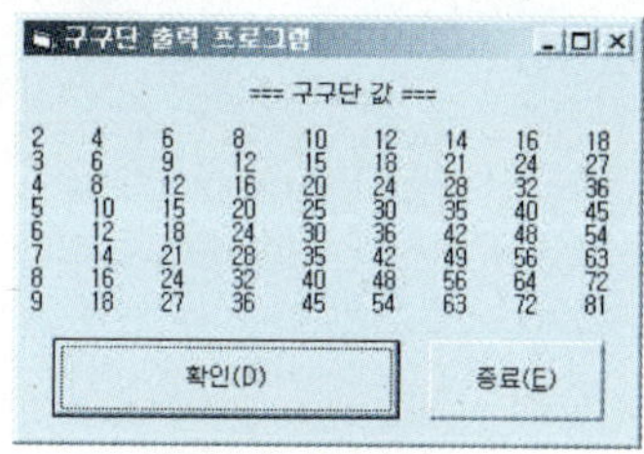

[그림] 실행 결과 화면

```
Private Sub Command1_Click()
        '구구단 값을 기억하기 위한 배열 선언
        Dim 구구단(2 To 9, 1 To 9) As Integer
        '행과 열을 입력받기 위한 변수 선언
        Dim 행 As Integer
        Dim 열 As Integer
        '배열에 구구단 값을 기억
        For i = 2 To 9
            For j = 1 To 9
                구구단(i, j) = i * j
            Next j
```

↓다음 페이지에 계속

```
        Next i
        '구구단의 결과값을 출력
        Print: Print Tab(20); "=== 구구단 값 ==="
        Print
        For i = 2 To 9
            For j = 1 To 9
                Print 구구단(i, j); Tab(j * 6);
            Next j
            Print
        Next i


    End Sub


    Private Sub Command2_Click()
        End
    End Sub
```


종합문제

[문제2] 다음 PictureBox 컨트롤을 이용하여 프로그램을 완성하시오.

(저장 파일명 : 컨트롤종합1.frm, 컨트롤종합1.vbp)

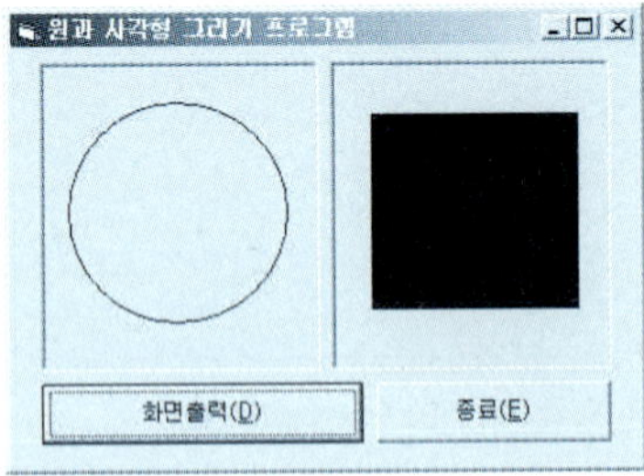

[그림] 실행 결과 화면

```vb
Private Sub Command1_Click()
    '원을 크기를 정의하여 그린다.
    Picture1.Circle (1100, 1200), 900
    '속이 찬 직사각형을 그린다.
    Picture2.Line (300, 400)-(2000, 2000), , BF
End Sub


Private Sub Command2_Click()
    End
End Sub
```

[문제3] 다음 CheckBox 컨트롤과 OptionButton 컨트롤을 이용하여 프로그램을 완성하시오.

(저장 파일명 : 컨트롤종합2.frm, 컨트롤종합2.vbp)

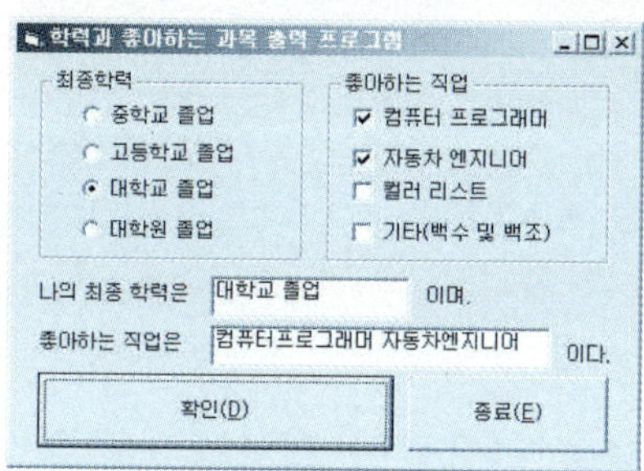

[그림] 실행 결과 화면

```vb
Private Sub Command1_Click()
    '변수 데이터형 지정
    Dim 최종학교 As String
    Dim 직업1 As String: Dim 직업2 As String
    Dim 직업3 As String: Dim 직업4 As String
    '최종학력을 선택한다.
    If Option1.Value = True Then
        최종학력 = "중학교 졸업"
    ElseIf Option2.Value = True Then
```

↓다음 페이지에 계속

```
                최종학력 = "고등학교 졸업"
            Elself Option3.Value = True Then
                최종학력 = "대학교 졸업"
            Elself Option4.Value = True Then
                최종학력 = "대학원 졸업"
        End If
        Text1.Text = 최종학력
        '체크 여부를 결정하여 반환
        If Check1.Value = 1 Then 직업1 = "컴퓨터프로그래머"
        If Check2.Value = 1 Then 직업2 = "자동차엔지니어"
        If Check3.Value = 1 Then 직업3 = "컬러리스트"
        If Check4.Value = 1 Then 직업4 = "기타(백수및백조)"
        '체크된 과목을 출력
        Text2.Text = 직업1 & " " & 직업2 & " " & 직업3 & " " & _
                직업4
    End Sub


    Private Sub Command2_Click()
        End
    End Sub
```

[문제4] 다음 VScrollBar 컨트롤을 이용하여 프로그램을 완성하시오.

(저장 파일명 : 컨트롤종합3.frm, 컨트롤종합3.vbp)

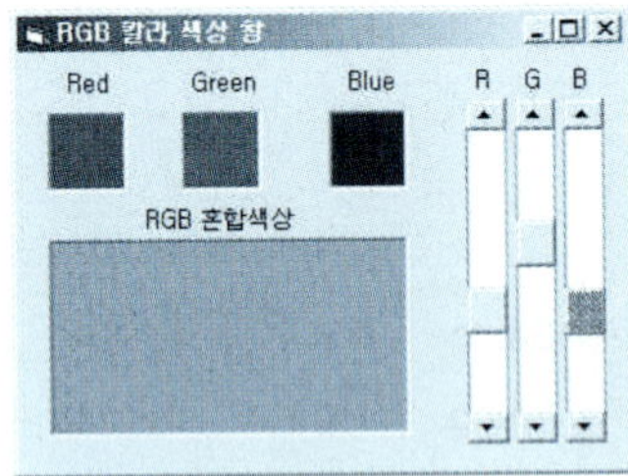

[그림] 실행 결과 화면

```vb
'RGB값을 공통으로 사용하기 위한 변수 선언
Dim 빨강 As Integer
Dim 초록 As Integer
Dim 파랑 As Integer

Private Sub VScroll1_Change()
    '빨강 색상을 값을 읽어 들인다.
    빨강 = VScroll1.Value
    '빨강 색상만 비율에 맞추어 출력
    Picture1.BackColor = RGB(빨강, 0, 0)
    '종합 색상을 표현
    Picture4.BackColor = RGB(빨강, 초록, 파랑)
End Sub

Private Sub VScroll2_Change()
    '초록 색상을 값을 읽어 들인다.
    초록 = VScroll2.Value
    '초록 색상만 비율에 맞추어 출력
    Picture2.BackColor = RGB(0, 초록, 0)
    '종합 색상을 표현
    Picture4.BackColor = RGB(빨강, 초록, 파랑)
End Sub

Private Sub VScroll3_Change()
    '파랑 색상을 값을 읽어 들인다.
    파랑 = VScroll3.Value
    '파랑 색상만 비율에 맞추어 출력
    Picture3.BackColor = RGB(0, 0, 파랑)
    '종합 색상을 표현
    Picture4.BackColor = RGB(빨강, 초록, 파랑)
End Sub
```

(저장 파일명 : 컨트롤종합4.frm, 컨트롤종합4.vbp)

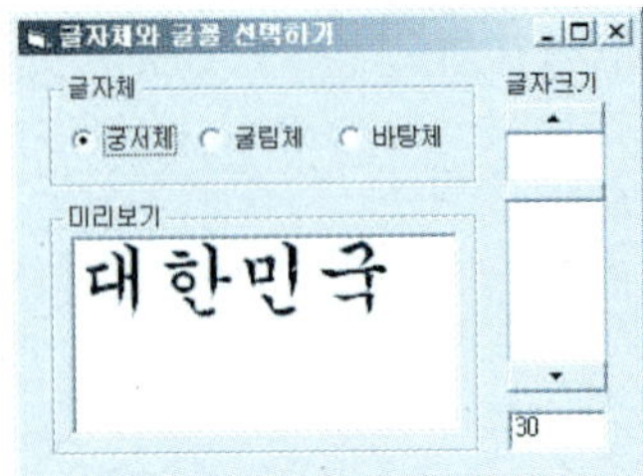

[그림] 실행 결과 화면

```
Private Sub Option1_Click()
    '궁서체를 적용한다.
    Text1.FontName = "궁서체"
End Sub


Private Sub Option2_Click()
    '굴림체를 적용한다.
    Text1.FontName = "굴림체"
End Sub


Private Sub Option3_Click()
    '바탕체를 적용한다.
    Text1.FontName = "바탕체"
End Sub


Private Sub VScroll1_Change()
    '글자크기 값을 읽기 위한 변수형
    Dim 글자크기 As Integer
    '글자 크기를 읽어 들인다.
    글자크기 = VScroll1.Value
    '글자크기에 맞추어 글자 출력
    Text1.FontSize = 글자크기
```

↓ 다음 페이지에 계속

472

Chapter 9 그래픽

본문 예제문제

[문제1] 다음 조건에 만족하는 조건을 Line 메서드를 이용하여 프로그램을 완성하시오.

(저장 파일명 : 라인3.frm, 라인3.vbp)

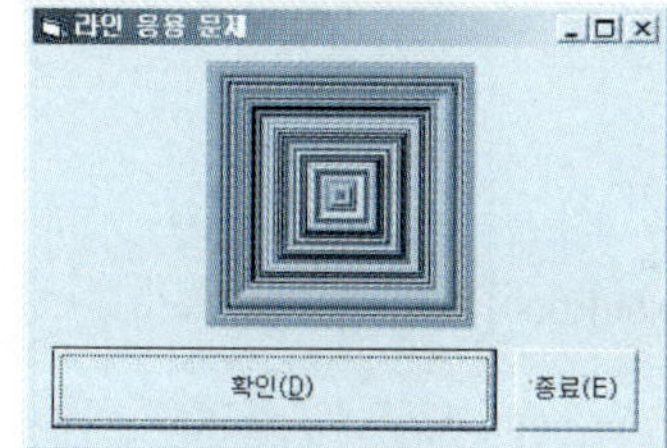

[그림] 실행 결과 화면

```
Private Sub Command1_Click()
    '사각형 간격 지정
    For i = 1 To 1000 Step 10
    '사각형 색상 지정
    색상 = QBColor(Int(Rnd * 15))
    '좌표점에 사각형 출력
    Line (1300 + i, 100 + i)-(3300 - i, 2100 - i), 색상, B
    Next i
End Sub


Private Sub Command2_Click()
    End
End Sub
```

[문제2] 다음 조건에 만족하는 조건을 Circle 메서드를 이용하여 프로
그램을 완성하시오.

(저장 파일명 : 원2.frm, 원2.vbp)

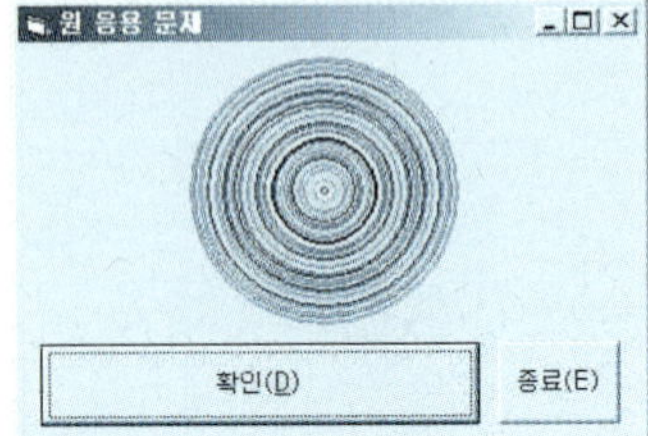

[그림] 실행 결과 화면

```
Private Sub Command1_Click()
    '원의 반지름값을 위한 간격을 지정
    For i = 1000 To 0 Step -20
        '중심점을 이용 For문 간격만큼 원을 그린다.
        Circle (2300, 1100), i, QBColor(Rnd * 15)
    Next i
End Sub


Private Sub Command2_Click()
    End
End Sub
```

[문제3] 다음 조건에 만족하는 조건을 Circle 메서드를 이용하여 프로
그램을 완성하시오.

(저장 파일명 : 원3.frm, 원3.vbp)

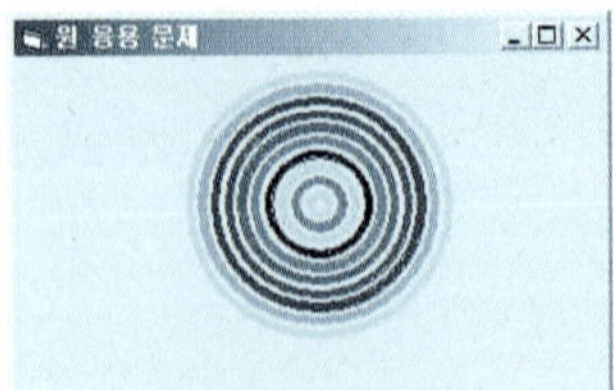

[그림] 실행 결과 화면

```
Private Sub Form_Click()
    '원의 반지름값을 위한 간격을 지정
    For i = 1000 To 50 Step -100
    색상 = QBColor(Rnd * 15)
    For j = 1 To 50
        '중심점을 이용 For문 간격만큼 원을 그린다.
        Circle (2000 + j, 1300), i, 색상

    Next j
    Next i
End Sub
```


[문제4] 다음 조건에 만족하는 조건을 Circle 메서드를 이용하여 프로그램을 완성하시오.

(저장 파일명 : 원4.frm, 원4.vbp)

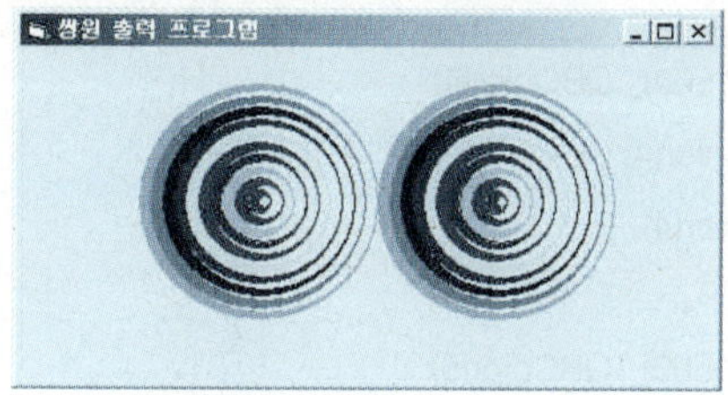

[그림] 실행 결과 화면

```
Private Sub Form_Click()
    '원의 반지름값을 위한 간격을 지정
    For i = 1000 To 50 Step -100
    색상 = QBColor(Rnd * 15)
    For j = 1 To 50
        '중심점을 이용 For문 간격만큼 원을 그린다.
        Circle (2000 + j, 1300), i - j, 색상
        Circle (4000 + j, 1300), i - j, 색상

    Next j
```

↓다음 페이지에 계속

```
            Next i
        End Sub
```

종합문제

[문제2] 다음 조건에 맞는 프로그램을 완성하시오.

(저장 파일명 : 종합4-2.frm, 종합4-2.vbp)

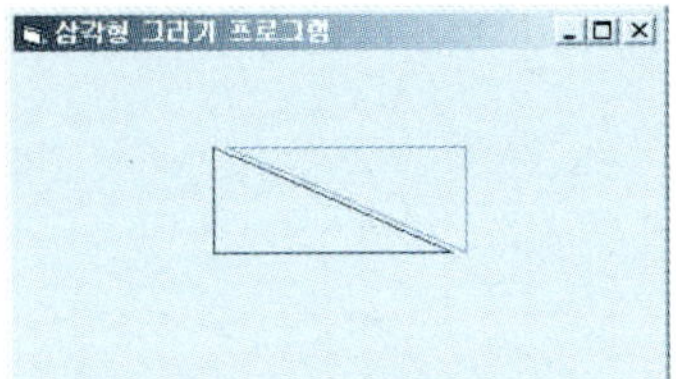

[그림] 출력 결과 화면

```
Private Sub Form_DblClick()
    '왼쪽 삼각형 표현(빨강색)
    Line (1500, 700)-(1500, 1500), QBColor(4)
    Line -(3300, 1500), QBColor(4)
    Line -(1500, 700), QBColor(4)
    '오른쪽 삼각형 표현(연두색)
    Line (1600, 700)-(3400, 1500), QBColor(6)
    Line -(3400, 700), QBColor(6)
    Line -(1600, 700), QBColor(6)
End Sub
```

[문제3] 다음 Circle() 메서드를 이용하여 프로그램을 완성하시오.

(저장 파일명 : 종합4-3.frm, 종합4-3.vbp)

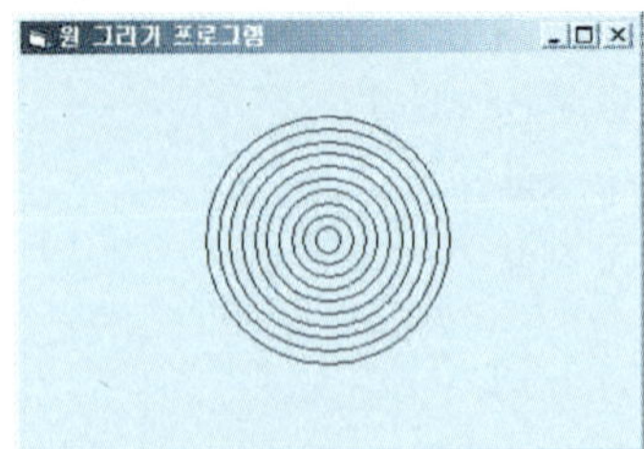

[그림] 출력 결과 화면

```
Private Sub Form_Click()
    '반지름 값을 설정한다.
    For i = 100 To 1000 Step 100
        '기준 좌표를 이용하여 주어진 원을 그린다.
        Circle (2500, 1500), i
    Next i
End Sub
```

[문제4] 문제3번의 프로그램을 수정하여 그림4.21 화면과 같은 결과가 출력되도록 프로그램을 완성하시오.

(저장 파일명 : 종합4-4.frm, 종합4-4.vbp)

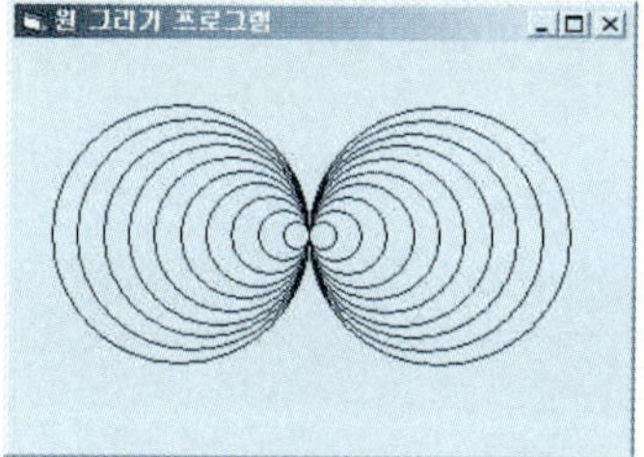

[그림] 출력 결과 화면

```
Private Sub Form_Click()
    '반지름 값을 설정한다.
    For i = 100 To 1000 Step 100
        '기준 좌표를 이용하여 주어진 원을 그린다.
        Circle (2300 - i, 1500), i
        Circle (2300 + i, 1500), i
    Next i
End Sub
```

종합문제

[종합문제2] 다음 조건에 맞는 프로그램을 완성하시오.

(저장 파일명 : 생일출력제한.frm, 생일출력제한.vbp)

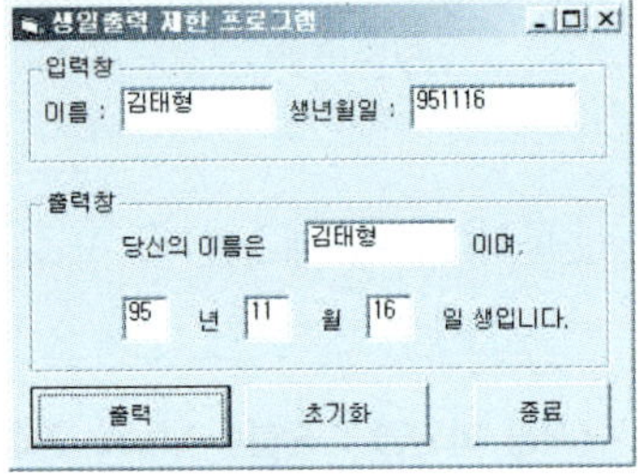

[그림] 실행 초기화면   [그림] 실행 결과 화면

```
Private Sub Form_Load()
    Command1.Enabled = False
    Command2.Enabled = False
End Sub


Private Sub Text1_Change()
    If Text1.Text = "" Or Text2.Text = "" Then
        Command1.Enabled = False
        Command2.Enabled = False
    Else
        Command1.Enabled = True
        Command2.Enabled = True
    End If
End Sub


Private Sub Text2_Change()
    If Text1.Text = "" Or Text2.Text = "" Then
        Command1.Enabled = False
        Command2.Enabled = False
```

↓다음 페이지에 계속

```vb
        Else
            Command1.Enabled = True
            Command2.Enabled = True
        End If
    End Sub


    Private Sub Command1_Click()
    Dim 이름 As String
    Dim 생년월일 As String
    Dim 생년 As String
    Dim 생월 As String
    Dim 생일 As String
        이름 = Text1.Text
        생년월일 = Text2.Text
        생년 = Left(생년월일, 2)
        생월 = Mid(생년월일, 3, 2)
        생일 = Right(생년월일, 2)
        Text3.Text = 이름
        Text4.Text = 생년
        Text5.Text = 생월
        Text6.Text = 생일
    End Sub


    Private Sub Command2_Click()
        Text1.Text = ""
        Text2.Text = ""
        Text3.Text = ""
        Text4.Text = ""
        Text5.Text = ""
        Text6.Text = ""
        Command1.Enabled = False
        Command2.Enabled = False
    End Sub
```

↓다음 페이지에 계속

```
    Private  Sub  Command3_Click()
        End
    End  Sub
```

[종합문제3] 다음 조건에 맞는 프로그램을 완성하시오.

(저장 파일명 : 연산제한.frm, 연산제한.vbp)

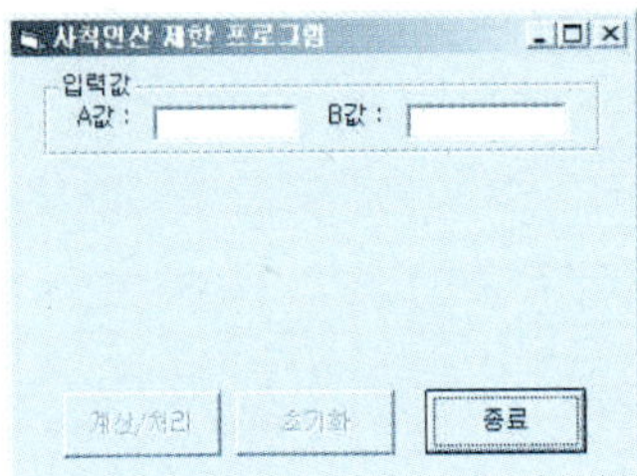

[그림] 실행 초기화면

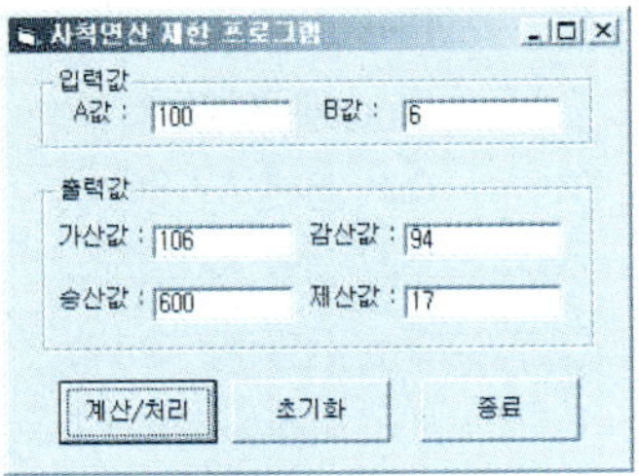

[그림] 실행 결과 화면

```
    Private  Sub  Form_Load()
        Frame2.Visible  =  False
        Command1.Enabled  =  False
        Command2.Enabled  =  False
    End  Sub


    Private  Sub  Text1_Change()
        If  Text1.Text  =  ""  Or  Text2.Text  =  ""  Then
            Frame2.Visible  =  False
            Command1.Enabled  =  False
            Command2.Enabled  =  False
        Else
            Frame2.Visible  =  True
            Command1.Enabled  =  True
            Command2.Enabled  =  True
        End  If
    End  Sub
```

↓다음 페이지에 계속

```vb
        If Text1.Text = "" Or Text2.Text = "" Then
                Frame2.Visible = False
                Command1.Enabled = False
                Command2.Enabled = False
        Else
                Frame2.Visible = True
                Command1.Enabled = True
                Command2.Enabled = True
        End If
End Sub


Private Sub Command1_Click()
        '입력값에 변수형을 정수형으로 지정
        Dim a As Long
        Dim b As Long
        '계산결과를 저장을 위한 변수형을 정수형으로 지정
        Dim 덧셈 As Long
        Dim 뺄셈 As Long
        Dim 곱셈 As Long
        Dim 나눗셈 As Long
        '입력값을 숫자형으로 지정하여 대입
        a = Val(Text1.Text)
        b = Val(Text2.Text)
        '연산 결과를 변수에 대입
        덧셈 = a + b
        뺄셈 = a - b
        곱셈 = a * b
        나눗셈 = a / b
        '연산결과를 각각 출력창에 출력
        Text3.Text = 덧셈
        Text4.Text = 뺄셈
        Text5.Text = 곱셈
        Text6.Text = 나눗셈
```

↓다음 페이지에 계속

```
    End Sub


    Private Sub Command2_Click()
        '텍스트 박스를 초기화
        Text1.Text = ""
        Text2.Text = ""
        Text3.Text = ""
        Text4.Text = ""
        Text5.Text = ""
        Text6.Text = ""
        Frame2.Visible = False
        Command1.Enabled = False
        Command2.Enabled = False
    End Sub


    Private Sub Command3_Click()
        End
    End Sub
```

[종합문제4] 다음 조건에 맞는 프로그램을 완성하시오.

(저장 파일명 : 종합속성.frm, 종합속성.vbp)

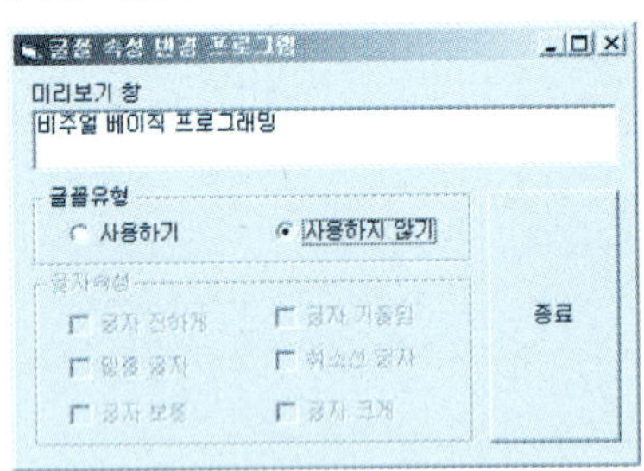

[그림] [사용하지 않기] 선택 화면

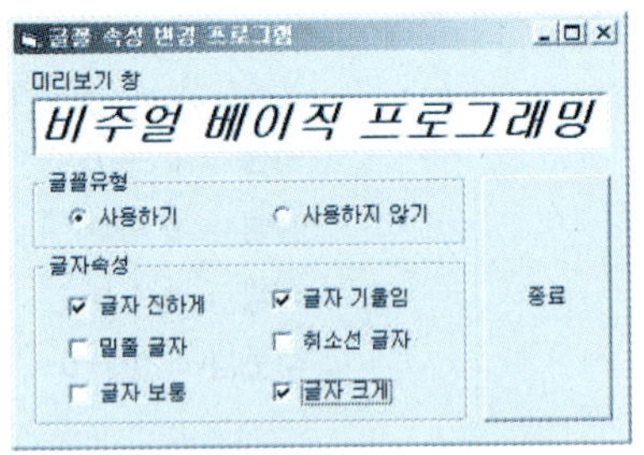

[그림] 속성 지정 실행 결과 화면(1)

[그림] 속성 지정 실행 결과 화면(2)

```vb
Private Sub Check1_Click()
    '진하게 표시 여부 설정
    If Check1 = 1 Then
        Text1.FontBold = True
    Else
        Text1.FontBold = False
    End If
End Sub


Private Sub Check2_Click()
    '기울임체 표시 여부 설정
    If Check2 = 1 Then
        Text1.FontItalic = True
    Else
        Text1.FontItalic = False
    End If
End Sub


Private Sub Check3_Click()
    '밑줄 문자 표시 여부 설정
    If Check3 = 1 Then
        Text1.FontUnderline = True
    Else
        Text1.FontUnderline = False
    End If
```

↓다음 페이지에 계속

```vb
End Sub


Private Sub Check4_Click()
    '취소선 문자 표시 여부 설정
    If Check4 = 1 Then
        Text1.FontStrikethru = True
    Else
        Text1.FontStrikethru = False
    End If
End Sub


Private Sub Check5_Click()
    '보통 or 크게 교대로 설정 및 보통 글자(10)
    If Check5 = 1 Then
        Check6.Value = 0
        Text1.FontSize = 10
    Else
        Text1.FontSize = 20
    End If
End Sub


Private Sub Check6_Click()
    '보통 or 크게 교대로 설정 및 큰 글자(20)
    If Check6 = 1 Then
        Check5.Value = 0
        Text1.FontSize = 20
    Else
        Text1.FontSize = 10
    End If
End Sub


Private Sub Command1_Click()
    End
```

↓다음 페이지에 계속

```vb
    End Sub

    Private Sub Option1_Click()
        '글자 속성 변경 가능
        Frame2.Enabled = True
        Check1.Enabled = True
        Check2.Enabled = True
        Check3.Enabled = True
        Check4.Enabled = True
        Check5.Enabled = True
        Check6.Enabled = True
    End Sub

    Private Sub Option2_Click()
        '글자 속성 변경 불가능
        Frame2.Enabled = False
        Check1.Enabled = False
        Check2.Enabled = False
        Check3.Enabled = False
        Check4.Enabled = False
        Check5.Enabled = False
        Check6.Enabled = False
    End Sub
```

본문 예제문제

[문제1] 다음 조건에 만족하는 값을 Form_Load()에 초기값을 설정하는 프로그램을 완성하시오.

(저장 파일명 : 폼열기2.frm, 폼열기2.vbp)

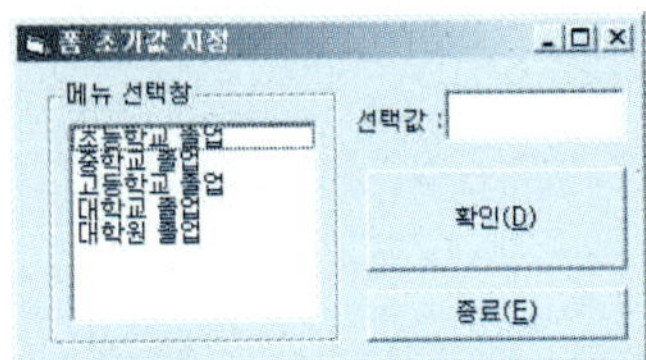

[그림] 출력 결과 화면

```
Private Sub Form_Load()
    '폼과 컨트롤에 초기값을 설정
    Form1.Caption = "폼 초기값 지정"
    Frame1.Caption = "메뉴 선택창"
    Label1.Caption = "선택값 :"
    Text1.Text = ""
    List1.AddItem "초등학교 졸업", 0
    List1.AddItem "중학교 졸업", 1
    List1.AddItem "고등학교 졸업", 2
    List1.AddItem "대학교 졸업", 3
    List1.AddItem "대학원 졸업", 4
    Command1.Caption = "확인(&D)"
    Command2.Caption = "종료(&E)"
End Sub


Private Sub Command2_Click()
    End
End Sub
```

[문제2] 다음 조건에 만족하는 값을 Show 메서드와 Hide 메서드를 이
용한 프로그램을 완성하시오.

(저장 파일명 : 폼열기4-1.frm, 폼열기4-2.frm, 폼열기4.vbp)

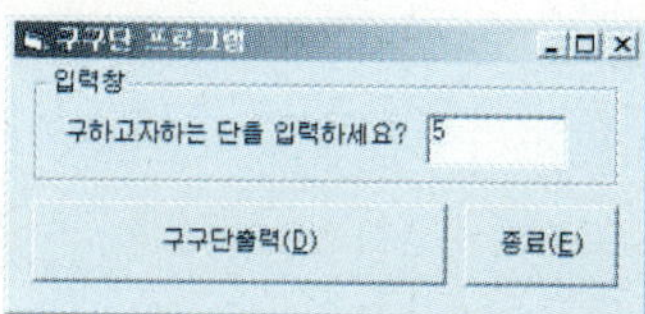

[그림] 입력창에 8단을 입력한 화면

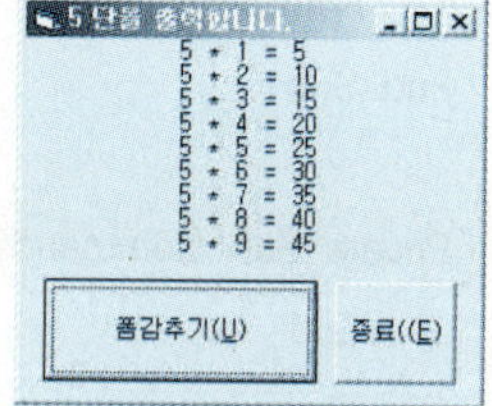

[그림] 결과 출력 화면

■ Form1 프로그램

```
Private Sub Command1_Click()

    '변수형 선언
    Dim dan As Integer
    Dim aver As Integer
    '원하는 단을 입력 받는다.
    dan = Val(Text1.Text)
    '폼2를 화면에 표시한다.
    Form2.Show
    '폼에 caption 값을 설정한다.
    Form2.Caption = dan & " 단을 출력합니다."
    '구구단 값을 구한다.
    For i = 1 To 9
        aver = dan * i
        '폼2에 구구단을 출력한다.
        Form2.Print Tab(13); dan; " * "; i; " = "; aver
    Next i
End Sub


Private Sub Command2_Click()
    End
End Sub
```

```
Private Sub Command1_Click()
    '폼2를 화면에서 지운다.
    Form2.Hide
End Sub


Private Sub Command2_Click()
    End
End Sub
```

[문제3] 다음 조건에 만족하는 조건을 Click() 프로시저를 이용하여 프로그램을 완성하시오.

(저장 파일명 : 클릭2.frm, 클릭2.vbp)

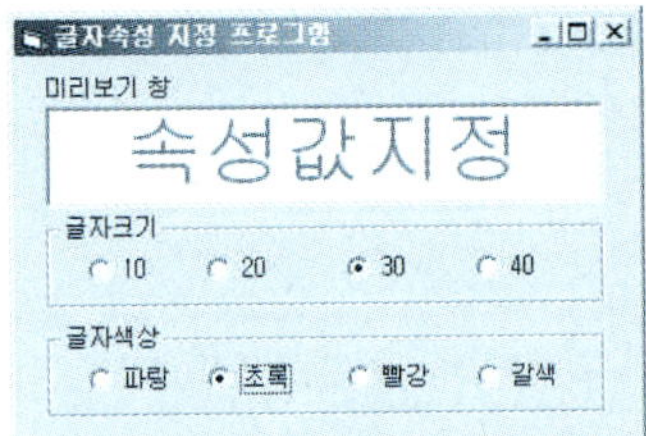

[그림] 크기:40, 색상:초록 선택 화면

```
Private Sub Option1_Click()
    '텍스트 문자크기 10
    Text1.FontSize = 10
End Sub


Private Sub Option2_Click()
    '텍스트 문자크기 20
    Text1.FontSize = 20
End Sub


Private Sub Option3_Click()
```

↓다음 페이지에 계속

```vb
                '텍스트 문자크기 30
            Text1.FontSize = 30
    End Sub


    Private Sub Option4_Click()
        '텍스트 문자크기 40
        Text1.FontSize = 40
    End Sub


    Private Sub Option5_Click()
        '텍스트 문자를 파랑색으로
        Text1.ForeColor = QBColor(1)
    End Sub


    Private Sub Option6_Click()
        '텍스트 문자를 초록색으로
        Text1.ForeColor = QBColor(2)
    End Sub


    Private Sub Option7_Click()
        '텍스트 문자를 빨강색으로
        Text1.ForeColor = QBColor(4)
    End Sub


    Private Sub Option8_Click()
        '텍스트 문자를 갈색으로
        Text1.ForeColor = QBColor(6)
    End Sub
```

(저장 파일명 : 변환2.frm, 변환2.vbp)

[그림] 잘못 입력된 메시지 창

[그림] 결과 출력 화면

```
Private Sub Text1_Change()
    '입출력 변수형 지정
    Dim 값 As Integer
    Dim 나눌값 As Integer
    Dim 몫 As Integer
    Dim 나머지 As Integer
    '입력값을 숫자화 시켜서 대입
    값 = Val(Text1.Text)
    나눌값 = Val(Text2.Text)
    '입력값이 없을 때 에러 제어
    If 값 = 0 Or 나눌값 = 0 Then
        MsgBox "입력값이 0 또는 없습니다.~~~!"
        Exit Sub
    End If
    '몫과 나머지를 구하여 대입
    몫 = 값 ₩ 나눌값
    나머지 = 값 Mod 나눌값
    '결과 출력
    Text3.Text = 몫
    Text4.Text = 나머지
End Sub
```

↓다음 페이지에 계속

```vb
Private Sub Text2_Change()
    '입출력 변수형 지정
    Dim 값 As Integer
    Dim 나눌값 As Integer
    Dim 몫 As Integer
    Dim 나머지 As Integer
    '입력값을 숫자화 시켜서 대입
    값 = Val(Text1.Text)
    '입력값이 없을 때 에러 제어
    나눌값 = Val(Text2.Text)
    If 값 = 0 Or 나눌값 = 0 Then
        MsgBox "입력값이 0 또는 없습니다.~~~!"
        Exit Sub
    End If
    '몫과 나머지를 구하여 대입
    몫 = 값 ₩ 나눌값
    나머지 = 값 Mod 나눌값
    '결과 출력
    Text3.Text = 몫
    Text4.Text = 나머지
End Sub


Private Sub Command1_Click()
    End
End Sub
```

종합문제

[문제2] 다음 조건에 맞는 프로그램을 완성하시오.

(저장 파일명 : 종합1-1.frm, 종합1-2.frm, 종합1.vbp)

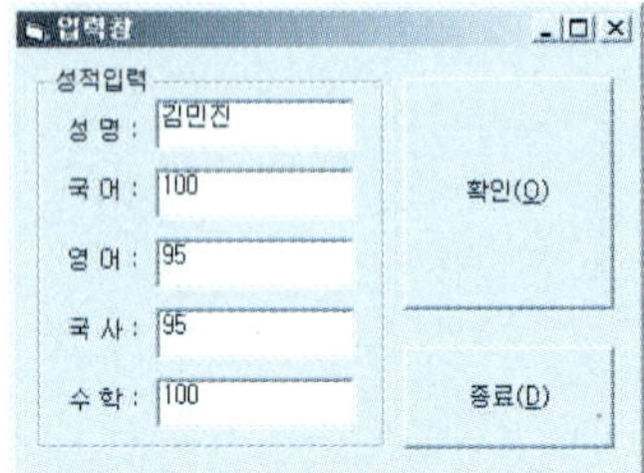

[그림] 입력 값 예시 화면

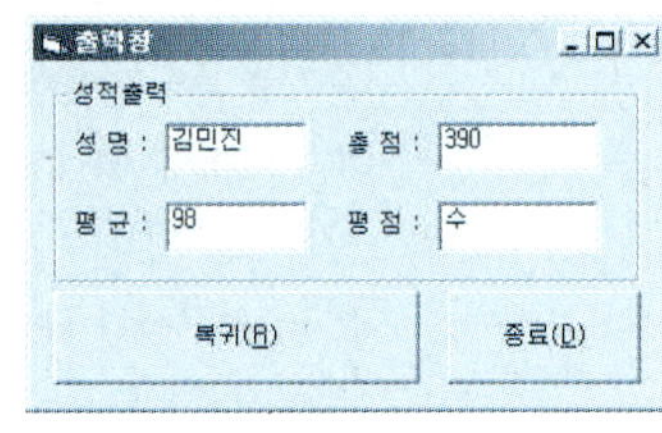

[그림] 출력 결과 화면

■ Form1 프로그램

```
Private Sub Command1_Click()
    Dim 성명 As String
    Dim 국어 As Integer: Dim 영어 As Integer
    Dim 국사 As Integer: Dim 수학 As Integer
    Dim 총점 As Integer: Dim 평균 As Integer
    Dim 평점 As String


    성명 = Text1.Text
    국어 = Val(Text2.Text): 영어 = Val(Text3.Text)
    국사 = Val(Text4.Text): 수학 = Val(Text5.Text)


    총점 = 국어 + 영어 + 국사 + 수학
    평균 = Int(총점 / 4 + 0.5)


    Select Case 평균
        Case 90 To 100: 평점 = "수"
        Case 80 To 89: 평점 = "우"
        Case 70 To 79: 평점 = "미"
        Case 60 To 69: 평점 = "양"
        Case Else
```

↓다음 페이지에 계속

```
        평점 = "가"
    End Select


    Form2.Show
    Form2.Text1.Text = 성명
    Form2.Text2.Text = 총점
    Form2.Text3.Text = 평균
    Form2.Text4.Text = 평점
End Sub


Private Sub Command2_Click()
    End
End Sub
```

■ Form2 프로그램

```
Private Sub Command1_Click()
    Form2.Hide
End Sub

Private Sub Command2_Click()
    End
End Sub
```

[문제3] 다음 MouseDown의 좌표 값을 이용하여 프로그램을 완성하시오.

(저장 파일명 : 종합2.frm, 종합2.vbp)

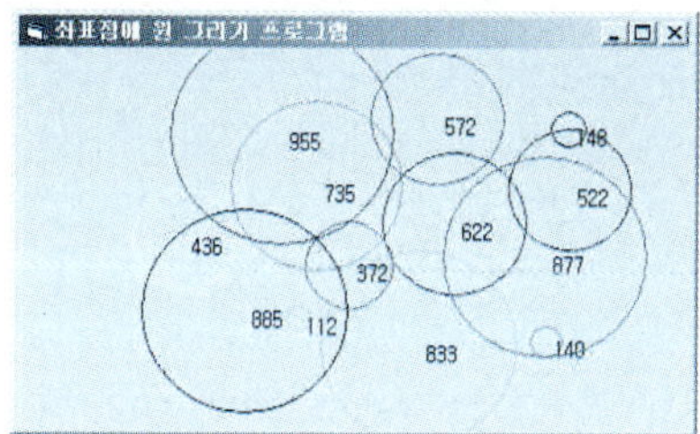

[그림] 출력(1) 예시 결과 화면

```
Private Sub Form_MouseDown(Button As Integer, Shift As Integer, _
  X As Single, Y As Single)
    Dim 반지름 As Integer
    Dim 색상
    반지름 = Int((1000 - 100 + 1) * Rnd + 100)
    색상 = QBColor(Rnd * 15)
        Circle (X, Y), 반지름, 색상
    Print 반지름
End Sub
```

[그림] 출력(2) 예시 결과 화면

```
Private Sub Form_MouseDown(Button As Integer, Shift As Integer, _
  X As Single, Y As Single)
    Dim 반지름 As Integer
    Dim 색상
    반지름 = Int((1000 - 100 + 1) * Rnd + 100)
    색상 = QBColor(Rnd * 15)
    For i = 1 To 반지름 Step 2
        Circle (X, Y), i, 색상
    Next i
End Sub
```

[문제4] 다음 MouseDown, MouseUp, MouseMove를 다음과 같은 프로그램을 완성하시오.

(저장 파일명 : 종합3.frm, 종합3.vbp)

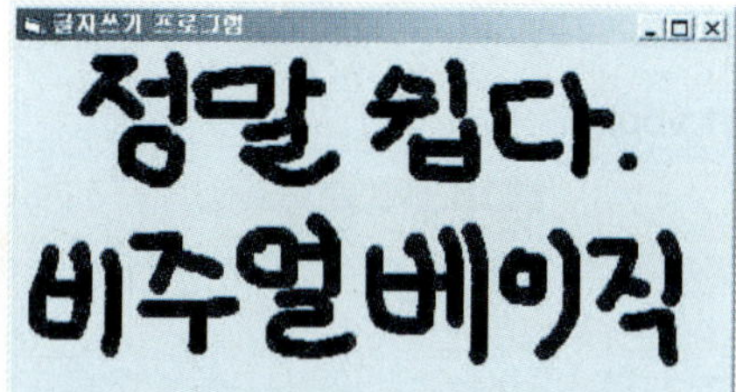

[그림] 출력 결과 화면

```
Dim PaintNow As Boolean

Private Sub Form_MouseDown(Button As Integer, Shift As Integer, _
 X As Single, Y As Single)
    PaintNow = True      ' 그리기를 시작합니다.
End Sub


Private Sub Form_MouseUp(Button As Integer, Shift As Integer, X _
 As Single, Y As Single)
    PaintNow = False     ' 그리기를 끝냅니다.
End Sub


Private Sub Form_MouseMove(Button As Integer, Shift As Integer, _
 X As Single, Y As Single)
    If PaintNow Then
      PSet (X, Y)         ' 점을 그립니다.
    End If
End Sub


Private Sub Form_Load()
    DrawWidth = 10          ' 넓은 브러시를 사용합니다.
End Sub
```

본문 예제문제

[문제1] 다음 조건에 맞는 프로그램을 완성하시오.

(저장 파일명 : 메뉴연습1.frm, 메뉴연습1.vbp)

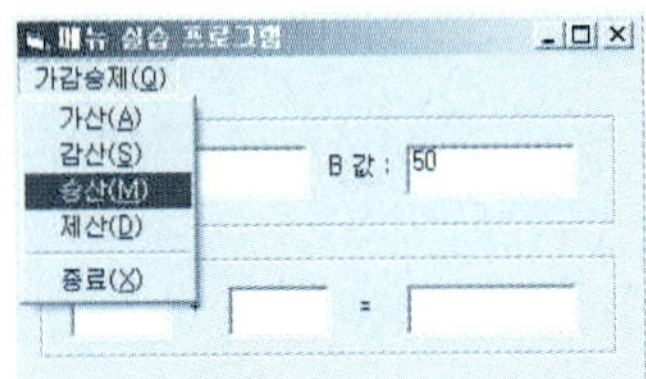

[그림] 승산 값을 얻기 위한 메뉴 선택

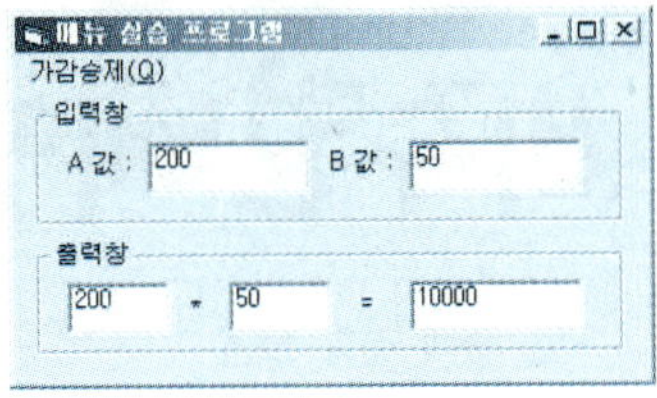

[그림] 연산 수행 후 결과 화면

```
Private Sub MnuAdd_Click()
    '데이터 입력
    a = Val(Text1.Text)
    b = Val(Text2.Text)
    '연산
    total = a + b
    '출력
    Label3.Caption = "+"
    Text3.Text = a
    Text4.Text = b
    Text5.Text = total
End Sub

Private Sub MnuSub_Click()
    '데이터 입력
    a = Val(Text1.Text)
    b = Val(Text2.Text)
    '연산
    total = a - b
    '출력
```

↓다음 페이지에 계속

```vb
        Label3.Caption = "-"
        Text3.Text = a
        Text4.Text = b
        Text5.Text = total
End Sub


Private Sub MnuMul_Click()
    '데이터 입력
        a = Val(Text1.Text)
        b = Val(Text2.Text)
    '연산
        total = a * b
    '출력
        Label3.Caption = "*"
        Text3.Text = a
        Text4.Text = b
        Text5.Text = total
End Sub


Private Sub MnuDiv_Click()
    '데이터 입력
        a = Val(Text1.Text)
        b = Val(Text2.Text)
    '연산
        total = a / b
    '출력
        Label3.Caption = "/"
        Text3.Text = a
        Text4.Text = b
        Text5.Text = total
End Sub


Private Sub MnuExit_Click()
    End
End Sub
```

종합문제

[종합문제2] 다음 조건에 맞는 메뉴를 완성하시오.

(저장 파일명 : 종합메뉴2.frm, 종합메뉴2.vbp)

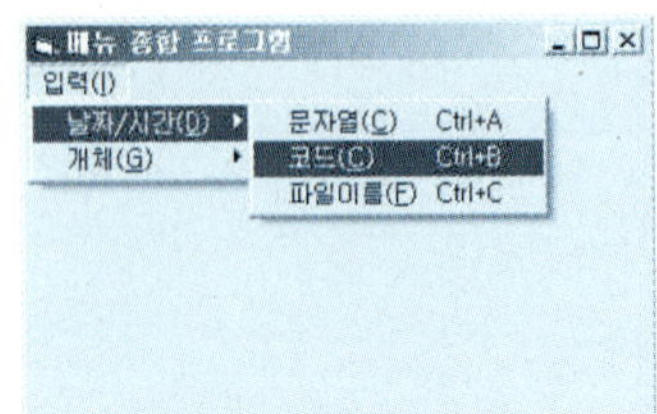

[그림] 날짜/시간 메뉴 화면

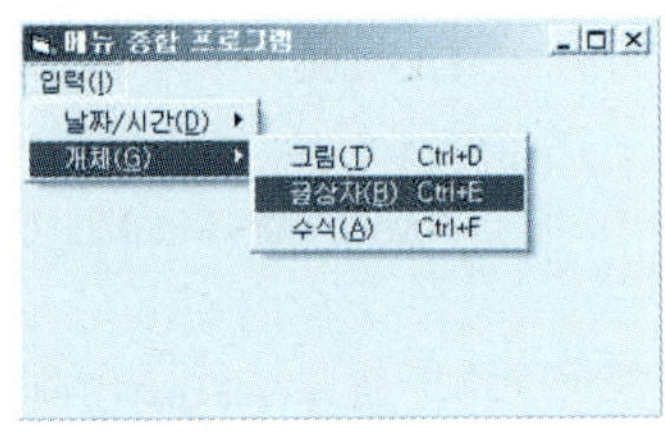

[그림] 개체 메뉴 화면

[종합문제3] 다음 조건에 맞는 메뉴를 만들어 프로그램을 완성하시오.

(저장 파일명 : 종합메뉴3.frm, 종합메뉴3.vbp)

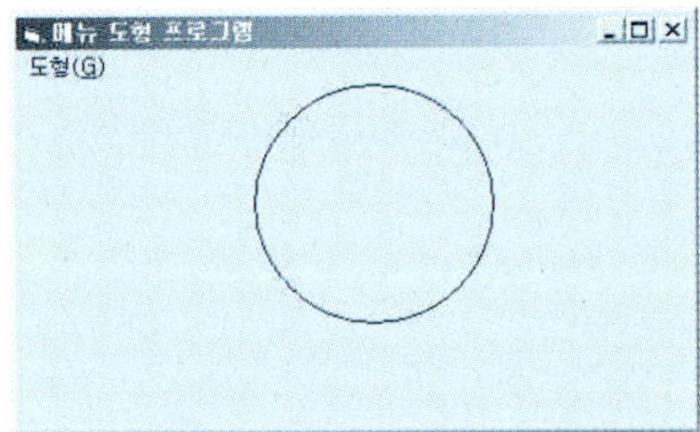

[그림] [원형그리기] 메뉴 선택 결과화면

```
Private Sub MnuLine_Click()
    '화면을 지우고 좌표에 맞는 직선을 그린다.
    Cls
    Form1.Line (2000, 100)-(4000, 2000)
End Sub


Private Sub MnuBox_Click()
    '화면을 지우고 좌표에 맞는 채워진 직사각형을 그린다.
    Cls
    Form1.Line (2000, 100)-(4000, 2000), , BF
End Sub
```

↓다음 페이지에 계속

```vb
Private Sub MnuCircle_Click()
    '화면을 지우고 좌표에 맞는 반지름이 1000인 원을 그린다.
    Cls
    Form1.Circle (3000, 1000), 1000
End Sub
```

[종합문제4] 다음 조건에 맞는 메뉴를 만들어 프로그램을 완성하시오.

(저장 파일명 : 종합메뉴4.frm, 종합메뉴4.vbp)

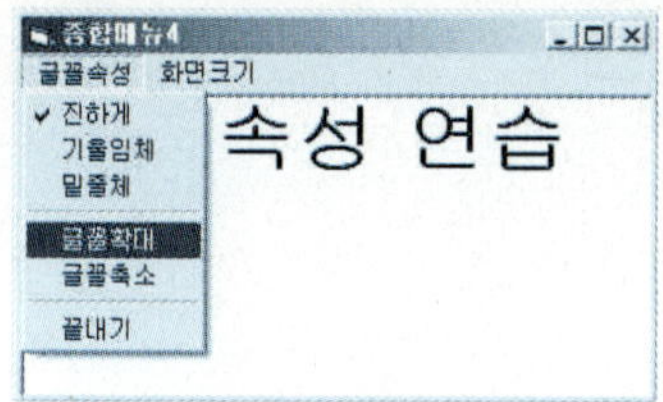

[그림] [진하기], [글꼴확대] 선택 결과화면

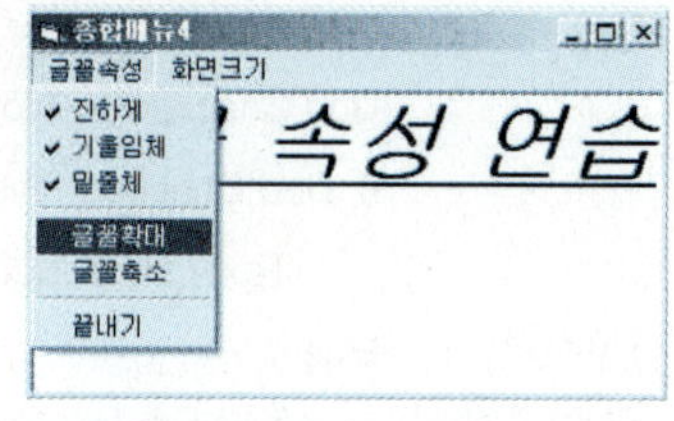

[그림] 모든 속성을 지정한 결과화면

```vb
Private Sub Form_Resize()
    '텍스트 창의 크기를 폼 크기로 고정
    Text1.Move 0, 0, Width, Height
End Sub


Private Sub Bold_Click()
    '진하게 표시 여부 설정(토글 기능)
    Bold.Checked = Not Bold.Checked
    If Bold.Checked Then
        Text1.FontBold = True
    Else
        Text1.FontBold = False
    End If
End Sub


Private Sub Ita_Click()
```

↓ 다음 페이지에 계속

```vb
    '기울임 표시 여부 설정(토글 기능)
    Ita.Checked = Not Ita.Checked
    If Ita.Checked Then
        Text1.FontItalic = True
    Else
        Text1.FontItalic = False
    End If
End Sub


Private Sub Und_Click()
    '밑줄 표시 여부 설정(토글 기능)
    Und.Checked = Not Und.Checked
    If Und.Checked Then
        Text1.FontUnderline = True
    Else
        Text1.FontUnderline = False
    End If
End Sub


Private Sub FontS1_Click()
    '글꼴크기 지정(클릭시 2 증가) 최대 40까지
    If Text1.FontSize >= 40 Then
        FontS1.Enabled = False
        FontS2.Enabled = True
    Else
        Text1.FontSize = Text1.FontSize + 2
        FontS1.Enabled = True
        FontS2.Enabled = True
    End If
End Sub


Private Sub FontS2_Click()
    '글꼴크기 지정(클릭시 2 감소) 최저 6까지
    If Text1.FontSize <= 6 Then
```

↓다음 페이지에 계속

```vb
                FontS2.Enabled = False
                FontS1.Enabled = True
        Else
                Text1.FontSize = Text1.FontSize - 2
                FontS2.Enabled = True
                FontS1.Enabled = True
        End If
End Sub


Private Sub exit_Click()
    '종료
        End
End Sub


Private Sub Scale1_Click()
    '폼 크기를 화면 전체크기로 변환
        WindowState = 2
End Sub


Private Sub Scale2_Click()
    '화면 크기를 원래대로
        WindowState = 0
End Sub
```

본문 예제문제

[문제1] 다음 조건에 맞는 프로그램을 완성하시오.

(저장 파일명 : 조합1.frm, 조합1.vbp)

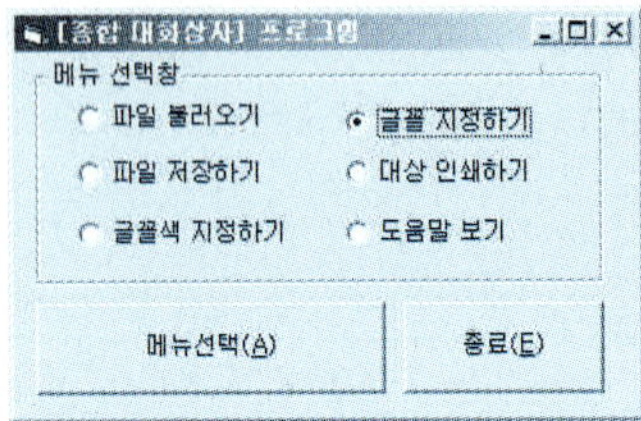

[그림] 실행 초기화면

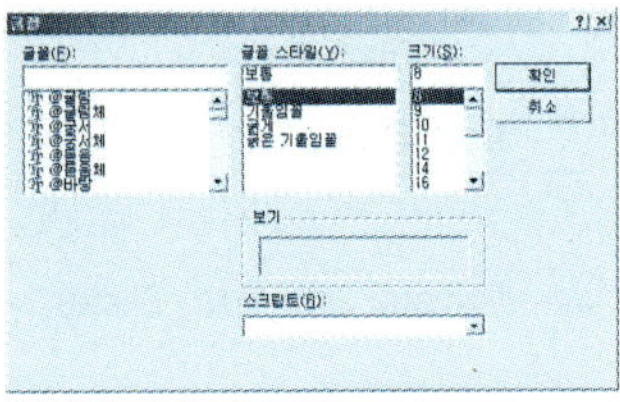

[그림] [글꼴 지정하기] 옵션을 선택한 결과 화면

```
Private Sub Command1_Click()
    If Option1.Value Then
        ' [열기] 옵션 단추가 선택하면
        ' [열기] 공통 대화 상자를 표시합니다.
        CommonDialog1.ShowOpen
    ElseIf Option2.Value Then
        ' [저장] 공통 대화 상자를 표시합니다.
        CommonDialog1.ShowSave
    ElseIf Option3.Value Then
        ' [색] 공통 대화 상자를 표시합니다.
        CommonDialog1.ShowColor
    ElseIf Option4.Value Then
        ' ShowFont 메서드를 사용하기 전에
        ' cdlCFBoth, cdlCFPrinterFonts 또는 cdlCFScreenFonts에
        ' Flags 속성을 설정해야 합니다.
        CommonDialog1.Flags = cdlCFBoth
        '[글꼴] 공통 대화 상자를 표시합니다.
        CommonDialog1.ShowFont
    ElseIf Option5.Value Then
        ' [프린터] 공통 대화 상자를 표시합니다.
```

↓다음 페이지에 계속

```
                CommonDialog1.ShowPrinter
          End If
    End Sub


    Private Sub Command2_Click()
          End
    End Sub
```

종합문제

[문제2] 다음 조건에 맞는 프로그램을 완성하시오.

(저장 파일명 : 공통종합2.frm, 공통종합2.vbp)

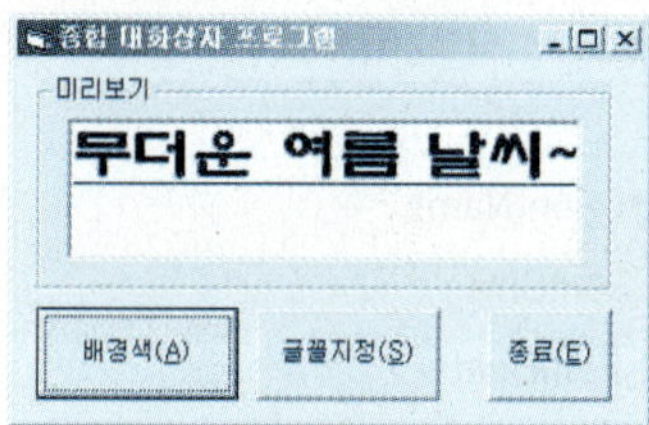

[그림] 출력 결과 화면

```
    Private Sub Command1_Click()
        ' 취소를 True로 설정합니다.
        CommonDialog1.CancelError = True
        On Error GoTo ErrHandler
        ' Flags 속성을 설정합니다.
        CommonDialog1.Flags = cdlCCRGBInit
        ' 색 대화 상자를 표시합니다.
        CommonDialog1.ShowColor 'CommonDialog1.Action = 3
        ' 폼의 배경색을 선택한 색으로
        ' 설정합니다.
        Form1.BackColor = CommonDialog1.Color
        Exit Sub
```

↓다음 페이지에 계속

```vb
ErrHandler:
    ' 사용자가 취소 단추를 눌렀습니다.
    Exit Sub
End Sub


Private Sub Command2_Click()
    ' 취소를 True로 설정합니다.
    CommonDialog1.CancelError = True
    On Error GoTo ErrHandler
    ' Flags 속성을 설정합니다.
    CommonDialog1.Flags = cdlCFBoth Or cdlCFEffects
    ' 글꼴 대화 상자를 표시합니다.
    CommonDialog1.ShowFont ' or CommonDialog1.Action = 4
    ' 사용자가 선택한 내용에 따라 텍스트 속성을
    ' 설정합니다.
    Text1.Font.Name = CommonDialog1.FontName
    Text1.Font.Size = CommonDialog1.FontSize
    Text1.Font.Bold = CommonDialog1.FontBold
    Text1.Font.Italic = CommonDialog1.FontItalic
    Text1.Font.Underline = CommonDialog1.FontUnderline
    Text1.FontStrikethru = CommonDialog1.FontStrikethru
    Text1.ForeColor = CommonDialog1.Color
    Exit Sub
ErrHandler:
    ' 사용자가 취소 단추를 눌렀습니다.
    Exit Sub
End Sub


Private Sub Command3_Click()
    End
End Sub
```

(저장 파일명 : 공통종합3.frm, 공통종합3.vbp)

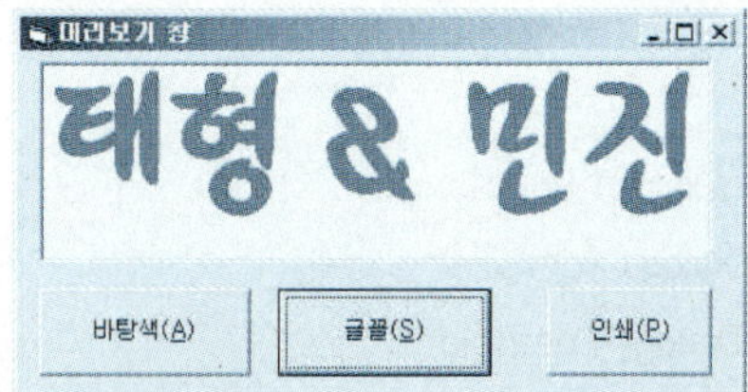

[그림] 출력 결과 화면

```
Private Sub Command1_Click()
    ' 취소를 True로 설정합니다.
    CommonDialog1.CancelError = True
    On Error GoTo ErrHandler
    ' Flags 속성을 설정합니다.
    CommonDialog1.Flags = cdlCCRGBInit
    ' 색 대화 상자를 표시합니다.
    CommonDialog1.ShowColor 'or CommonDialog1.Action = 3
    ' 폼의 배경색을 선택한 색으로
    ' 설정합니다.
    Text1.BackColor = CommonDialog1.Color
    Exit Sub


ErrHandler:
    ' 사용자가 취소 단추를 눌렀습니다.
    Exit Sub
End Sub


Private Sub Command2_Click()
    ' 취소를 True로 설정합니다.
    CommonDialog1.CancelError = True
    On Error GoTo ErrHandler
    ' Flags 속성을 설정합니다.
    CommonDialog1.Flags = cdlCFBoth Or cdlCFEffects
```

↓다음 페이지에 계속

```vb
    ' 글꼴 대화 상자를 표시합니다.
    CommonDialog1.ShowFont  ' or CommonDialog1.Action = 4
    ' 사용자가 선택한 내용에 따라 텍스트 속성을
    ' 설정합니다.
    Text1.Font.Name = CommonDialog1.FontName
    Text1.Font.Size = CommonDialog1.FontSize
    Text1.Font.Bold = CommonDialog1.FontBold
    Text1.Font.Italic = CommonDialog1.FontItalic
    Text1.Font.Underline = CommonDialog1.FontUnderline
    Text1.FontStrikethru = CommonDialog1.FontStrikethru
    Text1.ForeColor = CommonDialog1.Color
    Exit Sub
ErrHandler:
    ' 사용자가 취소 단추를 눌렀습니다.
    Exit Sub
End Sub


Private Sub Command3_Click()
    ' 열기 대화 상자를 표시합니다.
    CommonDialog1.ShowPrinter 'or CommonDialog1.Action = 5
    ' 파일 열기 프로시저를 호출합니다.
    PrintForm '현재 폼을 프린트 한다.
End Sub
```

종합문제

[종합문제2] 다음 조건에 맞는 드라이브 관련 프로그램을 완성하시오.

(저장 파일명 : 종합드라이브2.frm, 종합드라이브2.vbp)

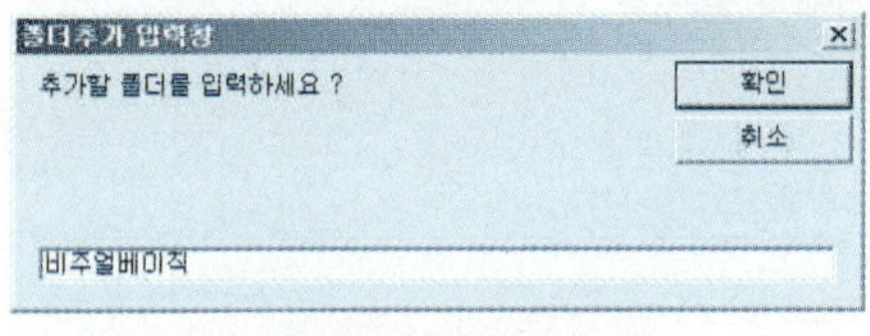

[그림] C:\비주얼베이직 폴더 추가

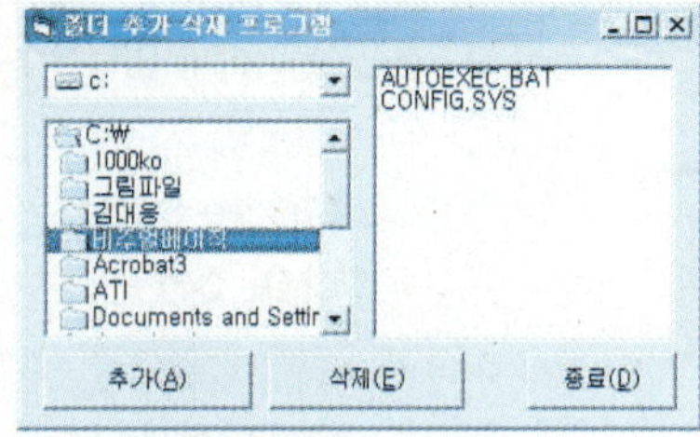

[그림] 폴더 추가 결과 화면

```
Private Sub Dir1_Change()
    '드라이브 연결
    File1.Path = Dir1.Path
    Drive1.Refresh
End Sub


Private Sub Drive1_Change()
    '파일 연결
    Dir1.Path  Drive1.Drive
End Sub


Private Sub Command1_Click()
    '추가하고자하는 폴더를 입력받는다.
    추가폴더 = InputBox("추가할 폴더를 입력하세요 ?",  _
    "폴더추가 입력창")
    '추가하고자하는 폴더의 위치로 이동한다.
    ChDrive Drive1
    ChDir Dir1
    '지정된 위치에 폴더를 추가한다.
```

↓다음 페이지에 계속

```
        MkDir 추가폴더
    End Sub


    Private Sub Command2_Click()
        '삭제하고자하는 폴더를 입력받는다.
        삭제폴더 = InputBox("삭제할 폴더를 입력하세요 ?",  _
        "폴더삭제 입력창")
        '삭제하고자하는 폴더가 위치한 곳으로 이동한다.
        ChDrive Drive1
        ChDir Dir1
        '지정된 폴더를 삭제한다.
        RmDir 삭제폴더
    End Sub


    Private Sub Command3_Click()
        End
    End Sub
```

[종합문제3] 다음 조건에 맞는 드라이브 관련 프로그램을 완성하시오.

(저장 파일명 : 종합드라이브3.frm, 종합드라이브3.vbp)

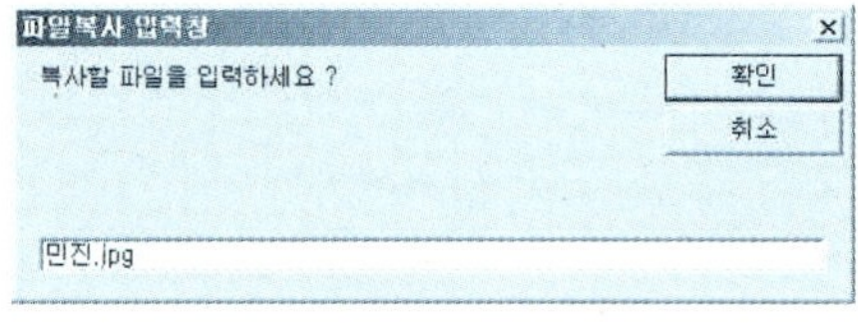

[그림] 복사할 파일명 입력

[그림] 파일이 복사될 폴더 명 입력

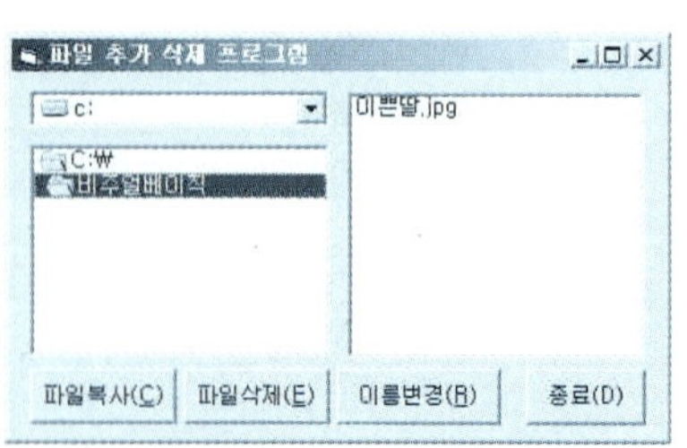

[그림] 지정된 폴더에 복사된 결과 화면

[그림] 지정된 폴더에 파일명이 변경된 결과 화면

```vb
Private Sub Dir1_Change()
    '드라이브 연결
    File1.Path = Dir1.Path
End Sub


Private Sub Drive1_Change()
    '파일 연결
    Dir1.Path Drive1.Drive
End Sub


Private Sub Command1_Click()
    '복사할 파일을 입력한다.
    복사파일 = InputBox("복사할 파일을 입력하세요 ?", _
    "파일복사 입력창")
    '복사 되어질 폴더의 위치를 입력한다.
    복사드라이브 = InputBox("복사될 드라이브를 입력하세요 ?", _
    "드라이브 입력창")
    '복사하고자하는 폴더의 위치로 이동한다.
    ChDrive Drive1
    ChDir Dir1
    '지정된 폴더 위치에 파일을 복사한다.
    FileCopy 복사파일, 복사드라이브 & 복사파일
End Sub


Private Sub Command2_Click()
    '삭제할 파일을 입력한다.
    삭제파일 = InputBox("삭제할 파일을 입력하세요 ?", _
    "파일삭제 입력창")
    '삭제하고자하는 폴더의 위치로 이동한다.
    ChDrive Drive1
    ChDir Dir1
    '지정된 폴더 위치에 파일을 삭제한다.
    Kill 삭제파일
End Sub
```

↓다음 페이지에 계속

```vb
Private Sub Command3_Click()
    '변경할 파일의 이름을 입력한다.
    변경전 = InputBox("변경할 파일명을 입력하세요 ?", _
    "변경될 파일명 입력창")
    '변경되어질 파일의 이름을 입력한다.
    변경후 = InputBox("변경되어질 파일명을 입력하세요 ?",  _
    "변경되어질 파일명 입력창")
    '변경하고자하는 폴더의 위치로 이동한다.
    ChDrive Drive1
    ChDir Dir1
    '지정된 폴더 위치에 파일명을 변경한다.
    Name 변경전 As 변경후
End Sub


Private Sub Command4_Click()
    End
End Sub
```